U0894663

金融约束下
我国住房开发投资异质性
增长路径研究

Study on the Different
Growth Path of Housing Investment in
China under Financial Constraints

贾春梅 著

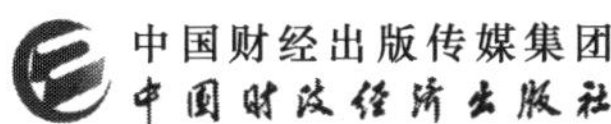

国家社科基金后期资助项目
出版说明

后期资助项目是国家社科基金设立的一类重要项目，旨在鼓励广大社科研究者潜心治学，支持基础研究多出优秀成果。它是经过严格评审，从接近完成的科研成果中遴选立项的。为扩大后期资助项目的影响，更好地推动学术发展，促进成果转化，全国哲学社会科学工作办公室按照“统一设计、统一标识、统一版式、形成系列”的总体要求，组织出版国家社科基金后期资助项目成果。

全国哲学社会科学工作办公室

前　言

本研究探讨了我国住房市场化改革之后出现的同一区域不同城市间住房开发投资发展路径逐渐分化的现象。从2000—2010年我国35个大中城市的住房开发投资数据中，可以发现这样一种现象：在住房市场化改革的初期，大部分城市的住房开发投资的初始水平非常接近，差距较小，但是随着住房市场化程度的提高，一部分城市的住房开发投资逐渐超越了其他城市，且差距越来越大，呈现出一种“剪刀差”的格局，两类城市的住房开发投资发展路径逐渐分化。

为了解释这一现象，本研究提出了这样一种解释思路：在具有不同金融垄断力量的宏观经济环境中，由于宏观经济政策和地方政府政策的共同作用，城市存在着多样化的住房金融发展均衡路径。这些住房金融发展均衡路径的差异不仅影响城市中金融中介自身投融资能力与金融创新能力（外部流动性）的变化，还直接导致了金融中介和开发商与地方政府之间金融摩擦（内部流动性）的差异。在外部和内部流动性的相互影响下，由商品房开发投资和保障性住房开发投资构成的城市住房开发投资产生了多种形式的城市差异性发展路径。

为了论证这一解释思路，本研究通过建立“宏观金融环境—金融机构策略性竞争—住房开发投资”（ECI）理论分析框架，将住房金融发展、金融摩擦、住房开发投资纳入其中，进而有助于从系统的视角去理解我国住房开发投资增长路径的城市差异性的内在机制，以及住房金融发展和金融摩擦在其中所发挥的作用。

通过对金融摩擦内生机制的研究，本研究的结论显示：第一，金融摩擦的增加会导致城市商品房开发投资加速减少。具体来说，金融摩擦从两个渠道影响商品房开发投资：一是通过信贷渠道调整开发商的道德风险，并从商品房市场层面影响开发商的自有资金投资规模；二是通过影响土地市场需求和地方政府土地定价决策，从土地成本角度改变商品房开发总投资。第二，金融摩擦的减少会导致城市保障性住房开发投资加速增长。金融摩擦主要从两条路径对保障性住房开发投资产生影响：一条是通过对商品房市场的融资约束产生间接影响；另一条是银行对地方政府外部融资的直接限制。第三，逐步减少的金融摩擦促进了开发商和地方政府在商品房和保障性住房市场之间的正向投资互动，而这种商品房开发投资和保障性住房开发投资的协同加速促进机制，正是推动城市住房开发投资快速增长的重要力量。第四，住房金融发展程度的提高有助于减缓金融摩擦。当银行处于较高程度住房金融发展环境中时，银行的融资能力或金融创新能力显著增强，抵御住房市场风险能力提高，因而银行可以为住房市场提供更多的流动性，促进资金在住房市场配置效率的提高，从而减少金融摩擦，增加开发商或地方政府的内部流动性。第五，住房金融发展程度的提高与金融摩擦的减少会显著改善社会福利水平。

随后，本研究从动态角度特征化住房金融发展的内生过程，分析城市住房金融发展的动态均衡路径对住房开发投资的城市差异性影响，解释住房开发投资城市差异性增长的根本原因。本研究根据金融垄断力量的强弱，将城市所处的经济环境划分为三个时期：金融抑制时期、金融垄断竞争时期、金融自由化时期。本研究结论显示：第一，在金融垄断竞争时期，城市较早进行金融发展模式的转换，有助于跳过住房金融发展的G－陷阱①，收敛到较高金融效率的发展路径上，从而促进城市住房开发投资的加速增长，并使其收敛到较高的均衡投资水平；而推迟转换时机，则容易掉进住房金融发展的G－陷阱，并始终维持在较低金融效率的发展路径上，从而导致G－陷阱下的住房开发投资均衡水平要显著低于毁灭式创新模式下的。因此，在同一时期，不同的转换时机，形成了住房开发投资的城市差异性增长格局。第二，在金融抑制时期，过早的转换发展模式容易掉进金融创新的陷阱，不仅无法解决原有的金融约束问题，反而加剧住房市场的投融资难度，降低金融效率，加剧金融摩擦，减少住房开发投资均衡水平；而推迟转换，虽然保留了原有的垄断式金融体制，维持了住房市场和住房开发投资的缓慢增长，但是避免了金融创新的破坏作用，消除了金融体制的转型风险，反而可以摆脱金融创新陷阱。所以，在这一时期，由于转换时机的差异，住房开发投资也出现了两条城市差异性发展路径。第三，在金融自由化时期，所有银行一开始就直接选择毁灭式创新发展模

① G－陷阱，城市住房金融发展陷阱的简称，是指在多种住房金融发展模式中，城市经济一直处于住房金融发展效率最低的路径上，并且由于缺乏有效的激励机制，城市经济无法转换到金融效率较高的住房金融发展路径上，最终收敛到效率水平最低的均衡点。稳态均衡时，城市住房金融发展水平处于最低点，金融摩擦程度最高，无谓损失最大，住房金融效率最低（具体阐述见第四章）。

式，城市住房金融发展均衡路径逐步收敛到金融效率最高的均衡点，有效刺激了住房市场发展。此时，城市中只存在一条住房开发投资的发展路径。第四，长期看，宏观金融环境的转变会重塑住房开发投资城市差异性增长的格局。随着大型银行垄断力量的减少，宏观经济环境从金融抑制转向金融垄断竞争，再趋向于金融自由化。在这一过程中，地方政府对住房金融发展均衡路径的影响程度不断减小，住房金融发展的均衡水平也随之不断提高。由金融发展环境不健全造成的住房开发投资城市差异性增长的格局，也会因为金融自由化改革而逐步收敛到金融效率最高的单一发展路径上。

接着，本研究从理论模型回归到现实数据，检验 ECI 理论框架的稳健性。本研究利用 2000—2016 年我国 35 个大中城市的数据，重点考察两种城市类型中住房金融发展、金融摩擦对住房开发投资的影响。计量结果显示：第一，关于金融摩擦与住房金融发展的主要影响因素。开发商面临的金融摩擦取决于开发商的特征、金融机构资金供给特征和地方政府干预特征，这些确定性因素对两类城市金融摩擦的影响程度各有不同；住房金融发展受到金融深化程度、金融机构效率、金融市场化程度的确定性影响，强劲型城市推动住房金融发展的长期内生动力要优于疲软型城市。第二，住房金融发展对金融摩擦具有显著的负向影响，即随着住房金融发展程度的提高，制约当地开发商融资的多重因素正在得到进一步地改善，金融摩擦程度不断减少。强劲型城市住房金融发展对金融摩擦的改善程度总体上要优于疲软型城市。第三，在考虑住房金融发展情形下，两类城市金融摩擦的增加会导致保障性住房开发投资和商品房开发投资显著减少，并且对疲软型城市的影响程度要显著高于强劲型城市；住房金融发展程度的提高不仅直接推动保障性住房开发投资和商品房开发投资的增长，还通过减缓金融摩擦的方式间接地促进保障性住房开发投资和商品房开发投资的增长，并且对强劲型城市的影响程度要显著高于疲软型城市，长期性影响也大于短期性影响。第四，由于强劲型城市住房金融发展程度不断提高，金融摩擦得到了显著的改善，金融摩擦对住房开发投资的抑制作用进一步减少，整体上促进了住房开发投资的增长；而疲软型城市住房金融发展相对较慢，金融摩擦对住房开发投资的抑制作用较强，从而造成了住房开发投资的较慢增长，并最终强化了两类城市住房开发投资城市差异性增长格局。

基于对住房开发投资城市差异性发展路径的解释，最后本研究给出了以下政策建议：在不同金融发展时期，地方政府可以根据自身利益调整财政政策与土地政策的力度，控制住房金融发展模式转换的时机，防止住房金融发展路径陷入 G－陷阱或金融创新陷阱，降低社会无谓损失，减少金融摩擦，促进住房开发投资收敛到金融效率较高的均衡水平。而由中央政府与金融监管者制定的宏观经济政策应当侧重于金融自由化与市场化改革，完善住房金融市场，鼓励金融创新，减少地方政府干预、消除金融摩擦、推动住房开发投资稳步增长与住房市场健康发展。

目　录

第一章　绪　　论

第一节　问题的提出

1998年，在亚洲金融危机的背景下，我国国发〔1998〕23号文件《关于进一步深化城镇住房制度改革加快住房建设的通知》出台。这一文件从制度层面拉开了我国住房体制由计划经济向市场经济转轨的序幕，掀起了我国住房开发投资的高潮。在此之前，我国住房供给实行单位分配体制，将住房视为职工福利，由职工的工作单位统一投资建设与分配。职工根据与单位的工作关系，采用支付房租的方式获得住房，但是这种分配方式不仅无法满足家庭对住房多层次、多类型的要求，还造成住房资源配置的错位与低效率。对于进行住房建设的单位而言，不仅无法获得住房开发投资收益，还需要支付大量维修费用，投资越多，损失越大。正是由于我国忽视了住房的商品属性，使得住房的供求矛盾日益突出，再加上缺乏有效配置住房资源的住房市场和相应的住房投融资机制，最终导致了我国住房开发投资的规模与积极性受到了极大地抑制。

为了拉内需、扩投资、调结构、保增长、应对亚洲金融危机，1998年开始的住房制度改革从根本上废除了计划经济下的住房实物福利分配体制，充分尊重住房的商品价值属性，逐步推动住房货币化与商品化配置体制的形成以及商品住房市场的建立，释放了中高收入家庭对商品住房的消费性与投资性需求，带动了房地产开发企业从事商品房开发投资的积极性，逐步缓解了住房市场的供求矛盾。同时，我国政府为了满足中低收入家庭住房需求、建立“惠民生、促公平”的住房保障体系、加快住房小康目标的实现，在土地、信贷、财税、价格、房改等方面给予经济适用住房建设若干优惠政策，明确了地方政府在保障性住房投资领域的责任与义务，促进了与商品住房市场相配套的保障性住房供应体系建设。

与住房制度改革同步进行的投融资体制改革和财税体制改革，突破了住房市场的投融资瓶颈，为住房开发投资创造了良好的运行环境。投融资体制改革明确了住房市场的投资主体，扩大了社会投资的自主权，拓宽了房地产开发企业的融资方式，促进了住房开发投资的多元化、社会化与市场化，建立了与住房市场激励相容的金融市场运行机制，健全了政府对金融市场与住房市场的宏观调控体系，保障了商品房开发投资的有效进行与利润最大化导向机制的形成，进而在微观投资项目层面和宏观投资调控层面上确保住房开发投资收益的提高。而财税体制改革则在强调体制内外政府收支并举、财政收支两翼联动的同时，将“公共财政”确定为我国财税改革的整体目标，突出了财政的公共属性，初步设定了一个既与完善的中国特色社会主义市场经济体制相适应，又与财政的本质属性相一致的公共财政体制框架。此项改革一方面理顺了中央与地方政府的财权与事权之间的关系，明确了地方政府在住房保障体系建设方面的投资责任与管理权限，调动了地方政府实施土地财政的积极性，充实了地方政府的财政收入，提高了地方政府公共服务的保障能力，加快了地方保障性住房开发投资的增长与公共服务的均等化；另一方面，优化了住房市场税费结构，减轻了住房开发投资负担，推动了土地要素的市场化改革，释放了住房市场的投资活力。虽然1998年开始的住房体制改革、投融资体制改革和财税体制改革并不完善，但是其对住房市场的形成、住房开发投资的推动、家庭住房福利的提升有着深远的影响。

随着制度改革的深入、住房金融市场的成长、宏观调控体系的完善，我国住房开发投资得到了前所未有的增长。图1－1显示，1998年住房制度改革以来，住房开发投资从2000年的3311.98亿元激增到2010年的34026.23亿元，增长10倍多。其中，商品房住房开发投资占据主导地位，由2000年的2769.54亿元上升到2010年的32957.06亿元，增长了近12倍。虽然保障性住房开发投资占住房开发投资的比重从2000年的16.38%下降到2010年的3.14%，但保障性住房开发投资的总量却由2000年的542.44亿元增加到2010年的1069.17亿元，翻了近一番。

尽管我国住房开发投资总体上呈现稳步增长态势，但是，从2000—2010年我国35个大中城市的住房开发投资数据中，可以发现这样一种现象：在住房市场化改革的前期，大部分城市的住房开发投资的初始水平非

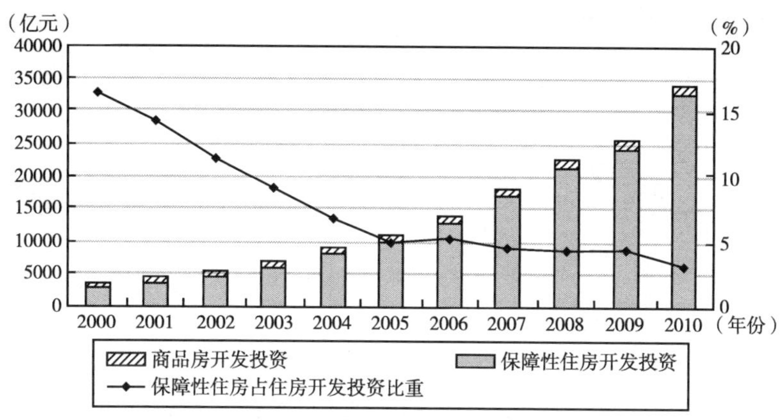

图1-1　我国商品房与保障性住房开发投资

数据来源：《中国房地产统计年鉴》2001—2011年各期。

常接近，差距较小，但是随着住房市场化程度的提高，一部分城市的住房开发投资逐渐超越了其他城市，到2010年，这种差距进一步拉大，呈现出一种“剪刀差”的格局。比如中部地区的六个城市，2000—2002年的住房开发投资都在100亿元以下，2003—2010年的八年间，合肥、郑州、武汉、长沙这四个城市住房开发投资齐头并进，从100亿元以下一同迈上500亿元以上，而与此同时，太原与南昌两个城市却增长乏力，住房开发投资11年内都未超过200亿元，且与其他城市的差距越来越大。不光是中部地区存在这一现象，其他三大区域也都出现了类似现象。东部地区的北京、上海，西部地区的重庆、成都、贵阳，东北地区的沈阳，都扮演了区域“领跑者”的角色，即住房开发投资的增长速度远远超过本区域的其他城市，拉大了区域住房开发投资的差距（见图1-2）。

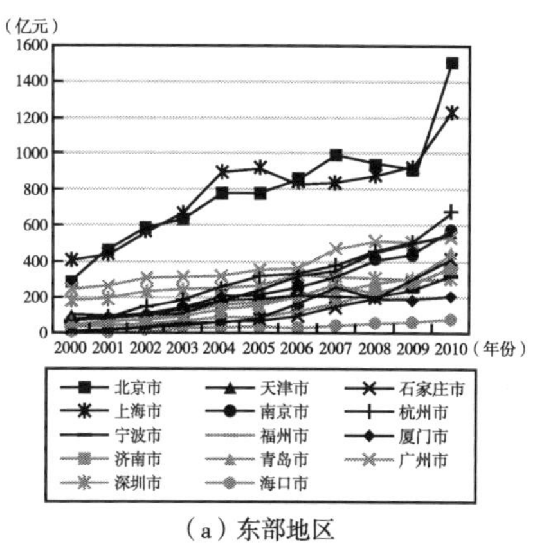

（a）东部地区

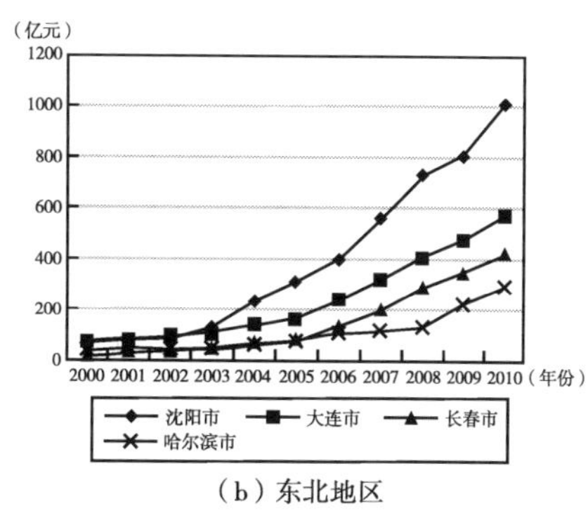

（b）东北地区

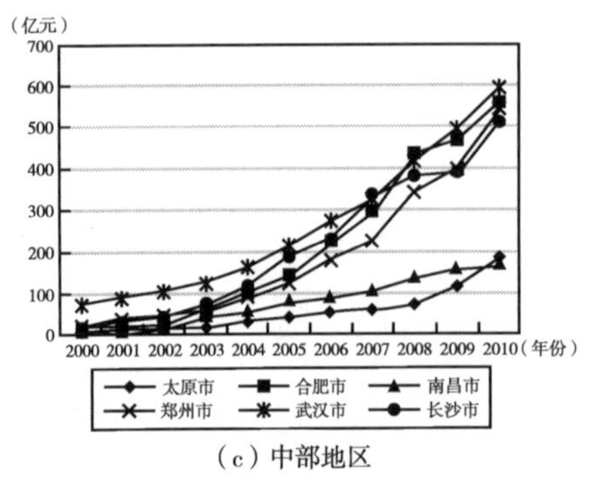

(c) 中部地区

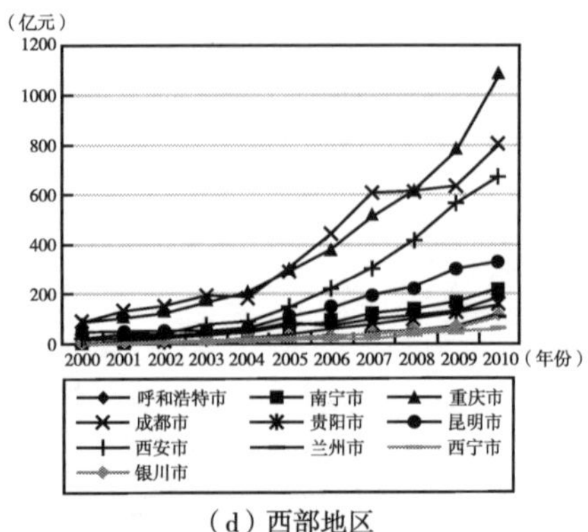

(d) 西部地区

图1-2　我国35个大中城市住房开发投资规模

数据来源:《中国房地产统计年鉴》2001—2011年各期。

由此，我们不禁要问，为什么同一区域不同城市间住房开发投资的发展路径会不一致，一部分城市增长较快，一部分城市增长乏力，即出现住房开发投资的城市差异性增长格局？特别是最初住房开发投资水平近似的城市，为什么十年后的差距如此巨大？究竟是什么因素在其中发挥了作用，导致了住房开发投资“剪刀差”的形成？梁云芳等（2006）认为，经济增长推动了住房开发投资。不同的经济基本面会对家庭收入和社会总投资产生影响，从而导致住房开发投资的差异。但是，在部分大中城市，经济增长的速度要远低于住房开发投资的增长速度，也就是说，经济增长并不是刺激住房开发投资增长的主要因素，也不是造成住房开发投资发展路径差异的主要原因。张晓晶和孙涛（2006）认为，快速的人口城市化是促进住房开发投资迅猛增长的重要动力。城市化作为经济增长的引擎推动了大量农业人口进入城市，并由此带来了巨大的住房需求，从而加快了房地产业的发展。但是，在某些住房开发投资增长较慢的城市，农村人口流入城镇的速度却往往较快，与城市住房供给存在着明显的不匹配，所以人口城镇化并不能很好地解释我国住房开发投资发展路径的差异。由于现有文献并没有给出系统且合理的答案，因此，本研究将这一问题称作我国住房开发投资增长路径的城市差异性。

为了深入研究这一现象，本研究发现，在我国住房市场化改革的前十年（2000—2010年），金融摩擦对住房开发投资的制约作用日益突出。开发商在投融资过程中不仅受到计划经济下金融资源分配体制性因素的影响（张杰，2000；林毅夫和李永军，2001；张捷和王霄，2002；王朝弟，2003），还受到抵押品价值、企业资产负债能力、道德风险等金融机构贷款限制（周业安，1999；徐洪水，2001；李大武，2001；李志赟，2002；王霄和张捷，2003；王重润，2006）。更重要的是，在地方政府宏观调控下，开发商的资金链往往受到难以预期的政策冲击，使其产生不必要的投资风险（石亚东，2005；高聚辉，2006；郭晓亭，2007）。而从金融中介角度来看，城市住房金融发展对金融中介在住房市场的资金供给能力同样发挥了关键性作用。部分城市住房金融市场发展速度较快，金融创新较为活跃，金融中介信贷供给能力不断增强。在此过程中，金融效率的提高与金融摩擦的减少有效解决了开发商与地方政府融资约束问题，促进了住房开发投资规模的增加与住房市场的发展。但是在某些城市，住房金融发展速度缓慢，金融创新步伐并没有得到显著提升，金融摩擦依旧阻碍着住房市场发展，较低的金融效率导致住房开发投资增长乏力。因此，住房金融发展与金融摩擦这两个因素很有可能是导致我国住房开发投资发展路径差异的重要原因。为了系统地分析住房金融发展、金融摩擦与住房开发投资三者之间的关系，本研究试图通过建立“宏观金融环境—金融机构策略性竞争—住房开发投资”（ECI）理论分析框架，从金融视角来解释与回答我国住房开发投资增长路径的城市差异性。

第二节　研究的意义

在住房市场化改革的初期，大部分城市的住房开发投资的初始水平非常接近，差距较小。但是，随着住房市场化程度的提高，一部分城市的住房开发投资逐渐超越了其他城市，从2001年开始，两类城市的住房开发投资发展路径逐渐分化，逐步呈现出一种“剪刀差”的格局。对该问题进行分析与研究，试图用发展眼光分析住房开发投资发展路径的演变机制；试图寻找住房开发投资与城市发展战略的动态平衡点，为地方政府协调住房需求、平衡产业结构、转变经济增长方式、实现城市的包容性发展提供理论依据；可以为促进住房开发投资的平稳、较快增长提供新的视角，为政府“建立市场配置和政府保障相结合的住房制度”提供新的思路；有助于消除政策目标与实际结果的动态不一致，达到党的十八大报告所要求的“完善宏观调控体系，更大程度更广范围发挥市场在资源配置中的基础性作用”。

一、理论意义

就理论意义而言，揭示金融摩擦与住房开发投资的内在关系与发展运行规律是进一步完善住房金融体制的理论基石，也是正确处理两者矛盾冲突的理论工具。2007 年开始的美国住房次贷危机，充分暴露了以市场为主导的住房金融体制的弊端，冲击了现有的住房金融理论。这使得学术界和各国政府不得不重新反思当前住房金融理论中所忽视的细节，并努力寻找未来住房金融制度的发展方向和相应的理论依据。同样，对于处在住房市场化改革初级阶段的中国来说，金融市场与住房开发投资的不完善与不协调，以及国情的特殊性，导致我国无法照抄照搬西方发达国家的住房金融理论，因而必须根据我国的实际情况建立符合我国特色的社会主义住房金融理论体系。本研究立足于我国现实，试图用发展的眼光分析住房开发投资发展路径的演变机制，同时专注于从理论上思考由我国特征造成的金融摩擦，和其对住房开发投资产生的影响，以及政府住房调控政策在其中所发挥的作用，从而解释城市间住房开发投资城市差异性增长的原因。这不仅可以为我国未来住房金融制度的设计和发展方向奠定理论基础，同时也为政府部门有效调控住房开发投资发展路径提供强有力的理论工具。

二、现实意义

就现实意义而言，确保住房开发投资的规模与速度处于合理的水平，对于扩大城市内需、带动上下游产业投资、调整产业结构、保障城市经济稳步增长具有重大意义。随着住房开发投资的增加，城镇住房供求关系发生了历史性变化，根本上结束了住房严重短缺时代，住房市场的基本形成使得家庭住房需求由单纯的数量需求进入数量和质量同时并重阶段，大幅度提高了家庭住房自有率，带动了城市相关产业（特别是金融服务业）投资与消费性需求的增加①。正是因为房地产业对城市经济增长有巨大的推动作用，容易导致地方政府对住房开发投资的过度依赖。特别是某些地方政府在产业结构优化与转型升级方面动力不足，再加上房地产业与地方财政收入以及城市发展规模关系密切，造成了政府过度追求土地财政、房地产业比重过大、住房开发投资过热等问题。为了防止住房开发投资引起一系列负面问题，比如投机性需求过度、产业结构失衡、经济增长方式粗放、城市经济不可持续等，本研究通过分析城市间住房开发投资城市差异

---

① 王国军和刘水杏（2004）基于投入产出模型分析了中国房地产业的带动效应，认为房地产业与国民经济中绝大部分产业有关联，房地产业每增加 1 单位产值对各产业的总带动效应为 1.416，促进了金融、技术、服务、商业等非物质性“软要素”需求的增加。

性增长的原因，试图寻找住房开发投资与城市发展战略的动态平衡点，为地方政府协调住房需求、平衡产业结构、转变经济增长方式、实现城市的包容性发展提供理论依据。

三、社会意义

就社会意义而言，住房问题关系到国计民生，是各国政府高度重视的大事。实现住房开发投资的平稳、较快增长不仅是满足家庭基本住房需求、维护社会稳定、提高人民福祉的必然要求，同时也是政府必须承担的重要责任之一。虽然市场是有效配置住房资源的主要方式，但金融摩擦的出现却在一定程度上扭曲了市场行为，抑制了开发商的住房开发投资，加剧了市场的投机氛围与房价的上涨，妨碍了家庭基本住房消费需求的满足，最终导致住房资源配置的低效率和人民群众的普遍不满。为了“解决好人民最关心最直接最现实的利益问题”，本研究将通过对开发商住房市场投资行为和地方政府保障性住房投资行为的研究，揭示影响商品房开发投资的主要因素和保障性住房开发投资中存在的问题，为促进住房开发投资的平稳、较快增长提供新的视角，为政府“建立市场配置和政府保障相结合的住房制度”提供新的思路。

四、政策意义

就政策意义而言，自 1998 年住房市场化改革以来，我国政府采取的房地产宏观调控政策主要是以行政干预为主、市场间接调控为辅，政策组合缺乏系统性、科学性、连续性。比如限购、限贷、限户籍等政策，行政色彩过于明显，虽然短期内可能会对住房市场产生预期的效果，但长期来看，这种对市场的过度干预不仅冲击了住房开发投资的内在增长机制，还容易造成住房资产价格的大起大落，给金融市场带来突发性的流动性风险。为了增强地方政府房地产宏观调控政策的驾驭能力，提高政策的执行效率，实现政策的系统性、延续性和市场的平稳性，本研究重点考虑了住房金融政策对住房开发投资造成的影响，以及政策在动态均衡框架中所发挥的长期作用，并试图在城市发展战略的背景下解释不同类型的地方政府在住房金融政策方面的多样性与差异性，从而有助于消除政策目标与实际结果的动态不一致，达到党的十八大报告所要求的“完善宏观调控体系，更大程度更广范围发挥市场在资源配置中的基础性作用”。

第三节　概念的界定

本部分针对本研究的几个核心概念进行理论界定，以利于后文更清晰或更准确地分析与研究。首先对住房开发投资、商品房开发投资和保障性住房开发投资进行概念界定，其次对金融摩擦的概念、城市住房金融发展陷阱（G－陷阱）金融创新陷阱的概念进行界定，然后，说明住房开发投资强劲型与疲软型城市的分类标准，最后对分类标准进行了补充说明。

一、住房开发投资、商品房开发投资和保障性住房开发投资

住房开发投资（Housing Investment），本研究指的是城市住宅开发投资。

城市住宅开发投资是指本年度用于住宅建设工程、土地开发工程的投资额以及公益性建筑和土地购置费等的投资。住房开发投资是住房市场增量住房供给的主要决定因素。住房供应量的规模与供应的速度直接受到住房开发投资的影响。同时，住房开发投资也决定了土地市场上住房建设用地的需求。给定数量的城市土地是用于商品房建设，还是用于保障性住房建设，既取决于开发商在土地市场上的投资竞争，也取决于政府保障性住房投资的意愿。特别是在我国，住房开发投资的行为主体是房地产开发商与政府。他们的住房开发投资行为具有不同的利益激励机制。开发商是以利润最大化作为投资决策的主要依据，而政府则是从社会福利最大化的角度进行住房开发投资。

为了明确住房开发投资的类型，本研究将按照住宅的类型对其进行划分。这里的住宅是指专供居住的房屋，包括别墅、公寓、职工家属宿舍和集体宿舍（包括职工单身宿舍和学生宿舍）等，但不包括住宅楼中作为人防用、不住人的地下室等。《房地产统计年鉴》中将住宅按照用途划分为普通商品住房、经济适用住房和别墅、高档公寓等。本研究根据住宅的所有权属性与市场化特征，将普通商品住房、别墅、高档公寓统称为商品房（Private Housing），以体现商品房所有权的私有性与供给的市场化，将经济适用住房统称为保障性住房（Public Housing），以体现其公共产品属性与供给的非市场化。为统一统计口径，本研究结合《房地产统计年鉴》的指标，将对经济适用住房的投资看作是保障性住房开发投资，将对除经济适用住房以外的住宅的投资看作是商品房开发投资，这两种类型的投资一

起构成了住房开发投资。

商品房开发投资是住房开发投资的主要部分，反映了住房开发投资的市场化程度。商品房开发投资（Private Housing Investment）是指具备住房开发资质的商业化机构（主要是房地产开发商）将资金投入商品房开发建设项目中，并在商品房完工后通过出售或出租的方式来获得投资收益的一种经济活动。整个过程中，投资的对象是商品房，目的是利用商品房的出售或出租获取超过投资成本的利润，而作为商品房开发投资的主体，开发商根据市场情况，自主决策、自负盈亏。从资本运动的角度看，这里面包含了一个投资价值增值的过程。首先，开发商先将货币资本投入商品房建设项目，形成不动产资本，之后，根据住房市场收益率进行公开销售或出租住房商品，将不动产资本进一步转化为货币资本。通过资本在商品房建设项目的循环运动，开发商不断获得资本的价值增值。正是因为1998年住房市场化改革以后商品房的投资利润率高于社会平均利润率，再加上利润最大化激励机制的形成，才使得商品房开发投资的规模进一步放大。一般而言，该投资循环具有时间上的连续性。但由于我国采用期房预售制度，即可以在商品房未建设完成之前出售，这使得商品房开发投资的资本回收速度明显加快，同时也使商品房体现出期权的性质，即商品房资源的跨期配置。另外，商品房作为一种不动产，在当前金融产品加速创新过程中，被赋予了更多流动性和金融衍生品属性。基于住房抵押贷款的金融产品将住房市场与金融市场紧密相连。这使得商品房动产与不动产之间的界限日趋模糊，并随着住房金融市场的发展，呈现出“不动产动产化”的趋势。这不仅给开发商进行商品房开发投资增加了风险与不确定性，同时也给政府对商品房开发投资的监管带来了挑战。鉴于商品房具有不同于普通消费品的一系列特性，商品房开发投资的发展路径也因此变得错综复杂。

保障性住房开发投资也是住房开发投资的重要组成部分。保障性住房开发投资（Public Housing Investment）是指由非商业化机构（地方政府或非营利性社会机构等）主导、根据当地经济适用房计划安排进行的政策性住房开发投资。其占住房开发投资的比重不仅可以刻画城市当期住房投资结构，还可以体现中低收入家庭获得政府提供的公共产品的供求平衡情况。一般而言，保障性住房开发投资主要涉及以下方面：由地方政府统一下达投资计划，交由房地产公司开发，根据政府制定的分配规则集中对外销售；关于土地使用方式与成本计算，地方政府一般采用行政划拨或招标投标方式供给土地，用地成本几乎为零，因为不需要征收土地出让金；对委托承建的开发商采取相关费用优惠政策，比如收费减半征收，同时严格控制开发利润，预防过高销售价格；最终销售价格完全由政府确定，实行政府指导价。由于保障性住房是体现社会保障职能、采用非市场化方式运作、按特殊分配规则提供给特定人群居住的公共产品，所以与同类型商品房相比，其房屋建筑造价和销售价格往往较低，且能够满足中低收入家庭的购买力与承受力。因此，保障性住房开发投资是商品房开发投资的重要补充，合理控制保障性住房开发投资在住房开发投资中的比重不仅是调节住房需求、完善住房供应结构、促进住房市场发展的一种手段（李克强，2011），也是政府调控房价、治理住房泡沫的主要政策工具之一。

二、金融摩擦

什么是金融摩擦（Financial Friction）？现有的文献似乎没有给出一个明确的答案。但是从近百年来的历次经济危机中，学者们发现金融摩擦是投资周期波动的重要影响因素之一。在经济稳定时期，金融部门可以缓解金融摩擦，保障投资平稳、有序进行，促进实体经济增长，但在经济危机时，金融部门的脆弱性则导致流动性障碍，增加了经济的不稳定，并在逆向反馈循环（Adverse Feedback Loops）和流动性螺旋（Liquidity Spirals）的作用下引发信贷冲击的非线性效应，造成大规模财富的持久性损失，冲击实体经济。1929 年大萧条之后，经济学家们普遍认识到这一问题的严重性。Fisher（1933）、Keynes（1936）、Gurley 和 Shaw（1955）、Minsky（1957）强调了融资摩擦与金融体系内在不稳定的重要性。Tobin（1969）也强调了金融稳定在货币经济学中的重要意义。总体来看，虽然学术界很关注金融摩擦在金融部门与实体经济中发挥的作用，但是由于对金融摩擦概念的不同理解、研究视角的差异和分析与建模方法的多样性，使得现有关于金融摩擦的文献分散于不同的经济学分支，比如宏观经济学、金融经济学、投资经济学、一般均衡理论等。正是因为金融摩擦在不同学科领域具有重要研究价值，所以，学术界对金融摩擦的研究正不断地深入。

就金融摩擦的概念而言，现有文献存在着不同层面的理解。一是把金融摩擦看成一种昂贵的验证成本（Costly State Verification，CSV）。Townsend（1979）认为，金融摩擦是由对项目未来收益的城市差异性信息造成的，即借款者可以知道项目的事后真实收益情况，而作为贷款方的金融中介却不知道。为了防止借款方违约，贷款方只有在支付一定监督验证成本之后，才能掌握真实收益情况。因此，贷款方将为借款方提供可最小化验证成本的最优贷款合同。法律上，贷款方支付违约验证成本，但实际上，他通过索取高额贷款利息转嫁给借款方。这就导致借款方在选择内部融资与外部融资方式上出现融资成本的差异，使得大规模投资项目偏好于内部融资。另外，借款数量越大，违约概率越大，因而使得借款的验证成本高昂。二是将金融摩擦看作是对借款资金的有限担保能力（Limited Pledgability）。Hart 和 Moore（1994）从不完全合同的角度构建了金融摩擦的微观基础。当特定状态下的资金借贷收益情况没有在合同中明确指定时，借贷双方将会再次进行谈判，根据各自的利益，商讨未来合同的权利与义务。这种预期未来合同的行为造成了借贷双方对特定资金借贷的实现无法进行担保。因此，事前的融资是有限制的，借贷双方都存在利益与风险共担的约束（Skin the Game Constraint）。除了不完全合同的制定会产生金融摩擦外，合同的有限实施同样也会引起类似的问题（Bulow 和 Rogoff，1989；Alvarez 和 Jermann，2000；Cooley et al.，2004；Buera et al.，2011）。三是金融摩擦也可以被看作是对借款方融资能力的限制。这种限制不仅会改变借款方的投资行为，还会影响整个市场资源的配置。Song et al.（2011）以企业的融资能力作为金融摩擦的微观基础，基于我国的经验考察了金融摩擦与资源在异质性企业间配置的关系。它将企业分为国有企业和私营企业，两者的异质性包括生产率的差异和从信贷市场获取资金的能力。由于金融和合同的不完善，私营企业将受到比国有企业更严格的借款约束，这使得私营企业在与国有企业竞争过程中不得不以内部资本积累的方式增加技术投入、维持企业生存，从而造成我国经济中存在较高的资本积累率、较大的企业间生产率差距、资源从低生产率向高生产率企业的转移、大量外汇盈余积累，最终导致我国经济较高的投资回报率。四是把金融摩擦看成一种短期冲击。Bernanke 和 Gertler（1989）、Carlstrom 和 Fuerst（1997）关注于金融摩擦对经济周期产生的长期性、持久性影响。在其构建的标准真实经济周期模型里，金融摩擦引起的反馈效应会给经济带来更强烈的持久性冲击。特别是对企业净值的负向冲击，会迫使企业减少投资，这导致下一期较低的资本水平和较低的企业净值，进而造成了再下一期的低投资水平与低企业净值。由此不难看出，金融摩擦不仅关系到微观层面的投资决策，还涉及宏观投资水平的长期波动。

为了深入研究金融摩擦对宏观经济的影响，2010 年，经济政策研究中心（the Centre for Economic Policy Research，CEPR）专门就金融摩擦问题召开了第九次宏观经济政策研究工作会议。讨论的议题主要是金融摩擦的原因、金融摩擦对宏观经济的影响、最优的政策与管制等问题。CEPR（2010）认为，金融摩擦是金融市场的不完善和功能失调，可以用于解释价值增值和金融市场失灵。信息城市差异性、代理问题、搜寻成本、金融约束和协调问题造成了金融摩擦，使其对真实经济产生了实质性影响，改变了发达国家和发展中国家经济增长的前景与经济周期。同时，2007—2008 年金融危机的出现再一次强调了金融摩擦影响的对象不仅仅是金融中介和借款人的关系，还涉及金融中介之间的相互关系，从而对各国政府如何实现金融市场最优管制与政策提出了新的要求。

基于以上观点，本研究将金融摩擦定义如下：

定义 1.1（金融摩擦） 金融摩擦是阻止金融市场功能有效发挥的因素。既包含制约资金借款方满足融资需求的各种融资约束，也包含阻碍贷款方资金有效供给的信贷约束，还涉及降低金融市场效率、不利于金融资源配置的制度设计缺陷。

由于金融摩擦是一个抽象的概念，所以本研究在应用过程中需要结合相应的经济环境，选择特定的视角，设定适合的具体化表现形式。为了重点考察住房金融市场中金融摩擦对资金借款方行为的影响，本研究在理论部分采用由贷款方控制的抵押品贷款率来具体化借款方面临的金融摩擦，并将其看作对借款方的内部流动性约束，进而有助于从借款方视角研究住房金融市场中各行为主体的相互影响机制。同时，本研究将住房金融发展程度看作金融中介对住房市场的信贷限制，反映借款方在住房市场融资的外部流动性约束。本研究试图证明：在住房金融市场上，金融抑制型的住房金融制度是住房金融发展程度较低的主要原因。当金融中介处于低效率的制度环境下时，金融市场将会出现一系列问题（比如信息城市差异性、监督成本增加等），从而导致金融中介面临着不同发展模式下的外部流动性约束和借款方的内部流动性约束，并最终引起金融市场功能无法充分发挥。

三、城市住房金融发展陷阱和金融创新陷阱

城市住房金融发展陷阱（简称 G－陷阱）是指在多种住房金融发展模式中，城市经济一直处于住房金融发展效率最低的路径上，并且由于缺乏有效的激励机制，城市经济无法转换到金融效率较高的住房金融发展路径上，最终收敛到效率水平最低的均衡点。稳态均衡时，城市住房金融发展水平处于最低点，金融摩擦程度最高，无谓损失最大，住房金融效率最低（具体阐述见第四章）。

城市住房金融发展的金融创新陷阱（Innovation－Trap）是指在毁灭式创新发展模式中，由于宏观与微观环境对金融创新行为的不兼容，金融创新对城市住房金融发展的推动作用效果不显著，住房金融发展程度一直处

于金融效率最低的路径上，最终收敛到效率水平最低的均衡点（由第四章（4－53）式给定）。稳态均衡时，金融创新导致城市住房金融发展水平处于最低点，金融摩擦程度最高，无谓损失最大，住房金融效率最低。

金融创新陷阱与 G－陷阱的重要差别在于：一是推动力不同。前者以金融创新作为动力，导致金融发展效率较低，而后者由诸多因素引起，比如垄断力量。二是发展过程不同。前者是从其他模式转换而成，最终被金融创新锁定在低效率稳态，而后者一直想转变而无法转换模式，自己把自己锁定在低效率稳态。如果城市经济从毁灭式创新模式开始，住房金融发展均衡路径一直处于金融效率最低水平，且最终收敛到的金融创新稳态点也是金融效率最低点，则金融创新陷阱等同于金融发展路径的 G－陷阱。

四、住房开发投资强劲型与疲软型城市的分类

为了研究住房开发投资增长路径的城市差异性问题，本研究将我国 35 个大中城市按照住房开发投资的增长情况分为两类：住房开发投资强劲型城市（Strong－housing－investment Cities，简称“强劲型城市”或“SHIC”）与住房开发投资疲软型城市（Weak－housing－investment Cities，简称“疲软型城市”或“WHIC”）。前者是全国或区域住房开发投资的“领跑者”，反映城市的住房开发投资规模数量大、增长速度快；后者是全国或区域住房开发投资的“爬行者”，表示城市的住房开发投资规模数量较小、增长速度缓慢。整体来看，两者形成鲜明的对比，并随着时间的延长，差距不断拉大，“剪刀差”格局逐步形成。正是因为这两种类型城市的并存，我国才出现了住房开发投资增长的城市差异性现象。

首先，我们考察 2001—2010 年 35 个大中城市住房开发投资 10 年的平均增长量和平均增长率。2001—2010 年 35 个大中城市住宅开发投资年均为 340.55 亿元。以此为基准，2001—2010 年，北京、天津、沈阳、大连、上海、南京、杭州、武汉、广州、深圳、重庆、成都这 12 个城市的住房开发投资 10 年平均规模超过 35 个城市 10 年间总的平均水平 340.55 亿元，可以被认为是住房开发投资强劲型城市。

尽管其余城市投资均量低于 35 个大中城市的平均水平，但是其中某些城市的 2001—2010 年平均增长率却高于 35 个大中城市的年平均水平。表 1－1 显示，35 个大中城市 2001—2010 年均增长率为 27.14%。以此为基准，共有 10 个城市（石家庄、呼和浩特、沈阳、长春、合肥、南昌、长沙、南宁、重庆、西安）超过 35 个大中城市年平均增长率，可以被认为是住房开发投资强劲型城市。

表 1-1　　　　　　　　35 个大中城市分类标准

城市	年均投资规模（亿元）	年均增长率（%）	城市类型	城市	年均投资规模（亿元）	年均增长率（%）	城市类型
北京市	1683.72	19.50	强劲型	青岛市	274.37	24.72	疲软型
天津市	430.31	20.68	强劲型	郑州市	272.25	27.05	疲软型
石家庄市	185.98	38.28	强劲型	武汉市	413.09	26.20	强劲型
太原市	93.83	21.88	疲软型	长沙市	306.41	36.71	强劲型
呼和浩特市	96.85	41.12	强劲型	广州市	600.69	10.96	强劲型
沈阳市	604.61	38.11	强劲型	深圳市	418.58	6.08	强劲型
大连市	345.38	22.15	强劲型	南宁市	133.29	35.85	强劲型
长春市	213.37	35.54	强劲型	海口市	51.15	27.03	疲软型
哈尔滨市	174.10	19.07	疲软型	重庆市	701.10	27.98	强劲型
上海市	1216.48	13.89	强劲型	成都市	602.78	26.88	强劲型
南京市	367.08	23.21	强劲型	贵阳市	125.03	26.17	疲软型
杭州市	457.48	25.56	强劲型	昆明市	195.13	22.64	疲软型
宁波市	277.72	26.46	疲软型	西安市	340.22	32.41	强劲型
合肥市	321.18	45.56	强劲型	兰州市	61.40	20.15	疲软型
福州市	282.08	27.10	疲软型	西宁市	36.34	24.07	疲软型
厦门市	195.40	24.21	疲软型	银川市	65.37	22.63	疲软型
南昌市	113.32	35.02	强劲型	乌鲁木齐市	72.71	15.75	疲软型
济南市	190.39	25.79	疲软型	35 个城市	340.55	27.14	

经综合考量，本研究将北京、天津、石家庄、呼和浩特、沈阳、大连、长春、上海、南京、杭州、合肥、南昌、武汉、长沙、广州、深圳、南宁、重庆、成都、西安共 20 个城市归为住房开发投资强劲型城市，其余 15 个城市被划分为住房开发投资疲软型城市。可以说，合理区分城市住房开发投资类型，不仅有助于明确研究对象，建立研究起点，还可以深入探究两类城市的特征差异，进而为理解住房开发投资增长路径的城市差异性创造基础条件。

五、关于分类标准的补充说明

研究根据金融垄断力量的强弱，将城市所处的金融环境分为三个时期，35 个大中城市所处的金融环境时期是否相同，这对强劲型和疲软型的分类是否有影响？

金融环境可细分为两个层面：宏观大环境和当地金融发展环境。其一，每个城市面临同样的宏观货币政策；其二，不同城市的当地金融发展环境存在差异。这两种金融环境对每个城市的影响有重叠效应，致使35个大中城市所处的金融环境时期不相同。住房金融发展路径的转折点所处的阶段非常重要，是导致住房开发投资城市差异性增长的重要原因，而决定金融体制转型时机的地方政府在其中发挥着关键性的作用。当宏观经济环境给定之后，地方政府的不同政策力度会导致城市住房金融发展路径出现差异。地方政府采取何种程度的财政政策和土地政策，直接关系到住房金融体制的变革和住房开发投资的未来发展前景。在金融抑制时期，地方政府无论采取何种政策促使住房金融发展路径收敛到哪一个均衡点，都是次优发展战略，而且不会出现城市住房金融发展的最优战略。

但是，城市所处的金融环境时期对强劲型和疲软型的分类没有影响。因为，本研究是基于住房开发投资规模与增长率的视角进行分类与研究的。

第四节　研究框架

随着住房金融发展的深化和金融创新的加快，住房市场资源配置的效率也在同步提升，两者呈现出一种动态演化、互相调整的过程。为了深入理解住房开发投资增长路径的城市差异性，本研究试图建立一个“宏观金融环境（Environment）—金融机构策略性竞争（Competition）—住房开发投资（Investment）”（ECI）理论分析框架，将住房金融发展、金融摩擦、住房开发投资纳入其中，进而有助于从系统的视角去理解住房开发投资城市差异性增长的内在机制，以及住房金融发展和金融摩擦在其中所发挥的作用。本研究主要目标是通过建立具有内生性金融摩擦的住房市场动态模型来解释我国城市间住房开发投资发展路径的城市差异性。特别是重点考察住房金融发展、金融摩擦和住房开发投资的动态影响机制。

“宏观金融环境—金融机构策略性竞争—住房开发投资”（ECI）理论分析框架如图1－3所示。该动态系统框架存在三个核心内生变量——城市住房金融发展、金融摩擦和住房开发投资。这三个变量可以充分决定该系统的所有其他变量。本研究的核心逻辑思路是：在不同宏观金融政策设计下形成的城市住房金融发展环境，决定了城市金融机构发展模式和与其相应的策略性竞争行为的差异（宏观金融环境⩾金融机构策略性竞争）。

当金融机构改变策略性竞争行为之后，住房金融市场所面临的外部流动性（住房金融发展）和内部流动性（金融摩擦）将发生显著变化。此时，基于土地抵押品融资的开发商与基于财政收入融资的地方政府会根据金融摩擦的程度和自身的偿债能力，选择符合利润最大化与政绩最大化的商品房开发投资与保障性住房开发投资规模（金融机构策略性竞争≥住房开发投资）。因此，基于这一思路，本研究根据金融垄断力量的强弱，将城市所处的经济环境划分为三个时期：金融抑制时期、金融垄断竞争时期、金融自由化时期，并分别讨论相应政策环境下包括商品房与保障性住房开发投资在内的城市住房开发投资长期均衡收敛路径出现城市差异性增长的原因。

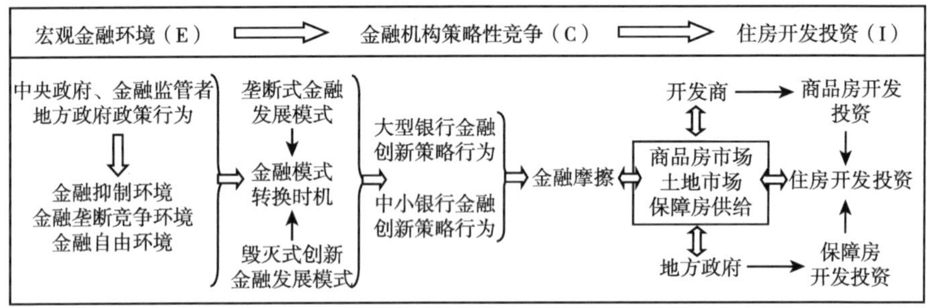

图1-3 "宏观金融环境—金融机构策略性竞争—住房开发投资"（ECI）理论分析框架

在该系统行为的变化过程中存在三种持久性力量：一是制度的力量。制度具有持久性，如果没有其他力量的干扰或冲击，制度很难发生显著的变化。然而，市场力量的凸显或是经济环境的改善为新一轮的制度改革提供了契机。通过暴露现有制度的缺陷，市场力量逐步弱化维持当前制度的利益主体的控制力，使制度的制定者在维持旧制度的成本与改革旧制度的收益间进行权衡。当改革的收益大于维持的成本时，"制度改革的红利"出现，随之而来的将是大规模的制度更新与模式转换。比如住房金融发展模式的转换不仅涉及不同类型金融机构的自身利益，而且还关系到商品房市场与保障性住房领域的可持续发展。当传统的住房金融发展模式无法维持大型银行的预期收益率或是其他发展模式开始挑战现有的发展模式时，现有住房金融制度的主导者将会顺应商品房市场与保障性住房市场的发展要求，积极转变发展模式，加快新形势下的住房金融制度更新。二是市场的力量。住房市场的发展是经济增长的重要推动力量，它不仅满足了普通家庭对住房的居住性需求，促进了住房市场消费与投资的增加，壮大了房地产业规模，同时也繁荣了金融市场，刺激了金融产品的开发，提高了金融市场与住房市场的资源配置效率。尽管市场的力量可以推动制度的改革，但住房市场行为与金融机构金融创新行为同样受到住房金融发展的制度约束。因此，要想充分发挥市场的力量、让住房投资行为与金融机构的策略性竞争行为由市场来决定，必须进一步改革当前过度行政干预的住房金融制度。三是地方政府的力量。中央政府对地方政府设置的政绩考核制度安排在一定程度上限制了地方政府的保障性住房投融资行为。地方政府为了实现经济发展和民生发展双重目标，会充分利用手中的政策工具对住房市场和土地市场进行调控，使住房市场行为不仅能够满足地方政府保障性住房投资的需要，同时还能与地方发展战略保持一致。由于地方政府的发展目标存在差异性，各地住房市场发展会出现严重的不平衡，因此，中央政府需要从宏观层面进行制度更新，对区域发展目标进行重新设定，使地方政府的住房投资行为趋于平衡与稳定。本研究试图把这三种力量看作影响住房金融发展、金融摩擦和住房开发投资均衡变动的重要因素，贯穿于整个理论框架。

利用 ECI 理论分析框架，本研究试图提出这样一种解释思路：在具有不同金融垄断力量的宏观经济环境中，由于宏观经济政策和地方政府政策的共同作用，城市存在着多样化的住房金融发展均衡路径。这些住房金融发展均衡路径的差异不仅影响到城市中金融中介自身投融资能力与金融创新能力（外部流动性）的变化，还直接导致了金融中介和开发商与地方政府之间金融摩擦（内部流动性）的差异。在外部和内部流动性的相互影响下，由商品房开发投资和保障性住房开发投资构成的城市住房开发投资产生了多种形式的城市差异性发展路径①。

为了深入论证这一解释思路并验证本研究提出的 ECI 理论框架，本研究的组织结构如下（见图 1 -4）：

第一章，首先提出研究的问题，阐述住房开发投资增长路径的城市差异性。然后对住房开发投资、金融摩擦、强劲型与疲软型城市的概念进行界定。通过对 ECI 理论框架的解释，本研究将指出主要创新点。

---

① 在此，我们对金融中介（Financial Intermediation）做出明确定义，从而跟“金融机构”（Financial Institutions）相区别。金融中介是指那些有助于市场参与者之间的以及整个经济的资金流动的机构或个人（Maxwell，1994）。而金融机构是指参与金融市场活动的所有组织，包含实体的组织、虚拟的组织、经济类组织、政治类组织等，这些金融机构分布于金融市场的各个环节之中，发挥着不同的作用。金融中介只是金融机构的一个子集，从事于特定的金融职能。本文如不做特别说明，金融中介完全等同于金融机构，两个概念交替使用。

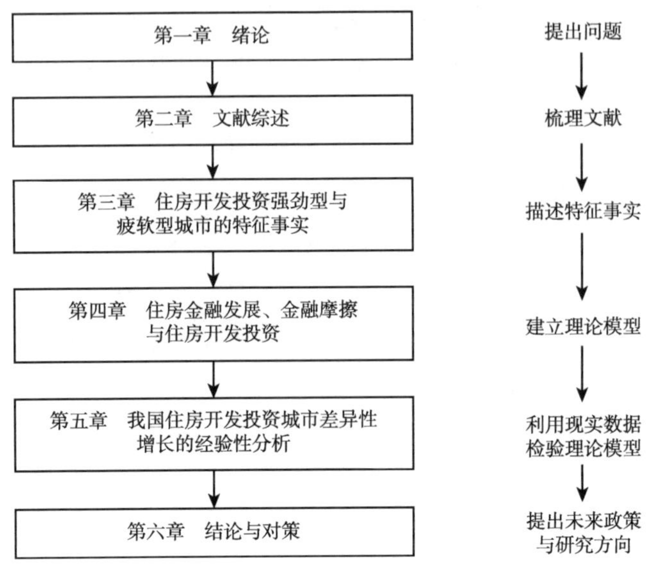

图1-4　文章的框架结构

第二章，归纳与评析可以支撑ECI理论框架的现有文献。为了能够更好地理解ECI理论框架，本章试图顺着“商品房市场—保障性住房领域—金融摩擦—政策调控”这一思路梳理现有的研究成果。回顾商品房市场的文献，有助于分析开发商投资与融资的确定性因素，从而更好地把握市场力量对商品房投融资的作用轨迹。研究保障性住房建设领域的文献，可以观察到地方政府在保障性住房产品供给方面的非市场化动机和投融资机制，也有助于考察在商品房市场化冲击下的地方政府对自身承担公共责任的反应行为。由于住房项目融资需要有效率的金融市场支持，因此总结归纳金融摩擦相关文献，可以更好地分析金融市场中借贷双方面临的影响金融资源配置低效率的相关问题，这对于在金融市场上为商品房和保障性住房融资的行为主体来说至关重要。住房市场的可持续发展同样离不开政府的有效政策管制，所以回顾与住房市场关联的现有政策工具，有助于考察不同类型政策方式对住房市场投资的影响机制，从而为更好地解释不同住房金融发展程度的城市在特定政策下的住房市场投融资行为提供强有力的理论支撑。

第三章，归纳与总结住房开发投资强劲型与疲软型城市的特征事实。我国各城市的住房市场经历了市场培育、政策调整、制度规范等多个发展阶段，不断向微观市场成熟、宏观政策稳定、可持续发展的住房市场迈进。在此过程中，我国35个大中城市住房开发投资的发展轨迹出现了明显的城市差异性增长格局，产生了住房开发投资强劲型与疲软型城市的分类。本章根据这两类城市发展的现实情况，分别从住房市场、土地市场、金融市场、城市发展等方面总结其存在的特征差异。

第四章，从理论上分析住房开发投资城市差异化增长的机制与原因。为了解释住房开发投资增长路径的城市差异性，本章建立了一个住房金融发展、金融摩擦与住房开发投资相互关联的理论框架进行静态均衡分析和一般动态均衡分析。第一，构建了一个由商品房市场、保障性住房市场、土地市场和金融市场组成的城市经济体，其中涉及开发商对商品房的投融资决策、地方政府对保障性住房的投融资决策、金融中介对住房部门的流动性供给和金融摩擦的内生过程。第二，研究了住房金融发展环境外生给定条件下，金融摩擦对住房开发投资的影响机制。其中包含金融摩擦对开发商的微观最优决策和对商品房市场的整体影响、商品房市场对地方政府保障性住房投资决策环境产生的影响、金融摩擦对保障性住房类型占比选择和保障性住房开发投资的影响、能够使金融资源配置达到平衡的内生性金融摩擦、外生给定的住房金融发展程度对金融摩擦的影响，以及金融摩擦对社会福利的影响。第三，特征化住房金融发展的内生过程，从融资渠道扩张和金融产品开发两个方面建立住房金融发展的微观基础，研究不同类型银行住房金融发展策略对城市住房金融发展的推动作用。第四，重点分析城市住房金融发展的动态均衡路径对住房开发投资的城市差异性影响。其中，我们首先研究不同住房金融发展模式下的两类银行微观金融创新决策，并考察大型银行对两种住房金融发展模式的选择。随后，根据城市住房金融发展的动态过程，从宏观角度特征化城市经济的动态均衡路径。第五，详细讨论在金融抑制时期、金融垄断竞争时期、金融自由化时期城市住房金融发展的动态过程对住房开发投资的城市差异性影响。

第五章，从理论模型回归到现实数据，检验 ECI 理论框架的稳健性。为了克服现有经验研究的缺陷、深化对住房开发投资城市差异性增长理论的认识、寻求对该理论的经验支持，本章在现有理论与经验研究的基础之上，利用 2000—2010 年我国 35 个大中城市的数据，重点考察两种城市类型中住房金融发展、金融摩擦对住房开发投资的影响。本部分的研究试图确立以下四方面关系：一是金融摩擦与住房金融发展的主要影响因素；二是住房金融发展对金融摩擦的影响；三是住房金融发展与金融摩擦分别对两类城市的保障性住房开发投资和商品房开发投资产生的影响；四是住房金融发展与金融摩擦对两类城市的住房开发投资产生的影响。

第六章给出了本研究的主要结论、政策建议与未来研究方向。

第五节　研究方法与主要创新点

一、研究方法

（一）动态一般均衡分析

本研究在理论分析部分建立了一个“宏观金融环境—金融机构策略性竞争—住房开发投资”（ECI）理论分析框架。该理论框架将住房市场分为由市场驱动投资的商品房市场和由地方政府补充投资的住房保障，并基于这两个市场构建了具有金融摩擦和住房金融发展的动态一般均衡模型。运用动态一般均衡的分析方法，有利于从城市角度系统地阐释开发商、地方政府与金融中介之间的经济与政治互动关系，从而获得不同宏观金融环境下我国住房开发投资城市差异性发展路径的均衡状态。

（二）静态均衡分析

本研究认为，住房金融发展环境不变条件下具有金融摩擦的城市经济 ε 的资源配置由以下因素构成：能够使各地段开发商垄断收益最大化的商品房建设规模、开发商自有资金投资规模、土地要素需求、开发商贷款偿债率的时间路径；能够使地方政府政绩目标最大化的出售型与出租型保障性住房的比率选择、保障性住房财政支出、土地要素投入的时间路径；满足金融市场流动性平衡的银行对抵押品贷款约束的时间路径；能够使家庭效用最大化的总消费；使商品房市场和土地市场出清的各地段商品房价格、土地价格的时间路径，并对此进行了静态均衡分析。

（三）固定面板效应模型与广义矩估计方法

由于经济变量具有随机性与不确定性，因此，本研究将根据我国35个大中城市的数据，利用固定面板效应模型与广义矩估计方法，构建相应的计量经济模型来检验本研究的理论是否与实践相一致，从而有助于更好地揭示经济规律，预测未来发展趋势，提供政策建议，促进金融市场与住房市场协调、可持续发展。

（四）信息不对称下的动态博弈分析

在不同的地方官员政绩考核机制下，地方政府进行差异性保障房供给决策时，进行了中央政府、地方政府、保障对象、银行等主体之间的博弈分析。

（五）归纳比较分析

为了探究两类城市住房开发投资差异性增长路径的原因，根据 35 个大中城市的现实情况，分别从住房市场、土地市场、金融市场、城市发展等方面归纳比较了两类城市存在的特征差异，为本研究的理论分析提供经验支持。

二、主要创新点

（一）构建了一个 ECI 理论分析框架

为了深入理解住房开发投资增长路径的城市差异性，本研究构建了一个“宏观金融环境—金融机构策略性竞争—住房开发投资”（ECI）理论分析框架，将住房金融发展、金融摩擦、住房开发投资纳入其中，进而有助于从整体、系统的视角去理解住房开发投资城市差异性增长的内在机制，以及住房金融发展和金融摩擦在其中所发挥的作用。

（二）对两类城市住房开发投资差异性增长路径进行了多角度的事实描述

为了探究两类城市住房开发投资差异性增长路径的原因，本研究根据 35 个大中城市的现实情况，分别从住房市场、土地市场、金融市场、城市发展等方面描述两类城市存在的特征差异，为本研究的理论分析提供经验支持。

（三）对不同变量之间的互动关系进行了静态均衡分析和动态均衡分析

在本研究的第四部分，对住房金融发展、金融摩擦与住房开发投资之间的互动关系进行了均衡分析。首先进行了变量间的静态均衡分析，之后，又进行了住房金融发展的动态均衡分析。

（四）运用 35 个大中城市的数据对 ECI 理论框架进行了实证检验

本研究基于理论模型并结合现实数据，检验 ECI 理论框架的稳健性。为了克服现有经验研究的缺陷、深化对住房开发投资城市差异性增长理论的认识、寻求对该理论的经验支持，本研究在现有理论与经验研究的基础之上，利用 2000—2010 年我国 35 个大中城市的数据，重点考察两种城市类型中住房金融发展、金融摩擦对住房开发投资的影响。

第二章 文献综述

我国住房开发投资增长路径的城市差异性，不仅体现在商品房和保障房的不协调发展，还与金融市场摩擦的特征密切相关，更是住房金融发展环境与政策调控综合效应的反应结果。

为了能够更好地理解这一机制，本章试图顺着“商品房市场—保障性住房领域—金融摩擦—政策调控”这一思路梳理现有的研究成果。

回顾商品房市场的文献，有助于分析开发商投资与融资的决定性因素，从而更好地把握市场力量对商品房投融资的作用轨迹。

研究保障性住房建设与供给领域的文献，可以观察到地方政府在保障性住房供给方面的非市场化动机和投融资机制，也有助于考察在商品房市场化冲击下的地方政府对自身承担公共责任的反应行为。

由于住房建设项目融资需要有效率的金融市场支持，因此，总结归纳金融摩擦相关文献，可以更好地分析金融市场中借贷双方面临的影响金融资源配置低效率的相关问题，这对于在金融市场上为商品房和保障性住房融资的行为主体来说至关重要。

住房市场的可持续性发展同样离不开政府的有效政策管制，所以回顾与住房市场关联的现有政策工具，有助于考察不同类型政策方式对住房市场投资的影响机制，从而为更好地解释不同住房金融发展程度的城市在特定政策下的住房市场投融资行为提供强有力的理论支撑。

第一节 商品房开发投资的决定因素

住房市场化改革为商品房市场的发展提供了机遇与动力。城市经济实力的增强、城乡一体化进程的加速、家庭住房购买力的增加均释放了对城市商品房的巨大市场需求。在供小于求的市场环境下，潜在的市场利润刺激了开发商的投资热情，促进了商品房供给规模的持续增加。然而，商品房市场的投资热潮不仅加剧了住房市场垄断竞争的氛围，同时在中央与地方政府宏观调控背景下也受到了严格的市场规制。开发商准入门槛逐步提高，垄断竞争格局不断巩固。除了需求侧驱动住房投资外，由地方政府土地供给行为决定的土地数量和价格从商品房建设的投入要素成本渠道显著地影响着商品房开发投资的总规模。现有文献分别从商品房需求、市场结构、商品房成本等方面研究了商品房开发投资的决定性因素。

一、商品房需求

从商品房需求侧看，我国经济的持续快速增长提高了家庭收入水平、增强了家庭住房消费能力，为中高收入家庭进入商品房市场、满足住房多样化需求创造了物质条件。沈悦和刘洪玉（2004）分析了经济增长与房地产开发投资的关系。他们通过 Granger 因果检验发现，1991—2010 年，我国的经济增长对房地产开发投资有着显著的单向作用。宏观经济的波动会引起房地产开发投资更加剧烈的波动。经济下滑会给房地产开发投资造成巨大的负面冲击，而经济的持续增长会增强开发商未来的信心，推动房地产开发投资的增加。皮舜和武康平（2004）利用 1994—2002 年我国 29 个省份的面板数据检验了商品房交易额与经济增长之间的关系。他们认为，我国区域房地产市场的发展与经济增长之间存在着双向因果关系。梁云芳等（2006）用变参数模型考察了 1998 年一季度至 2005 年二季度经济总产出对房地产投资的动态影响。他们发现，房地产投资的产出弹性变动范围在 1.35—1.65，富有弹性。这主要是因为 GDP 的增加，一方面，提高了家庭收入水平，并由此导致家庭在消费支出结构不变的情况下，不断提高住房产品的消费绝对量；另一方面，扩大了社会总体投资水平，带动了与工业和服务业相关的住房设施的需求增加。王金明和高铁梅（2004）利用可变参数模型对我国房地产市场需求、供给进行了动态的定量分析，结果显示，影响房屋需求的诸因素中，收入弹性最大，因此，居民收入水平的增加与购买能力的增强是房屋需求增长的最主要因素。王岳龙和张瑜（2010）认为，在影响住房消费的经济基本面因素中，收入对住房消费的贡献率日益增加，而利率和房价的贡献逐渐减少。祝运海（2011）、黄忠华等（2008）利用面板数据下的误差修正模型，证明了房地产开发投资与经济增长两者间存在着双向格兰杰因果关系。张清勇和郑环环（2012）研究了住宅投资与经济增长之间的双向因果关系。他们利用面板误差修正模型检验了我国 1985—2009 年省级数据。结论表明，1985—2009 年，我国各省市存在着稳定的经济增长推动住宅投资的单向 Granger 因果关系，而住宅投资带动经济增长的单向因果关系缺乏足够的证据支持，所以我国不存在“住宅引领增长假说”。

除了由经济增长带来的住房购买力增加外，同步进行的城市化也推动了商品房市场需求的快速增长，从而形成住房需求驱动商品房开发投资的供给模式。具有我国特色的城镇化不仅扩大了城市人口规模，还改变了城市人口结构。这直接影响城市住房市场的需求总量与需求结构的变化。张晓晶和孙涛（2006）考察了1998—2004年房地产周期的驱动因素。他们认为，经济增长因素对于房地产业的发展起着决定性作用。其中，城市化作为经济增长的引擎促进了城市人口的急剧增长，并由此带来了巨大的住房需求，从而推动了房地产业的发展。而个人可支配收入上升以及恩格尔系数的下降意味着住房支出的增长和住房需求的上升。虽然人均可支配收入的增加还不足以实现购房，但在住房消费信贷的支持下，住房需求逐渐转变为真正的有效需求。李雄军和姚树洁（2011）认为，城市化通过影响人口的迁移长期地推高房地产需求，但其边际效应将趋于递减，从而导致房地产市场的供求关系由供小于求向供过于求转变。谢福泉和黄俊晖（2013）研究了我国城镇化水平与房地产供需之间的关系。他们认为，城镇化水平的提升对房地产需求与供给的增加都具有正向推动作用。城镇化的加速会导致住房需求缺口的拉大，而城市人口扩张也会推动住房需求的快速增长。为了实现住房市场供需平衡，住房供给量必然会上升。因此，要想在新型城镇化推进过程中实现房地产供需均衡，就必须维持这种长期均衡关系。陈淑云和付振奇（2012）考察了湖北省城市化、房地产投资与经济增长三者之间的关系。他们发现，经济增长促进了房地产投资的增加，但房地产投资对经济增长的推动力较弱；而城市化推动了房地产投资的增加，但房地产投资对城市化的推动效果并不明显。张立新和秦俊武（2014）研究发现，以空间城市化、资本城市化、人口城市化衡量的城市化水平对房地产开发投资产生区域差异性影响，以空间城市化、资本城市化指标衡量的城市化水平对房地产开发投资的影响相对较大，以人口城市化指标衡量的城市化水平对房地产开发投资影响相对较小。

二、市场结构

从市场结构角度看，增量主导的商品房市场上，具有不同程度垄断势力的开发商决定了整个市场的竞争程度。这些开发商可以在这种垄断竞争的市场结构中采取各种策略性行为，扩大与限制自身或其他开发商的商品房投资规模。李颖欣（2008）认为商品房市场的进入壁垒客观存在。这里的进入壁垒包括对开发商进入与投资项目的资金壁垒、建筑技术壁垒、政策限制壁垒、开发商声誉与规模经济壁垒。高波（2008）研究了垄断竞争环境下房地产开发商策略性定价行为。他认为，房地产开发商在制定房地产价格时，垄断厂商不仅会采用一些惯用的价格策略，如垄断定价、在领导厂商主导价格的条件下其他开发商选择跟随策略、合谋、价格歧视、拍卖竞价、掠夺性定价等，还探索出一些独特的价格策略，即外部效应内部化、增值诱导定价、制造短缺挤压以引致剩余需求扩大等。尽管开发商的这些定价策略在一定程度上扭曲了商品房供求结构、降低了社会福利，但对开发商个人而言，策略性定价行为的实施不但促使商品房价值增值，提升了商品房价格，获取了更多垄断利润，增强了开发商经营实力，还对整个商品房市场起到排挤竞争对手、限制进入者数量、减少市场供给规模的作用。在这些竞争策略中，值得关注的一点是，开发商善于利用商品房周边的公共设施进行策略性定价，而这些公共设施的投资规模取决于地方政府的财政规模与投资计划。因此，地方政府的公共投资行为对商品房价格有着显著的外部性，也是推动商品房市场垄断竞争的重要因素。巴曙松和杨现领（2020）认为，产业结构和由此带来的人口流动决定一个城市的房地产市场需求是否可持续。

商品房市场的垄断竞争也延续到了要素市场。高一兰和王永波（2011）指出，不适当的宏观政策会导致市场准入门槛提高，形成弱肉强食的竞争局面。比如金融政策的约束导致资金流动性不足的中小开发商被排挤出市场，土地开发权往往由资金实力较强的大型开发商独享。在现有土地出让制度下，大企业为了应对过高的地价，会以联盟的方式拿地，并在联盟内分工开发。所以，要素市场垄断竞争造就了寡头垄断企业。

三、商品房成本——土地要素的投入

从供给侧来看，商品房开发建设离不开土地要素的投入。在特定市场环境下开发商得到的土地数量与价格直接关系到商品房开发投资成本。在土地公有制的我国，土地资源的获取主要受到由地方政府垄断的土地出让行为的影响。特别是在城市化加速的背景下，地方政府正不断推动农村土地向城市用地转变，利用土地资源经营城市的发展模式促进了土地价格的上涨。中国经济增长前沿课题组等（2011）认为，2000 年以后，我国的城市化进入相对独立的大发展阶段。地方政府对土地的供给特性和跨期分配效应导致了土地价格和房地产价格上升过快。土地要素的价值被重新评估，直接为地方政府创造了可观的“土地收入”，并促使地方政府不断加大公共基础设施投资，加速土地城市化，从而推动区域经济增长。此外，地方政府通过土地资源的资本化，促使人均土地资本量提高，加快土地要素流入现代经济流程，扩大生产可能性曲线边界范围，进而满足国家资本形成的要求，促进经济增长。周飞舟（2010）研究了城市扩张、土地开发和土地财政三者之间的关系及其相互作用的机制。他发现，城市扩张的过程必然涉及土地的资本化运作与房地产业的快速发展，而这两个环节会给地方政府带来丰厚的财政收入。比如在财政担保或土地抵押融资方式下，地方政府往往采用土地出让收入或是已征收的城市建设用地，获取金融贷款，并以此带动大规模的城市建设。“从土地收入开始，到银行贷款，然后城市建设，最后继续征地”。这一循环往复的过程，不但塑造了城市繁荣的工业化和城市景象，提升了城市居住价值，而且也为地方政府带来了额外收益。由于城市建设过程中迅速增长的以建筑业、房地产业等营业税为主的财政预算收入无须与中央政府共享，因此，剧烈的城市化过程是与地方政府“经营城市”“经营土地”的行为取向密不可分的。陈超等（2011）考察了地方政府土地出让行为对房地产市场造成的影响。通过研究中央政府、地方政府、开发商和消费者之间的博弈行为，他们指出，在分税制背景下，土地出让收入成为地方政府的重要财政收入来源。他们凭借对土地资源的管理权限和定价机制，垄断土地市场供给侧，利用“招拍挂”方式获取土地垄断收益。在这种环境下，只有资金实力较强的开发商才能够竞拍到土地。而这些追求利润最大化的开发商通过控制住房供应量的方式，加剧住房市场供求矛盾，推动房价不断上涨。因此，地价和房价上涨的根本原因是地方政府谋利动机，高地价和高房价的直接原因是开发商垄断商品房供应。土地供给与土地定价机制只是地方政府实现自身利益的手段与方式。张娟锋和虞晓芬（2011）研究了土地资源配置体制与供给模式对房地产市场的影响。他们发现，从宏观市场层面看，住房市场供给量、开发成本、房屋类型及消费预期等变量受到土地市场供给量、供给价格、供给结构及政策偏好的影响，住房市场的长期均衡价格与交易量也会因此而产生变动；从微观层面看，城市住房市场价格、数量及发展趋势受到土地供给宏观变量的影响，而地方政府在招拍挂定价过程中会设立微观约束条件，控制土地出让价格，冲击周边住房与配套项目的价格。梅冬州和温兴春（2020）构建了一个多部门的小国开放经济 DSGE 模型，模型中嵌入了地方政府的土地财政行为，同时引入了房地产、重工业和非重工业等部门，研究发现地方政府的土地财政行为使得地价与 GDP 高度联动。

第二节　商品房开发融资的影响因素

住房产业是资本密集型产业。商品房开发项目的有效运作离不开金融市场的资金支持。对于开发商而言，商品房项目融资分为内部融资与外部融资。内部融资主要依靠自有资金，外部融资主要来自银行信贷和非银金融机构的资金①。Modigliani - Miller 不相关定理（Irrelevance Theorem）认为，在资本市场完善的情况下——自由进出、完全对等获得信息、不存在交易成本和税收，融资结构的选择同企业的价值无关（Modigliani 和 Miller，1958）。Jensen 和 Meckling（1976）、Meyers 和 Majluf（1984）放松了完善资本市场假设，从公司治理结构的角度，分别考察了委托代理问题和信息城市差异性对不同类型外部融资方式的融资成本的影响，并由此发展了择序融资理论（Pecking Order Theory），即根据包含代理成本②在内的融资成本和企业价值的差异，企业首先应当采取内部融资策略，然后考虑债务融资策略，最后选择股权融资方式。但在现实情形下，各国资本市场差异较大，影响融资方式的因素各不相同，MM 不相关定理和择序融资理论未必成立。张维迎（1995）认为，融资结构至少受到企业自身的特点（如资本规模大小、经营者的能力）、所在行业的行业特征（如市场需求的稳定性、有形资产的价值）、所在经济的制度环境（如金融市场的发育状况）的综合影响。在我国，银行体系的信贷支持在商品房外部融资中占比较高，而非银金融机构资金比重较小。为了研究商品房开发融资特征，本研究分别从制度环境、住房与金融行业特点、信息城市差异性、政策调控等几个方面梳理企业融资的相关文献。

一、制度环境

从制度环境来看，由于我国的金融体系中大部分银行属于国有企业，金

① 内部融资是指开发商利用现有资金或扩大自有资金基础的融资，包括“抵押、贴现股票和债券而获得的现金”“预收购房定金和购房款”和企业留存收益等。外部融资包括债务性融资和权益性融资。债务性融资包括直接债务融资（如工程承包融资、租赁融资、回租、回买和发行企业债券）和间接债务融资（包括银行贷款和其他融资机构贷款）。权益性融资包括上市融资、合作开发融资和权益性房地产投资信托。由于在中国直接债务融资和权益性融资比重较低，所以本文重点研究间接债务融资。

② Jensen 和 Meckling（1976）认为，代理成本包括为设计、监督和约束利益冲突的代理人之间的一组契约所必须付出的成本，加上执行契约时成本超过利益所造成的剩余损失。

融资源的分配有着显著的“重视国企（大型企业）、歧视民企（中小企业）”的特征。因此，开发商所有权性质或者自有资本规模是银行配置信贷资源的重要影响因素。周业安（1999）认为，我国的金融抑制从资金供给、资金价格、资金流动三个方面影响不同类型企业的融资能力。其中，信贷市场抑制迫使银行业要兼顾利润最大化和政治利益最大化的双重目标。比如向低效益的国有企业提供优惠贷款不可避免会产生巨额银行坏账损失，从而造成信贷市场资金漏损。此外，信贷市场上价格和数量的歧视造成了信贷市场分割。政府会根据企业的所有制因素差异设定不同的贷款利率，由此客观上形成了信贷市场双轨制，从而带来了金融机构寻租的机会。张杰（2000）认为，民营经济的金融困境源于国有金融体制对国有企业的金融支持（金融补贴）和国有企业对这种支持的刚性依赖以及由此形成的信贷资本化。民营经济难以在国家控制的金融体制中获得金融支持，因为它与国有金融体制处于不同的信用联系之中。林毅夫和李永军（2001）认为，由于我国的金融体制由大型银行主导，而大型银行给不同规模的企业提供金融服务的成本和效率不一样，所以缺乏为中小企业提供金融资源的动机，由此造成了中小企业普遍存在的融资难问题。比如银行会根据经营透明度和抵押条件上的差异对不同类型企业进行划分，实施差异化的金融服务。徐洪水（2001）认为，中小企业存在着刚性的金融缺口，这主要是由于我国的银行制度完全由自上而下的政府行政设计决定，且制度运行效率低下，国有银行在行政体制与市场化的经营体制下举步维艰，难以实施有力的金融市场化改革，而银行在经营过程中出现的成本与收益的不匹配、激励与约束机制的不兼容等问题，都造成了中小企业信贷规模的加速萎缩。李大武（2001）认为，中小企业融资困难既有银行方面的原因（认识上的偏差、现行管理体制的缺陷、地方中小金融机构发展不规范、金融机构部分信贷政策不合理、利率结构不尽科学），也有中小企业自身的原因（资产结构状况存在较大缺陷、中小企业个体经营风险相对较大、信息城市差异性问题严重、道德风险相对较高、融资成本较高），还有政府融资服务方面的原因（专门为中小企业提供融资服务的机构不健全、缺乏完善法律法规的支持保障、信用担保制度不健全、抵押担保体制尚需完善）。张捷和王霄（2002）考察了中小企业融资过程中面临的规模歧视和所有制歧视①，检验结果显示，规模歧视在企业贷款中

① 规模歧视是由于借款者以及借贷双方的规模差异产生的融资偏差，其反映的是市场经济中产生中小企业融资壁垒的一般因素；所有制歧视是由于借款者以及借贷双方的产权差异形成的融资偏差（张捷和王霄，2002）。

普遍存在。尽管我国的中小企业面临很高的信贷壁垒，但这种壁垒随着企业经营年限的推移亦即企业规模的扩大而逐步降低。而所有制歧视是发展过程中的阶段性问题，特别是在经济转轨时期这一问题可能会很严重，但是从长远来看，只要继续加快经济与金融体制的市场化改革，所有制歧视产生的不利影响将会逐步减弱。王朝弟（2003）认为，从制度层面看，中小企业融资难的主要原因是国有商业银行与中小企业在融资体制上的城市差异性。这种体制城市差异性表现在三个方面：国有商业银行与中小企业在机构设置和管理权限上严重错位；所有制偏好难以形成统一的支持中小企业的政策体系；贷款程序不符合中小企业资金周转的特点。同时，金融体制转换过程更容易产生对中小企业的政策歧视，很大程度上会抵消中小企业金融支持政策。王重润（2006）认为，我国开发商数量多、规模小，资产负债率过高，盈利能力较弱，抵抗风险能力差，一旦商品房市场不景气，具有较高概率产生信贷违约，给银行造成坏账损失。陈建英和杜勇（2018）利用2007—2016年的制造业企业数据，实证检验货币政策宽松化对房地产投资与其业绩关系的影响，实证检验结果显示出宽松的货币政策会刺激制造业企业增加房地产投资。

二、住房与金融行业特点

为了防止违约风险，开发商拥有的土地成为银行贷款的重要抵押物。土地价值的大小不仅起到限制部分开发商进入信贷市场的作用，还关系到借款方违约时银行可保证收入的规模。李志赟（2002）认为，贷款抵押和交易成本是影响中小企业从银行获得信贷的主要因素。烦琐的抵押程序和较高的评估费用会加大企业的融资成本。王霄和张捷（2003）研究了贷款抵押品的信号甄别机制和银行审查成本对贷款额的影响。他们发现，贷款抵押品的价值大小可以作为分辨不同风险类型借款企业的信号。在竞争性信贷市场，银行为了加强信号甄别、防范违约风险，一般选择保本贷款额作为抵押品价值的下限。对于企业来讲，该下限值的设定关系到企业进入信贷市场的门槛。当企业资产规模小于该下限值时，这意味着企业缺乏足够的抵押品，无法获得更多金融支持，只能被迫退出信贷市场；如果企业资产规模大于该下限值，对于投资高风险项目的企业来说，需要提供更多高价值的抵押品才能够继续维持在信贷市场，否则必然要被迫退出。因此，银行采用这种抵押品型信贷配给模式来控制借款人行为，让高风险和资产规模不合格的借款人根据自身抵押品价值来选择是否退出信贷市场。

王重润（2006）认为，用土地做抵押品可以为贷款提供充分的保险，与其他贷款相比，商品房开发贷款的质量更高。因为银行首先考虑的经营目标是贷款的安全性，抵押贷款能够满足银行对资产安全性的追求。一般来说，抵押贷款不超过抵押物价值，通常只及抵押物价值的 70%，甚至更低。而土地具有保值增值特性，尽管商品房价格具有周期性波动，但土地价格趋势却呈现不断上涨趋势。但是，由于抵押担保制度不健全，抵押物处置成本很高。此时，开发商会根据抵押物价值与贷款价值的比较选择是否违约。

银行的流动性风险对商品房贷款起到了限制作用。王重润（2006）指出，由于商品房项目贷款缺乏流动性，过多的开发贷款容易与银行短期负债形成资产负债的期限结构错配，导致银行经营困难。为了避免流动性风险，商品房贷款规模会受到严格控制。荣昭、徐娜娜和袁燕（2020）通过考察城市家庭使用信用卡购买二套房的行为，从家庭微观层面实证检验了信贷扩张对房地产投资行为的可能影响，相对于没有信用卡的家庭，2013 年持有信用卡的家庭在两年内购买二套房的可能性提高了 3.6 个百分点。

三、信息城市差异性

开发商与贷款方之间的信息城市差异性容易产生扭曲成本，降低融资效率。Stiglitz 和 Weiss（1981）指出，均衡信贷配给主要是由逆向选择和道德风险造成的，而银企之间的信息城市差异性在其中发挥了关键性作用。在竞争性均衡下，银行信贷供给不是贷款利率的单调增函数。由于银行很难观测到借款人的全部风险，所以银行在面对这类借款人的超额需求时，为了防止其逆向选择、实现预期收益率最大化，往往会对借款人实施信贷配给，且利率会低于竞争性均衡利率。此时，部分借款人由于信息城市差异性问题而被信贷市场所拒绝，而合格的借款人则可以获得信贷支持。王朝弟（2003）认为，不良的信用情况和不健全的财务管理是中小企业融资难的浅层次原因。从深层次来看，信息城市差异性和综合竞争力较弱才是其融资困难的主要原因。林毅夫和李永军（2001）认为，资金所有者是否参与企业经营管理是区别内部融资与外部融资的主要依据。由于资金供给方与需求方之间信息城市差异性，企业会出现相应的激励（委托代理）问题。在信息城市差异性环境下，企业需要根据信息不透明的程度选择融资方式与相应的融资规模。当信息不透明程度较高时，贷款人必然要求同等程度的风险补偿，中小企业为此需要支付高额资金成本。一旦企业难以承受这些融资成本，将被迫退出信贷市场。郑江淮等（2001）从股权结构角度考察了上市公司投资的融资约束。他们认为，企业与资金供给者之间的信息城市差异性程度决定了企业投资的融资约束程度。当这种信息城市差异性问题得到改善之后，企业不仅会减少对内部融资的依赖程度，还会提高外部融资的规模。张捷（2002）认为，银行采取信贷配给政策的主要原因是防范逆向选择与道德风险问题。信贷配给的主要对象主要是信息不透明的中小企业。通过建立信息约束条件，银行对不同借款人设定信用等级，并拒绝信用等级较低的借款人。同时，为了加强对金融风险的识别与监测，银行根据不同的信息类型建立了相应的贷款甄别技术。比如，财务报表型贷款、抵押担保型贷款、信用评分（Credit Scoring）技术，这三种类型贷款是不具有人格化特征、易于编码、量化和传递的“硬信息”；关系型贷款是具有强烈的人格化特征、难以量化和传递的“软信息”。尽管这些方式可以减少借贷双方信息城市差异性程度，但是银行在搜集大量中小企业的硬软信息过程中仍旧会产生相应的信息搜寻成本。曾凡昌（2010）研究了房地产融资过程中的法律规制。他认为，由于约束借贷双方的法律不健全，我国房地产透明度较低，在缺乏统一的企业信用平台情形下，房地产融资市场信息城市差异性问题严重。开发商作为借款人，对自身的经营能力、管理水平和借款从事的项目的风险程度等信息有着充分的了解。在借款竞争日益激烈、信用和法制不健全的环境下，开发商为了获取信贷会隐藏真实经营业绩和风险信息，而贷款机构由于对这些信息把握不准，会导致其做出逆向选择，产生巨大的金融风险。唐平（2007）指出，获取贷款后的开发商为了长期占用银行信贷资金，会故意隐瞒企业财务信息，使银行不能准确评估开发商的偿还能力及贷款风险。这种贷款后双方的信息城市差异性会导致开发商的道德风险，进而演变为银行的信贷风险。林毅夫和孙希芳（2005）研究了信息城市差异性情形下中小企业融资问题。他们认为，由于中小企业信息不透明，当面对信息城市差异性造成的逆向选择问题时，正规金融机构缺乏信息处理效率，而非正规金融则在收集关于中小企业的“软信息”方面具有优势。在金融市场模型中，他们既考虑了异质性中小企业借款人，也包含了两类具有不同信息结构的贷款人——非正规与正规金融中介，结果显示，非正规金融可以促进金融市场的资金配置效率。

四、政策调控

政府为了防范商品房市场非理性发展引起的潜在金融风险会出台限制

开发商信贷的政策①。王家庭和张换兆（2005）认为，金融政策的出台是对商品房市场不健康发展的宏观调控。银行通过不断收紧开发商的资金链，给实力不强的开发商带来了巨大融资压力。融资难度的加大意味着开发商开发成本的提高，从而引起了新一轮的开发商洗牌。石亚东（2005）认为，在国家紧缩性宏观政策调控影响下，金融机构为了防范金融风险严格控制开发商信贷，不断提高信贷门槛。这意味着开发商外部融资比重下降。在此环境下，开发商需要通过多种抵押质押等方式向民间融资，或是利用住房销售定金或预售款来加大内源性融资力度。高聚辉（2006）认为，对开发商信贷规模宏观调控的政府会根据经济发展情况在金融体系稳定和经济发展之间进行权衡。当商品房市场投资过热、金融体系压力较大时，房地产金融的信贷政策目标更多地是集中于控制开发商投资规模、保持金融体系的安全与稳定，而当整体经济增长乏力时，信贷政策目标则更偏向于拉动住房需求，支持商品房市场的发展，以此来促进经济增长。整体来看，商品房信贷规模受到金融系统可承受风险的限制。郭晓亭（2007）认为，2003 年以后我国房地产信贷政策发生了巨大变化，使得传统的开发商信贷融资模式受到了一定程度的限制。新的货币政策偏重于限制流动性管理水平较弱的企业进入住房市场，规范开发商的融资行为，鼓励房地产融资模式创新，推动开发商融资渠道的多元化，从而减少银行信贷风险。赵奉军和骆祖春（2019）认为，经济政策不确定性会显著影响住宅投资，但长期影响是正向的，短期影响是负向的。

第三节　保障性住房开发投资的影响因素

与完全由市场力量驱动的商品房开发投资不同，推动保障性住房投资的主导力量是政治与社会因素。在 1998 年住房市场化改革之后，政府与国有单位逐步退出住房供应市场，商品房成为市场供应的主体。但是随着商品房价格的快速上涨，中低收入家庭无法通过商品房市场满足自身住房

---

① 比如 2003 年人民银行与银监会先后出台了《关于进一步加强房地产信贷业务管理的通知》（银发〔2013〕121 号）以及《商业银行房地产贷款风险管理指引》（银监发〔2004〕57 号），对房地产开发贷款条件（开发商开发项目自有资金不低于项目总投资的 35%）、贷款用途和使用方向、贷款期限、操作规范以及住房抵押贷款的贷款条件进行了严格规定。2007 年人民银行、银监会联合颁布《关于加强商业性房地产信贷管理的通知》（银发〔2007〕359 号）严格规范房地产开发贷款，其中包括项目资本金不达 35%，不得发放贷款等。

需求，加剧了社会不平等，进而引发了其对党和政府的极大不满。为了维护政治稳定与社会公平，中央政府采取了一系列住房保障政策措施并督促地方政府加大对不同类型家庭的住房保障力度，落实“住有所居”的政治目标。这些保障性住房保障项目类型多样，功能各不相同。比如安居工程（the Peaceful Living Project，PLP）和经济适用房（the Economic and Comfortable Housing，ECH）为中低收入家庭提供具有所有权的住房，廉租房（the Cheap - Rent Housing，CRH）为极度贫困人群提供租赁住房，限价房（the Price - Cap Housing，PCH）为中等收入家庭提供具有产权的住房，公租房（the Public Rent Housing，PRH）和社会住房项目（the Social Housing Program，SHP）为中低收入家庭和外来务工人群提供租赁住房。但是“中央定计划、地方去落实”的制度框架缺乏有效的激励相容机制，忽视了地方政府的资源条件与现实动机，最终导致保障性住房规划的目标与实际的供给相去甚远，产生所谓的“供给不足”或“供给缺口”问题。因此，要考察真实有效的保障性住房投资行为，必须从受到政治压力和当地资源约束的地方政府入手。

一、政治制度的激励与约束

地方政府的基本职能包括提供社会需要的公共产品，但保障性住房并非纯公共产品，而是由政府提供给特定对象私人使用的准公共产品。政府供给公共产品的目的在于发挥税收体系的再分配功能、满足特定人群公共产品需求、实现社会公平稳定等社会福利的最大化。因此，在非民主社会，政府为了体现其对特定群体住房保障的重视程度，需要根据现实情况确定保障性住房的最优供给规模。Wicksell 和 Lindahl 通过引入政治力量和民主化决策过程，开创了公共产品理论的政治经济学分析框架（Silvestre，2003）。他们认为，社会由代表不同财富群体利益（市民偏好）的政治团体构成，公共品供给行为由各政治团体在民主协商环境下决定。理想中的最优公共行为应当体现个体利益且不存在权力的滥用。这里的个体利益不仅包含遵循功利主义规则、反映财富分布特征的社会公正，还包括遵循成本收益原则的经济公正。为了实现经济公正，Wicksell 认为，所有政治团体必须在公共项目的投资成本与收益方面达成一致，这样才能体现经济效率。Wicksell 一致性规则（Wicksell's Unanimity Rule）意味着可以通过政治协商的方式实现 Pareto 改进的公共项目。但 Lindahl 认为，一致性是一种外部性规则，在政治力量旗鼓相当的环境下，只要具备政治协商谈判过程（Tatonnement Bargaining Process）就可以达成一致性目标，从而决定最优的公共产品供给水平。受到 Wicksell 和 Lindahl 的影响，Samuelson（1954，1955）给出了局部均衡环境下纯公共产品供给数量的最优一阶条件（Samuelson 条件），即所有消费者在该公共产品上获得的边际效用之和等于提供公共产品的边际成本。Blomquist 和 Christiansen（1995）研究了政府供给的有私人性质公共品及其最优供给规模。他们认为，私人性质公共产品应当具备以下特征：无法被再次出售，没有相似的市场替代品，对于该产品的需求与个人禀赋的变动相关。本质上，这种私人产品的公共供给是对不同类型群体的歧视，并且不等同于税收的转移支付。要实现社会最优的公共产品供给意味着由收入、公共产品、工资率决定的各社会阶层效用函数必须使最低阶层效用水平得到满足，并且受到自我选择约束（Self－selection Constraint）① 与总经济的财政预算约束条件限制。从公共品供给的最优解中可以发现，相对于边际成本与边际支付意愿的第一最优水平，虽然低技能人群存在着对公共产品过度消费和消费不足两种情况，但公共品供给的增加可以实现社会的 Pareto 改进。Pirttilä 和 Tuomala（2002）放宽了自我选择约束，进一步考虑了内生工资率和生产能力对公共产品供给水平的影响。他们发现，当生产取决于不同家庭的劳动供给和公共产品供给水平时，在动态跨期迭代经济下公共品的增加会提高生产效率，促进社会福利改进。Epple 和 Romano（1996）考察了私人物品的公共供给问题。他们认为，由于私人产品市场存在着不完善（要么是因为产品的某种生产与消费特征引起的，要么是市场配置资源的机制缺陷造成的），比如外部性、排他性、规模经济、合作成本、不完全信息等问题，所以政府需要对该市场的不完善进行干预，通过提供公共出资方式改善经济效率。在由市场和政府双重供给的环境下，存在着多数投票均衡（Majority Voting Equilibrium）。此时，政府支出决策不偏好中等收入阶层，而是偏好于低收入家庭。对私人产品的总消费也会随着政府供给的增加而扩大，并且高于单纯由市场供给环境的总消费。

有效率的政治激励制度是地方政府落实保障性住房计划的基本约束条件。在缺乏自下而上监督地方政府行为的民主化力量背景下，要想完成住房保障的政治目标必须具备可以使地方政府行为动机与上级政治目标相一致的激励制度，但保障性住房激励制度的缺失导致了地方政府在落实保障性住房投资规划的过程中出现了“目标与结果”偏离。苏多永和张玉香

① 自我选择约束表示消费者在接受公共产品供给和通过市场购买该私人产品之间无差异。该约束可以看作公共产品供给的边界。

(2010) 认为，我国保障房供给不足的主要原因有三个：一是制度缺陷使得地方政府消极怠工，缺乏积极性，比如中央政府与地方政府的信息城市差异性和责权不对等；二是“土地财政依赖症”关系到地方政府的经济利益，也决定了地方政府不会主动增加保障性住房供给；三是分税制下，地方政府事权多、财权少，财力的不足造成对保障房投资有限。高波(2010) 认为，地方政府之所以“重发展，轻保障”是因为中央政府对地方政府在住房保障方面承担的责任缺乏严格的法律约束。政绩导向下的地方政府在经济发展与住房保障方面之间往往侧重于前者而忽视后者，从而造成了保障性住房供给的严重不足。贾春梅和葛扬（2013）研究了地方政府保障房供给的合作性努力与自私性努力的形成环境。通过构建改进的多任务委托代理模型，他们认为，由于信息城市差异性，地方政府受到的激励程度越高，合作性建立保障房的水平越高；当地方政府受到自私性努力约束时，惩罚强度会对地方政府的努力水平产生负向影响。因此，中央政府要有效规制地方政府行为，增加保障房有效供给，就必须建立可行的激励机制和约束机制，促使地方政府的合作性努力水平提高和自私性努力水平降低。Zou（2014）从中央与地方的政治体制角度，归纳与总结了导致地方政府保障性住房项目投资目标偏离的主要影响因素。这些因素包括：以经济目标为主的政绩考核体系促使地方官员偏好租售土地给工业部门，而不是毫无土地收益的保障性住房项目；尽管中央政府希望地方政府能够为保障性住房项目提供充足的土地，但是地方政府更希望通过限制每年开发的土地数量来确保稀少土地的竞争性拍卖可以推高当地土地价格，从而获取更多土地收益；在商品房和保障性住房的土地供应计划中，地方政府会偏重于商品房，而不是保障性住房，因为前者有助于地方发展商品房市场，吸引更多的商业投资项目，为地方经济发展创造收益与价值；在财政支出方面，地方政府侧重于加大基础设施投资而不是保障性住房投资，因为在当前政绩考核体系下基础设施建设不仅有助于推动经济增长，也是地方官员的重要考核指标之一；当期的财政结构决定了保障性住房投资的可持续性，特别是房地产市场的不景气会导致地方政府土地收入的下滑，从而加剧保障性住房融资的困难；对于中央政府指定的保障性住房建设任务，在没有中央资金支持的情况下，地方政府会阳奉阴违，虚报瞒报数据。郑思齐和张英杰（2013）指出影响保障房供给的关键制度因素是地方政府动机和资源筹集机制。通过对保障房建设的成本收益分析，他们发现，由于短期成本和长期收益不匹配，地方官员无法在有限的任期中获得政治收益，因此，地方政府会降低住房保障的动机。但是不同发展程度的城市在“土地—资金”的筹集方式上存在差异，这引起了成本与收益平衡关系的变化。部分城市可以实现长期收益的短期化和短期成本的长期化，从而对地方政府的保障住房供给动机产生激励。陈华和张梅玲（2012）认为，除了地方政府没有足够的财政投入保障性住房建设这一原因以外，不适当的政绩考核也影响着保障性住房的投资。当前的政治考核侧重经济效益，忽视公共利益。这使得地方政府无法通过保障性住房的供给满足自身在政治利益上的需求，导致地方政府对保障性住房建设的积极性不高。葛扬和贾春梅（2011）、贾春梅（2011，2014）认为，我国特色的财政分权体制与政绩考评机制促成了发展型地方政府的形成，由此减少了保障房等公共产品的有效供给。在财政分权体制下，地方政府可以动用的财力有限。为了个人政治晋升，地方官员会减少毫无政治价值和经济收益的保障性住房项目投入，而把更多的财政资源用于促进当地经济短期增长的项目。此外，“产权不清、责权不明”的保障性住房投资体制扰乱了地方政府投资收益与成本的关系，降低了投资的效率。倪鹏飞和倪诗妆（2011）研究了保障性住房投资体制存在的问题。他们认为，中央与地方政府没有建立起清晰而有效的保障性住房投资管理和资产管理体制。地方政府作为保障性住房的投资人，在土地使用、住房开发建设、出售、资产管理等诸多方面定位不准，责权不清，产权不明，管理不到位。因此，在缺乏有效的保障性住房激励制度环境下，中央政府与地方政府之间存在着道德风险，即中央政府无法观察到地方政府在保障性住房供给方面的努力程度，因此，地方政府会在充分衡量保障性住房投资带来的经济利益和政治利益之后，改变投资行为，实现自身利益。严荣（2014）研究认为，在既有政治激励下，地方政府要服从政治激励制度安排，又要考虑财政压力，所以选择集中连片供给保障房。

二、地方政府的可支配财政收入规模

除了政治制度约束以外，地方政府的可支配财政收入规模也决定了保障性住房开发的资源投入。这里的财政收入不仅包括经济增长创造的预算内税费收入，还包括由土地资源带来的预算外收益。贾春梅（2011）认为，地方政府在土地供给方面“重市场、轻保障”的主要原因是为了“用地谋财”，也就是说，地方政府通过把土地资源配置给商品房市场来获得更多的土地出让金收入，而如果配置到保障性住房领域，则土地资源不会产生经济收益。因而，地方政府的理性选择是发展商品房市场。此外，在我国，土地资源由政府垄断。当预算内收入给定时，如何利用土地资源谋求更多的预算外收益是地方政府重点考虑的问题。王根贤（2013）认为，在现有的分税分级财政体制下，土地出让收入成为地方财政的重要组成部分。地方政府为了获取更多的土地出让收入，会减少保障性住房土地投入，推高房价。因此，由于当前的财政分权体制，地方政府难以获得足够的经济动机去从事保障性住房投资。郑思齐等（2014）考察了地方政府利用土地进行融资来扩大城市基础设施投资的互动机制。在模型中，他们将地方政府的发展目标设定为土地融资总额最大，并考虑地方政府在两期内的最优土地出让选择。研究发现，这种土地出让行为取决于基础设施投资的资本化效应和土地抵押融资率。当土地抵押成本较低时，地方政府会利用土地进行大规模融资，并以此从事城市基础设施投资，完善城市功能，提高城市综合竞争力，进而吸引投资、推动经济增长。此外，城市设施的大规模建设，不仅有助于改善城市人居环境，提高生活质量，还可以拉动地价上涨，为地方政府带来更多的土地出让收入。张路和龚刚（2020）研究发现，地方政府通过融资平台增加财政实力，以此维系保障房供给。

不难看出，保障性住房开发投资受到投资目标、资源限制、政策手段、激励机制等方面的影响。商品房价格引发了城市中低收入家庭的政治情绪和社会公平问题，从而决定了政府干预住房市场的动机和政府供给保障性住房要实现的政治与社会目标。地方政府拥有的财政收入和土地资源决定了保障性住房开发规模。税收、市场化融资、土地出让、公私合作开发等政策工具的使用决定了建设保障性住房的资源约束松紧程度。而不同类型的政治与经济激励机制决定了地方政府努力程度与投资目标的实现。

第四节　保障性住房开发融资的难点与影响因素

在 1998 年我国住房市场化改革之前，保障性住房具有福利房的性质，基本是由国有单位负责筹集资金投资建设。住房改革之后，国务院取消了国有单位的福利分房，经济适用房、拆迁安置房等保障性住房建设的责任划归地方政府。因此，地方政府需要为保障性住房项目筹集建设资金。改革最初的几年，保障性住房建设资金主要是由地方政府和中央政府财政资金支持。在 2002 年土地出让方式改革之后，土地出让金也成为地方政府建设保障性住房的重要资金来源之一。随着保障性住房需求的增加，地方政府保障性住房建设资金缺口越来越大，以政府资金为主的传统模式难以满足现实的需要。部分地方政府开始以政府信用或资产作为抵押，利用市场化的方式获得银行贷款或吸收社会资金参与，加快保障性住房项目的外部融资，通过优化融资结构，不断提高市场化资金在保障性住房总投资中的比重。

不过，保障性住房（保障房）开发建设的融资模式与商品房融资有着极大的差别。这主要是因为保障性住房具有准公共产品的特征，即由政府部门作为主要供给方、分配方和监管方，不以营利为目的，建设资金投入量大且投资回收期较长的，不具有市场化可交易产权的不动产。由于投资主体、项目收益率等方面的差异，我国保障性住房项目市场化融资的比重与速度同刚刚起步的住房金融体系存在着极大的不协调与不匹配。现有的文献分别从保障性住房融资过程的不同层面，分析了保障性住房开发融资与金融市场互动发展中存在的主要问题及其产生的原因。

一、保障性住房开发融资存在的问题

保障性住房开发融资存在的问题主要有以下几个方面：

第一，政府在保障性住房项目上缺乏相应的财政支出制度，政府财政投入空间有限，政府融资能力较差。吴庆玲（2012）考察了北京市“十二五”期间的保障房建设情况，认为北京市保障房建设融资的主要问题是：投资需求远大于融资量；保障房资金来源不稳定、结构不合理；政府主导的保障房建设投资机构效率低下，融资成本较高。祖晓青（2011）认为，保障性住房资金管理不规范和政策的不完善加剧了保障房融资的风险与难度。邓燕（2011）、周雪峰（2014）指出，保障房融资的主要问题在于：融资手续复杂，实施效率低下，延缓整个保障性住房项目的保障及时性；融资渠道单一，银行依赖度高，不利于保障性住房的长久稳定建设；政府在现有融资模式中参与程度较深，容易引起权力寻租现象；担保机制不健全；自筹资金、社会资金难以发挥作用。王九弘（2013）结合安徽省2007—2012年保障性住房规划的落实情况，分析了保障房建设过程中存在的融资约束问题。由于安徽省保障房建设的主要资金来源是各级政府的财政支出、住房公积金增值收益以及一定比例的土地出让金收益，且这三部分资金占到总资金的70%—80%，因此，保障房建设资金的严重短缺和资金来源渠道的过分单一已经严重制约了安徽省保障房的建设和发展速度。他们同时指出，要保证保障房建设资金长期可持续运行和运转，关键在于正确定位政府在保障性住房融资中的地位以及当地政府要正确引导社会资本、商业资本以及社会闲散资本正确有效的进入保障房建设项目。陈华和张梅玲（2012）认为，地方政府不善于利用金融机构的杠杆作用，单纯依靠财政资金的开发模式使得在地方财政收入大幅波动的过程中，保障性住房资金投入不稳定。姜亚青和杨明（2012）认为，用发行政府债券来为保障房融资会引起多重风险。虽然政府债券是一种市场化的融资方式，有助于提高政府流动性，但是由于这种融资方式是利用政府信用做担保，一旦控制不住融资规模或是超过了地方政府的偿还能力，往往容易引起信用违约风险。

第二，金融市场和社会资金对保障性住房建设缺乏资金投入动机，市场化融资风险高、难度大。陈杰（2010）认为，银行贷款对不同类型保障性住房的支持力度存在显著差异，特别是毫无收益可言的廉租房和难以有经济收益的棚改房，不仅缺乏偿还能力，还会导致银行坏账。所以从经济角度来看，银行没有足够的经济动机为这些保障性住房项目提供金融支持。王晓莹（2011）指出，保障性住房融资难的主要原因是宏观流动性收紧的背景下，可贷资金规模减小。中央银行为了严控通货膨胀，实施了一系列紧缩性货币政策，冻结了市场上大量的可贷资金，使得金融市场整体的资金供应量大幅减少。此外保障性住房本身利润微薄，难以吸引房地产开发商大面积介入，特别是在开发商和金融机构自身承受着较大资金压力的背景下，市场资金更不愿涉足保障性住房领域。中国人民银行丽水市中心支行课题组（2011）认为，保障性住房项目融资不仅缺乏有效的风险补偿机制，对于潜在的风险也难以预测。祖晓青（2011）考虑了保障房融资中的潜在风险和流动性问题。由于房地产贷款有着严格的放贷标准，特别是对四证齐全的要求，所以金融机构很难把对商品房贷款的标准应用到保障房项目上。对于没有产权或是产权不清的保障房项目，一旦地方政府无法偿还贷款，银行不可能将其变现，必然会形成信贷风险。此外，当保障房项目贷款进入地方政府融资平台后，金融机构无法对资金的使用进行有效监控，也存在着监管盲区与道德风险。陈华和张梅玲（2012）认为，金融产品的缺失和保障性住房金融风险的存在影响着保障性住房融资。保障性住房的投资回收期为20—30年，大多数银行没有相应的长期贷款品种。而在房地产贷款占银行贷款比重较高的情况下，如果继续加大保障性住房开发贷款，则容易进一步增加银行的流动性风险。更为重要的是地方政府缺乏有效的、可靠的抵押担保品和与保障性住房相关的可抵押产权，不符合市场化的融资方式。邓燕（2011）指出，现有融资模式的担保机制不完善，容易造成金融违约风险。吴庆玲（2012）认为，银行授信的落实受到市场环境的影响，财政资金占比过小关系到贷款利息的支付；社会资金缺乏进入保障房市场的正向激励。

第三，土地融资模式助长了地方政府“以地谋财”的动机，扰乱了政府在保障性住房领域的责任。顾书桂（2011）认为，产生保障性住房融资问题的主要根源是土地财政。地方政府认识到，保障房既无法完全满足中低收入人群的刚性住房需求，也难以提高这些人群的住房消费能力，仅仅是一种临时性缓和社会矛盾的措施，但是利用土地财政去进行保障房融资，则会带来额外的经济收益，所以地方政府存在短期“谋财”动机，并由此推动房价的上涨，加剧住宅市场供求失衡。最终的结果完全与建设保障房的预期目标相背离。因此，地方政府需要明确保障房融资的公共财政属性，把满足中低收入消费者的刚性居住需求作为公共财政的基本职能，通过遏制土地财政，重建我国住宅市场秩序。王晓莹（2011）指出，随着国家对房地产市场调控力度的加强，土地价格与市场需求得到抑制，而地方政府利用土地财政融资方式同样会受到影响。这种融资约束导致保障性住房的供给量逐步减少。周雪峰（2014）认为，保障房建设所需要的土地本来可以在商品房市场创造土地收益，但是用于保障房就等于放弃了这部分收入。除了土地收入减少，地方政府还需要另外提供保障房建设配套资金，从而减少城市基础设施投资，导致地方经济增长放缓。由于这种来自双重财政的压力，地方政府参与保障房项目建设的态度消极，拨地和拨款的积极性不高，进而导致保障房融资效率低下。

第四，地方政府融资平台功能薄弱，风险控制能力较差。贾淑军（2012）研究了我国保障房投融资机制效率低下的主要问题。他认为，地方政府融资平台功能薄弱是制约保障房建设的主要因素。特别是在2010年，为了规范地方政府融资平台、防范金融风险，国务院出台了《关于加强地方政府融资平台公司管理有关问题的通知》（国发〔2010〕19号）。该文件明确规定了地方政府的融资行为，严格禁止地方政府违规担保等市场干预行为，同时对金融机构为地方政府提供的贷款做出了限制性规定，遏制了地方政府融资平台的进一步发展。王晓莹（2011）认为，中央政府约束地方政府融资行为、整顿融资平台的主要目的是防范金融风险，但是这会带来一些负面影响，比如限制保障房融资规模与融资渠道。马雪彬和马春花（2012）分析了地方政府投融资平台下保障房建设融资的或有风险。一是资金挪用风险。地方政府会因为保障房的利润无法覆盖投融资平台的融资成本，把建设保障房的资金挪作他用或者是“借新债还旧债”。二是地方债务风险。发行保障房债、向开发性金融贷款、发行保障房信托基金等方式容易使负债累累的地方政府面临资不抵债的局面。尽管地方政府不会像企业一样存在破产风险，但是债务风险的增加将不利于公共产品的长期、稳定供给。

第五，保障性住房融资体系不完善，缺乏有效的制度设计和政策激励。倪鹏飞和倪诗妆（2011）认为，不仅存在城镇住房保障体系及其金融体系不健全的问题，还存在金融体系与保障体系不配套的问题。他们把保障房融资体制的主要问题归纳为以下几个方面：保障房成本高、违约风险大、盈利低，缺乏信贷动力；公积金由于规模有限且缺乏合理的制度设计，承担的政策性开发和消费融资的能力也还十分有限；针对保障房融资的信托业务、上市融资、保障房建设债券等金融工具非常缺乏；保障房无法形成稳定、持续的收益现金流以匹配长期分期还贷的现金流；商业银行从事保障房的信贷并没有利息补贴和政府支持的担保机构的担保和保险，也没有税收减免的优惠，保障房激励政策的缺失使得商业银行以及其他金融机构缺乏提供资金的积极性。陈杰（2010）指出，由于住房公积金制度不健全，可用的公积金闲置资金明显不足，且发挥的作用有限。此外，在公积金的运作模式和风险控制方面存在诸多制度缺陷。这导致住房公积金运行效率低下。贾淑军（2012）认为，保障房融资过程中还存在直接融资的困难性与现有政策体制不完善的问题，比如保障性住房资金投资周期长、投资方很难在短期内收回投资等特点与刚起步的房地产金融工具不匹配；保障房的非营利性与金融市场的营利性相冲突；保障房的社会公益性与市场化的融资模式不兼容。

从当前我国保障性住房融资的特征事实和相关研究中可以发现，制约保障性住房有效融资的主要障碍是由保障性住房的资金需求方、金融市场资金供给方和保障性住房金融市场监管方三者所具有的不同行为特点造成的。

作为资金需求主体，地方政府并不应是市场营利行为的参与者，其所投资的保障性住房项目不能适应金融市场流动性强、收益高的要求，也就是说，政府规划的公共项目与金融市场需求存在着严重的脱节。地方政府以及上级政府在制定保障性住房规划过程中往往根据中央政策要求或是领导个人意志决定保障性住房开发目标，根本不考虑项目资金的实际需求量和市场对项目的资金供给能力。这必然导致保障性住房项目的巨大融资缺口。同时，我国的地方政府权力缺乏约束，存在的严重的道德风险问题不利于政府与金融机构的合作。地方政府对保障性住房融资的过度干预和对建设资金的不合理使用，不仅会扰乱公共项目的开发与建设效率，降低项目收益程度，增加项目融资风险，还会违背市场规则，破坏信贷体系，加剧政府融资难度。另外，地方政府在财政融资方面缺乏有效途径和对现有金融工具的足够驾驭能力，也不具备多元化融资的能力与实力，不仅无法发挥金融杠杆的作用，还容易引发政府的债务风险。部分城市在财政收入不足的情况下，单凭土地抵押融资或是土地出让金来获取预算外可支配收入，尽管短期内可以满足公共投资需求，但这一方法难以保证其有足够稳定的偿还债务能力和相应的财力。更为重要的是，地方政府在保障性住房融资过程中具有较低的执行效率，不能按照市场的要求达到相应的融资标准，与建立同社会主义市场经济相适应的公共服务政府目标不一致。即使在引入市场力量共同开发保障性住房的公私合作模式下，地方政府仍旧难以划清政府与市场的边界，不能建立良好的约束机制与激励机制，发挥政府与市场的双重力量。因此，地方政府的局限性和保障性住房的特点在一定程度上限制了保障性住房融资的效率。

当然，作为金融市场的资金供给方，金融机构也存在着一系列的问题。一是我国的金融机构缺乏市场化的竞争机制，产品创新速度慢，不能满足地方政府公共产品开发的需求。二是投资收益率决定了金融机构的资金供给量，保障性住房项目不能满足金融机构对利润的要求。经济利益是金融机构供给资金的主要动力，也是金融机构偏好营利性项目、不重视社会公益性投资项目的主要原因。三是金融机构没有有效机制去筛选淘汰不合格的贷款方（比如政府部门）和识别保障性住房项目投资方的欺诈行为，对公共项目的风险缺乏足够的控制能力。保障性住房项目受到地方政府行政行为的严格管理与强力干预，但是金融机构却无法有效监督地方政府行为，难以控制潜在的政治风险、违约风险、道德风险、流动性风险等，而这些风险却影响着金融机构贷款的安全性以及金融机构的整体稳定性。

作为金融市场的监管者或制度规则的设计者，中央银行、财政部等金融机构的主管部门缺乏从制度层面制定符合保障性住房项目融资的金融体制。一是在中央对地方保障性住房财政转移支付过程中没有建立与地方住房市场的发展情况相关联的长效机制。二是中央银行没有为地方政府在金融市场融资提供有效、风险与收益相匹配的金融工具与合法的途径。三是中央部门缺乏对地方土地财政和公积金收支的有效监管。四是缺少中央部门对保障性住房银行贷款的政策激励措施，比如优惠利率、补贴政策。五是金融市场管制程度较高，创新力度不足，保障性住房项目的可贷资金规模与金融产品受到制度层面的限制。

二、提高保障性住房开发融资效率的政策思路

为了克服保障性住房融资难、效率低的问题，部分学者在分析与总结发达国家保障性住房发展的成熟经验基础上，分别从融资模式的创新、政策工具的使用、金融市场的开发等多个方面提出了建立与完善有我国特色的保障性住房金融体系的政策思路。

李俊等（2012）总结了欧盟各国政府在保障性住房开发项目中采取的主要融资模式（表2－1）和未来的发展方向。可借鉴的方面有：第一，开放保障性住房领域，采取“建设和租赁”模式让更多社会组织与公司加入保障性住房项目的建设与运营，从而大幅减少地方政府直接投资保障性住房比重；第二，利用住房储蓄计划，建立具有政策优势、商业化运作的金融项目，满足保障性住房建设的信贷需求；第三，发挥结构性融资模式的特点，允许私人银行成立住房银行，并借助私人银行信誉降低融资成本，同时规定住房银行可发行“房屋建设可转换债券”（Housing Construction Convertible Bonds）筹集融资资金，而且购买债券获得的收益可享受税收减免优惠；第四，集中开发商部分收益，并以此做抵押进行融资担保，建立循环基金模式，确保整个行业平稳发展；第五，加强地方政府与国际金融机构的合作，建立跨国层面的融资机制。

张启阳（2012）强调了发达国家保障性住房融资机制特点，比如政府向保障性住房专营机构提供贷款；建立保障性住房贷款担保机制；依托住房公积金制度为住房开发和居民购房提供支持；发行债券、信托基金筹集保障性住房建设资金；建立独立、客观的保障性住房审核机构；限制保障性住房市场投机行为等。通过比较和借鉴国外较为成熟的保障性住房融资模式，他认为，要积极探索完善保障性住房融资协作机制和建设运营机制；建立和完善保障性住房金融风险分担机制，通过探索建立正向的激励约束机制，引导商业银行加大信贷结构调整力度，加快金融产品和服务方式创新，满足符合条件的保障性住房贷款申请，同时出台对参与保障性住房项目的金融机构在风险计提、呆坏账核销、税收优惠、财政贴息等方面的配套激励措施，鼓励和引导金融机构积极参与该类项目融资；积极利用市场化融资工具拓宽保障性住房融资渠道。

赵以邗（2010）总结了成熟市场国家（地区）廉租住房建设融资经验，并在我国廉租住房建设融资实践的基础上，强调要合理运用财税与金融政策为保障性住房建设提供金融支持。比如，在加大财政资金保障力度方面，重新分配中央与地方财政比例；完善财税体制，减少地方政府土地

财政积极性与依赖性，提高土地财政对保障性住房的支持力度；调整政绩考核体系，强化地方政府住房保障责任。在拓宽保障性住房融资渠道方面，发挥资本市场对保障性住房的作用，鼓励金融产品创新，建立多层次的住房融资体系。

胡吉亚（2020）认为，资金不足是保障房供给的瓶颈，新型融资方式住房保障工程 RMBS 是解决地方政府保障房融资的优选方案。

表 2－1　欧盟主要国家保障性住房（社会性住房）融资模式

代表国家	融资模式	主要内容
爱尔兰	财政拨款模式	中央政府集中财政资金，向经授权的社会性住房提供商拨款；金融机构提供土地收购低息贷款，中央政府给予补贴；地方政府提供有限财政拨款。目前，该模式正逐步向“租赁和管理”模式，特别是“建设和管理”模式转变。
法国	储蓄计划模式	政府将部分居民储蓄集中起来，专门向社会性住房提供贷款。对储蓄利息免税，中央政府给予担保或补贴。
奥地利	结构性融资模式	允许私人银行成立住房银行（Housing Bank），并发行债券为社会性住房融资，政府、住房协会和租户均需提供一定比例配套资金。政府严格限制住房协会利润。
荷兰	循环基金模式（Revolving Fund）	社会性住房提供商共同出资成立担保基金（WSW），由其提供担保，以降低融资成本。社会性住房提供商可自行决定投资战略及如何将盈利补充担保基金。
英国	债务权益融资模式（Debt Equity）	地方政府提供一定比例财政拨款，剩余资金由银行贷款补充。贷款以租金收入、政府补贴以及土地价格折扣等作为担保。
德国	税收优惠模式	目前，联邦政府已从直接提供社会性住房，变为重点向“需求”提供补贴。地方政府可制定社会性住房建设计划，但具体建设和运营均由私人公司进行，政府可给予税收减免优惠。
瑞典	资本市场模式	地方政府成立国有企业，借助公共部门担保（包括地方政府和住房部（Ministry of Housing））从资本市场获得融资，地方政府豁免公司税。

数据来源：李俊等（2012）。

吕明革（2014）分析和比较了英、美、德、日、新加坡及中国香港六个国家和地区保障房建设及融资经验，认为在保障性住房的投资主体方面，我国应该减少政府干预、增加市场参与程度，从“政府绝对主导或完全主导”向“政府主导与市场参与并存”“政府引导与市场积极参与”方向转变；在融资操作方面，政府应该处理好财政直接投资、各种财政补贴与财政贴息的关系，比如城市化刚刚起步时，发挥财政资金直接投资的主导作用，当城市化处于中期时，利用财税优惠政策引导更多资金进入保障房建设领域，当城市化处于后期时，政府退出保障性住房直接投资，采用对租户的租金补贴政策，从而发挥和放大市场机制在保障性住房建设中的作用；在法律制度层面，对保障性住房建设、融资、运营等领域完善政策规则，注重社会公平与保障性住房供给效率。

开放保障性住房市场、引导民间资本进入是减少政府直接投资的重要途径，也是未来的发展方向。唐玉兰和肖怡欣（2012）提出要利用经济杠杆引导社会资本投资于保障性住房。要把社会资本在房地产市场的投机变为适当的投资，就需要开放保障房市场，让社会资本有利可图。或者采取政府与民企合作的方式，建立双方共同出资的公司，独立承担保障性住房建设与运营管理。郭明杰和王燕（2011）提出如果要把具有经济效率的私营机构引入公共产品供给领域，就必须与政府建立一种新的利益与责任关系。在深入研究了公私合作模式（Public Private Partnerships，PPP 模式）在棚户区改造项目中发挥的作用之后，他们认为，这种模式可以解决地方政府公共产品供给不足问题。如果能够协调好各方利益关系并强化项目运行中的绩效管理，那么就有可能实现各方共赢与公共产品效率的提升。陈华和张梅玲（2012）研究了基于公私合作的保障房投融资创新模式。他们认为，保障房的投融资模式与其他公共项目不同，不仅要完善社会资金的进入与退出机制，还需要考虑诸多系统性与非系统性风险，建立相应的风险分担机制。同时，各方应该根据风险与控制力相对称的原则，建立符合各方利益的合作关系与法律协议。

完善地方政府融资平台，发挥其在保障性住房建设领域的作用。王晓莹（2011）认为，政府性融资平台是由地方政府主导、体现政府工作职责、兼顾营利和非营利公共项目、按照现代企业制度运营的平台公司。一方面，通过建立地方性建设集团和金融集团，整合城市公共建设项目与地方性金融资源，加快融资平台的集团化发展；另一方面，在集团背景下，实行公共项目的专业化分工，用高收益项目去弥补低收益项目，并积极发挥城市建设项目的正外部性作用，拉动地方财政与土地收益的增加，保障集团内各项目间的平衡发展。同时，债券融资将成为融资平台未来融资的主要渠道之一。因为政府发债与融资平台发债的信用基础不同，前者是以政府信用为主，后者是以企业信用为主。这两种方式具有互补性，但企业信用更符合市场化改革的要求。

注重开发性金融在保障性住房开发过程中的作用。毛鹏和王旭

(2011）认为，开发性金融不同于政策性金融和商业性金融。开发性金融不以盈利为唯一目标，能在市场缺损、制度缺失的情况下，通过制度建设、信用建设来营造市场、完善市场，提高项目竞争力，并在建设市场制度的过程中取得自身可持续发展必需的利润，实现政府发展目标（陈元，2010)。开发性金融一般为政府拥有、赋权经营，具有国家信用，体现政府意志。由于保障性住房具有公共产品的性质，利润率较低，且缺乏有效的市场化机制，因而适合应用开发性金融来助推保障性住房的建设。

建立有效的金融市场运行机制和监管机制，是解决我国中低收入家庭住房问题的主要方式。张桥云和郎波（2011）分析了美国住房金融市场的运行机制、监管改革。他们认为，要鼓励商业银行为保障性住房购买者提供贷款，政府必须帮助银行减少信贷风险。一方面，要在一级市场中建立政府担保为中低收入借款人信用增级的机制，同时完善两个担保体系，即由政府主导的保障性住房担保体系和以市场为主导的商品房担保体系，防范经济适用房抵押贷款的信用风险。另一方面，建立二级市场按揭贷款的流动性补充机制，确立按揭贷款准确化标准，加快按揭贷款证券化规模，提高金融机构不动产的流动性，防范流动性危机引发的金融危机。

总之，在中央政府统一的保障性住房政策指导下，我国各城市根据当地的实际情况，从保障性住房需求规划、项目资源的筹集与运用、保障性住房的供应与运营等多个方面制定了一系列政策。尽管这些政策的目标是一致的，即建立与完善符合当地特色的保障性住房保障体系，但是这些政策的执行力度在不同城市间存在着极大的差异，因而不可避免地影响着保障性住房投资的增长与波动。

第五节　金融摩擦

在无金融摩擦的经济环境下，资金要素主要根据资金的市场价格在供需双方间自由的配置。由于高利润率项目可以承担更多的资金成本，因此，资金的流动方向受到由市场决定的项目利润率影响，导致资金的分布存在明显不均衡。利润率高的项目获得的资金要高于利润率低的项目，从而使得经济整体具有 Pareto 效率。但是现实世界中，普遍存在着阻碍资金有效流动的因素——金融摩擦。它不仅对资金需求方产生融资限制，还对资金供给方的生存与发展造成影响，整体上降低了金融系统的资金配置效率。而对于整个经济体系来说，金融摩擦的出现加大了微观生产者的投资风险，减少了社会总投资水平和总产出，减慢了经济发展速度，是影响宏观经济周期波动的重要原因之一。特别是在金融发展滞后的发展中国家，金融摩擦的作用更加不容小觑。

现实中，阻碍金融资源配置的因素普遍存在。本研究根据金融摩擦产生的主体将其分为两类：第一类是由非金融企业的特征引起的需求侧金融摩擦；第二类是金融中介分别作为借款方和贷款方产生的两种不同渠道类型金融摩擦。这些金融摩擦不仅包括借贷双方的相关特征，还涉及市场监管者的政策行为特征。因此，深入探讨金融摩擦的形成原因、作用机制和相关政策影响，对于提高金融资源配置效率、维护金融系统稳定、促进金融与实体经济的协调增长具有重大意义。

一、非金融企业面临的金融摩擦

非金融企业是推动实体经济发展的微观主体，也是金融资源的主要需求者。随着不完全和城市差异性信息理论在公司金融和信贷市场上的广泛应用与发展，现有文献分别从城市差异性信息、不完全合同、道德风险、有限承诺等角度重点研究了不同经济环境下非金融企业面临的金融摩擦的微观基础及其对企业投融资行为造成的影响，从而使得学术界对金融市场不完善原因的分析更为多样化、系统化和理论化。

Townsend（1979）考虑了借贷双方因信息城市差异性引起的具有昂贵验证成本（Costly State Verification，CSV）形式的金融摩擦。他认为，这种金融摩擦是由对项目未来收益的城市差异性信息造成的，即借款者可以知道项目的事后真实收益情况，而作为贷款方的金融中介却不知道。为了防止借款方违约，贷款方只有在支付一定监督验证成本之后，才能掌握真实收益情况。因此，贷款方将为借款方提供可最小化验证成本的最优贷款合同。法律上看，贷款方支付违约验证成本，但实际上，他通过索取高额贷款利息转嫁给借款方，这就导致借款方在选择内部融资与外部融资方式上出现融资成本的差异，使得大规模投资项目偏好于内部融资。另外，借款数量越大，违约概率越大，因而使得借款的验证成本高昂。Bernanke 和 Gertler（1989）在研究借款方净资产对经济周期的影响过程中，沿用了 Townsend（1979）的金融摩擦形式。他们假设投资技术存在信息城市差异性，贷款方为了获取信息需要支付审计费用，因此，借贷双方的最优金融合同必须满足以下三个条件：贷款方得到预期收益（盈利约束）、借款方没有动机虚报信息（也就是说真话约束）、借款方有限负债（不承担净资产以外的责任）。这种合同相对于完全信息均衡合同产生了无谓损失（代理成本），也就是具有昂贵验证成本（CSV）形式的金融摩擦。代理成本的出现使得外部融资成本高于内部融资。由于借款人净资产与代理成本的反向关系，从宏观层面来看，当净资产顺周期变动时，代理成本会在经济繁荣时下降，而在经济衰退时上升，并出现金融加速效应，即代理成本的变动进一步放大了投资的波动（债务紧缩），进而对实体经济造成巨大的冲击。Boyd 和 Smith（1997）考察了国际资本市场对不同国家长期资本积累的影响。在开放经济下，一国经济增长不仅需要本国的资金，还需要通过国际资本市场进行外部信贷融资。由于资本市场信贷配置受到昂贵验证成本的影响，即只有借款人可以观察到投资的产出，贷款人需要支付固定成本才能验证产出，所以资本存量较多的贷款方更愿意选择内部融资，国际资本市场出现供小于求的情况，信贷配给出现。在稳态时，资本从穷国流向富国，穷国必然成为富国的净贷款人。他们认为，国际资本市场的不完善是永久性收入不平等和增强型顺周期波动的重要原因，贫穷国家会因此而持续贫困。Bernanke et al.（1999）采用 CSV 方法，研究了金融加速器在经济周期中的作用。模型假设，贷款方为了观察借款人资本收益的实现需要支付可变审计成本，因此，最优金融合同具有风险性。这使得信贷市场内生发展出一种可以放大与传播风险冲击的“金融加速器效应”。他们同时指出，在具有城市差异性信息和代理问题的金融市场上，Modigliani－Miller 不相关定理①不再成立。

Hart 和 Moore（1994）从不完全合同的角度构建了金融摩擦的微观基础。当特定状态下的资金借贷收益情况没有在合同中明确指定时，借贷双方将会再次进行谈判，根据各自的利益，商讨未来合同的权利与义务。这种预期未来合同的行为造成了借贷双方对特定资金借贷的实现无法进行担保。因此，事前的融资是有限制的，借贷双方都存在利益与风险共担的约束（Skin the Game Constraint）。Kiyotaki 和 Moore（1997）研究了内生性抵押品信贷约束对经济周期的影响。动态经济模型假定：除非债务是安全的，否则贷款人不能强制要求借款人偿还债务。信贷市场中，借款人用耐久性资产（比如土地、建筑物等）作为抵押品进行贷款，内生性信贷约束由抵押品价格决定，同时这些价格也受到信贷约束程度的影响。由于借款人持有很多债务，他可以利用撤回劳动投入和毁约的方式威胁贷款人，而

① Modigliani－Miller 不相关定理认为：企业的市场价值由收益权（Earning Power）和主要资产风险程度决定，与融资方式无关。这里的融资方式包括发行股票、借款和支付股利。该定理体现出这样一种思想：在特定环境下，企业债务融资和权益融资无差异。详细解释参见 Modigliani 和 Miller（1958，1963）。

贷款人需要防范这种毁约的行为。如果抵押品（土地）没有劳动力投入的话，抵押品的价值就会降低。抵押品的清算值（外在价值）将会小于在借款方控制下可能产生收益的价值（内在价值）。此时借款人毁约，双方需要再次谈判，借款人只能偿还清算值的债务，因此，贷款方给予借款方的信贷规模（本金加利息）不会超过抵押品的市场价值。利益与风险的共同承担造成了信贷约束的出现。信贷约束与资产价格之间的动态影响最终产生了一种传递机制，从而使得技术冲击或收入分布冲击通过该机制得以持续、放大和扩散。

除了不完全合同的制定会产生金融摩擦外，Bulow 和 Rogoff（1989）、Alvarez 和 Jermann（2000）、Cooley et al.（2004）、Buera et al.（2011）等认为，合同的有限实施（Limited Contract Enforceability）同样也会引起类似的问题。Bulow 和 Rogoff（1989）考察了国际贷款过程中，借款国无法承担未来还款但可以通过再次谈判处理违约债务的问题。由于国家之间的借贷合同缺乏保障合同顺利实施的相应惩罚机制，一旦国家违约，贷款方将遭受无法弥补的损失。因此，无效率的惩罚会影响借贷双方未来合作的可能性。Alvarez 和 Jermann（2000）研究了具有偿债约束（Solvency Constraints）的竞争性均衡，他们考虑了这样一种情况：代理人在某些债务上违约，他可能会失去他所拥有的资产，但不会丧失劳动力收入，也就是未来的偿债能力。在此环境下，较低劳动收入者的当期借款数量受到未来可偿还能力的限制。模型中设定的偿债约束既可以阻止违约又允许充分的风险分散，并且由代理人行为和状态变量内生决定。均衡时，偿债约束的存在不仅会对风险分散起到限制作用，还会影响风险溢价，最终决定资产价格。Cooley et al.（2004）研究了有限实施合同对企业技术投资的影响。他们在模型中假定：在与金融中介签订长期融资合同的过程中可能出现新的投资机会，企业会根据这些投资机会计算违约后的合同价值，从而选择放弃长期合同转而投资与违约收益绑定的短期项目。由于存在有限实施问题，合同具有约束的效率。此外，他们还发现，在有状态依赖特征的最优合同和违约企业不会淘汰出市场的模型假设下，有限实施合同具有强大的放大机制。因此，有着较低合同实施程度的国家会出现宏观经济的较大波动。Buera et al.（2011）在合同不完全实施基础上建立了内生抵押品约束形式的金融摩擦。文章假设，企业家与金融中介的借贷关系受到合同不完全实施的限制。也就是，当生产发生后，企业存在毁约的可能。此时，企业只能获得部分产出收益，但损失保留在金融中介的抵押物。他们发现，金融摩擦通过扭曲产业间不同企业的资本与企业家才能的配置，进而给国家层面的人均产出与总生产率造成了不利的影响。特别是有较高固定成本的企业存在着巨大融资需求，因而更容易遭受金融摩擦的冲击。

在不同类型的金融市场中，最优动态金融合同会受到不同形式金融摩擦的约束。Paulsen et al.（2006）从金融市场不完善角度考察了影响企业家规模的原因。他们将金融市场不完善的原因分为两类：有限负债（Limited Liability）和道德风险（Moral Hazard）。有限负债限制使得借款人获得借款的最大规模是其总财富的固定系数（Evans 和 Jovanovic，1989）。而在道德风险下，企业家努力无法观察，合同也不能设定这种努力程度，但借贷合同可以通过设置贷款规模和利率条件激励企业家能够达到最大化利润的努力程度（Aghion 和 Bolton，1997）。两种金融摩擦的最大区别是：有限负债环境下，企业家可以根据财富的增长获得更多借款，并不是所有借款人都受到约束；而在道德风险下，随着财富的增加，企业借款会减少，并且所有的借款人都受到约束。他们利用非参数估计模型、简化估计模型、结构化最大似然估计模型分别在有限负债、道德风险和两者综合的金融市场环境下对泰国数据进行了检验。结果显示，道德风险是制约企业家数量增长的主要金融摩擦，也是金融市场不完善的主要原因，而有限负债也起到了限制当前企业家和潜在企业家发展的作用。

Karaivanov 和 Townsend（2014）从机制设计的角度，通过建立具有道德风险和有限承诺的受约束信贷与保险动态模型，分别计算、估计和比较了受动态金融约束情形与完全保险情形下农村与城市风险厌恶性家庭的储蓄、消费与投资行为。模型中的金融与信息环境包括外生不完全市场环境（自给自足、只有储蓄、非状态依存借款）和内生约束环境（道德风险、有限承诺、未观察产出、未观察投资）。在自给自足环境下，代理人无法进入金融市场或进行储蓄，只能从现有产出中选择多少用于生产投资，多少用于消费。在只能储蓄的环境下，代理人可以利用金融中介以无风险价格储蓄或借款，来平滑消费或投资。该金融环境是具有借款约束且有一个内生收入过程的标准 Bewley 模型。为了研究金融摩擦对整个经济系统的影响，他们设计了三种金融市场约束机制。第一种是完全信息条件下的金融市场，不存在私人信息或其他类型摩擦，属于 Pareto 市场环境。委托方（贷款人）可以完全观察代理人（借款人）的所有经济行为。最优合同满足遵守承诺约束（Promise Keeping Constraint），即代理人现值预期效用等于承诺效用。完全信息合同意味着完全保险，代理人可以根据产出水平完全地平滑消费。第二种是具有道德风险的金融市场，即委托人可以观察代理人的资本与投资，但无法观察或验证代理人的努力程度。最优的道德风险合同必须满足激励约束条件，也就是该约束使得代理人不能通过偏离任何其他努力水平实现更高的预期效用。这种受约束的最优合同具有局部保险和跨期搭售（Intertemporal Tie – ins）特征。第三种是有限承诺的金融市场，即代理人在观察到自己产出水平后拒绝执行金融合同。这既是有限承诺（Limited Commitment）问题，也可以说是存在合同实施问题。一旦出现弃约行为，对违约者最大的惩罚就是把他排挤出未来的金融市场，使其返回到自给自足状态。因此，有效的约束条件就是均衡时弃约的行为不会发生，执行合同的效用大于或等于自给自足时的效用。通过对泰国数据进行极大似然估计，文章发现，在农村地区，有限承诺问题较为普遍，只能储蓄的金融环境可以得到更好地拟合结果，而家庭在道德风险约束环境下能够更好地平滑消费；在城市，道德风险是当地金融约束的主要原因。

Moll et al.（2014）研究了特定国家金融摩擦类型在不同部门和区域间的差异，以及两种类型金融摩擦（道德风险和有限承诺）对宏观经济的影响。他们认为，两类金融摩擦对总生产率的影响机制存在不同。在道德风险下，企业家选择次优努力水平，使得全要素生产率（TFP）在企业层面内生降低，最终导致总生产率降低。而在有限承诺下，努力程度总是最优的，企业层面的 TFP 也不受影响，但资本会在具有异质性生产率的企业间发生错配，从而导致总生产率降低。为了考察金融摩擦对均衡利率的影响，他们检验了两类摩擦对资本总需求和总供给的影响，发现均衡利率在有限承诺环境下要低于在道德风险环境下，这主要是因为道德风险会引起个人储蓄约束，而有限承诺会导致借款约束。

Matsuyama（2007）认为由于信贷交易过程中存在着代理问题，市场经济无法配置信贷资源给最有生产率的投资项目，所以信贷市场是不完善的。通过建立借贷约束下信贷市场的分析框架，文章证明了信贷市场不完善在宏观经济中发挥的重要作用。模型中，投资项目的收益率大于投资项目成本这一条件决定了借方的营利性约束（Profitability Constraint），而可保证收入的程度与借方净资产的规模决定了贷款方的借款约束（Borrowing Constraint）。可保证收入的规模高度抽象了信贷市场不完善的程度，不仅反映了代理人对可盈利项目外部融资能力的限制，也体现了代理人可能具有的各种类型违约问题。而这些代理问题的严重程度取决于项目、产业或决定信贷市场效率的制度因素，比如法律的质量、合同的可执行力、公司治理以及更为广义的金融发展状态。借款人的净资产反映了企业的资产负债表条件，或是借款人的信贷价值。当考虑到信贷市场不完善的动态情形时，企业的资产净值往往取决于前一期的投资。因此，信贷市场不完善的微观经济学基础就是具有不同资产负债表条件的借款人不能按照事前约定的条款完全偿还贷款方项目的全部收益。这一结果的产生，既可能是借款人的原因，比如当偿还的债务大于违约的损失时借款方策略性违约，也可能是项目的原因，比如项目受主客观因素的影响未能达到预期收益，导致借款方被动违约。该文章重点分析了在代理问题约束下的信贷市场不完善对经济总体或一般均衡结果的影响，并以此解释诸多宏观经济现象，比如内生投资性技术转变、发展陷阱、持久性衰退、繁荣与衰退周期、反向国际资本流动、跨国不平等的上升与下降、国际贸易格局的变动。

企业的所有权性质、生产率等特征的差异也是金融摩擦产生的重要原因。Song et al.（2011）以企业的融资能力作为金融摩擦的微观基础，基于中国的经验考察了金融摩擦与资源在异质性企业间配置的关系。它将企业分为国有企业和私营企业，两者的异质性包括生产率的差异和从信贷市场获取资金的能力。由于金融和合同的不完善，私营企业将受到比国有企业更严格的借款约束，这使得私营企业在与国有企业竞争过程中不得不以内部资本积累的方式增加技术投入、维持企业生存，从而造成我国经济中存在较高的资本积累率、较大的企业间生产率差距、资源从低生产率向高生产率企业的转移、大量外汇盈余积累，最终导致我国经济较高的投资回报率。

Antràs 和 Caballero（2009）从金融摩擦的视角考察了金融摩擦的城市差异性效应对异质性金融发展程度国家的贸易与资本流动产生的影响。他们在模型中引入并强调了两个维度的金融摩擦异质性：一个是跨国异质性，即根据国家对金融资源潜在供给方的未来产出保障能力划分成富裕的北方国家和发展中的南方国家；二是跨部门的异质性，即在共同的金融体系下，某些部门的生产者相对于其他部门在融资方面存在着更多的障碍，比如某些部门可以以均衡利率自由借贷，而另一些部门由于信息城市差异性只能借到一定数量的资本。由于金融摩擦具有城市差异性效应，南方国家的某些部门受到资本规模的限制。在自给自足均衡时，南方国家的非约束部门不仅产出品价格相对较低，而且要素价格（工资与资本租金）也相对较低。此时如果开放资本和贸易市场，资本会从金融发展落后的南方国家流向金融发达的北方国家，而南方国家的非约束部门成为专业化生产出口部门，金融依赖型部门成为净进口部门。在自由贸易均衡下，南方国家的工资仍旧比北方国家低，但资本的租金价格却逐步高于北方国家。资本家可以在南方国家获得更高的投资收益率。因此，贸易一体化减少了南北方国家资本价格的差距，金融摩擦增加了南方国家相对于北方国家的资本价格。贸易一体化的过程为资本流向金融不发达地区提供了激励，并最终使得贸易与资本的流动在金融不发达国家体现出互补性，从而扩展了Heckscher – Ohlin – Mundell 理论框架中提出的贸易与资本流动具有替代性的观点。

陈文强和陆嘉玮（2019）为了丰富行为金融理论在公司投资领域的研究，对治理房地产市场投资过热和房地产企业过度投资现象进行研究，研究发现，高涨的市场情绪通过增加房地产企业债务融资规模的途径激化了其过度投资行为。

邓翔和何瑞宏（2020）通过建立一个包含异质性家庭的小型封闭模型，引入信贷抵押约束机制的金融摩擦，然后在三种不同信贷约束的环境下，考察来自房地产市场的住房偏好冲击、房价冲击。

二、金融中介面临的金融摩擦

随着金融市场的发展和金融体系的成熟，金融中介对于缓解金融摩擦的作用正不断显现。Brunnermeier et al. （2012）指出，金融中介可以通过多种方式减少金融摩擦，比如以集聚资金池的方式分散风险；进行期限与流动性的转换，防止流动性危机；增强信贷监管，减少信息城市差异性问题；减少代理成本，克服可保证收入问题。

虽然金融中介可以有效减少企业面临的金融摩擦，但金融中介自身具有的脆弱性和复杂度又会产生新的金融摩擦。这种金融摩擦不仅威胁到实体经济的发展，还会加剧金融系统的不稳定程度，从而形成对宏观经济的“加速冲击”。本研究根据信用渠道将金融中介金融摩擦分为两类：一类是借款人的资产负债表渠道（Balance Sheet Channel，BSC）金融摩擦，即由于借款人的原因，贷款人不愿意扩大信贷给高风险、低资本化（低融资能力）的借款人。这与非金融企业面临的金融摩擦的主要区别在于后者假设的金融市场环境中借款方只有非金融企业，贷款方是金融中介，而此处扩展了借款人的范围，使得金融中介既可以作为金融零售与批发市场的借款方，也可以是贷款方。另一类是银行贷款渠道（Bank Lending Channel，BLC）金融摩擦，即由于银行自身资本化程度（外部融资能力）较低，银行可能减少自身放贷规模。两类金融摩擦的最大区别在于政策干预的目标是公司部门还是银行部门。BSC 侧重于金融中介与公司金融的关系，而BLC 则关注金融中介与金融市场监管层面的互动联系。货币政策和宏观审慎政策往往聚焦于银行部门，控制着银行贷款渠道的规模。

当金融中介作为金融市场的借款方时，金融中介同样存在着与非金融企业一样的委托代理问题，从而导致其外部融资能力受到约束。Gertler 和 Kiyotaki（2010）阐明了具有金融摩擦的金融中介引发实体经济危机的机制。他们假设金融中介与非金融企业之间不存在金融摩擦，金融中介可以通过有效的方式评估和监督非金融企业借款人，监督成本忽略不计，但在金融零售和批发市场上，金融中介作为借款人却存在着代理问题。金融中介可能在获得借款后转移部分总资产，导致贷款方（储户或其他金融中介）遭受损失。由于这种转移资产动机的存在，金融中介在零售和银行间市场上的融资能力受到了内生性约束。该金融摩擦造成外部融资成本和内部融资机会成本的差距，进而使得外部融资溢价（资产边际价值超过借款边际成本的部分）的规模取决于借款人资产负债表条件。也就是说，金融中介的资产负债表情况决定了其在零售和批发金融市场的融资能力，并通过外部融资溢价作用于非金融企业融资规模，最终影响企业的投资和实体经济的发展。一般均衡时，金融加速器效应出现。随着金融中介资产负债表的改善，外部融资溢价减少，实体经济投资支出增加，推动经济增长。这体现出金融中介与实体经济的正向互动反馈。当借款人资产负债表恶化时，金融资产价格下跌，外部融资溢价激增。金融衰退对信贷成本的影响加快了实体经济的萎缩，造成了金融加速器的负面效果。

资产负债表条件除了会影响金融中介信贷成本外，还会导致金融中介（银行）陷入挤兑（破产）困境。Diamond 和 Dybvig（1983）研究了银行业流动性错配对银行挤兑造成的影响。这里的流动性错配涉及银行短期负债与局部长期不流动资产的组合问题。一旦流动性错配程度恶化，银行挤兑风险就会加剧。为了阻止银行挤兑，银行将强行收回贷款，并终止投资项目，从而导致实体经济大幅收缩。因此，政府需要提供存款保险制度来防止流动性错配的出现和挤兑事件的发生。不过，银行挤兑现象需要在特定条件下才会发生，是银行经营过程中的极端情况，并非普遍现象。Gertler 和 Kiyotaki（2013）建立了具有金融加速器效应和银行挤兑特征的银行部门不稳定模型，分析了具有道德风险融资约束的银行面临未预期挤兑的可能性。他们认为，银行挤兑破产的均衡取决于银行的资产负债表和银行资产的清算价格。在正常情况下破产的均衡不一定存在，而只有在衰退时期均衡才有可能出现。

金融摩擦不仅仅存在于信贷市场的需求侧，还会通过银行贷款渠道对信贷市场供给侧造成约束。Dib（2010a）建立了包含金融加速器与银行部门微观决策行为在内的动态随机一般均衡（DSGE）框架，考察了受到资本管制约束的金融中介在传播与扩散总冲击的真实影响过程中发挥的作用。为了分析信贷市场供给侧金融摩擦，模型假设银行部门由存款银行和贷款银行构成，这两类银行在银行间市场从事不同类型服务和交易，具有垄断竞争特点。借款银行从家庭部门筹集存款和银行资本（权益），并在银行间市场贷款给贷款银行。而贷款银行必须满足监管者的资本最低要求才能给企业发放贷款。两类银行可以利用垄断权，设置名义存款和贷款利率，选择银行的杠杆率和资产组合，以及在银行间市场借贷过程中采取策略性违约。利用 DSGE 框架，文章发现，监管者对银行资本的约束性要求直接影响到信贷市场供给条件，并通过以下五种渠道间接影响实体经济：一是贷款银行为筹集最低资本要求所产生的边际成本变动；二是贷款银行为满足最低资本要求对银行杠杆率的最优选择；三是银行对具有名义刚性的存贷款利率设置的垄断权意味着利率差会随着经济周期的变化而变化；四是银行在银行间贷款（风险资产）和无风险资产之间的最优组合配置；五是由银行间借款的内生性违约引起的违约风险渠道。文章分别模拟了供求冲击、金融冲击（包含风险冲击和金融中介冲击）、两类货币政策（包括中央银行直接给贷款银行注入货币的数量宽松政策和把一部分银行贷款转换为政府债券的质量宽松政策）对美国宏观经济周期的影响。结果显示：源自银行部门的金融冲击的动态效应是美国宏观经济周期波动的实质性原因；资本约束性要求下的银行部门可以有效减少金融冲击的真实效应和宏观经济波动，有助于稳定经济；银行杠杆率的顺周期性质表明银行会在经济增长时扩大信贷规模，而在经济衰退时限制信贷供给。Dib（2010b）研究了在银行间市场和银行资本市场上的金融摩擦和银行资本要求对宏观经济的重要影响。他们假设银行资本是银行间贷款的抵押品，并且必须满足管制性资本最低要求，而金融摩擦是由借贷双方在银行间市场和银行资本市场上的信息城市差异性引起的道德风险和逆向选择问题造成的。具体而言，在银行间市场，受到非系统性风险影响的贷款银行和储蓄银行之间的信息城市差异性产生了道德风险问题。储蓄银行为了观察贷款银行的非系统性风险，需要支付代理成本，从而确保可以获得违约贷款银行资产的可保证收益。这使得最优债务合同具有风险性。在银行资本市场，贷款银行与银行权益的投资人存在逆向选择问题。投资人无法完全观测到银行资本状况和贷款银行风险程度。贷款银行可以利用超额银行资本（超过管制性要求水平的部分）显示其资本状况。资本化程度（超额银行资本占最低资本要求的比重）高的银行往往具有较低的杠杆率，相对风险也低，所以在银行资本市场筹集资本时，其支付的融资成本也相对较少。通过这一途径，银行杠杆率的变动影响着经济周期的波动。由于高杠杆银行容易遭受金融摩擦的影响，所以需要为筹集资本支付较高成本。他们重点模拟了金融部门的四种冲击（风险，金融中介，头寸，货币注入）对美国宏观经济的影响，结果显示，在银行间市场和银行资本市场上的金融摩擦具有放大和扩散各类冲击的作用，而管制性资本要求则具有减弱金融冲击真实效应的衰减机制（Attenuation Mechanism）。

金融中介的两类金融摩擦存在着相互影响的关联机制。在 BSC 金融摩擦下，金融中介为了防范借款方的道德风险问题需要不断加大对其资产负债表的监督力度，减少其违约的概率，而监督成本的支出又会影响到金融中介的总资本，减少其净资产和信贷供给规模，从而加剧 BLC 金融摩擦。Holmström 和 Tirole（1997）考察了在企业与金融中介同时受到借款能力约束下财富分布对企业投资、利率和金融中介监管强度的影响。在模型中，企业存在道德风险问题，金融中介为了防止企业偏离投资目标必须支付昂贵的监管成本。也就是说，企业的道德风险问题不仅限制了企业自身的融资规模，还迫使中介利用自身的部分资本去进行监督，从而导致金融中介的总资本规模成为制约企业总投资规模的重要约束之一。由于企业净值决定了债务能力，所以企业需要根据自身净值规模选择直接融资或是间接融资。低净值标准以下企业只能利用自有资本进行投资，而低净值标准以上企业才可以通过金融中介进行间接融资，但需要面临中介的监管。只有当企业净值达到充分高度时，才能获得直接融资。均衡时，总企业资本与总中介资本的相对规模决定了具有监管资本的均衡利率溢价。文章分别考察了三种类型的资本紧缩，即由中介资本减少供给引起的信贷挤压（Credit Crunch）、由总企业资本减少引起的抵押品挤压（Collateral Squeeze）、储蓄函数内移引起的储蓄挤压（Savings Squeeze）。理论分析显示，三类资本紧缩对无信息投资者的预期收益率、中介资本的收益率、中介偿债率、企业偿债率具有不同的影响，但都会提高企业外部融资门槛（低净值标准），使弱资本化企业失去更多外部融资机会，从而减少总投资和无信息投资者的资本供给。因此，为了避免在经济衰退时遭遇严重的资本紧缩，金融中介必须满足由市场因素决定的资本充足率，防止由企业资产负债表恶化引起的金融中介信贷挤压，减缓金融部门与实体部门的金融摩擦程度。

由非金融企业金融摩擦与金融中介金融摩擦形成的金融冲击对杠杆部门与实体经济的协调发展有着重要的意义。Iacoviello（2014）认为，经济周期波动主要是由不同代理人之间金融资源流的错配引起的。模型假设经济中有两种不同类型的金融摩擦：一是银行在向有耐心的储蓄家庭借款时存在信贷约束；二是企业家向银行借款过程中存在信贷约束。由于银行的贷款能力受到权益资本（资产减去负债）的限制，所以一旦家庭向银行抵押的住房贷款违约，银行权益资本必然遭到负向冲击。银行为了应对流动性危机，需要通过增加权益资本或是去杠杆化的方式维持管制性资本要求（比如权益资本与资产比率、资本充足率）。由于银行去杠杆化行为会把违约冲击转换为信贷挤压，所以对于依赖银行信贷的企业而言，这无异于放大和传播了对实体经济的冲击。为了验证金融冲击的传递机制，他们重点模拟了违约冲击（当违约发生时财富从储蓄家庭向金融中介的转移）、信贷挤压（最大贷款价值比的变动）和资产价格冲击（抵押品价值变动）这三类金融冲击对美国宏观经济的影响。结果显示，这些影响金融中介的金融冲击有大约2/3的概率解释2008年美国经济大衰退时产出下滑。Sanjani（2014）通过引入具有内生金融摩擦的金融中介部门，扩展了新凯恩斯主义的DSGE模型，并利用贝叶斯模型和“二战”后的美国经济数据，比较分析了金融冲击与投资冲击在金融摩擦和无金融摩擦环境下对宏观经济周期的影响。模型假设：由道德风险引起的金融摩擦起到限制银行融资能力的作用；存贷款利差用于度量金融抑制程度；金融冲击与利差之间是逆周期关系。在美国经济数据的验证下，文章发现，金融摩擦不仅改变银行资产负债表的配置，减少金融中介的净资产，还导致信贷利差的扩大和投资冲击与金融冲击的边际效率差距的拉大。因此，减少宏观经济周期波动、加快经济复苏的最有效政策是降低金融交易成本。

朱军、李建强和陈昌兵（2020）将BGG框架的企业融资需求摩擦和GK框架的银行信贷供给摩擦整合到一个框架中，对比财政政策的有效性和财政资源的战略优先配置问题。研究结果表明，银行信贷供给摩擦下，财政刺激效果低于无摩擦的情形；而企业融资需求摩擦下，财政刺激效果高于无摩擦的情形；对比两者，银行信贷供给摩擦下的财政政策乘数较小。

三、政府在金融摩擦中的作用

政府既是金融市场的参与者，也是监管者，但是由于职能和权限范围的差异，地方政府和中央政府在应对金融摩擦时面临着不同类型的可选择政策工具，其所发挥的作用也各不相同。

当地方企业受到金融摩擦的影响时，地方政府由于没有货币政策可以操作，所以主要通过财政政策来进行经济的宏观调控，实现区域经济与社会福利的最大化。但对于在货币政策给定的情况下地方政府如何实施最优的财政政策并到达缓解企业金融摩擦的作用这一问题，学术界存在着不同的看法。

部分学者认为，地方政府可以通过优化公共债务的方式应对金融摩擦，但需要权衡由此产生的社会福利收益与成本。Angeletos et al.（2013）研究了当企业面临抵押品信贷约束时的 Ramsey 政策问题。模型假设：企业采用自有资本和持有的政府债券作为抵押品进行借款，但企业未来的收入却不能保证。因此，当企业资产净值较低时，抵押品约束将出现。此时，企业持有的公共债务价值意味着放松抵押品约束的影子价值。金融摩擦的存在使得资本配置是次优的，产出与就业低于潜在水平。公共债务利率低于折现率，产生公共债务的流动性溢价（Liquidity Premium）。为了防范抵押品约束，企业家具有的谨慎性储蓄动机导致了较高的社会总储蓄水平，所以金融摩擦不仅扭曲了当期的资源配置，还影响到跨期的消费与储蓄决策。因此，他们认为，发行更多公共债务可以增加抵押品的总量或是增强企业部门流动性，减少企业抵押品贷款约束问题，由此产生社会福利收益，但是也会引起利率的上升和消费者税收负担等社会福利成本。

部分学者认为，最优财税政策必须根据国家或地区的实际情况灵活运用，而且征税的对象与补贴的方式也需要综合考虑。Itskhoki 和 Moll（2014）研究了最优动态 Ramsey 政策在具有金融摩擦的经济增长过程中发挥的作用。理论模型中，关注未来的异质性生产者面临着抵押品借款约束，这种约束会导致资本错配与劳动生产率的降低。对于金融资产较少的发展中国家来说，最优干预政策（劳动税、储蓄税、对企业家的资产补贴、对工人的一次性补贴）会增加劳动力供给并降低工资，从而导致企业利润的上升与资产财富的快速积累。长期看，这一结果会放松企业未来的借款约束，进而带动劳动生产率和工资的提高。

此外，在处理金融摩擦时政府不仅要协调好私人部门的流动性供给与政府部门的流动性供给，也要根据流动性冲击的类型与程度合理有效地发挥金融市场与政府的协同作用。Holmström 和 Tirole（1998）研究了当企业遭遇流动性约束时私人部门和政府当局如何采取有效措施满足市场的流动性需求。模型假设企业存在道德风险且有限负债，外部索取权的价值严格小于企业完整价值。价值的差距阻止了企业的外部融资规模。一旦遇到流动性冲击，企业会因为外部融资能力约束终止可能存在正收益的投资项目。为了保护自身利益、应对流动性风险，企业需要持有可快速出售的市场化资产进行流动性储备，或是与金融中介协商，提前安排好信贷额度（长期贷款），以备不时之需，也可以通过出售项目索取权或持有的其他公司索取权或是政府发行的索取权的方式，实现私人部门的流动性供给。当宏观层面出现流动性冲击时，政府就必须要发挥其在流动性供给和管理方面的作用。文章考虑了两种情形下政府应当采取的措施。第一种情形没有总不确定性，即企业面临的流动性冲击具有独立分布。此时，发行政府债券不会比私人部门出售索取权更为有效地提供流动性。政府也无法在总流动性管理方面发挥显著作用。尽管私人部门可以总体层面实现自给自足，但对于个体企业而言，他们难以通过持有私人的市场工具满足自身的流动性需求。因此，要达到次优社会配置必须要有金融中介来协调和使用稀少的流动性，但金融中介会对企业施加最大杠杆率和流动性限制等条件。第二种情形存在总不确定性，即对企业的流动性冲击是同样的。此时，私人部门无法采用私人手段满足自身流动性需求。流动性短缺的出现创造了政府供给流动性的潜在需求。因此，政府可以通过发行具有流动性溢价的政府债券，实现 Pareto 改进，提高社会福利。特别是政府债券具有状态依赖性质时，政府需要根据总流动性冲击的程度合理控制债券规模。

与地方企业金融摩擦不同，当金融中介面临金融摩擦时，中央政府就需要采取积极的信贷政策进行应对，避免由局部金融系统的不稳定引起的全面经济危机。Gertler 和 Kiyotaki（2010）考察了在金融中介面临内生性融资约束时信贷市场政策干预对缓解金融危机和防止经济衰退产生的影响。他们分析了中央银行采取的三类政策。第一种是广义的直接贷款便利工具（Lending Facilities），即中央银行直接为持有高质量私人证券的金融中介提供抵押贷款。当金融中介在零售和批发金融市场受到对称性金融摩擦时，贷款便利工具有助于增加市场上可获得资金的供给规模，减少均衡贷款利率，帮助中介扩大资产总量。但是该政策工具缺乏效率，且存在社会成本。由于央行信贷供给的增加会对其他私人中介产生挤出效应，所以只有在私人中介面临严重金融约束时，中央银行才能使用这种信贷供给扩张政策。第二种是流动性便利工具（Liquidity Facilities），即中央银行采用贴现窗口贷款给银行并促使其最终贷款给非金融企业。该工具主要用于在金融危机中扩大银行间市场资金供给，抵消银行间市场的紊乱。流动性危机期间短期资金市场失灵，受金融约束的金融中介（借款人）为了获取流动性资金、防止破产，只能向中央银行借款，但需要支付非正常水平、具有惩罚性质的利率成本。中央银行这种有惩罚性质的资金供给可以有效减少其对私人部门的流动性便利工具的无效率使用动机。尽管流动性便利工具有助于促进银行间市场的资金流动，但在经济危机时期其对稳定金融市场的作用并不是最有效的。第三种是资产权益注入（Equity Injections），即财政当局通过注入资产权益的方式获取金融中介的部分所有权。该措施的政策效果取决于三个因素：政府获取权益的支付规则；政府获取权益的价格与市场价格的比率；政府获取金融中介的控制权后在处理代理问题方面的能力。虽然这种方式具有较高的成本，但在金融危机期间，其对稳定金融系统的净收益却是正的且很显著。以上三种信贷政策工具的使用需要具备特定的时机和相应的条件。当金融中介持有高质量的资产或证券且中央银行直接贷款的效率成本不高时，直接贷款便利工具可以广泛使用；当有着较高信用的私人中介面临流动性危机时，贴现窗口贷款可以帮其提高短期融资能力；当政府向私人中介注入资产权益的效率成本不是很高时，权益注入可以增强私人中介获取更多贷款的能力。朱军、李建强和陈昌兵（2020）将 BGG 框架的企业融资需求摩擦和 GK 框架的银行信贷供给摩擦整合到一个框架中，对比财政政策的有效性和财政资源的战略优先配置问题。研究结果表明，经济下行背景下，短期内财政援助银行更占优，长期内，当政府债务负担较低时，财政援助银行更占优；当政府债务负担较高时，财政援助企业更占优。

第六节　住房政策调控与住房开发投资

为了控制住房开发投资的过快增长、优化住房开发投资结构、促进住房市场和宏观经济的协调发展，2000 年以后我国的中央政府与地方政府制定了一系列推动房地产业发展的纲领性文件。例如，2003 年国务院 18 号文开启了十年楼市调控的序幕。在这些文件中，中央政府规范与完善了以住房市场为核心、以金融市场和土地市场为支撑的制度环境，明确了对住房开发投资规模、结构与速度进行调整与控制的方式、政策工具和发展路径。其中，宏观调控政策的主要工具是货币政策、财税政策与行政命令，主要针对领域涉及金融市场、土地市场与住房市场。这些政策工具在实践过程中从不同层面发挥着作用，影响着住房开发投资的规模与速度，但是由于政府对调控政策的作用机制理解不足，且在执行过程中把握失当，因而导致政策调控效果与预期目标差距较大。

一、货币政策对住房开发投资的影响

中央政府采用的货币政策工具主要包括价格型货币政策工具（比如金融市场的各种利率）和数量型货币政策工具（比如存款准备金、货币供应量等）。中央银行通过利用这两类工具，影响住房需求、住房价格、投资

收益率等变量，进而对流入住房市场的资金起到刺激或限制作用。

价格型货币政策工具在改变住房消费需求方面发挥着重要作用。Kau和Keenan（1980）采用微观经济学方法研究了真实利率对住房消费需求、出租住房、住房投资、持有期选择、抵押贷款的影响。他们认为，利率与住房消费需求存在负向关系，利率与租房需求存在负向关系。对于住房开发商而言，利率的增加对其不产生任何直接影响，但会通过减少住房需求和住房存量价格，减少开发商投资与住房市场供给。对于持有期选择而言，利率对其影响微弱。如果考虑到风险，在预期利率保持稳定的时候，相对厌恶风险的消费者会偏好在固定时期内购买住房，而相对偏好风险的人会选择租住住房。由于利率变动取决于价格与需求利率弹性，因此，在短期内，住房抵押贷款减少的充分条件是住房需求是利率弹性且价格无弹性。

货币政策可以通过调节资产价格的方式来改变住房资产需求。在Tobin（1969）的货币理论框架中，货币政策对资产价格有着强烈的影响。Tobin（1969）扩展了实物资本同质性的假设，考虑了多种部门的各类金融资产，比如住房、厂房、设备等资产价值，建立了货币理论的一般均衡分析框架。他们发现，金融政策与金融事件影响总需求的主要方式是改变实物资产相对于其重置成本的价值。这种变动货币政策可以实现。但对于其他外生变量而言，其主要是通过影响公共部门、银行和其他部门的资产组合偏好（资产需求函数）来实现的。这些偏好包含预期、风险估计、对风险的承受力和其他因素。

Kearl和Mishkin（1977）根据Tobin（1969）的理论框架，考察了货币政策对住房资产需求的影响。对于住房资产的非流动性特征，他们认为，住房资产的非流动性使得消费者更加注重自身债务和金融资产头寸的规模，以及收入流的风险性，因为这些因素决定了消费者住房存量的期望水平。也就是说，考虑到消费者的资产负债表效应，消费者拥有住房存量的期望水平与预期收入和初始期持有金融资产价值呈正相关，与预期的收入方差和初始期持有的债务呈负相关。通过对住房存量调整模型的经验分析，他们研究了抵押贷款利率和信贷配给政策对住房需求的影响，发现紧缩性货币政策会导致金融市场（股票与债券市场）价格下跌，进而引起经济体中金融资产总价值的减少。由于家庭持有的金融资产价值恶化，这使得家庭对住房需求相对下降。此时，有的家庭为了满足其流动性的需要，会通过出售住房资产来维持较高的现金持有比重。另外，货币政策还会影响消费者住房信贷的可得性和信贷成本，进而影响家庭资产负债规模。积极的货币政策会鼓励消费者通过增加负债的方式购买住房，但是随着家庭持有债务的增加，消费者对流动性资产的需求逐步增强，最终会减少未来的住房需求。

揭示货币政策对住房市场的传递机制是促进住房金融体系有效运行的重要环节。Bernanke 和 Gertler（1995）最先研究了货币政策传递的信贷渠道，揭示了货币对实体经济影响机制的“黑箱”。他们认为，由于信贷市场摩擦，家庭的借款和支出决策受到影响，因此，成本高昂的耐久品支出（比如住房支出）会受到货币政策的冲击。同时，银行借款渠道和资产负债表渠道会放大家庭投资规模（包括住房支出规模）。在家庭存款率受到限制时，银行借款渠道可以发挥重要作用，为住房抵押贷款次级市场提供流动性。而住房需求与家庭资产负债表有着直接联系，比如住房最低付款要求、最小收入与利息支付比。对于中产阶级新购住房者，抵押贷款负担（抵押贷款占收入比）显著影响到住房消费需求。而联邦基金利率与抵押贷款负担高度相关，当货币政策收紧时，家庭收入下降，名义利率上升，抵押贷款负担加重，家庭住房需求会逐步减少。

Iacoviello 和 Minett（2008）进一步扩展了 Bernanke 和 Gertler（1995）的研究，重点关注货币政策的信贷渠道（特别是银行贷款渠道）对住房市场的影响。他们发现，信贷渠道高度依赖住房金融体系的结构特征，尤其是住房金融效率与住房金融机构的组织结构。他们采用 VAR 方法分析了芬兰、德国、挪威、英国四个国家的住房市场，发现由于国家货币政策传递机制的不同，住房市场变量受到银行贷款渠道的影响程度存在差异。

采用货币政策稳定与控制房价是政府影响住房开发投资的主要方式之一。Harris（1989）研究了抵押贷款利率与房价的关系，发现升值预期可以克服名义抵押贷款利率对房价的负效应。因为住房的升值预期是影响住房销售价格的主要因素，可以在房价下跌期或平稳期发挥重要作用。而从住房购买者角度看，真实利率具有改变房价的机制。因为名义利率的主要作用是形成升值预期，但对升值预期变化的反应速度较慢，而真实利率会随时间变化而改变，可以用来反映市场价格水平。

况伟大（2010）研究了利率对房价的影响。在模型中，他考虑了住房购买者、开发商和中央银行在住房存量市场中的决策行为。通过对我国 35 个大中城市的数据分析，结果显示，本期利率对房价影响不显著，并且本期房价对利率的影响也不显著，而经济增长对利率的影响比较显著。因此，他认为，利率政策对住房市场不产生显著影响。

Iacoviello 和 Neri（2010）研究了美国住房市场波动的原因与结果，利用 DSGE 模型对美国 1965—2006 年的季度数据进行了贝叶斯估计，发现近 40 年的住房价格上涨趋势是较慢的住房产业技术进步造成的。在经济周期中，住房需求、住房技术、货币因素是驱动住房市场发展的主要动力。住房需求冲击和住房技术冲击可以解释住房投资与住房价格顺周期波动的四分之一，货币冲击的解释力度低于 20%。但在 21 世纪初期的住房周期中货币因素发挥了关键性作用。从结果来看，住房市场波动对经济中其他部门产生了外溢效应，该效应主要集聚在消费领域而非投资领域，并随时间的推移逐渐显现。这主要是因为家庭借款的抵押品效应放大了非住房消费对给定基本面因素变化的反应，改变了货币对住房价格和住房投资的扩散机制。其中，金融创新在一定程度上增加了受信贷约束的代理人融资的边际可得性。

程承坪和张旭（2011）考察了利率政策的城市差异性。他们将利率政策分为扩张性利率政策和紧缩性利率政策。结果显示，前者对房价的促进作用要强于后者对房价的抑制作用。这主要是因为利率对住房供给方和住房需求方传递机制的差异产生了住房市场供求的不平衡，最终导致房价的波动。

徐忠等（2012）发现，当货币供应量或利率发生变化时，住房开发投资和需求都会受影响。由于开发商和住房消费者对利率变化的敏感程度要高于数量型的货币政策工具，所以加息对房价的抑制作用要强于货币供应，价格型货币政策更有助于调节房价。同时，由于房价对流动性的响应比对消费者价格指数（CPI）的响应更为敏感，所以在由 CPI 造成的负利率背景下，消费者为了抵御通货膨胀，会增加住房资产需求，推高房价。因此，避免负利率、维持正利率有利于稳定房价。

赵奉军和骆祖春（2019）研究认为，货币政策的不确定性对房地产投资的影响存在异质性。从长期来说，货币政策的不确定性对房地产投资产生正向影响；从短期来说，货币政策不确定性对房地产投资产生负向影响。

以上研究仅仅考虑了货币政策对房价的单向影响，但由于住房是重要的金融资产，其具有的财富效应、交易效应和替代效应会带动房价与住房投资的增加，所以，房价的变动在一定程度上改变着金融市场的资金供求，间接地影响到货币政策的效果。

王维安和贺聪（2005）梳理了房价与货币供求的关系。他们认为，从货币供给来看，由于银行利用住房作为抵押品，房价的增长会直接导致银行信贷规模扩大，进而带动货币供应增加，由此形成房价与信贷之间的互动强化机制。从货币需求来看，房价变动会影响家庭财富总量，带动市场交易规模，改变投资者的资产组合，由此影响到家庭、交易者与投资者的货币需求。通过建立一个包含房价的货币市场一般均衡模型，他们发现，由于住房抵押造成的银行资产负债表效应，利率的下降会刺激住房抵押贷款价值的增长，加快银行货币供应速度与规模。因此，货币政策的制定者应当关注房价，防止市场利率低于均衡利率时出现的房价泡沫破灭和由此引发的金融风险。

段忠东和曾令华（2008）在王维安和贺聪（2005）研究的基础上，将房价引入由货币市场和商品市场组成的动态系统中，证明了房价对市场均衡利率的效果与方向的影响取决于房价波动对货币供求的边际效果的对比。当房价波动对货币需求的边际影响超过房价波动对货币供给的边际影响时，市场利率将会提高；反之，市场利率下降，并造成市场的流动性过剩。因此，随着房价的高涨（萧条），房地产市场将起到扩张性货币政策效力放大器（衰减器）与紧缩性货币政策效力衰减器（放大器）的作用。通过对我国 1999 年第一季度至 2007 年第四季度的季度数据的经验研究，他们发现，我国房价的外生冲击在改变货币需求稳定性的同时，也增强了货币供给的内生性；长期房价对市场利率具有显著的反向因果影响，这意味着我国房价的上涨会为市场提供更多的流动性。

住房金融体系的完善与发展不仅受到货币政策的推动，同时也对家庭住房投资与住房开发投资产生了不同程度的影响。McCarthy 和 Peach（2002）回顾了 1970 年以来美国住房金融体系的发展对住房市场行为的重要影响，发现低管制程度的抵押贷款银行和抵押贷款审查过程是住房市场发展的重要因素。当前，美国的抵押贷款市场与外部资本市场高度融合，减少了抵押贷款可得性的波动程度。而且，融资约束对房价和家庭住房投资的影响越来越小；相反，各类信贷价格和资本成本对住房市场产生了巨大的影响。在储蓄机构被高度管制的金融体系下，货币政策极大地影响到信贷资源的可得性。货币政策的紧缩减少了储蓄流入存款机构的数量，从而引起住房部门信贷的快速下降和家庭住房投资与开发商数量的急剧减少。由于这种快速的反应，住房部门成为紧缩性货币政策对宏观经济影响的先行指标。同时，他们认为，1985 年以后，紧缩性货币政策主要通过影响信贷定价、使用者成本、交易成本、房价等变量发挥效果。由于货币政策对这些变量的影响效果复杂，货币政策对家庭住房投资的传递过程也会变得更长，这意味着家庭住房投资对紧缩性货币政策的反应速度较慢。而对于开发商来说，更好的金融市场渠道可以使他们减少对货币政策的敏感度。即使在高利率情形下，具有融资的可得性的开发商可以用更少的代价完成当前项目。

为了揭示货币政策在住房开发投资周期中发挥的作用，张晓晶和孙涛（2006）从宏观因素层面考察了扩张性货币政策对房地产投资周期的影响，通过对我国 1992—2004 年的季度数据的分析，发现逐步下降的利率政策支持了宏观面的较快增长和住房投资的过热，而住房消费信贷政策的放松与推进，促进了房地产业的进一步发展。

随着资本市场的发展，房地产投资信托（REIT）作为房地产金融创新的重要产品之一，在住房开发投资中发挥的作用越来越显著。Johnson 和 Jensen（1999）认为，在紧缩性货币政策下，联邦基金利率的变化会导致住房市场回报率下降，同时随着借款成本的上升和住房需求的减少，REIT 的回报率会进一步下降。Glascock et al.（2002）测试了 REIT 回报率、通货膨胀、实体经济活动和其他货币政策变量的因果关系。结果显示，REIT 回报率与通货膨胀的负向关系是虚假的，即高通货膨胀不会导致高利率与低 REIT 回报率。他们认为，通货膨胀的正冲击会引起 REIT 回报率的增加。Ewing 和 Payne（2005）关注了房地产投资信托市场与四个宏观经济因素的关系，研究了 REIT 回报率对宏观变量的未预期变动的反应。这里的宏观变量主要包含真实产出的增长、通货膨胀、违约风险溢价、货币政策。在利用一般脉冲响应方法分析之后，他们发现，货币政策、经济增长和通货膨胀的冲击都会导致 REIT 预期回报的降低，而违约风险溢价冲击则会推高 REIT 未来的回报率。Fatnassi et al.（2014）分析了基于通货膨胀、货币供给和产出缺口三个变量的货币政策对 REIT 市场的非线性影响。他们通过建立马尔可夫转换模型，认为货币政策不仅影响 REIT 的回报率，还是导致 REIT 市场波动的重要原因。不过，扩张性货币政策只在市场繁荣时发挥作用，而在市场衰退时，通货膨胀率的增加会减少 REIT 的市场收益。因此，货币政策对 REIT 的回报率具有非线性效应，且该效应在市场衰退期的作用比在市场繁荣期更显著。

关于货币政策对住房市场的实际效果，大量的文献利用各类计量方法对不同国家的数据进行了实证研究，比如 Falk（1986），Chowdhury 和 Wheeler（1993），Iacoviello（2002），McCarthy 和 Peach（2002），Iacoviello 和 Minetti（2003，2008），Ahearne et al.（2005），Ewing 和 Wang（2005），Kasai 和 Gupta（2010），Vargas - Silva（2008a，2008b），Gupta 和 Kabundi（2010），Gupta et al.（2009，2010）。除了 Vargas - Silva（2008a）、Gupta 和 Kabundi（2010）、Gupta et al.（2010）采用因素增强向量自回归模型

(Factor - augmented Vector Autoregression Model, FAVAR）以外，其余基本采用简化的向量自回归模型（Reduced - form Vector Autoregression Model, VAR)、向量误差修正模型（Vector Error Correction Model, VECM）或是结构向量自回归模型（Structural VAR Model, SVAR)。但这些模型为了维持自由度，限制了解释变量的数量。Vargas - Silva（2008b）用 FAVAR 模型考察了货币政策对 7 个住房市场变量的影响。Gupta 和 Kabundi（2010）也利用 FAVAR 考察了美国 1976—2005 年货币政策对九个分区的房价泡沫的影响。脉冲反应函数显示，房价膨胀对货币政策冲击具有负向反应，但每个分区的反应具有异质性。Gupta et al.（2009）扩展了 Gupta et al.（2010）的研究，考察了美国联邦资金利率冲击对美国住房部门的动态影响。通过大规模贝叶斯向量自回归模型（Large - scale Bayesian Vector Autoregression Model, LBVAR)，他们对国家与四个区域的 21 个住房市场变量进行了分析，发现在国家层面住房开发规模、住房许可规模、住房销售规模会在紧缩性货币政策的冲击下下降，而住房销售的反应程度比住房开发、住房许可更快、更激烈，住房价格对货币政策冲击的反应最弱。在区域层面，住房许可、住房开发、住房销售对货币政策具有强烈的负向反应，且各区域具有较大差异。

二、财政政策对住房开发投资的影响

财政政策主要包含对住房消费者的政策补贴和对住房市场与土地市场的不同环节征收税收，这是中央政府与地方政府对住房开发投资进行调控的重要方式。

（一）财政补贴政策

财政补贴根据住房购买对象的差异分为补砖头和补人头。前者针对弱势群体或是保障性住房保障对象，政府为其提供保障性住房（包括经济适用房、廉租房、公租房、拆迁安置房等），建设资金由政府承担，属于供给方补贴政策；后者主要是针对中低收入家庭，政府会为其提供利率、税费等补贴，刺激消费者购买住房，拉动住房市场投资，属于需求方补贴政策。

关于供给方补贴和需求方补贴政策的利弊，学术界一直存在着争议。孙冰等（2005）从生产者补贴和消费者补贴两个角度，分析归纳了国内外典型的中低收入家庭住房补贴形式。他们结合我国已有的中低收入家庭住房补贴形式，提出了一系列有助于提高现行住房补贴政策效率的建议。赖华东和蔡靖方（2007）认为，供给方政策在短期内可较好地解决低等质量住房短缺的问题，但是会加大地方政府的负担，降低住房市场效率，而需求方政策有效地提高了住房消费水平，降低了政府支出成本，保证了住房供应链条的连续性。因此，城市住房保障政策短期内可实施供给方政策，长期来看都应转向需求方政策。徐虹（2008）从住房保障政策的市场效应、补贴效用、对城市规划的影响以及各国的运用启示等角度分析了供给方补贴和需求方补贴的优缺点。他认为，在城市化发展初期，地方政府为了提供补贴效率，应当偏重于供给方补贴的住房保障；当城市经济发展到一定程度以后，逐步转变为需求方补贴政策。

对于实施住房补贴政策所产生的效果，Tiwari 和 Hasegawa（2001）用非线性特征价格向量模型对东京保障性住房政策效应进行了分析。结果表明，住房补贴政策具有福利效应和经济效应，政策实施后低收入家庭平均住房消费比政策实施前增加了33%，同时，低收入家庭对其他商品的平均消费量增加了25%。因而，需要重点关注住房补贴政策所带来的经济效益。Gilbert（2004）建立了资本化住房补贴模型，分析了智利、哥伦比亚以及南非的住房补贴模式的实施效果。研究发现，住房补贴的实施效果必须符合一定条件才能发挥积极的作用。当财政资金不足时，随着失业率上升或贫富差距拉大，住房补贴政策未必能够有效解决住房问题。

在对政府提供住房补贴是否会造成社会福利损失这一问题的探讨上，宋吟秋等（2013）指出，政府给低收入者提供住房补贴必定会降低资源配置的效率，造成经济社会的福利损失。他们分别研究了当补贴资金充裕和不充裕时政府住房补贴对社会福利的影响。结果表明，在保障性住房市场，社会福利损失的大小不仅和政府补贴的额度有关，还和政府补贴的方式有关；政府补贴虽然会降低房价，但是容易引起市场资源配置的扭曲，从而导致社会福利的损失；当补贴资金一定时，补贴的受益面越小，福利损失就越大；市场价格越高，或交易量越大，补贴造成的福利损失越大；市场的需求弹性或供给弹性越大，补贴造成的福利损失也越大。

我国在保障性住房领域的制度建设起步较晚，住房政策调控水平较为落后，保障性住房开发建设的规模与财政补贴的力度同发达国家相比存在着不小的差距。特别是在保障性住房保障体系的建立与完善方面，存在着一系列的问题，比如保障性住房政策的目标是什么、实施对象的范围、以何种方式实施、保障性住房如何去管理等。由于发达国家保障性住房保障体系建立的相对完善，因此，总结与借鉴他们的住房保障经验对于提高我国的保障性住房政策调控水平具有积极的意义。巴曙松等（2011）总结了美国保障房制度的发展经验，发现美国针对低收入家庭的住房保障政策，从政策主导扩大供给（公房建设计划）到财政支持、市场主导建设廉租房（LIHTC 计划）再到住户租房券（HCVP），政策逻辑也从扩大供给逐步转移到提高住户住房可承担能力，目前则再次转移到如何通过校正这两种方案以实现贫困的分散化和消除种族隔离。他们认为，美国住房保障的思路在不断地转变，从住房保障的初始目标转向范围更广泛的以扩大住户社会福利水平（减少贫困集中、提高就业、实现就业机会均等化），并最大限度地追求经济效率的目标。因此，我国的保障性住房政策要确立长期的“适度居住权”，不因短期的房地产调控政策变动而频繁切换保障房政策目标，要从注重发挥保障房促进投资、对冲商品房市场调整压力的政策导向，转为民生导向；要以廉租房和公租房为主体，构建不同口径保障房之间的“防火墙”机制，确立清晰边界；要确立以城市常住人口住房缺口和低收入家庭住房可支付能力为供给与需求测算的客观依据。在保障性住房政策工具的使用时机方面，他们认为，初始阶段应侧重于供给端以新建为主，然后逐步过渡到需求端以直接向低收入家庭提供住房补贴为主。

（二）税收政策

对房地产市场环节征税是地方政府调控住房开发成本、影响住房市场发展的重要手段。按照征税环节的不同，可以分为两类税：对住房征收的房产税（或物业税）、对土地征收的土地增值税①。这两类税率的变动分别对住房市场和土地市场的供求关系造成扭曲，是政府影响两类市场资源配置的主要控制变量。

由于税收行为会造成经济行为的扭曲和资源配置的失效，因此，采用何种税收结构使税收产生的扭曲程度最小化是地方政府必须考虑的问题。Ramsey（1927）最先思考了最优税收结构问题。他认为，最优税收结构应该可以实现政府固定收入总额的最大化与资源错配的最小化。而错配的范围包括对课税商品的消费不足和由利息税引起的投资不足。Brennan 和 Buchanan（1978）关注到税收结构对政府行为的影响。在宪法约束下，政府是利维坦式（Leviathan）的政府，即政府的目标是财政收入最大化，而市民可以用选票限制政府行为，也有能力更改约束政府的规则（宪法）。由于地方政府会根据宪法规定的征税原则最大化税收收入，因此，市民可以通过设计宪法规则，优化地方政府的税收动机，规范地方政府税收行为。

由于房产税在美国州政府的税收来源中占有举足轻重的地位，而且根

① 土地出让金收入不属于税收收入。

据 Ramsey 规则，对房产税的调节可以实现资源配置扭曲程度的最小化，因此，Glaeser（1996）借鉴了 Brennan 和 Buchanan（1978）的解释思路，研究了房产税对地方政府的激励效应，特别是在财政收入最大化且房产税是政府收入的主要来源时的政府行为。文章考虑了地方政府行为的三种情况。第一个模型显示，房产税对政府为城市提供基本的基础设施行为给予了较强的激励作用。因为这些基础设施价值的增值会提升地方税收收入。虽然一次性税收也具有可行性和激励作用，但是由于住房需求充分无弹性，房产税比一次性税更为有效，更具有激励作用。第二个模型证明了，房产税为短视政府对未来基础设施的投资提供跨期激励。由于选举结果的不确定性会导致官员任期的不稳定，所以地方政府官员往往比市民要急功近利且更为短视，而房产税可以很好地解释这种短视行为。因为当前的房产价值会直接地体现出对未来基础设施改善的预期，所以房产税会引起官员们对未来财政支出的担忧，这会加大对未来基础设施的投资力度。前两个模型的房产税税率是宪法设定的，而第三个模型考虑了地方政府有权调节房产税税率的情形。结论显示，尽管房产税本质上不是自身限制型税，但是房产税却限制了对其他商品的征税。因为其他商品税率的增加会降低房产价值，进而减少房产税收入，所以房产税给了地方政府限制对其他商品征税的动机。因此，房产税的增加会降低整个社会的总体税赋负担。不过，在解释 20 世纪 70 年代后期美国税收改革成功的原因时，作者认为，当时的土地价格是由除政府提供的基础设施以外的其他因素驱动的，正是因为房产税没有发挥其作为激励工具的作用，所以税收改革才会成功。

房产税（物业税）是地方政府的重要税收来源，也是加快房地产税费改革、破解土地财政的主要途径。韦志超和易纲（2006）考虑了物业税改革对地方公共财政造成的影响。他们发现，我国在房地产税制的设计上存在很多不合理环节。比如在税制结构上，房地产保有环节税负过轻，而流转环节税负过重；地方政府所提供的与居住环境相关的公共产品都是免费的，导致地方政府缺乏提供公共产品的动力；税制内外不统一导致内资和外资的不公平竞争。为了克服这些问题，他们提出了房地产税制和土地批租制度改革的方案。通过对该方案的模拟分析，结论显示，物业税的改革会给中小城市带来财政盈余，只有个别大城市才会出现公共财政缺口。此外，实行改革之后房地产税收总额将占地方财政收入的 10%—20%，加强了其在地方财政中的地位。

房产税不仅关系到地方政府财政收入，还涉及地方政府的财政支出（公共产品的供给），这在一定程度上改变了住房资产价值，影响到家庭住房的选择。Tiebout（1956）最先提出了地方政府公共产品支出的“用脚投票”假说。该假说认为，地方政府的公共产品供给水平会影响居民（投票者）的迁移行为。如果当地居民可以自由流动，那么地方政府会在给定集体偏好和资源禀赋的条件下设立最优水平的税收收入与财政支出结构。为了验证 Tiebout 假说，Oates（1969）对新泽西部分社区数据进行了研究，并且重点考察了房产税对居民迁移行为的影响。结果显示，房产税的增加以及由此引起的公共教育支出的增加导致了房产价值的净变化，其中，房产价值与公共教育支出正相关，与均等化地区房产税负相关。也就是说，当地财政变量（比如房产税率和公共教育支出）会改变家庭对住房的选择行为。这主要是因为当地居民可以识别具有吸引特征的不同社区的财政变量差异，并通过观察这些变量对家庭房产价值的影响来改变自己的居住选择。

为检验 Tiebout 假说在我国的适用性，梁若冰和汤韵（2008）利用动态面板回归模型检验了 35 个我国大中型城市的住房价格与地方公共品供给之间的关系。计量结果发现，地方公共品供给对商品房价格都存在显著的正面影响，在一定程度上显示出我国出现了地方公共服务资本化的现象。此外，随着房产价值与地方公共品相关性的日益紧密，征收房产税成为支持地方政府进一步提高公共服务水平的有效资金来源，也是地方政府控制公共品供给外部性的有效手段。

房产税对扩大住房开发投资、加快城市旧房改造、推动城市发展有着重要的作用。Barlev 和 May（1976）通过建立现有住房存量与新建住房的投资流量模型，研究了房产税对城市住房建设与拆除造成的影响。在对曼哈顿城市数据的经验研究中，他们发现，房产税对住房开发投资具有显著的负向关系，而对城市住房拆迁来说，房产税具有显著的正向效应。因为拆迁的目的是获取土地，而政府需要通过这种方式满足新建住房的需要。此外，利率、收入、区域管制也对住房开发投资和拆除具有显著性影响。其中，抵押贷款利率的增加会减少住房开发投资，而收入增加和严格的区域管制会刺激住房开发投资增长。

对于住房销售方来说，房产税会增加其住房持有成本，鼓励其出售空置住房，然而当其再次出售住房时，卖方会通过提价的方式将房产税成本转嫁到住房消费者身上，因此，房产税（物业税）的征收对于房价的变动有着重要的影响。况伟大（2009）在住房特性基础上，分析了消费者、投资者与开发商的关系，并认为，物业税的出台有助于消减房价。通过对我国 30 个省份进行实证研究，结果显示，只有在全国层面和东部地区，物业税对房价的抑制作用才显著，其余地区都不显著。此外，利率政策比物业税更具有房价抑制效果。因此，政策制定者需要根据当地的实际发展情况，综合运用物业税与利率手段来抑制房价。

理论上，房产税的增加会打击投机、抑制房价，但在实践中，征收房产税未必会降低城市的房价。对于房产税能否达到抑制房价的目的、是否要优于货币政策等问题，况伟大等（2012）研究了 23 个 OECD 国家的房产税和房价之间的关系。结果显示，房产税对房价具有显著的负向影响，但对房价的抑制作用有局限性，因为征收房产税的主要目的是解决地方财政收支问题，而不是抑制房价，所以地方政府不可能采用大幅提高房产税的方式来实现降低房价的目标。不过，预期比房产税对房价的影响更大，政府可以通过改变房价增长预期来抑制房价，比如限价和限购政策比房产税更能抑制投机、稳定房价。另外，与利率政策相比，房产税政策的效果更为显著和有效。Bai et al.（2014）对上海和重庆的房产税征收进行了政策实验分析，重点关注房产税征收以后城市房价的变动情况。通过把上海与重庆的房价和其他城市的房价进行倍差法（Difference - in - Difference Approach）对比，结果显示，房产税使上海平均房价降低了 11%—15%，而使重庆房价上升了 10%—12%。对于重庆房价的上升，他们给出的解释是，高端房产和低端房产具有溢出效应，推动了房价的总体上升，抵消了房产税的作用。因此，政府需要谨慎使用房产税这一政策工具。Cho 和 Choi（2014）认为，由于土地供给的有限性和农业发展的需要，我国土地融资体系是不可持续的，并且一次性土地收入（土地出让金）扭曲了土地供给者与需求者之间的利益分配格局，从而引发了一系列经济与社会问题。在分析了房产税的经济用途与政策含义之后，他们认为，房产税的开征不仅可以解决土地财政造成的问题，还可以为地方政府创造新的融资渠道，因此，房产税政策要优于地方政府卖地政策。

与房产税的作用不同，土地增值税自 1993 年在我国开征以来，在打击土地投机、筹集财政收入、维护社会公平方面发挥了一定的作用，但在实践中也遇到了不少问题。

Bickerdike（1912）最先研究了土地增值税的基本原则，分析了土地增值税政策对私人财富的影响以及税收的用途。他认为，土地增值税不仅是把私人财富从一部分人的手中转移到政府手里，也是承认了被征税土地价值的差异，从而产生了一种预期，即政府获得的收益要超过土地所有者损失的部分。因此，单独对土地征税不会影响到财富的生产。另外，如果政府可以把税收用于改善城市生活、增加城市吸引力，那么土地增值税用于地方发展目的比用于国家发展的目的要好。

Brown（1927）研究了土地投机与土地增值税的关系。他认为，投机者会为了获取更多的投资收益支付一定程度的重税。无论土地是否征税，只要土地价值如投机者期望的那样上涨，土地投资的总规模就会上升，所以土地增值税不会消除所有的土地投机行为。除非设置充分高的税率，才有可能赶走所有的土地投机者。

阮家福（2009）在比较了中外土地税收制度后，认为国外的土地税收制度具有“税强费弱”的特点，土地税大都由土地保有课税、土地开发利用课税、土地取得和转让课税三个环节组成，而且在配置土地资源过程中，大都运用多种税、多次征的复税制。而我国的土地税收制度存在着诸多问题，比如税少费多；税基较窄，税款流失严重；交易环节征税多，开发使用环节征税少；重复征税严重，税收负担不公。因此，我国现行的土地税收制度难以有效发挥税收调节作用，难以适应市场经济的发展，亟须改革，而重建我国土地税制的思路是：积极推进“费”改“税”；按土地取得、保有、转让三个环节设计土地税种；消除重复征税，鼓励土地流转，提高土地利用效率。

谢群松（2003）指出，对土地占有或是转让征税都可以起到打击土地投机或鼓励土地投资的作用。由于土地投资意味着较早的土地开发，而土地投机意味着闲置，因此，开征土地增值税（或提高其税率）将具有将土地开发提前的效应；或者说，停征土地增值税（或降低其税率）将具有推迟土地开发的作用。因此，国家就可以通过开征或停征土地增值税（或调节其税率）从总体上来调节一国的土地开发速度，从而土地增值税也就成了国家调控土地市场或调节土地开发速度的重要政策工具。

Bourassa（1990）考察了土地增值税对不同类型城市住房市场发展的影响。这三类城市分别是中心城市、郊区、相对隔离的城市。土地增值税的征收使得征收对象从住房转移到了土地，对这三类城市产生了两种效应。第一种是由土地增值税上升造成的流动性效应。从影响机制来看，一方面，流动性效应增加了土地持有者的成本，促使其加快出售土地，影响土地发展的时机与类型；另一方面，由于土地税收的资本化，这使得潜在的开发商有动力获得土地并开发土地。该效应在三类城市中都存在，有力地推动了住房市场的发展。第二种是由于住房的税率下降引起的激励效应。随着平均房产税的下降，住房资产的回报率会进一步上升。同时，由于土地区位差异造成的税收差异和资本成本差异，住房开发投资会从高税收的区域向低税收区域流动，促进城市住房市场发展。该效应主要在中心城市和相对隔离城市存在，对住房市场的发展也具有积极作用。因此，对于中心城市来说，土地增值税有助于推进城市化，吸引郊区或乡镇家庭在城市定居。另外，土地增值税对不同类型土地具有不同的效果，但对商业土地和工业土地具有积极的作用。

赵奉军和骆祖春（2019）研究认为，财政政策的不确定性对房地产投资的影响存在异质性。从长期来说，财政政策的不确定性对房地产投资产生正向影响；从短期来说，财政政策不确定性对房地产投资产生负向影响。

三、行政管制政策对住房开发投资的影响

财政政策和货币政策属于政府调控住房市场的经济手段，在一定程度上需要遵循市场经济规律，且随市场波动而变化，最终目的在于维护市场的稳定与发展。而行政管制政策属于政府强制干预市场的手段，目的在于把市场中的相关变量限制在政府要求的范围内，虽然短期内在一定程度上起到防止市场失灵的作用，但从长期来看，管制性政策会加剧市场波动，最终会阻碍市场机制的有效运行。

管制性政策主要包括需求管制、供给管制与价格管制。其中，需求管制政策包含住房市场购买行为限制政策（比如户籍限制、数量限制等限购政策）、金融市场需求限制政策（比如提高首付比例、限制抵押贷款规模等限贷政策）和土地市场需求限制政策（比如提高开发商进入土地市场的门槛等）；供给管制政策涉及对住房市场开发商的限制政策（比如开发商资本规模的要求等）、金融市场限制政策（比如规定开发商间接或直接融资规模、对开发商融资的限制等）、土地市场供给限制政策（比如控制每年土地出让规模等）；价格管制涉及政府规定在住房市场、金融市场、土地市场中，特定对象获取资源的价格，比如限价房、差异化贷款利率、限价土地等政策措施。

在需求管制政策方面，冯科和何理（2012）研究了限购政策对经济的影响，指出了限购政策存在的诸多问题。比如在限购政策的执行方面，中央政府与地方政府存在利益冲突，很多地方政府都在“以限价代替限购”，从而减少对地方经济的不利影响；在限购政策的效果方面，短期限购政策并不能完全消除市场需求，一旦政策放松，需求必然会迅速释放，造成供求失衡，推动房价暴涨；在限购政策解决市场矛盾方面，限制性的调控政策不但打击了开发商的积极性，减缓了住房市场供给速度，还人为制造市场短缺，加剧市场供求矛盾。通过对 2007—2011 年全国数据进行分析，

结果显示，住房限购政策不仅会破坏其他消费市场的均衡，还会使得刚性、改善性和投资性住房需求者均面临福利损失。

胡涛和孙振尧（2011）考虑了政府各类住房干预政策的福利影响，并指出“限购”政策下符合资格的需求子群体，其支付意愿的异质程度是影响社会福利损失的一个重要因素。在对限购政策与限价政策、限制供给规模政策进行对比后，他们发现，为了达到相同的政策目的，限购政策要差于价格管制或数量管制的政策效果，因为限购政策会产生更大的社会福利损失。

刘璐（2013）考察了限贷和限购政策对一般均衡中房价的影响，并探讨了以“限购”为代表的住房调控政策的生效条件以及发挥不同效力的作用区间。他根据住房限购条件是否有效建立了两个关于住宅市场的一般均衡模型，研究发现，当“限购令”未生效时，在其他条件相同的情况下，只要复合商品部门为规模经济递减或不变时，严厉的房贷调控政策倾向于降低市场的均衡房价，而当“限购令”发挥效力时，首付比例和限购数量都将影响市场中的均衡房价，且其关系将会是非常复杂的。在首付比例不太大且复合商品的生产复合规模效应递增的前提下，当首付比例落入特定区间时，住房调控政策就能有效地降低均衡房价。

在价格管制政策方面，Goudzwaard（1968）考察了贷款利率限制对消费者信贷配给的影响。通过构建具有政府价格管制的信贷配给均衡模型，他发现，在非竞争性市场上，融资成本反映了较高的均衡价格，此时的贷款数量处于边际成本与边际收入的相等处，而在竞争性市场上，中低风险借款人可以获得更多较低价格的信贷资源，而基于均衡价格的低风险利率上限会赶走部分高风险借款者。因此，允许较高利率上限的消费者信贷借款人维持了较高的信贷损失率和其他相关信贷风险支出。特别是当利率充分补偿坏账损失和相关风险支出时，贷款人具有较高的意愿承受高信贷风险损失和边际信贷风险。实际上，高利率上限可以扩大低风险者信贷的可得性，而低利率上限却未必会导致信贷机会的减少。因此，政府要帮助中低收入人群获得信贷资源，必须为其提供充分的借款动力，或是允许贷款人索取充分补偿损失风险的利率，从而使中低收入人群获得在利率限制范围以内的贷款。

Dixit（1991）研究了价格限制下的不可逆投资行为。通过建立需求不确定情形下的竞争性产业不可逆投资模型，Dixit发现，在不存在价格限制时，投资自身会避免价格超过其上限，即由期权价值因素产生的长期均衡成本。当施加较低价格限制时，投资只由对较高影子价格的观察引起。当施加的上限减小到长期平均成本时，影子价格将趋于无线且投资会完全停止。由于投资被抑制，所以较高的价格上限会导致较高的长期平均价格。

传统的价格控制理论认为，价格控制会引起资源的错配，但 Glaeser 和 Luttmer（2003）认为，在产品短缺的情况下，价格控制可以实现产品的有效配置，不过如果短缺经济意味着把产品随机分配给需要它的消费者，那么资源错配的福利成本将会超过供给不足的成本。为了挑战传统价格控制理论的不足，Glaeser 和 Luttmer（2003）考察了住房租金控制下的住房市场错配问题。他们比较了租金控制型社区和自由市场型社区中的住房消费特征，最终发现纽约市通过租金控制造成了显著的住房市场错配，并且对于适度规模的租金控制来说，由错配引起的损失要超过由供给不足引起的损失。因此，价格控制、数量控制和对产品流向的限制等政策措施会因为在消费者之间引起产品的错配而导致福利的减少。

李成和李一帆（2019）基于货币总量、工具结构和行政管制的视角，分析了货币政策市场化方式和房价管制行政化方式对房地产市场的影响。行政管制间断性会使货币政策和行政管制对房价的影响产生差异性，而在货币政策实时和行政管制调控下，不同级别城市的政策效果明显差异，效果最好的是一线城市，二线城市次之，三线城市的政策效果最差，因此，针对不同级别城市应该实行差异化的行政管制政策，而不能一刀切；政策制订时应注意政策传递过程中可能出现的时滞问题；另外，不能仅仅运用行政管制政策，而应该把行政管制政策和其他政策结合起来使用，比如将行政管制政策和货币政策结合起来，形成政策组合，这样的政策产生的政策效果会更好。

第七节　本章小结

为了能够更好地理解我国住房开发投资城市差异性增长机制，本章顺着“商品房市场—保障性住房领域—金融摩擦—政策调控”这一思路梳理了现有文献。

从这些研究成果中可以发现：

第一，在商品房市场，由经济增长推动的商品房需求的增加、垄断竞争格局的形成、商品房投入要素成本的上升等因素决定了商品房开发投资的规模，而金融制度环境、行业借贷特征、抵押品价值、信息城市差异性、政策干预等因素影响着开发商在金融市场上的融资行为。

第二，在保障性住房领域，地方政府需要在政治制度和可支配资源的双重约束下，根据政治动机和社会目标，利用税收、市场化融资、土地出让、公私合作开发等政策工具，实现公共产品的最优供给；为了减少保障性住房的融资约束、提高公共产品供给效率、完善符合当地特色的保障性住房保障体系，地方政府需要按照公平与效率的原则建立高效、安全、可持续的市场化融资机制。

第三，在金融市场上，阻碍金融资源配置的因素普遍存在。这些金融摩擦不仅与借贷双方的特征有关，还涉及市场监管者的政策行为。由信息城市差异性引起的具有昂贵验证成本、不完全合同、合同的有限实施、有限负债、道德风险、代理问题等都会降低非金融企业获取金融资源的效率。虽然金融中介可以有效减少这些企业面临的金融摩擦，但金融中介自身具有的脆弱性和复杂度又导致了新的金融摩擦的产生。当金融中介作为金融市场的借款方时，其同样存在着与非金融企业类似的金融摩擦，从而导致其外部融资能力受到约束。除了这种资产负债表渠道金融摩擦外，金融中介作为贷款方还会通过银行贷款渠道对信贷市场供给侧造成冲击。显而易见的是，金融中介的两类金融摩擦存在着相互影响的关联机制，而由非金融企业金融摩擦与金融中介金融摩擦形成的金融冲击对杠杆部门与实体经济的协调发展有着重要的影响。

第四，为了控制住房开发投资的过快增长、优化住房开发投资结构、促进住房市场和宏观经济的协调发展，中央与地方政府需要针对金融市场、土地市场与住房市场，综合使用包括货币政策、财税政策与行政命令在内的一系列政策工具。而这些政策工具在实践过程中从不同层面发挥着作用，影响着住房开发投资的规模与速度。

第三章　住房开发投资强劲型与疲软型城市的特征事实

自1998年住房市场化改革以来，经过20年左右的发展，我国各城市的住房市场均经历了市场培育、政策调整、制度规范等多个发展阶段，不断向微观市场成熟、宏观政策稳定、可持续发展的住房市场过渡。

在此过程中，我国35个大中城市住房开发投资的发展轨迹出现了明显的城市差异性格局，产生了住房开发投资强劲型与疲软型两类城市。

为了探究两类城市住房开发投资差异性增长路径的原因，本章根据35个大中城市的现实情况，分别从住房市场、土地市场、金融市场、城市发展等方面描述两类城市存在的特征差异，为后面章节的理论分析提供经验支持。

第一节　住房消费需求与城镇居民收入水平方面的特征差异

经过多年的发展，我国的住房市场化改革改变了由工作单位分配公房的计划经济分配体制，建立了城镇居民根据自身购买能力通过市场途径满足住房需求的市场配置机制，充分释放了城镇居民的住房消费需求。但是从2000—2010年35个大中城市的住房消费需求情况来看，两类城市存在着明显的差异。本研究采用商品房销售面积度量城市商品房消费需求水平。图3－1描绘了2000年与2010年商品房销售面积的城市密度分布估计。该图反映出以下四个特点：一是在住房市场化改革的起步时期（2000年），强劲型城市的商品房消费需求旺盛、分层现象突出，出现了三个峰顶。这反映出有的城市（上海）达到1400多万平方米，有的城市（北京）达到700多万平方米，但大部分强劲型城市处于200万平方米左右。二是在2000年，疲软型城市商品房消费需求较低，基本平均处于140万平方米水平，城市分布较为集中。三是经过11年的发展，在2010年，强劲型城市商品房消费出现了很大程度的不均衡发展，峰值右偏幅度较大，部分城市消费需求突破3500多万平方米，部分城市达到1000万平方米，其余强劲型城市普遍处于800万平方米左右，与2000年相比，各强劲型城市间商品房消费需求分化明显，从2000年的三个峰顶趋于2010年的扁平化形态。四是2010年疲软型城市开始分化，少部分城市跨过1000万平方米，而大部分还集中在600万平方米左右，与2000年相比，峰值的偏移幅度不大，集中程度出现明显下降。总体来看，强劲型城市商品房消费需求规模增长幅度较大，需求层次分化严重，而疲软型城市的需求规模增长幅度较小，需求水平较为集中。

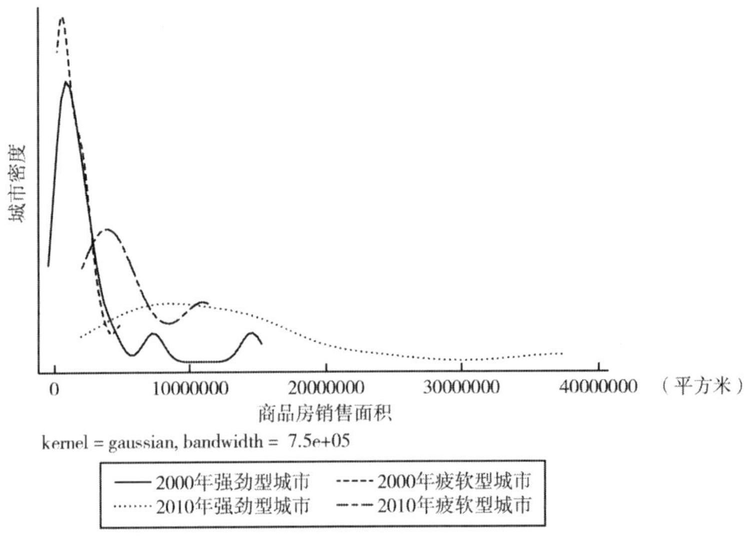

图3－1　2000年与2010年商品房销售面积的城市密度分布估计

城市的住房消费需求不仅包括商品房，还涉及保障性住房。本研究采用保障性住房销售面积衡量城市的保障性住房消费需求。图3－2描绘了2000年与2010年保障性住房销售面积的城市密度分布估计。该图有以下四个特点：一是在住房市场化改革的起步时期（2000年），强劲型城市的保障性住房消费需求存在分层现象。大部分城市处于30万平方米水平，只有少部分城市（北京、成都、西安）超过100万平方米。二是在2000年，疲软型城市保障性住房消费需求普遍低于强劲型城市，大部分城市处于20万平方米水平，且城市分布较为集中，只有少部分城市（哈尔滨、乌鲁木齐）超过100万平方米。三是经过11年的发展，在2010年，强劲型城市保障性住房消费基本没有明显的变化，只有少数城市（重庆）突破200多万平方米，大部分城市仍旧处于50万平方米，与2000年相比，峰值出现了左偏趋势，保障性住房消费需求均值整体略微下降。四是2010年，疲软型城市保障性住房需求与2000年比没有发生太大变化，除个别城市（贵阳）超过100万平方米外，其余城市基本维持不变。总体而言，2000—2010年35个大中城市的保障性住房消费需求总体增量较小，两类城市的差距不大。强劲型城市保障性住房需求水平略高于疲软型城市，除部分城市保障性住房需求水平较高外，大部分城市保障性住房需求保持平稳态势。

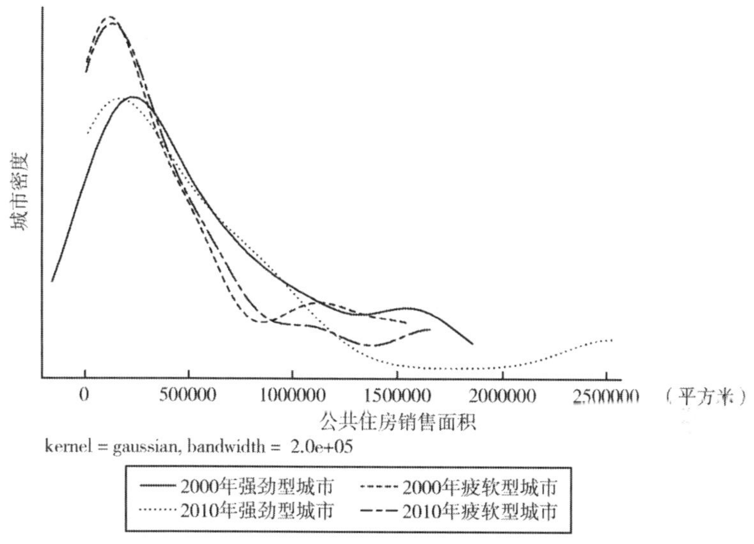

图3-2　2000年与2010年保障性住房销售面积的城市密度分布估计

为了考察住房需求的年度增长情况，本研究对两类城市的住房销售面积取对数形式。图3-3描绘了2000—2010年两类城市的商品房与保障性住房销售面积的增长情况。该图体现出以下几个特点：一是两类城市商品房需求平稳增长，除了2007—2008年金融危机期间出现大幅减缓外，其余时期基本保持稳中求进的态势。二是强劲型与疲软型城市商品房需求增长率差距明显，但这种差距始终维持在一定常数范围内，且没有出现扩大或缩小趋势。三是两类城市保障性住房需求稳中有降，2007年金融危机之后，疲软型城市降幅明显。四是两类城市保障性住房需求增长率差距拉大，疲软型城市的下降速度远高于强劲型城市。

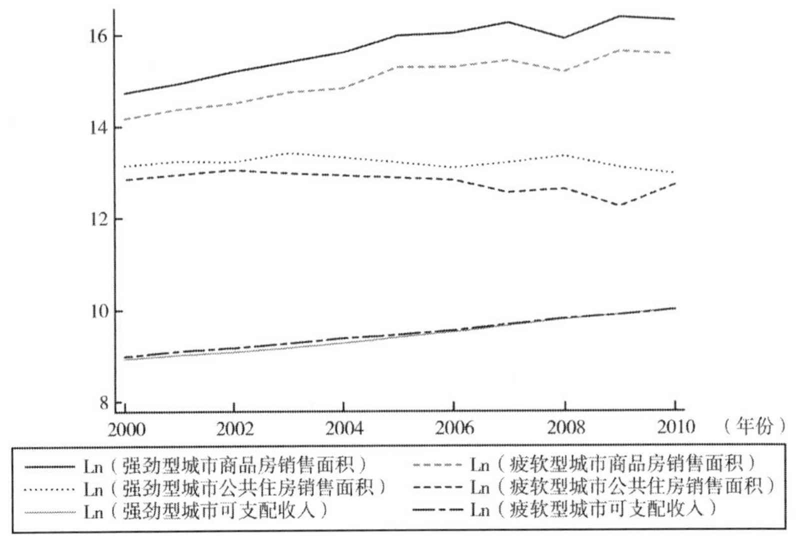

图 3－3　2000—2010 年两类城市的商品房与保障性住房销售面积、可支配收入的增长情况

一般来说，保障性住房是公共产品，主要由政府部门根据家庭收入水平进行分配与销售，销售的对象仅仅局限在城市中低收入水平的家庭，而商品房则是面向市场的产品，针对的是具有住房购买能力的家庭。因此，家庭的可支配收入水平是住房消费需求变化的重要影响因素。家庭可以根据自身的收入情况选择通过市场途径或是政府途径来满足住房消费需求。

图 3－4 描绘了 2000 年与 2010 年城镇居民可支配收入的城市密度分布估计。从该图中可以发现，两类城市城镇居民可支配收入水平差距明显。一是 2000 年大部分强劲型城市的可支配收入集聚在 8000 元水平，少部分城市超过 10000 元，城市住房购买力较为集中；而疲软型城市收入分布水平较为分散，大部分城市集中于 6000 元水平，少部分城市（深圳）超过 20000 元。二是 2010 年，强劲型城市峰值大幅右偏，出现两个峰顶，反映出强劲型城市的收入水平得到大幅提高，且积聚在 19000 元与 29000 元两个数值附近；而疲软型城市虽然收入水平同样得到大幅提升，但城市间并没有出现收入水平的集聚现象，而是均匀地分布在 15000—30000 元之间。另外，从图 3－3 中可以发现，两类城市可支配收入的增长率平稳增加，且增长幅度几乎一致，没有出现明显的增长率差异。

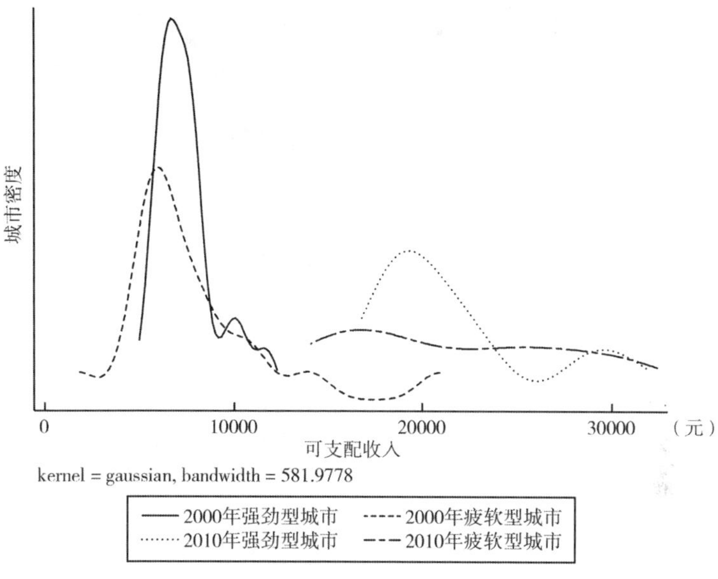

图 3-4 2000 年与 2010 年城镇居民可支配收入的城市密度分布估计

图 3-5 和图 3-6 给出了 35 个大中城市商品房与保障性住房销售面积和可支配收入之间的散点图，反映出商品房需求与可支配收入之间存在正向关系、保障性住房消费需求与可支配收入之间存在负向关系。为了进一步考察住房需求与可支配收入之间的关系，本研究利用混合最小二乘法（Pooled OLS）针对 35 个大中城市、强劲型、疲软型城市三组样本数据，分别估计了商品房销售面积、保障性住房销售面积与可支配收入的对数形式。估计结果（见表 3-1）显示：第一，35 个大中城市的可支配收入与商品房销售面积具有正向关系，且可支配收入对强劲型城市的影响系数高于疲软型城市，即可支配收入每增长 1%，强劲型城市商品房销售面积增长 1.951%，而疲软型城市只增长 1.539%；第二，在表 3-1 估计结果的第（2）列，常数项对商品房销售面积影响显著，这表明强劲型城市的商品房需求除了受到可支配收入的影响外，还受到其他遗漏因素的影响；第三，疲软型城市的可支配收入与保障性住房消费面积具有负向关系，即可支配收入每增长 1%，疲软型城市保障性住房销售面积下降 0.919%，但是可支配收入并没有影响到强劲型城市的保障性住房销售面积；第四，表 3-1 的（4）、（5）、（6）列中，常数项对保障性住房消费面积具有显著的正向影响，这意味着保障性住房需求在很大程度上受到其他遗漏因素的影响。

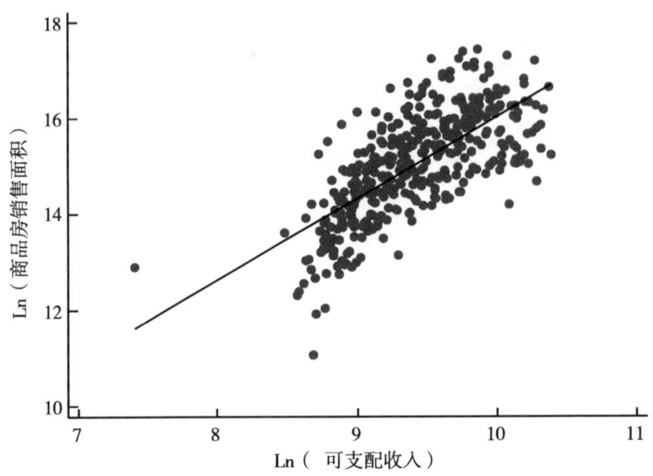

图 3－5　可支配收入与商品房住房销售面积的散点图

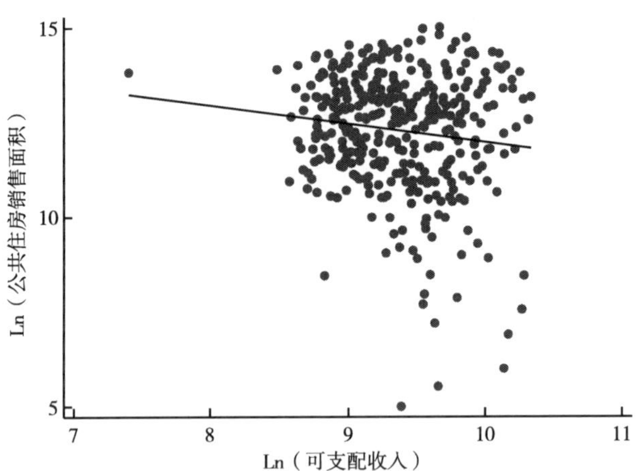

图 3－6　可支配收入与保障性住房销售面积的散点图

表 3－1　　商品房、保障性住房销售面积与可支配收入

被解释变量	Ln（商品房销售面积）			Ln（保障性住房销售面积）		
	35 个城市 （1）	SHIC （2）	WHIC （3）	35 个城市 （4）	SHIC （5）	WHIC （6）
Ln（可支配收入）	1.707 *** （0.089）	1.951 *** （0.129）	1.539 *** （0.101）	－0.487 ** （0.195）	－0.010 （0.254）	－0.919 *** （0.279）
Constant	－1.036 （0.842）	－3.013 ** （1.215）	0.213 （0.951）	16.843 *** （1.829）	12.721 *** （2.383）	20.521 *** （2.618）
Observations	385	198	187	361	187	174
R－squared	0.488	0.538	0.557	0.017	0.000	0.059

注：（1） ***、**、*分别表示在1%、5%、10%的显著性水平下显著。（2）小括号内为标准误。（3）该表格样本数据采用混合最小二乘法（Pooled OLS）进行估计。

通过对两类城市 2000—2010 年住房需求与可支配收入的经验分析，本研究得出如下特征事实：

事实 3.1 从住房市场需求侧来看，在商品房消费需求方面，强劲型城市的需求规模增长幅度较大，需求层次分化严重，而疲软型城市的需求规模增长幅度较小，需求水平较为集中，两类城市需求增长率稳中有升且存在显著的、较为稳定的差距；在保障性住房消费需求方面，两类城市需求规模基本维持不变，增长率差距变化较大。从影响关系来看，可支配收入的提高可以促进商品房需求的增长，且对强劲型城市的影响要高于疲软型城市；可支配收入的提高不利于疲软型城市的保障性住房需求的增长。

第二节　开发商资产规模、外部融资需求与土地需求方面的特征差异

城市住房建设需要有专业资质的房地产开发商进行房地产项目的运作。开发商不仅要负责资金、土地等要素的筹集、购买、配置与使用，还要确保住房建设质量与市场销售。整个住房开发项目的顺利实施依赖于开发商的综合实力与整体资产规模。1998 年住房市场化改革的主要方向就是要发挥住房的商品属性、调动开发商住房建设与住房供给的积极性、培育面向市场化竞争的房地产开发企业。图 3－7 描绘了 2000 年与 2010 年开发商资产合计的城市密度分布估计。从房地产开发企业发展情况看，两类城市都有三个峰值，存在高、中、低三个等级。就低等级别而言，2000 年大部分强劲型城市的开发商资产规模与疲软型城市差距不大，前者大部分都集中于 500 亿元峰值附近，后者大部分集中在 400 亿元峰值附近。但在中、高等级，个别城市的开发商资产规模差距较大。强劲型城市的上海、北京分别突破 5000 亿元和 3000 亿元级别，处于高、中等级，而在疲软型城市，深圳突破了 1000 亿元。到 2010 年时，两类城市开发商资产规模都出现显著的分化，强劲型城市资产规模的分布区间远大于疲软型城市。强劲型城市中，除少部分集中在 2500 亿元附近外，大部分城市基本在 800 亿—26000 亿元区间内均匀分布；而疲软型城市中少部分集聚在 1000 亿元附近，大部分在 300 亿—10000 亿元附近均匀分布。

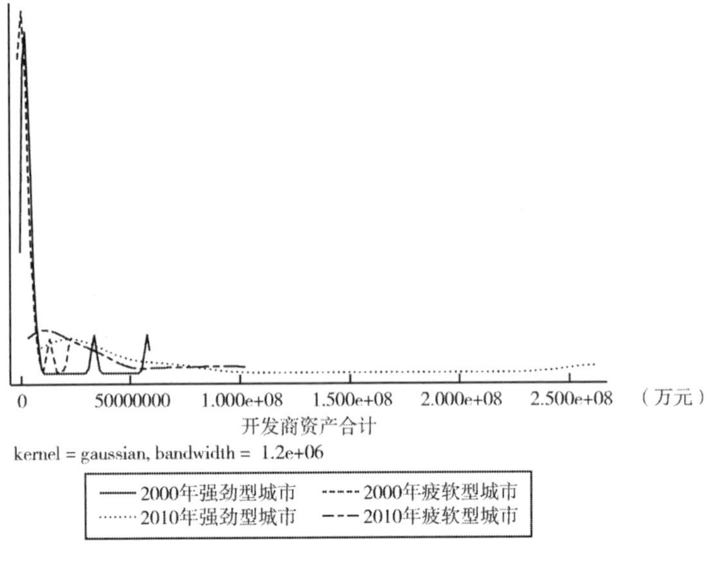

图3－7　2000年与2010年开发商资产合计的城市密度分布估计

一般而言，开发商综合实力越雄厚，其资本运作的水平也越高。作为住房市场的供给主体，开发商可以利用自有资本实现多元化的杠杆融资，提升住房开发项目的整体投资水平，扩大资金、土地等要素的需求程度，追求自有资本的项目收益率，带动开发商整体资产规模的增加，从而实现住房开发项目由企业自有资金支撑向多元化资本运作方式的转变。因此，外部融资需求是反映开发商资本运作水平的重要因素之一。

本研究根据《房地产统计年鉴》里房地产开发企业的资金状况的统计指标，采用资金来源小计与自筹资金之差来度量开发商外部融资需求。图3－8描绘了2000年与2010年开发商外部融资需求的城市密度分布估计。两个城市的外部融资需求格局与开发商资产分布的格局类似。在2000年，强劲型与疲软型城市中除个别城市突破100亿元以外，大部分开发商外部融资需求分别集聚在70亿元和50亿元峰值附近，没有出现明显的差距。但到了2010年，强劲型城市的外部融资需求出现分化，城市在200亿—4000亿元区间内均匀分布，而疲软型城市的分布区间在100亿—1200亿元之间，且部分城市集聚在400亿元峰值附近。因此，强劲型城市外部融资需求的发展规模远远超过疲软型城市。

除了外部融资需求外，土地要素的购置也是开发商扩大住房项目融资的重要因素之一。随着土地市场的健全与完善，土地价值不断增值。开发商可以以购置的土地作为抵押，向金融机构进行融资，促进住房建设项目投资规模的增加，从而达到盘活资本存量、增强企业资产总量的目的。本

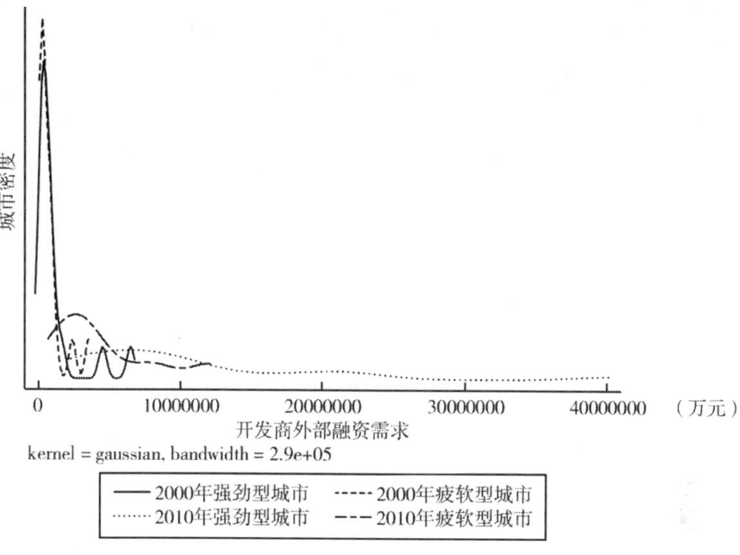

图 3－8　2000 年与 2010 年开发商外部融资需求的城市密度分布估计

研究采用土地出让面积度量开发商土地需求。图 3－9 描绘了 2000 年与 2010 年土地出让面积的城市密度分布估计。从中可以发现以下特点：一是在 2000 年，强劲型城市的土地需求总体上要大于疲软型城市。强劲型城市中大部分处于 600 公顷峰值附近，少部分城市在 2000—3000 公顷附近；而疲软型城市大部分处于 200 公顷峰值附近，少部分城市在 1000—1800 公顷附近。二是到了 2010 年，疲软型城市的分布曲线逐步与强劲型

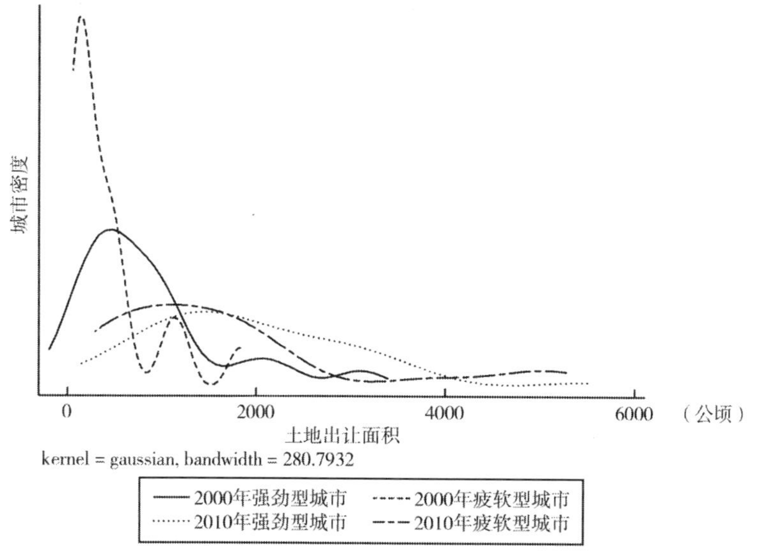

图 3－9　2000 年与 2010 年土地出让面积的城市密度分布估计

城市类似，整体差距在逐步缩小。两类城市的土地需求基本上在200—5000公顷区间均匀分布。

本研究对两类城市的开发商资产、外部融资需求、土地出让面积取对数形式，考察各变量的年度增长情况。图3－10给出了2000—2010年两类城市的开发商资产、外部融资需求和土地出让面积的增长情况。从中可以发现，两类城市的开发商资产与外部融资需求呈现出稳定增长态势，且增长率差距保持常数。而两类城市的土地需求虽然也是稳步增长，但疲软型城市的增长率要显著快于强劲型城市，增长率差距在逐步缩小并趋于一致。

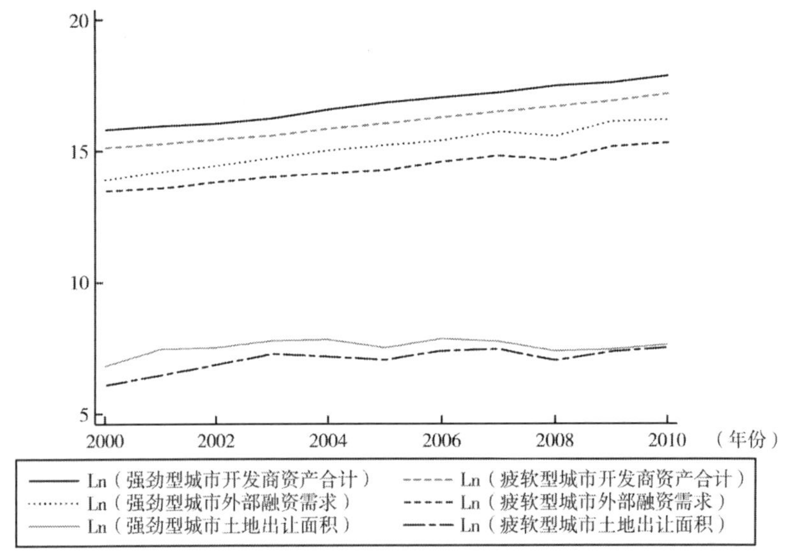

图3－10　2000—2010年两类城市的开发商资产、外部融资需求和土地出让面积的增长情况

图3－11和图3－12分别给出了35个大中城市开发商资产和外部融资需求、土地需求的散点图，反映出开发商资产规模与外部融资需求、土地需求之间都存在正向关系。为了进一步考察开发商资产规模与外部融资需求、土地需求之间的关系，本研究利用混合最小二乘法（Pooled OLS）针对35个大中城市、强劲型、疲软型城市三组样本数据，分别估计了开发商资产、外部融资需求与土地需求的对数形式。估计结果显示（见表3－2）：第一，35个大中城市的开发商资产规模与外部融资需求具有正向关系，且开发商资产规模对强劲型城市的影响系数要高于疲软型城市，即开发商资产每增长1%，强劲型城市外部融资需求增长0.968%，

而疲软型城市只增长 0.911%；第二，在表 3－2 估计结果的第（2）列，常数项对外部融资需求影响显著，这表明强劲型城市的外部融资需求除了受到开发商资产规模的影响外，还受到其他遗漏因素的影响；第三，35 个大中城市的开发商资产规模与土地需求之间具有正向关系，且开发商资产规模对疲软型城市的影响系数要高于强劲型城市，即开发商资产每增长 1%，疲软型城市土地需求增长 0.575%，而强劲型城市只增长 0.376%；第四，表 3－2 的（4）、（5）、（6）列中，常数项对土地需求具有显著的负向影响，这意味着开发商土地需求很大程度上受到除资产规模以外其他遗漏因素的影响。

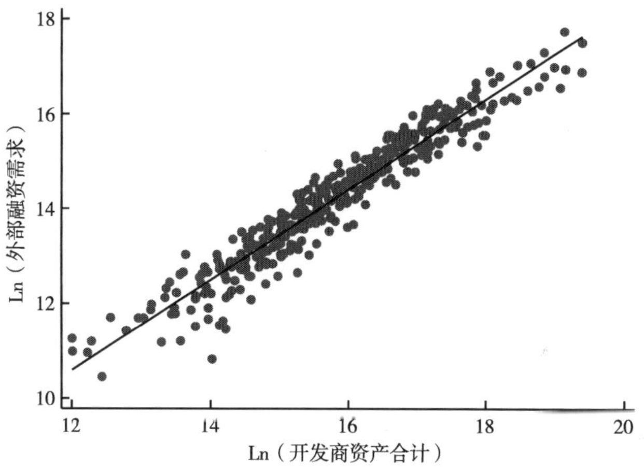

图 3－11　开发商资产与外部融资需求的散点图

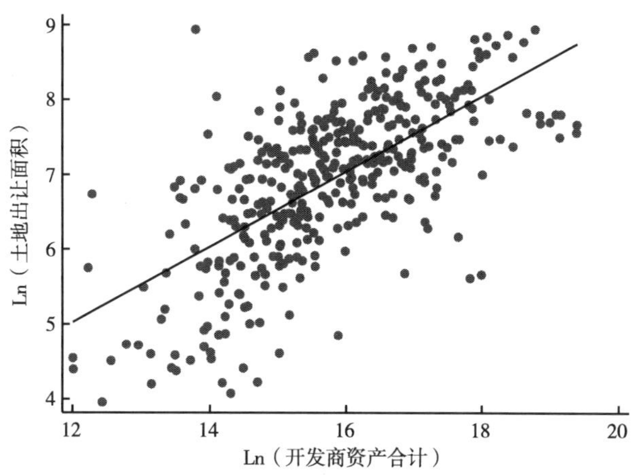

图 3－12　开发商资产与土地需求的散点图

表 3-2　　开发商资产规模、外部融资需求与土地需求

被解释变量	Ln（外部融资需求）			Ln（土地出让面积）		
	35 个城市 (1)	SHIC (2)	WHIC (3)	35 个城市 (4)	SHIC (5)	WHIC (6)
Ln（开发商资产合计）	0.955 *** (0.014)	0.968 *** (0.019)	0.911 *** (0.018)	0.504 *** (0.029)	0.376 *** (0.036)	0.575 *** (0.043)
Constant	-0.877 *** (0.215)	-0.996 *** (0.312)	-0.294 (0.286)	-1.022 ** (0.455)	-1.214 ** (0.582)	-2.306 *** (0.674)
Observations	385	198	187	384	197	187
R-squared	0.928	0.927	0.930	0.446	0.357	0.487

注：(1) ***、**、*分别表示在1%、5%、10%的显著性水平下显著。(2) 小括号内为标准误。(3) 该表格样本数据采用混合最小二乘法（Pooled OLS）进行估计。

通过对两类城市2000—2010年开发商资产规模、外部融资需求和土地需求的经验分析，本研究得出如下特征事实：

事实3.2　从开发商融资角度来看，在开发商资产规模方面，两类城市开发商资产规模都出现显著的分化，强劲型城市资产规模的分布区间远大于疲软型城市，两类城市开发商资产规模增长率稳中有升且存在显著的、较为稳定的差距；在外部融资需求方面，强劲型城市的外部融资需求分化严重，而疲软型城市存在集中现象，前者的发展规模远远超过后者，但两类城市的增长率差距较为稳定；在土地需求方面，两类城市的总体规模差距逐步缩小并趋于一致，疲软型城市的增长率要显著快于强劲型城市。从影响关系来看，开发商资产规模的增加有助于扩大外部融资需求，且对强劲型城市的影响要高于疲软型城市；开发商资产规模的增加也有助于扩大土地需求，且对疲软型城市的影响要高于强劲型城市；除开发商资产规模外，还有其他重要因素影响着两类城市外部融资需求与土地需求。

第三节　开发商商品房开发投资与商品房供给方面的特征差异

随着住房市场化建设进程的加快，开发商在经济利益的刺激下不断加大商品房开发投资力度，社会资金进一步向不同类型城市的住房领域集聚。图3-13给出了2000年与2010年商品房开发投资的城市密度分布估计。从该图中可以发现，2000年，两类城市商品房开发投资的分布密度

基本雷同，分布区间也很相近。强劲型城市中除了北京与上海超过250亿元外，大部分城市集聚在40亿元峰值附近，而疲软型城市中除了深圳外，大部分城市集聚在30亿元峰值附近。到了2010年，两类城市均出现明显分化，分布区间的差距进一步拉大。强劲型城市在100亿—14000亿元之间均匀分布，而疲软型城市中少部分集聚在200亿元峰值附近，大部分在100亿—500亿元之间均匀分布。总体来看，疲软型城市商品房开发投资规模远远落后于强劲型城市。

商品房开发投资力度的增强加快了商品房建设，带动了住房市场供给的增加。本研究采用商品房竣工面积度量商品房的供给量。图3－14给出了2000年与2010年商品房竣工面积的城市密度分布估计。从该图中可以发现，2000年，疲软型城市的商品房供给能力明显弱于强劲型城市。两类城市中大部分城市的商品房竣工面积积聚在100万平方米峰值左右。强劲型城市的分布区间较广，部分城市处于800万平方米与1400万平方米峰值附近，而疲软型城市的分布区间较窄，少部分城市处于500万—700万平方米之间，远小于强劲型城市的中等水平。到了2010年，强劲型城市开始出现明显分化，除少部分城市集聚在600万平方米峰值附近，大部分城市处于100万—2000万平方米区间之内，总体分布进一步扁平化。而疲软型城市虽然三个峰值整体大幅右移，但分布扁平化趋势不明显，部分城市仍旧集聚在300万平方米、700万平方米与1100万平方米三个峰值附近。总体来看，疲软型城市商品房供给规模远远落后于强劲型城市。

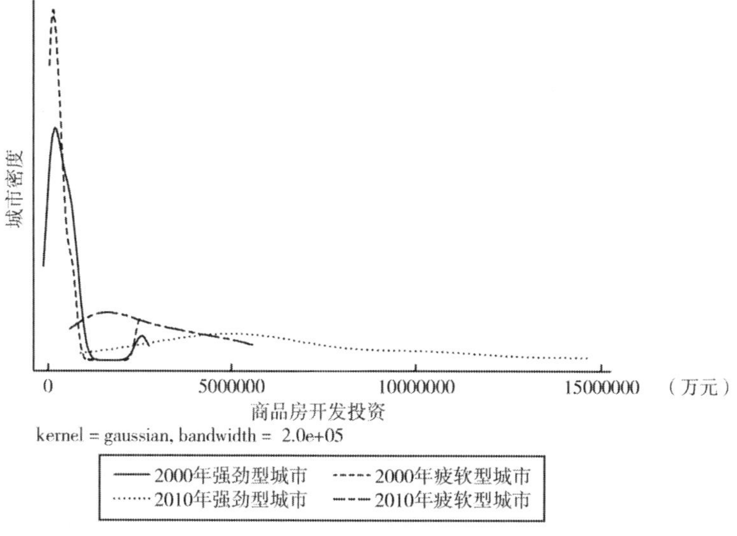

图3－13　2000年与2010年商品房开发投资的城市密度分布估计

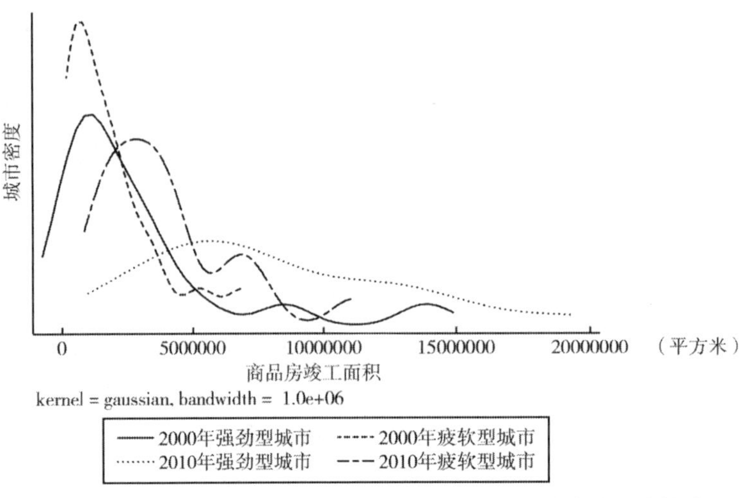

图 3－14　2000 年与 2010 年商品房竣工面积的城市密度分布估计

本研究对两类城市的商品房开发投资与竣工面积取对数形式，考察各变量的年度增长情况。图 3－15 给出了 2000—2010 年两类城市的商品房开发投资与竣工面积的增长情况。从中可以发现以下特点：一是两类城市的商品房开发投资与供给量呈现出快速增长态势；二是商品房开发投资的斜率要大于供给量的斜率，这意味着商品房投资速度大于供给速度；三是强劲型城市的商品房开发投资的增长率与疲软型城市的差距逐步扩大；四是强劲型城市的商品房供给量的增长率与疲软型城市的增长率的差距进一步增大。

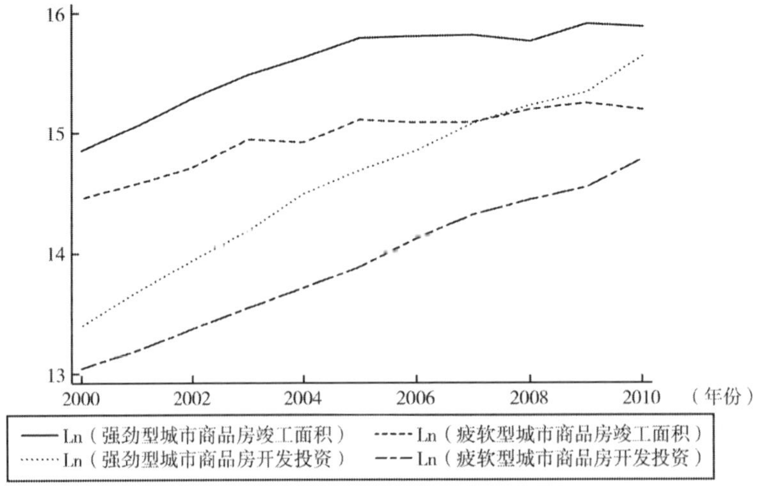

图 3－15　2000—2010 年两类城市的商品房开发投资与竣工面积的增长情况

图 3－16 给出了 35 个大中城市商品房开发投资与商品房竣工面积的散点图，反映出商品房开发投资与商品房供给量之间存在着正向关

系。为了进一步考察商品房开发投资与商品房供给量的关系，本研究利用混合最小二乘法（Pooled OLS）针对35个大中城市、强劲型、疲软型城市三组样本数据，分别估计了商品房开发投资与商品房竣工面积的对数形式。估计结果显示（见表3-3）：第一，35个大中城市的商品房开发投资与商品房供给具有正向关系，且商品房开发投资对强劲型城市的影响系数要高于疲软型城市，即商品房开发投资每增长1%，强劲型城市商品房供给量增长0.686%，而疲软型城市只增长0.622%；第二，表3-3的（1）、（2）、（3）列中，常数项对商品房供给具有显著的正向影响，且该影响要大于商品房开发投资的作用，这意味着商品房供给很大程度上受到除商品房开发投资以外的其他遗漏因素的影响；第三，常数项对疲软型城市商品房供给的影响明显高于强劲型城市。

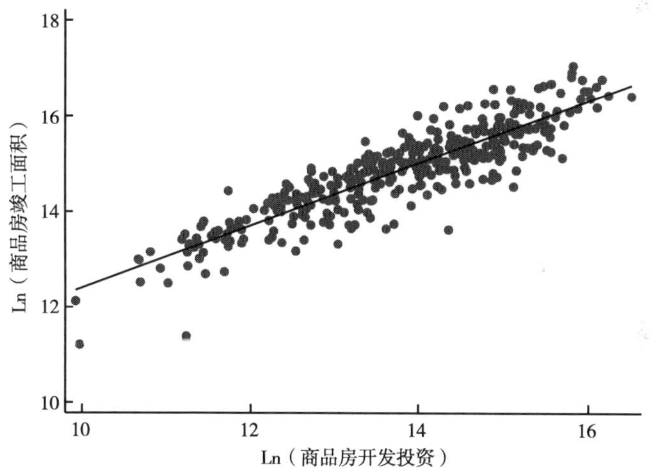

图3-16　商品房开发投资与商品房竣工面积的散点图

表3-3　　商品房开发投资与商品房供给

被解释变量	Ln（商品房竣工面积）		
	35个城市 （1）	SHIC （2）	WHIC （3）
Ln（商品房开发投资）	0.655 *** （0.017）	0.686 *** （0.025）	0.622 *** （0.026）
Constant	5.855 *** （0.239）	5.404 *** （0.353）	6.295 *** （0.350）
Observations	368	189	179
R-squared	0.796	0.803	0.763

注：（1）***、**、*分别表示在1%、5%、10%的显著性水平下显著。（2）小括号内为标准误。（3）该表格样本数据采用混合最小二乘法（Pooled OLS）进行估计。

通过对两类城市2000—2010年商品房开发投资与商品房供给的经验分析，本研究得出如下特征事实：

事实3.3 从商品房市场供给侧来看，在商品房开发投资方面，两类城市均出现明显分化，强劲型城市商品房开发投资的分布区间远大于疲软型城市，且规模差距进一步拉大。两类城市商品房开发投资的增长率稳步提升，强劲型城市的增长率快于疲软型城市，增长率差距逐步扩大。在商品房供给方面，疲软型城市商品房供给规模远远落后于强劲型城市，强劲型城市商品房供给量的增长率与疲软型城市增长率的差距进一步增大。从影响关系来看，商品房开发投资的增加有助于扩大商品房供给规模，且对强劲型城市的影响要高于疲软型城市。

第四节　土地出让金、地方财政收入与保障性住房开发投资方面的特征差异

与商品房发展模式不同，驱动保障性住房发展的主体并非市场，而是地方政府。所以，地方政府普遍把向城市中低收入家庭提供保障性住房作为“保障民生”的重要目标之一。但是这一公共产品的供给需要地方政府财政收入的有效保障。在实践过程中，保障性住房能否实现有效供给、满足社会需求，主要取决于地方政府在资金与土地等要素的投入水平。对于地方政府而言，地方财政实力的强弱是保障性住房开发投资的关键因素，但是如果将过多的土地要素投入保障性住房领域，则会抑制商品房市场的发展，减少地方政府的财政收入，从资金层面影响到保障性住房建设的可持续性。因此，住房市场化改革在推动土地市场、商品住房市场发展的同时，间接地影响到地方政府的财政收入，以及其对保障性住房的投资力度，从而使得土地要素、财政收入、保障性住房投资三者之间存在着此消彼长的关系。

在土地公有制的背景下，土地资源的配置与收益完全由地方政府所决定。地方政府作为土地一级市场的唯一供给者，掌控着住房建设用地的供给规模，并根据当地对保障性住房需求的实际，调节着住房建设用地在商品房与保障性住房之间的结构比例。同时，基于保障性住房资金不足的考虑，部分城市的地方政府在房地产调控政策中明确规定，利用一定比例的土地出让金作为保障性住房开发投资的重要补充。因此，在地方财政实力难以支撑保障性住房体系发展的背景下，土地出让收益的多少关系到地方

政府保障性住房开发投资的力度。

本研究采用土地成交价款来度量土地出让金。图 3－17 描绘了 2000 年与 2010 年土地成交价款的城市密度分布估计。从土地出让金的发展情况看，2000 年，两类城市都存在高与低两个峰值，且大部分城市集聚在低等级峰值附近，总体规模相对差距不大。强劲型城市中除了北京、上海、广州突破 30 亿元外，大部分城市的土地出让金处于 8 亿元峰值附近；而疲软型城市除了宁波突破 20 亿元外，大部分城市的土地出让金处于 4 亿元峰值附近。到了 2010 年，两类城市的密度分布逐渐由分层集聚形态转变为显著的扁平化趋势，强劲型城市的分布区间远大于疲软型城市。强劲型城市在 130 亿—1300 亿元之间均匀分布，而疲软型城市在 40 亿—900 亿元之间均匀分布。总之，疲软型城市土地出让金的发展规模明显落后于强劲型城市。

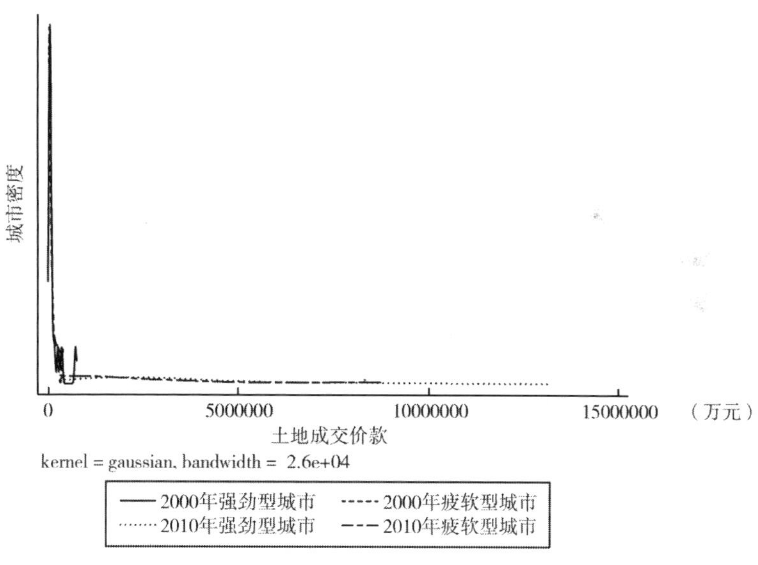

图 3－17　2000 年与 2010 年土地成交价款的城市密度分布估计

尽管土地出让金是保障性住房开发投资的重要来源，但其并非唯一来源。一般地方财政收入才是保障性住房建设的根本保障。土地出让金是地方政府的非税收入，也是政府性基金收入，属于地方政府预算外收入。土地收益的多少取决于土地市场的交易情况。当住房市场不景气时，土地市场的需求量往往增长乏力，土地成交价格回落较快，因此，地方政府获取的土地出让金会根据住房市场周期的变化，波动幅度较大，缺乏可持续性。在土地出让金无法满足保障性住房开发投资的情况下，地方政府可以凭借其雄厚的预算内财政收入，通过提高民生财政支出比重的方式，加大地方财政对保障性住房投资的支持力度。

图 3－18 描绘了 2000 年与 2010 年地方财政预算内收入的城市密度分布估计。从该图中可以发现，在 2000 年，除上海的地方财政预算内收入突破 400 亿元以外，两类城市的分布形态基本一致，大部分城市集聚于 50 亿元和 150 亿元两个峰值附近，相对差距不明显。到了 2010 年，两类城市的相对差距逐步拉大。强劲型城市出现显著分化，部分中高端城市（北京、上海）地方财政预算内收入突破 2000 亿元，而其余城市大部分集聚在 300 亿元峰值附近。疲软型城市中同样存在着两极分化，深圳集聚在 1000 亿元峰值附近，而其他城市集聚在 150 亿元峰值附近。总体来看，强劲型城市的分布区间远远超过疲软型城市，财政预算内收入规模要强于疲软型城市。

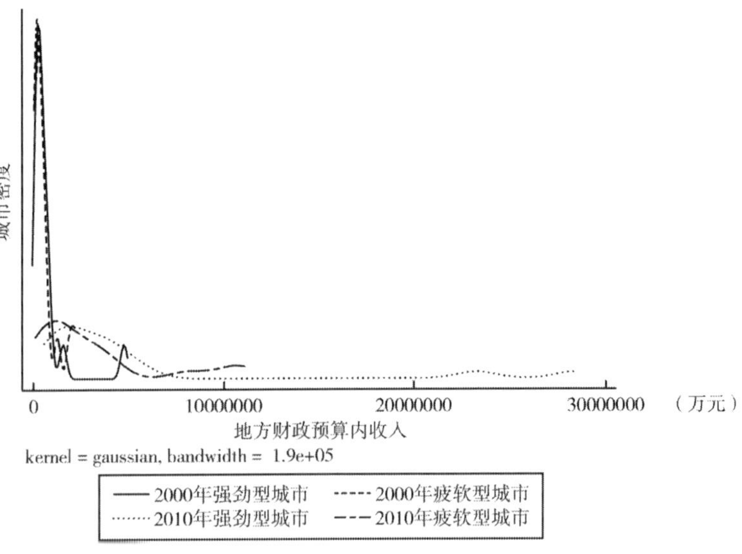

图 3－18　2000 年与 2010 年地方财政预算内收入的城市密度分布估计

图 3－19 给出了 2000 年与 2010 年保障性住房开发投资的城市密度分布估计。从该图中可以发现，2000 年，两类城市的分布形态基本一致，除了北京的保障性住房开发投资突破 30 亿元以外，大部分城市集聚于 5 亿元和 20 亿元两个峰值附近，相对差距不明显。到了 2010 年，两类城市内部出现严重分化，少部分城市保障性住房开发投资水平较高，但大部分城市仍旧处于 2000 年的投资水平，未得到充分发展。强劲型城市中，除了上海突破 100 亿元以外，大部分城市仍旧积聚在 20 亿元峰值附近。而

疲软型城市中同样存在着两极分化。

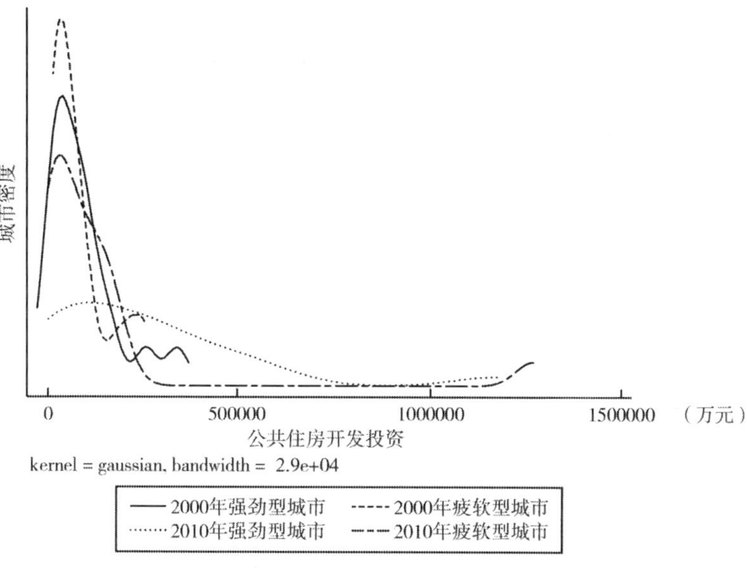

图 3－19　2000 年与 2010 年保障性住房开发投资的城市密度分布估计

为了考察土地出让金、地方财政收入和保障性住房开发投资的年度增长情况，本研究对两类城市的土地成交价款、财政预算内收入与保障性住房开发投资取对数形式。图 3－20 描绘了 2000—2010 年两类城市的土地成交价款、财政预算内收入与保障性住房开发投资的增长情况。该图体现出以下特点：一是两类城市土地出让金快速增长，除了 2005 年和 2008 年有过大幅下降外，其余时期基本保持不断突破的态势。二是强劲型城市土地出让金的增长率要大于疲软型城市，增长率差距明显，但这种差距始终维持在一定常数范围内，整体下滑时出现差距扩大，整体上升时，差距缩小在一定范围。三是两类城市财政预算内收入的增长率呈现平稳上升态势，但增长幅度要低于土地出让金的增长幅度。四是强劲型城市财政预算内收入的增长率要高于疲软型城市，增长率差距基本控制在一定范围内。五是两类城市保障性住房开发投资的增长率出现前期平稳下降，后期平稳上升的特点，增长率差距波动幅度较大。2000—2005 年，强劲型城市保障性住房开发投资基本维持平稳增长，而疲软型城市则出现持续下降，拉大了与强劲型城市增长率的差距。2006—2010 年，两类城市保障性住房开发投资快速增长，且增长率差距维持在一定范围内。

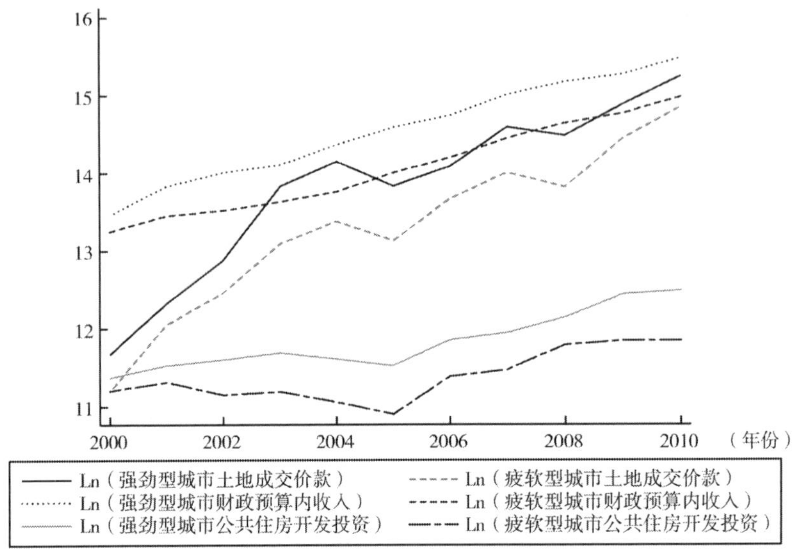

图 3－20　2000—2010 年两类城市的土地成交价款、财政预算内收入与保障性住房开发投资的增长情况

图 3－21 和图 3－22 给出了 35 个大中城市土地出让金、财政预算内收入与保障性住房开发投资之间的散点图，反映出土地出让金与保障性住房开发投资之间存在正向关系、财政预算内收入与保障性住房开发投资之间的正向关系。为了进一步考察三者之间的关系，本研究利用混合最小二乘法（Pooled OLS）针对 35 个大中城市、强劲型、疲软型城市三组样本数据，分别估计了土地成交价款、地方财政预算内收入与保障性住房开发投资的对数形式。估计结果显示（见表 3－4）：第一，35 个大中城市的土地出让金对保障性住房开发投资具有正向影响，且土地出让金对强劲型城市的影响系数高于疲软型城市，即土地出让金每增长 1%，强劲型城市保障性住房开发投资增长 0.376%，而疲软型城市只增长 0.083%；第二，在表 3－4 估计结果的第（3）列，常数项对疲软型城市保障性住房开发投资影响的显著性要高于土地出让金的影响，这表明疲软型城市保障性住房开发投资主要受其他遗漏因素的影响，而土地出让金对其影响程度不高；第三，35 个大中城市的财政预算内收入对保障性住房开发投资具有正向影响，即财政预算内收入每增长 1%，强劲型城市保障性住房开发投资增长 0.685%，而疲软型城市增长 0.251%；第四，财政预算内收入对保障性住房开发投资的正向影响，要大于土地出让金对保障性住房开发投资的正向影响。这意味着财政预算内收入是推动保障性住房开发投资的主要力

量；第五，表3－4的（4）、（5）、（6）列中，常数项对保障性住房开发投资具有显著的正向影响，其中对疲软型城市的影响要大于强劲型城市，这表明保障性住房开发投资很大程度上受到其他遗漏因素的影响。

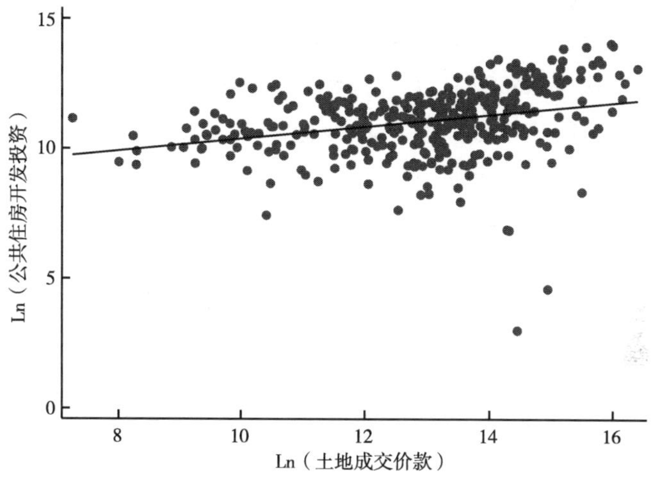

图3－21　土地成交价款与保障性住房开发投资的散点图

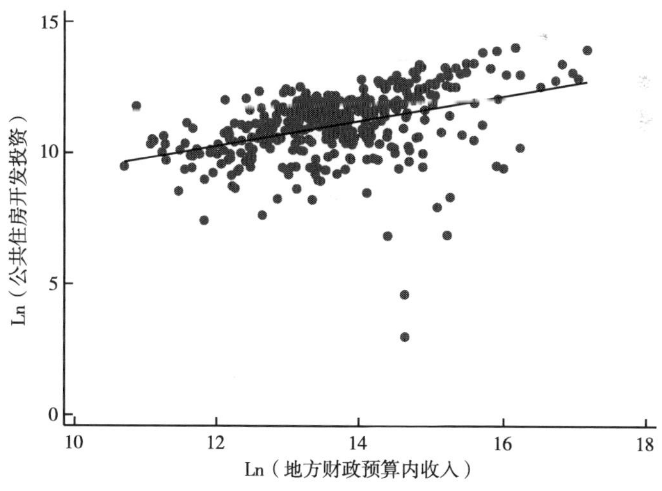

图3－22　地方财政预算内收入与保障性住房开发投资的散点图

通过对两类城市2000—2010年土地出让金、地方财政收入和保障性住房开发投资的经验分析，本研究得出如下特征事实：

事实3.4　从保障性住房融资与投资角度来看，在土地出让金方面，两类城市都出现显著的分化，强劲型城市土地出让金的分布区间远大于疲软型城市。两类城市土地出让金增长率快速增长且存在显著的差距，这种差距在经济下滑时扩大，经济回暖时缩小。在地方财政收入方面，两类城市都存在着两极分化，且相对差距逐步拉大，强劲型城市的财政预算内收入规模要强于疲软型城市。两类城市财政预算内收入的增长率呈现平稳上升态势，但增长幅度要低于土地出让金的增长幅度，增长率差距基本控制在一定常数范围内。在保障性住房开发投资方面，两类城市都存在着两极分化，少部分城市保障性住房开发投资水平较高，但大部分城市停滞不前。两类城市保障性住房开发投资的增长率出现前期平稳下降、后期平稳上升的特点，增长率差距波动幅度较大。从影响关系来看，土地出让金的增加有助于地方政府提高保障性住房开发投资，且对强劲型城市的影响要高于疲软型城市；财政预算内收入的增加也有利于提高保障性住房开发投资，且对强劲型城市的影响要高于疲软型城市；财政预算内收入对保障性住房开发投资的边际影响，要大于土地出让金对保障性住房开发投资的边际影响。

表 3－4　土地出让金、地方财政收入与保障性住房开发投资

被解释变量	Ln（保障性住房开发投资）					
	35 个城市 （1）	SHIC （2）	WHIC （3）	35 个城市 （4）	SHIC （5）	WHIC （6）
Ln（土地成交价款）	0.230 *** （0.038）	0.376 *** （0.060）	0.083 * （0.050）			
Ln（地方财政预算内收入）				0.476 *** （0.055）	0.685 *** （0.077）	0.251 *** （0.075）
Constant	8.089 *** （0.501）	6.316 *** （0.800）	9.747 *** （0.631）	4.574 *** （0.750）	1.867 * （1.069）	7.416 *** （1.010）
Observations	367	188	179	368	189	179
R－squared	0.089	0.175	0.016	0.171	0.296	0.060

注：（1） ***、**、*分别表示在1%、5%、10%的显著性水平下显著。（2）小括号内为标准误。（3）该表格样本数据采用混合最小二乘法（Pooled OLS）进行估计。

第五节　地方金融机构信贷能力与住房开发贷款方面的特征差异

住房市场化改革不仅刺激了开发商的资金需求，也为金融机构的发展创造了机遇。房地产业是资金密集型产业。住房建设、流通、消费各环节中都需要金融资源的有效支撑。地方金融机构信贷能力的强弱关系到当地住房市场的健康与可持续发展。随着我国经济的快速发展与金融体制改革的加快，金融机构的信贷能力在不断的增强，金融机构对房地产业的支持力度进一步加大。

信贷规模的扩张是金融机构信贷能力的体现。从35个大中城市金融机构的贷款规模来看（见图3-23），在2000年，强劲型城市中除了上海、北京、广州的贷款余额分别突破7000亿元、5000亿元、4000亿元外，大部分城市集聚在1000亿元峰值附近，而疲软型城市中，除了深圳突破2000亿元外，大部分城市都集聚在800亿元峰值附近，与强劲型城市峰值的相对差距较小。到了2010年，两类城市都出现两极分化，即少部分城市处于高端峰值，大部分城市处于低端峰值。强劲型城市中，北京、上海的金融机构贷款余额超过34000亿元，其余城市分布在2000亿—15000亿元之间，低端峰值在5000亿元附近，而疲软型城市中，深圳集聚在15000亿元峰值附近，其余城市大部分积聚在3000亿元峰值附近。总之，强劲型城市金融机构贷款规模要远远超过疲软型城市。

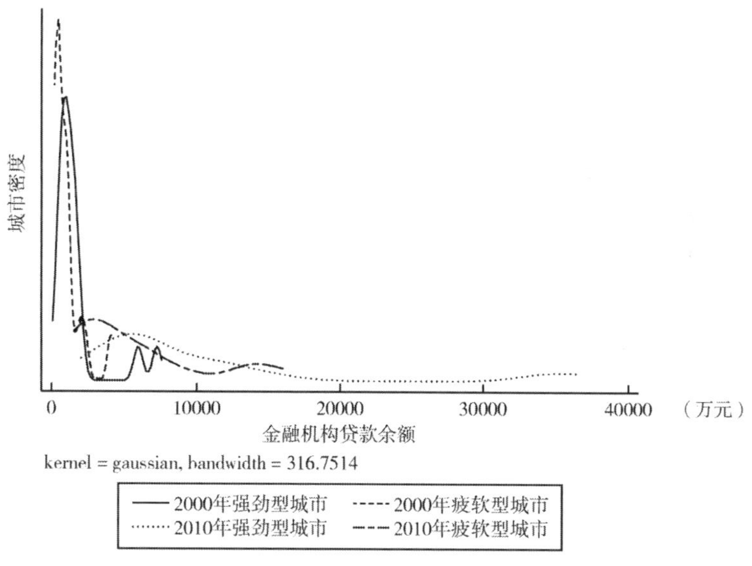

图3-23　2000年与2010年金融机构贷款余额的城市密度分布估计

对于金融机构的稳健经营而言，贷款规模的扩张需要有足够的存款规模做后盾。而存款规模的变化不仅可以反映当地金融机构吸收社会资金的能力，还能体现金融机构的流动性风险管理水平。图3-24描绘了2000年与2010年金融机构存款余额的城市密度分布估计。从该图可以发现，在2000年，两类城市都分布在高端与低端两个峰值附近，峰值差距相对较小。强劲型城市中，除北京、上海的金融机构存款余额超过9000亿元外，大部分城市集聚在1300亿元峰值附近，而疲软型城市中，大部分城市集聚在800亿元峰值附近。到了2010年，两类城市峰值差距拉大，分化加剧。强劲型城市中，北京、上海的金融机构存款余额分别超过66000亿元和50000亿元，其余城市分布于2000亿—20000亿元之间，部分城市集聚在7000亿元峰值附近；而疲软型城市中，深圳处于高端峰值20000亿元附近，其余城市分布在1500亿元和10000亿元区间上，部分城市集聚在4000亿元峰值附近。整体而言，疲软型城市的金融机构存款规模要落后于强劲型城市。

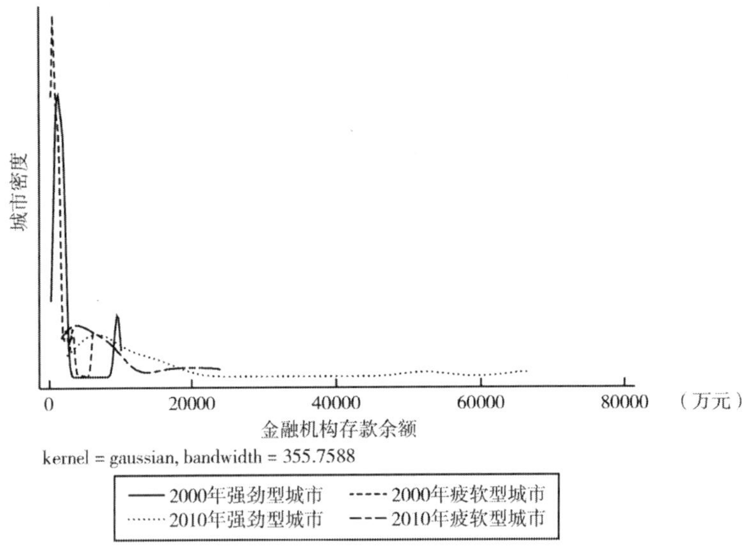

图3-24　2000年与2010年金融机构存款余额的城市密度分布估计

国内金融机构的贷款是房地产开发资金来源的重要渠道之一，但由于各城市金融市场与住房市场发展程度的不同，开发商所能获得金融机构信贷资金的支持力度存在着明显差异。图3-25描绘了2000年与2010年开发商国内贷款的城市密度分布估计。该图反映了以下特征：2000年，两类城市的开发商国内贷款规模普遍较低，除个别城市集聚在高端峰值附近外，大部分城市处于低端峰值附近，且相对差距不大。强劲型城市中，北京、上海分别突破200亿元和150亿元，其余城市集聚在20亿元峰值附近；疲软型城市中，深圳处于高端峰值90亿元附近，其余城市集聚在10亿元峰值附近。到了2010年，两类城市的分布形态逐渐扁平化，各城市之间的相对差距拉大。强劲型城市在40亿—1400亿元区间上均匀分布，部分城市集聚在200亿元峰值附近；疲软型城市在10亿—500亿元区间上分布，部分城市集聚在100亿元峰值附近。总体来看，强劲型城市的开发商国内贷款规模要远大于疲软型城市。

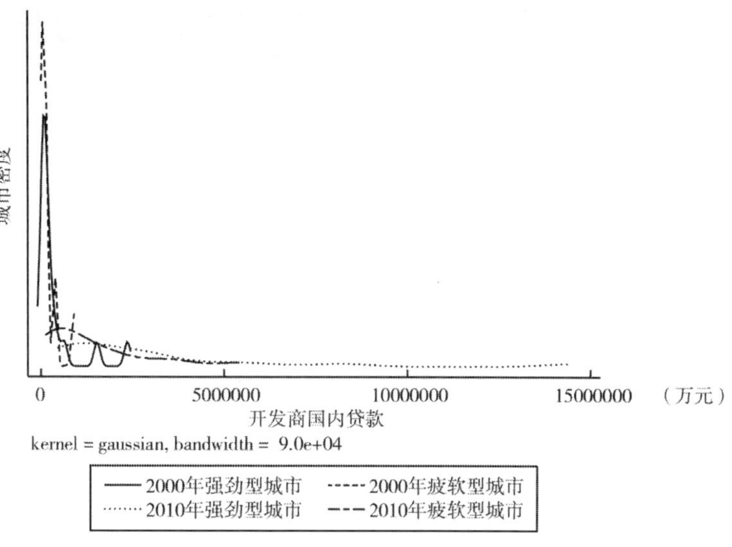

图 3－25　2000 年与 2010 年开发商国内贷款的城市密度分布估计

为了考察金融机构存、贷款余额和开发商国内贷款的年度增长情况，本研究对两类城市的金融机构存、贷款余额与开发商国内贷款取对数形式。图 3－26 描绘了 2000—2010 年两类城市金融机构存、贷款余额和开发商国内贷款的增长情况。该图体现出以下特点：一是两类城市金融机构

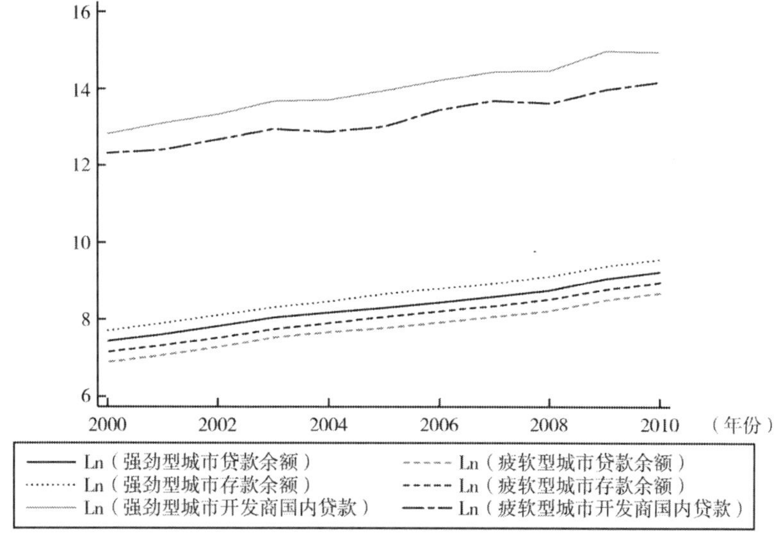

图 3－26　2000—2010 年两类城市金融机构存、贷款余额和开发商国内贷款的增长情况

存、贷款余额呈现平稳增长态势，且存、贷款余额增长幅度近似；二是两类城市存、贷款余额的增长率差距一直保持在常数范围内，且存款增长率差距与贷款增长率差距近似相同；三是两类城市开发商国内贷款增长率除了在2004年和2008年较为平稳外，其余年份稳中有升，且与金融机构贷款增长率保持同步；四是两类城市开发商国内贷款增长率的差距在2004年和2008年被拉大，其余年份逐渐缩小。

图3－27和图3－28给出了35个大中城市金融机构贷、存款余额与开发商国内贷款的散点图，反映出金融机构贷款余额与开发商国内贷款之间、金融机构存款余额与开发商国内贷款之间都存在着正向关系。为了进一步考察三者之间的关系，本研究利用混合最小二乘法（Pooled OLS）针对35个大中城市、强劲型、疲软型城市三组样本数据，分别估计了金融机构贷、存款余额与开发商国内贷款的对数形式。估计结果显示（见表3－5）：第一，35个大中城市的金融机构贷款余额对开发商国内贷款具有正向影响，但金融机构贷款余额只对强劲型城市的影响显著，而对疲软型城市影响不显著；第二，35个大中城市的金融机构存款余额对开发商国内贷款具有正向影响，但金融机构存款余额只对疲软型城市的影响显著，而对强劲型城市影响不显著；第三，表3－5的（1）、（2）、（3）列中，常数项对开发商国内贷款具有显著的正向影响，其中，对疲软型城市的影响要大于强劲型城市，这表明开发商国内贷款很大程度上受到其他遗漏因素的影响。

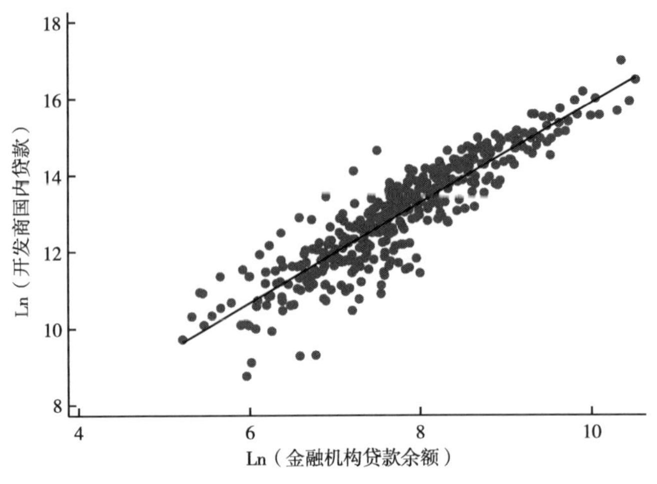

图3－27　金融机构贷款余额与开发商国内贷款的散点图

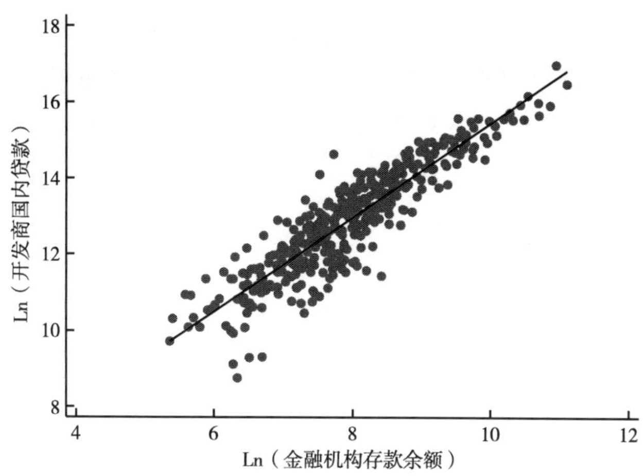

图 3-28　金融机构存款余额与开发商国内贷款的散点图

表 3-5　　金融机构贷款余额、存款余额与开发商国内贷款

被解释变量	Ln（开发商国内贷款）		
	35 个城市 (1)	SHIC (2)	WHIC (3)
Ln（金融机构贷款余额）	0.602 *** (0.219)	1.125 *** (0.234)	0.004 (0.393)
Ln（金融机构存款余额）	0.674 *** (0.207)	0.306 (0.218)	1.123 *** (0.375)
Constant	2.912 *** (0.246)	1.755 *** (0.309)	3.920 *** (0.386)
Observations	385	198	187
R - squared	0.820	0.882	0.743

注：(1) ***、**、* 分别表示在 1%、5%、10% 的显著性水平下显著。(2) 小括号内为标准误。(3) 该表格样本数据采用混合最小二乘法（Pooled OLS）进行估计。

通过对两类城市 2000—2010 年金融机构存贷款能力和住房开发贷款的经验分析，本研究得出如下特征事实：

事实 3.5　从住房金融发展角度看，在金融机构贷、存款规模方面，两类城市都出现两极分化，强劲型城市金融机构贷、存款规模要远超过疲软型城市。两类城市金融机构贷、存款规模平稳增长，且贷、存款余额增长幅度近似。在住房开发贷款方面，两类城市都存在着两极分化，且相对差距逐步拉大，强劲型城市的开发商国内贷款规模远大于疲软型城市。两类城市开发商国内贷款增长率稳中有升，且与金融机构贷款增长率保持同步。两类城市开发商国内贷款增长率的差距时大时小，但基本控制在一定常数范围内。从影响关系来看，金融机构贷款规模的增加有助于提高住房开发贷款，且对强劲型城市的影响显著，而对疲软型城市影响不显著；金融机构存款规模的增加也有利于住房开发贷款的增长，且对疲软型城市的影响显著，而对强劲型城市影响不显著。

第六节　房价、地价与资金价格方面的特征差异

房价是反映住房市场供需情况的重要指标。在住房市场化改革过程中，家庭住房需求充分释放，但由于土地市场与金融市场的不健全，开发商的住房供给明显滞后。住房市场供需结构的不平衡导致商品房价格一路飙升。图 3－29 给出了 2000 年与 2010 年商品房价格的城市密度分布估计。从该图中可以发现，2000 年，两类城市的分布曲线基本雷同，高端峰值与低端峰值相对差距较小。强劲型城市中，除了北京、上海、广州的商品房价格突破 3000 元以外，大部分城市集聚在 2000 元峰值附近。而疲软型城市中，除了深圳超过 5000 元以外，大部分城市处于 1800 元峰值附近。到了 2010 年，两类城市内部差距明显拉大。强劲型城市出现两极分化，北京、上海、杭州集聚在 16000 元峰值附近，而其他城市分布在 4000—9000 元区间，少部分集聚在 5000 元峰值附近。而疲软型城市则出现三级分化，深圳处于 18000 元最高层次，宁波、厦门集聚在 11000 元峰值附近，其

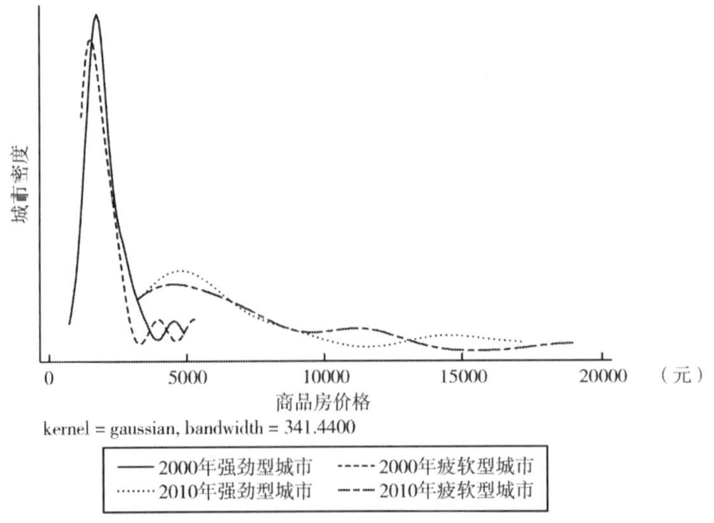

图 3－29　2000 年与 2010 年商品房价格的城市密度分布估计

余城市分布在3000—8000元区间，少部分集聚在4500元峰值附近。总之，两类城市的商品房价格内部差距明显，但整体分布差距不突出。

与商品房价格决定机制不同，保障性住房价格并不是由市场供求机制产生，而是由政府根据住房开发成本与开发商固定利润等相关因素综合确定的指导价格。由于统计资料中缺乏保障性住房价格指标，因此，本研究利用《房地产统计年鉴》中保障性住房销售额和保障性住房销售面积这两个指标，计算出保障性住房价格①。图3－30描绘的是2000年与2010年保障性住房价格的城市密度分布估计。该图具有以下特征：2000年，两类城市的保障性住房价格存在高、中、低端三个峰值，且各峰值之间的相对距离较近。强劲型城市中，北京一枝独秀处于高端峰值2600元附近，少部分城市集聚在1800元峰值附近，大部分城市集聚在1100元峰值附近。疲软型城市也具有类似的特征，但相对峰值略低于强劲型城市的三类峰值。到了2010年，两类城市并未出现显著分化，仍旧集聚在高低两个峰值附近。强劲型城市中，除了北京保障性住房价格超过4500元以外，大部分城市集聚在2800元峰值附近；而疲软型中，有部分城市（宁波、青岛）处于4500元峰值附近，大部分城市集聚在2300元峰值附近。从整体上看，强劲型城市的保障性住房价格与疲软型城市的保障性住房价格相近，两者差距未得到充分拉开。

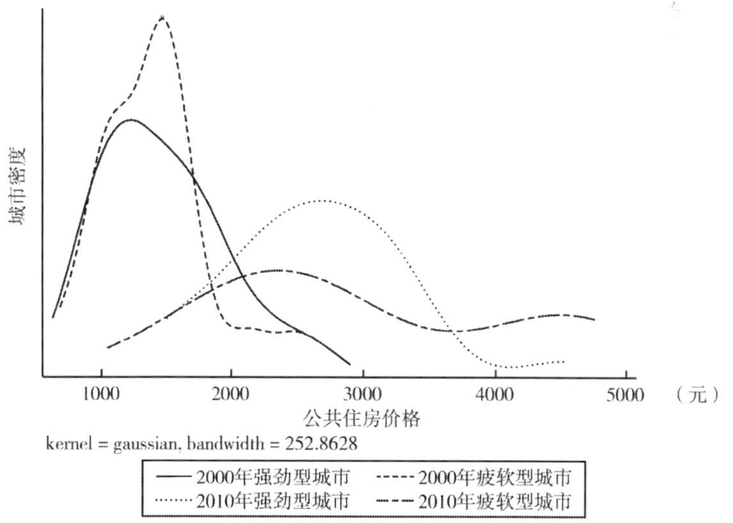

图3－30　2000年与2010年保障性住房价格的城市密度分布估计

① 由于统计年鉴中缺乏上海、深圳在公共住房领域的销售、投资数据，因此，本文在涉及公共住房相关指标的城市样本数据中剔除上海市与深圳市。

我国土地市场的供给侧基本上由地方政府所垄断，土地价格的确定存在着市场与政府双重影响机制。政府既可以根据城市发展需要，以低价划拨方式直接供给土地，也可以利用市场方式公开拍卖土地使用权，获取土地垄断租金。在住房市场化改革过程中，地方政府为了实现土地出让收益的最大化，一般通过“招拍挂”的方式出售住房建设用地使用权。当住房市场需求旺盛时，开发商对土地要素的需求也会增加。由于土地市场上土地供给量相对有限，所以开发商往往会报高价获取土地使用权。因此，土地价格是土地市场需求的重要反映，是住房市场需求的延伸。

因为《房地产统计年鉴》中缺乏土地价格的数据，所以本研究利用《中国国土资源统计年鉴》中“国有土地出让成交价款”和“国有土地出让面积”这两个指标，计算出“国有土地出让价格”指标。图 3－31 给出了 2000 年与 2010 年土地出让价格的城市密度分布估计。从图中可以发现，2000 年，两类城市的土地价格分布较为接近，相对价格差距不大。强劲型城市中，北京突破 600 元处于高端峰值，广州、杭州集聚在 300 元峰值附近，其余城市集聚在 100 元低端峰值附近；而疲软型城市中，除了厦门突破 300 元外，大部分城市集聚在 120 元峰值附近。到了 2010 年，两类城市的分布由集聚转为扁平化，出现显著的分化，分布区间相对差距拉大。强劲型城市中，北京突破 6000 元，其余城市在 1000—4500 元区间上均匀分布；疲软型城市中，除宁波、厦门超过 3000 元外，其余城市在 300—2000 元区间上分布，少部分城市集聚在 1800 元峰值附近。整体来看，疲软型城市的土地价格要远远落后于强劲型城市。

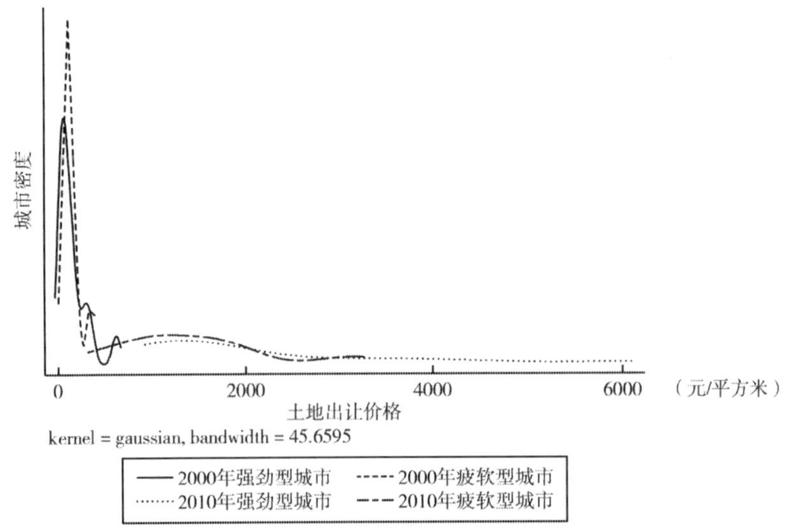

图 3－31　2000 年与 2010 年土地出让价格的城市密度分布估计

虽然我国金融体制改革在加快，但金融市场在资金价格、资金规模等方面仍旧由中央政府高度管制。央行一般通过设定贷款利率来调节资本市场资金供求关系。过高的贷款利率会增加贷款方融资成本，而较低的贷款利率有助于增加信贷规模、扩大社会投资。对于资金需求量较大的房地产开发商而言，贷款利率的高低涉及开发商的融资成本与融资规模，会间接地影响到住房开发投资行为与住房市场的供给水平。一般来说，央行制定的是全国统一的名义贷款利率，本研究在金融机构人民币一年期贷款基准利率的基础上，利用35个大中城市的居民消费价格指数，去除通货膨胀因素，从而获得各城市实际的贷款利率，用于反映各城市金融机构的资金价格。图3-32给出了2000年与2010年实际贷款利率的城市密度分布估计。从图中可以发现，2000年，两类城市的贷款利率差距较大。强劲型城市呈现正态分布，大部分城市集聚在5.5%峰值附近，少部分城市分别集中在9%和3%峰值附近。而疲软型城市则不是正态分布，大部分城市处于6%峰值附近，少部分城市集聚在3%峰值附近，相对于强劲型城市，峰值略微右移，这意味着疲软型城市资金价格较高。到了2010年，两类城市都呈现出正态分布，且峰值普遍左移，集聚程度较高，峰值差距缩小。强劲型城市中，大部分集聚在2.56%峰值附近，少部分处于1.5%峰值附近；疲软型城市中，大部分集聚在2.2%峰值附近，少部分处于1%峰值附近。整体来看，疲软型城市的资金价格向强劲型城市靠拢，并不断减小。

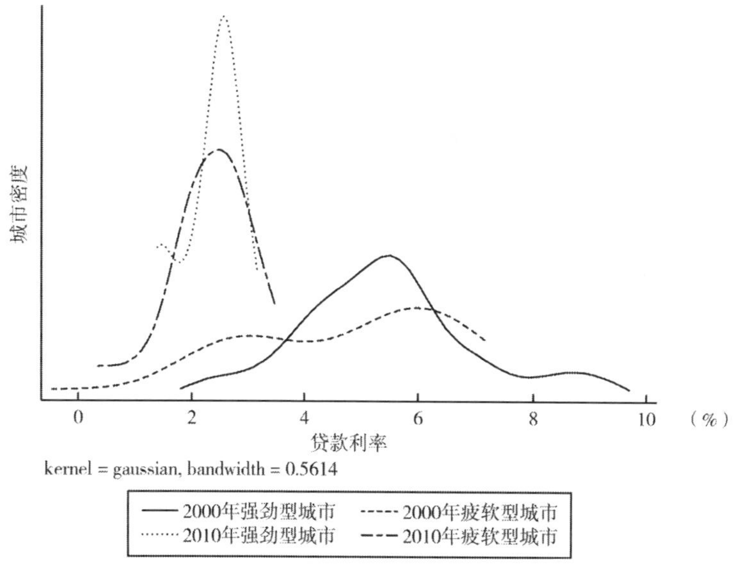

图3-32　2000年与2010年贷款利率的城市密度分布估计

为了考察商品房价格、保障性住房价格、土地价格和实际贷款利率的年度增长情况，本研究对两类城市的商品房价格、保障性住房价格、土地出让价格和实际贷款利率取对数形式。图 3 – 33 描绘了 2000—2010 年两类城市的商品房价格、保障性住房价格、土地价格和实际贷款利率的增长情况。该图体现出以下特点：一是两类城市商品房价格和保障性住房价格平稳增长，前者增长幅度要大于后者。二是两类城市商品房价格（保障性住房价格）的增长率差距趋于一致。三是土地价格增长强劲，涨幅超过商品房价格和保障性住房价格，但两类城市土地价格增长率差距时大时小，2000—2003 年疲软型城市高于强劲型城市，2004—2010 年，疲软型城市增长率低于强劲型城市。四是贷款利率增长率震荡下行，除了在 2005 年和 2009 年上升外，其余年份持续下跌。五是两类城市贷款利率增长率，除了在 2004 年和 2008 年差距拉大外，其余年份基本一致。

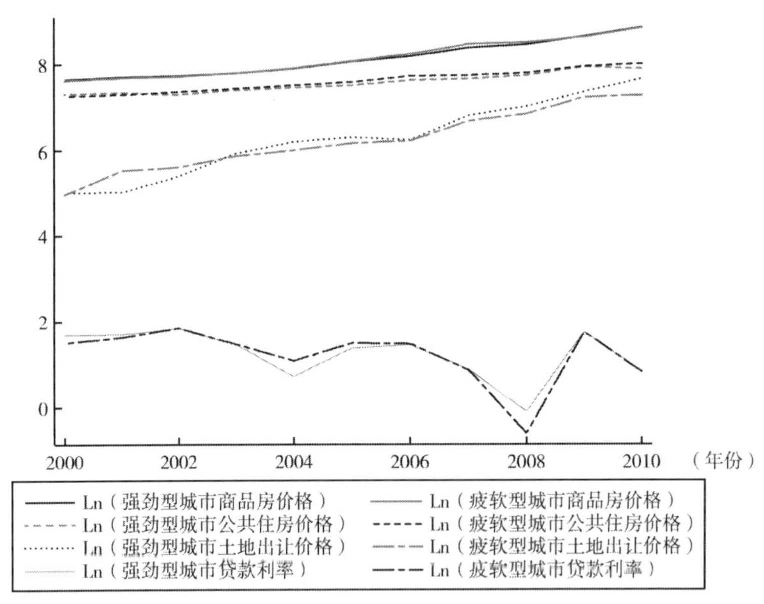

图 3 – 33　2000—2010 年两类城市的商品房价格、保障性住房价格、土地价格和实际贷款利率的增长情况

为了进一步考察商品房价格、保障性住房价格、土地价格和实际贷款利率之间的关系，本研究利用混合最小二乘法（Pooled OLS）针对 35 个大中城市、强劲型、疲软型城市三组样本数据，分别估计了商品房价格、保障性住房价格、土地出让价格的对数形式和实际贷款利率。估计结果显示（见表 3 – 6）：第一，35 个大中城市的保障性住房价格对商品房价格具有正向影响，且对强劲型城市的影响系数高于疲软型城市，即保障性住房价格每增长1%，强劲型城市商品房价格增长0.857%，而疲软型城市只增长0.641%；第二，35个大中城市的土地出让价格对商品房价格具有正向影响，且对强劲型城市的影响系数低于疲软型城市，即土地出让价格每增长1%，疲软型城市商品房价格增长0.245%，而强劲型城市只增长0.166%；第三，35个大中城市的实际贷款利率对商品房价格没有显著的影响；第四，在表3－6估计结果的第（3）列，常数项对疲软型城市商品房价格有显著影响，且影响系数要高于保障性住房价格和土地出让价格，这表明疲软型城市商品房价格还要受到其他遗漏因素的影响；第五，35个大中城市的商品房价格对保障性住房价格具有正向影响，且对疲软型城市的影响系数高于强劲型城市，即商品房价格每增长1%，疲软型城市保障性住房价格增长0.69%，而强劲型城市只增长0.553%；第六，35个大中城市的土地出让价格和实际贷款利率都对保障性住房价格没有显著的影响；第七，表3－6的（4）、（5）、（6）列中，常数项对保障性住房价格具有显著的正向影响，其中对强劲型城市的影响要大于疲软型城市，这表明保障性住房价格很大程度上受到其他遗漏因素的影响。

表3－6　商品房价格、保障性住房价格、土地出让价格与贷款利率

被解释变量	Ln（商品房价格）			Ln（保障性住房价格）		
	35个城市 （1）	SHIC （2）	WHIC （3）	35个城市 （4）	SHIC （5）	WHIC （6）
Ln（保障性住房价格）	0.726*** （0.043）	0.857*** （0.067）	0.641*** （0.055）			
Ln（商品房价格）				0.617*** （0.036）	0.553*** （0.043）	0.690*** （0.059）
Ln（土地出让价格）	0.209*** （0.016）	0.166*** （0.023）	0.245*** （0.022）	－0.001 （0.018）	0.033 （0.021）	－0.039 （0.030）
贷款利率	－0.010 （0.007）	－0.003 （0.009）	－0.020 （0.009）	0.011 （0.006）	0.011 （0.008）	0.014 （0.010）
Constant	1.308*** （0.275）	0.575 （0.422）	1.757*** （0.360）	2.567*** （0.223）	2.852*** （0.267）	2.214*** （0.361）
Observations	360	186	174	360	186	174
R－squared	0.786	0.792	0.795	0.669	0.727	0.637

注：（1）***、**、*分别表示在1%、5%、10%的显著性水平下显著；（2）小括号内为标准误；（3）该表格样本数据采用混合最小二乘法（Pooled OLS）进行估计。

通过对两类城市2000—2010年房价、地价和资金价格的经验分析，本研究得出如下特征事实：

事实3.6 从各市场出清价格来看，在商品房价格方面，两类城市都出现显著的分化，但分布区间近似。两类城市商品房价格平稳增长，且增长率差距趋于一致。在保障性住房价格方面，两类城市都存在着两极分化，但分布区间近似。两类城市保障性住房价格平稳增长，且增长率差距趋于一致。在土地价格方面，两类城市出现显著的分化，分布区间相对差距拉大，疲软型城市的土地价格要远远落后于强劲型城市。两类城市土地价格增长强劲，增长率超过商品房价格和保障性住房价格。两类城市土地价格增长率差距不稳定，时大时小。在实际贷款利率方面，两类城市都呈现出正态分布，且集聚程度较高，疲软型城市的资金价格向强劲型城市靠拢，差距不断减小。两类城市贷款利率增长率震荡下行，增长率差距不稳定，时大时小。从影响关系来看，保障性住房价格的提高会促进商品房价格的增长，且对强劲型城市的影响系数高于疲软型城市；土地出让价格的增加会推动商品房价格的增长，且对强劲型城市的影响系数低于疲软型城市；实际贷款利率的增加对商品房价格没有显著的影响；商品房价格的提高会促进保障性住房价格的增长，且对疲软型城市的影响系数高于强劲型城市；土地出让价格和实际贷款利率都对保障性住房价格没有显著的影响。

第七节　本章小结

我国各城市的住房市场经历了市场培育、政策调整、制度规范等多个发展阶段，不断向微观市场成熟、宏观政策稳定、可持续发展的住房市场迈进。在此过程中，我国35个大中城市住房开发投资的发展轨迹出现了明显的城市差异性格局，产生了住房开发投资强劲型与疲软型城市的分类。本章根据这两类城市发展的现实情况，分别从住房市场、土地市场、金融市场、城市发展等方面总结其存在的特征差异。

从住房市场需求侧来看，在商品房消费需求方面，强劲型城市的需求规模增长幅度较大，需求层次分化严重，而疲软型城市的需求规模增长幅度较小，需求水平较为集中，两类城市需求增长率稳中有升且存在显著的、较为稳定的差距；在保障性住房消费需求方面，两类城市需求规模基本维持不变，增长率差距变化较大。

从开发商融资角度来看，在开发商资产规模方面，两类城市开发商资产规模都出现显著的分化，强劲型城市资产规模的分布区间远大于疲软型城市，两类城市开发商资产规模增长率稳中有升且存在显著的、较为稳定的差距；在外部融资需求方面，强劲型城市的外部融资需求分化严重，而疲软型城市存在集中现象，前者的发展规模远远超过后者，但两类城市的增长率差距较为稳定；在土地需求方面，两类城市的总体规模差距逐步缩小并趋于一致，疲软型城市的增长率要显著快于强劲型城市。

从商品房市场供给侧来看，在商品房开发投资方面，两类城市均出现明显分化，强劲型城市商品房开发投资的分布区间远大于疲软型城市，且规模差距进一步拉大。两类城市商品房开发投资的增长率稳步提升，强劲型城市的增长率快于疲软型城市，增长率差距逐步扩大。在商品房供给方面，疲软型城市商品房供给规模远远落后于强劲型城市，强劲型城市商品房供给量的增长率与疲软型城市增长率的差距进一步增大。

从保障性住房融资与投资角度来看，在土地出让金方面，两类城市都出现显著的分化，强劲型城市土地出让金的分布区间远大于疲软型城市。两类城市土地出让金增长率快速增长且存在显著的差距，这种差距在经济下滑时扩大，经济回暖时缩小。在地方财政收入方面，两类城市都存在着两极分化，且相对差距逐步拉大，强劲型城市的财政预算内收入规模要强于疲软型城市。两类城市财政预算内收入的增长率呈现平稳上升态势，但增长幅度要低于土地出让金的增长幅度，增长率差距基本控制在一定常数范围内。在保障性住房开发投资方面，两类城市都存在着两极分化，少部分城市保障性住房开发投资水平较高，但大部分城市停滞不前。两类城市保障性住房开发投资的增长率出现前期平稳下降、后期平稳上升的特点，增长率差距波动幅度较大。

从住房金融发展角度看，在金融机构贷、存款规模方面，两类城市都出现两极分化，强劲型城市金融机构贷、存款规模要远超过疲软型城市。两类城市金融机构贷、存款规模平稳增长，且贷、存款余额增长幅度近似。在住房开发贷款方面，两类城市都存在着两极分化，且相对差距逐步拉大，强劲型城市的开发商国内贷款规模远大于疲软型城市。两类城市开发商国内贷款增长率稳中有升，且与金融机构贷款增长率保持同步。两类城市开发商国内贷款增长率的差距时大时小，但基本控制在一定常数范围内。

从各市场出清价格来看，在商品房价格方面，两类城市都出现显著的分化，但分布区间近似。两类城市商品房价格平稳增长，且增长率差距趋于一致。在保障性住房价格方面，两类城市都存在着两极分化，但分布区间近似。两类城市保障性住房价格平稳增长，且增长率差距趋于一致。在土地价格方面，两类城市出现显著的分化，分布区间相对差距拉大，疲软型城市的土地价格要远远落后于强劲型城市。两类城市土地价格增长强劲，增长率超过商品房价格和保障性住房价格。两类城市土地价格增长率差距不稳定，时大时小。在实际贷款利率方面，两类城市都呈现出正态分布，且集聚程度较高，疲软型城市的资金价格向强劲型城市靠拢，差距不断减小。两类城市贷款利率增长率震荡下行，增长率差距不稳定，时大时小。

第四章 住房金融发展、金融摩擦与住房开发投资

住房金融发展、金融摩擦如何影响住房开发投资？本研究分别进行静态分析和动态分析。静态分析与动态分析均在“宏观金融环境—金融机构策略性竞争—住房开发投资”（ECI）这一理论分析框架下进行。动态分析与静态分析的差别在于：静态分析中，研究的是住房金融发展程度 F 给定条件下，金融摩擦 m 对住房开发投资的影响；动态分析中，住房金融发展程度 F 是外生的，两种金融环境下（垄断式和“毁灭式创新”发展模式），金融发展程度 F 的变化，如何影响金融摩擦 m，以及如何进一步传导到住房开发投资上。

第一节 引 言

纵观我国住房市场化改革的前 10 年（2000—2010 年），金融摩擦对住房开发投资的制约作用日益突出。开发商在投融资过程中不仅受到计划经济下金融资源分配体制性因素的影响（张杰，2000；林毅夫和李永军，2001；张捷和王霄，2002；王朝弟，2003），还受到抵押品价值、企业资产负债能力、道德风险等金融机构贷款限制（周业安，1999；徐洪水，2001；李大武，2001；李志赟，2002；王霄和张捷，2003；王重润，2006）。更重要的是在地方政府宏观调控下，开发商的资金链往往受到难以预期的政策冲击，使其产生不必要的投资风险（石亚东，2005；高聚辉，2006；郭晓亭，2007）。尽管金融摩擦的约束作用受到学术界的普遍承认，但是金融摩擦对商品房开发投资和保障性住房开发投资的互动影响机制却往往被学术界忽视。比如受到金融摩擦约束的开发商难以实现商品房的有效供给，造成城市商品房价格持续走高，并由此带动土地价格上涨。过高的城市房价直接导致平均收入水平较低的居民被排挤出商品房市场，这迫使地

方政府通过加大保障性住房开发投资的方式维护社会稳定。而房价与地价的上涨有助于提高地方政府税收与土地出让收入，在一定程度上有助于减缓地方政府融资难问题、扩大保障性住房开发投资。因此，关于金融摩擦对城市住房开发投资作用机制的传统观点存在着进一步拓展的空间。

一、城市住房金融发展程度的作用

从金融中介角度来看，城市住房金融发展对金融中介在住房市场的资金供给能力发挥了关键性作用。由于住房属于不动产，存在较高的流动性风险，金融中介必须具备一定的金融综合能力——投融资能力与金融创新能力，才能够扩大资金供给、满足住房市场的资金需求、减少住房市场金融摩擦。但是金融中介提高综合金融能力的金融创新行为受到城市住房金融发展程度的制约。如果住房金融发展程度较低，金融市场竞争环境就会趋于僵化，金融中介过于激进的金融创新行为将充满巨大风险，减弱其提高金融综合能力的动机。如果住房金融发展程度较高，金融市场创新氛围就会越发活跃，金融创新行为产生的高收益会激励金融中介提高住房市场信贷供给，推动金融市场与住房市场的互动发展。2000 年以后，我国住房市场面临严重的金融摩擦迫使中央政府加快金融体制改革。随着金融市场的开放和金融市场机制的完善，金融中介在住房开发投资收益与流动性约束的激励下，不断加快金融创新，提高金融综合能力，强化住房市场资金供给能力。可以说，在金融资源由计划经济体制下的低效配置向市场经济环境下的高效配置的转型过程中，逐步提高的城市金融发展程度正不断地减缓住房市场面临的金融摩擦。

然而，随着金融体制改革从中央到地方的展开与推进，不同住房金融发展程度的城市出现了明显的住房开发投资城市差异性增长格局。部分城市住房金融市场发展速度较快，金融创新较为活跃，金融中介信贷供给能力不断增强。在此过程中，金融效率的提高与金融摩擦的减少有效解决了开发商与地方政府融资约束问题，促进了住房开发投资规模的增加与住房市场的发展。但是在某些城市，住房金融发展速度缓慢，金融创新步伐并没有得到显著提升，金融摩擦依旧阻碍着住房市场发展，较低的金融效率导致住房开发投资增长乏力。由此，不同类型城市之间便形成了住房开发投资发展路径的增长路径的城市差异性。

图 4－1 给出了我国 35 个大中城市 2000—2010 年住房开发投资、金融摩擦与住房金融发展的关系。图 4－1（a）和图 4－1（b）反映了强劲型与疲软型两类城市金融摩擦与住房开发投资的关系，其中，疲软型城市

金融摩擦对住房开发投资的约束作用要显著大于强劲型城市。图 4－1（c）和图 4－1（d）表明，强劲型城市住房金融发展程度的提升会显著减少金融摩擦，而在疲软型城市这一效果较弱。图 4－1（e）和图 4－1（f）显示，强劲型城市住房金融发展对住房开发投资的推动作用要强于疲软型城市。图 4－1 刻画了这样一种特征事实：住房开发投资会受到金融摩擦

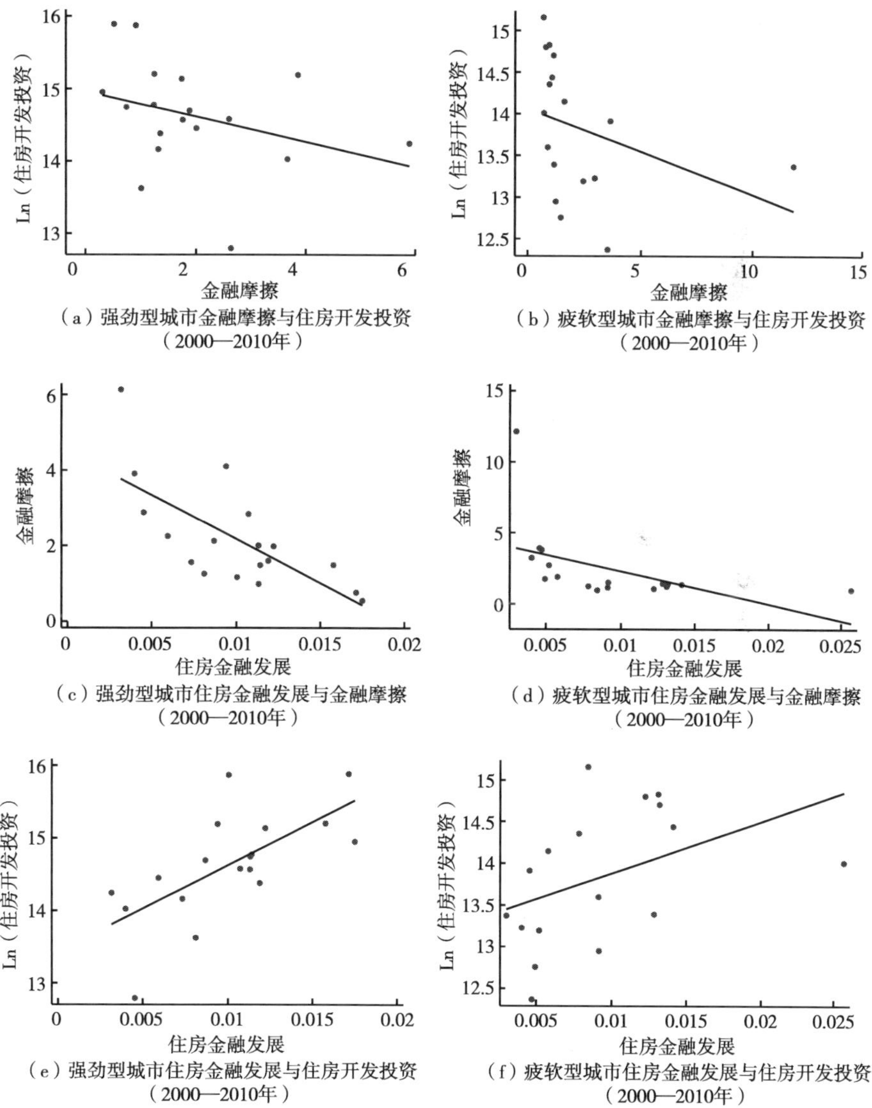

（a）强劲型城市金融摩擦与住房开发投资（2000—2010年）

（b）疲软型城市金融摩擦与住房开发投资（2000—2010年）

（c）强劲型城市住房金融发展与金融摩擦（2000—2010年）

（d）疲软型城市住房金融发展与金融摩擦（2000—2010年）

（e）强劲型城市住房金融发展与住房开发投资（2000—2010年）

（f）疲软型城市住房金融发展与住房开发投资（2000—2010年）

图 4－1　35 个大中城市住房开发投资、金融摩擦与住房金融发展（2000—2010 年）

注：35 个大中城市数据来源于 2001—2011 年的《中国房地产统计年鉴》。金融摩擦采用开发商资金来源中的国内贷款与自筹资金之比的倒数来衡量。住房金融发展采用住房国内贷款与城市银行存贷款余额之和的比重来衡量。数据为 2000—2010 年的平均值。

的约束，而住房金融发展程度的提高则有助于改善与减缓金融摩擦，从而有效促进住房开发投资的增加。尽管在疲软型城市，住房金融发展对住房开发投资的促进作用较弱，但是在强劲型城市，这一特征事实较为突出。

由此，本研究提出了以下问题：在我国住房市场化过程中，为什么在不同住房金融发展程度的城市会出现住房开发投资的城市差异性增长格局？金融摩擦在其中是如何约束住房开发投资的？城市住房金融发展的动态路径是由什么因素决定的？而城市住房金融发展的动态过程如何通过影响金融摩擦而对住房开发投资造成城市差异性影响？宏观经济政策和地方政府政策在其中发挥了什么作用？

二、“宏观金融环境—金融机构策略性竞争—住房开发投资”（ECI）理论分析框架

为了解释这些问题，本研究试图提出这样一种解释思路：在具有不同金融垄断力量的宏观经济环境中，由于宏观经济政策和地方政府政策的共同作用，城市存在着多样化的住房金融发展均衡路径。这些住房金融发展均衡路径的差异不仅影响到城市中金融中介自身投融资能力与金融创新能力（外部流动性）的变化，还直接导致了金融中介和开发商与地方政府之间金融摩擦（内部流动性）的差异。在外部和内部流动性的相互影响下，由商品房开发投资和保障性住房开发投资构成的城市住房开发投资产生了多种形式的城市差异性发展路径。

为了详细论证这一解释思路，本研究试图提供一个系统性的理论分析框架。该理论框架将住房市场分为由市场驱动投资的商品房市场和由地方政府补充投资的保障性住房市场，并基于这两个市场构建了具有金融摩擦和住房金融发展的动态一般均衡模型，从而有利于清晰阐释开发商、地方政府与金融中介之间的经济与政治互动关系。

三、静态均衡分析和动态均衡分析

本章的研究包括静态均衡分析和动态均衡分析。静态分析与动态分析均在“宏观金融环境—金融机构策略性竞争—住房开发投资”（ECI）这一理论分析框架下进行。动态分析与静态分析的差别在于：静态分析中，研究的是住房金融发展程度 F 给定条件下，金融摩擦 m 对住房开发投资的影响；动态分析中，住房金融发展程度 F 是外生的，两种金融环境下（垄断式和“毁灭式创新”发展模式），金融发展程度 F 的变化如何影响金融

摩擦 m，以及如何进一步传导到住房开发投资上。

（一）静态均衡分析

静态分析时，研究了住房金融发展程度给定条件下金融摩擦对住房开发投资的影响。在模型中，我们着重考虑以下现实特征：在商品房市场，开发商受到利润最大化的激励，利用土地资源进行抵押融资，专业化从事商品房的投资与建设，但在融资方面，因为受到由企业所有制、土地要素和道德风险等因素引起的金融摩擦（内部流动性）的约束，开发商融资能力受到限制；在保障性住房领域，地方政府利用财政税收与土地出让收入进行融资，对保障性住房的投资动机取决于商品房市场产生的负外部性，而对出售型和出租型保障性住房投资模式的选择除了具有社会福利效果以外，还对地方政府融资产生约束性影响；对于财政收入有限的地方政府来说，不同目标导向的政绩考核要求决定了地方政府对公共基础设施投资和保障性住房投资的资源配置方向；由于土地市场采用招拍挂的定价方式，地方政府可以凭借自身的垄断势力，操控土地价格与财政收入，从而推动地区发展，带动商品房价格和地方税收的增长；作为金融中介，银行为了平衡住房市场资金供求、维持城市经济的均衡，一方面，利用信贷渠道在不同融资能力的开发商和地方政府之间分配信贷资源，提供住房开发贷款，获取中介利润；另一方面，银行需要面对流动性约束和住房项目道德风险带来的不利影响，由此会产生不同程度的金融摩擦，并改变开发商和地方政府的融资能力。

在该经济环境中，本研究试图揭示这样一种金融摩擦内生机制。开发商在金融摩擦的约束下，根据自身的国有化程度选择最优偿债率与商品房开发投资规模，从而影响商品房价格与商品房市场的发展。对于地方政府而言，一方面，商品房市场发展有效促进了财政税收和土地出让收入的提高，带动地方经济发展，贡献地方政绩；另一方面，商品房价格过高会产生负外部性，迫使地方政府加大保障性住房投资，减少财政对公共基础设施方面的投入，影响经济增长。此时，地方政府为了扩大融资规模，既需要鼓励商品房市场发展，提高可担保财政收入，也需要加大出售型保障性住房类型比重，提升偿债能力。所以，金融摩擦通过影响开发商和地方政府融资能力决定了商品房和保障性住房的投资规模。随着住房市场和土地市场的快速发展，金融中介的净资产和负债规模不断增加。为了防止金融体系出现流动性风险和住房项目违约风险，在金融中介外部融资能力（外部流动性）受到约束时，金融中介通过调节抵押品贷款率（金融摩擦）来实现住房项目的流动性供给和开发商与地方政府住房项目融资需求的平衡与配置，达到住房金融市场出清，从而维持城市经济的均衡。

通过对金融摩擦内生机制的研究，本研究的结论显示：第一，金融摩擦的增加会导致城市商品房开发投资加速减少。具体来说，金融摩擦从两个渠道影响商品房开发投资：一是通过信贷渠道调整开发商的道德风险，并从商品房市场层面影响开发商的自有资金投资规模。比如当银行抵押贷款率收紧时，开发商为了获得金融市场平均收益率并防止较高的违约率，必须控制商品房供给规模，减少自有资本投资。二是通过影响土地市场需求和地方政府土地定价决策，从土地成本角度改变商品房开发总投资。当金融摩擦增加时，土地市场需求减少，土地价格面临着下调的压力，所以包含土地成本在内的总投资也会随之而下降。第二，金融摩擦的减少会导致城市保障性住房开发投资加速增长。金融摩擦主要从两条路径对保障性住房开发投资产生影响。一条是通过对商品房市场的融资约束产生间接影响。银行可以通过放松对开发商外部融资限制，刺激商品房市场和土地市场，加大商品房市场供给量，促进地方经济增长，提高地方政府税收和土地出让收入。商品房市场的发展和由商品房市场决定的财政收入都会对地方政府的偿债能力起到关键性的作用，从而间接影响到保障性住房项目的投融资。另一条是银行对地方政府外部融资的直接限制。在给定地方政府财政收入和偿债能力的前提下，银行为了防范风险，必须确保保障性住房项目的贷款不得超过地方政府可保证收入。在金融摩擦的直接和间接影响下，虽然保障性住房开发投资面临着与商品房开发投资不同的决策环境和影响机制，但是都具有类似的金融加速效应。第三，逐步减少的金融摩擦促进了开发商和地方政府在商品房和保障性住房市场之间的正向投资互动，而这种商品房开发投资和保障性住房开发投资的协同加速促进机制，正是推动城市住房开发投资快速增长的重要力量。第四，住房金融发展程度的提高有助于减缓金融摩擦。从住房市场角度看，金融摩擦意味着因开发商或地方政府道德风险问题导致的银行对其外部融资的内部流动性约束，而住房金融发展程度体现为因银行自身融资能力或金融创新能力造成的对住房市场的流动性限制，是对开发商或地方政府的外部流动性约束。当银行处于较高程度住房金融发展环境中时，银行的融资能力或金融创新能力显著增强，抵御住房市场风险能力提高，因而，银行可以为住房市场提供更多的流动性，促进资金在住房市场配置效率的提高，从而减少金融摩擦，增加开发商或地方政府的内部流动性。第五，住房金融发展程度的提高与金融摩擦的减少会显著改善社会福利水平。一方面，开发商融资约束的减少不仅会促进商品房市场的繁荣与发展，带动家庭总消费的增长，还会为地方政府提供更多的税收收入与土地财政，让其有更多的资源来保障中低收入家庭的住房需求，缩小贫富差距，维持社会稳定与协调发展，从整体上改善社会福利；另一方面，随着金融市场环境的改善，银行融资渠道不断拓宽，金融创新的能力逐步增强，外部流动性约束的放松使得银行可以有效应对住房市场的流动性风险，从而提高了开发商的内部流动性程度，促进了开发商和地方政府抵押品贷款率的增加，进而扩大住房开发投资，带动社会整体福利上升。

（二）动态均衡分析

本研究从动态角度特征化住房金融发展的内生过程，分析城市住房金融发展的动态均衡路径对金融摩擦的影响，进而对住房开发投资的城市差异性影响，以此解释住房开发投资城市差异性增长的根本原因。

由于住房市场的发展不仅为银行创造了利润，还为其提供了金融创新的机会，是推动金融业发展的重要驱动力量，因此，为了能够更清晰地考察银行投融资能力和金融创新能力对住房金融发展的动态影响机制，我们从融资渠道扩张和金融产品开发两个方面建立住房金融发展的微观基础，进而有助于研究不同类型银行金融创新策略对城市住房金融发展的推动作用。本研究考虑的金融环境具有以下特征：国有大型银行是推动金融发展的主导力量，把控着金融创新的发展方向，而中小银行是金融创新的主要发起者或支持者，但受制于现有的制度障碍；大型银行在住房领域存在着两种金融发展模式的策略性选择，一种是基于现有的垄断格局，既维持与拓展制度性垄断收益，同时还与中小银行争夺住房市场上的金融资源，体现出具有制度优势的垄断式特征；另一种是放弃现有的垄断制度优势，在同等的市场规则下，与中小银行从事同样类型的金融创新活动，获取与创新成本相匹配的金融创新收益，形成所谓的“毁灭式创新”发展模式；由于金融创新面临着极大的不确定性，并不是所有银行都有动机进行金融创新，所以，面对不同发展模式下的资产收益率，大型银行会选择对自己最有利的住房金融发展模式，并主导城市住房金融发展的方向；金融监管者与地方政府对金融资源的规模与配置方向进行严格监管，会扭曲银行的利润与成本关系，影响金融资源使用效率；银行的微观金融创新行为和住房金融发展模式的选择推动城市住房金融的发展路径，改变金融摩擦的约束条件，从而引起城市经济系统的内生性变动。

通过分析不同住房金融发展模式下的两类银行微观金融创新决策，本研究发现：第一，在不同的城市住房金融发展程度下，两类银行的金融创新决策存在差异。不管是在垄断环境还是在完全竞争环境中，中小银行都会选择较为保守的投融资渠道创新策略和激进的金融产品创新策略。而大型银行在垄断环境中会选择继续维持垄断式发展模式，并且采取保守型金融创新策略组合；在完全竞争环境中，大型银行会选择毁灭式创新发展模式，并且采取激进型金融创新策略组合。第二，城市住房金融发展模式转换的时机受到中央政府、地方政府和金融监管者针对住房市场、土地市场和金融市场的政策集合的影响。比如，建立偏向于社会效益的政绩考核、降低税率、减少地方政府对土地市场的垄断势力、降低金融机构的最低资本金要求、提高金融产品创新的流动性政策、加大对金融创新风险的金融监管力度等政策集合，都有助于加快金融发展模式变革的步伐。

由于城市所处的经济环境存在差异，发展模式转换的时机可能出现在不同的发展阶段，进而引起住房金融发展路径的变动和城市经济发展战略思路的转变，所以为了研究不同经济环境下城市住房金融发展的动态均衡路径对住房开发投资的城市差异性影响，本研究根据金融垄断力量的强弱，将城市所处的经济环境划分为三个时期：金融抑制时期、金融垄断竞争时期、金融自由化时期，并分别讨论相应政策环境下包括商品房与保障性住房开发投资在内的城市住房开发投资长期均衡收敛路径出现差异的原因。结论显示：第一，在金融垄断竞争时期，城市较早进行金融发展模式的转换，有助于跳过住房金融发展的 G－陷阱，收敛到较高金融效率的发展路径上，从而促进城市住房开发投资的加速增长，并使其收敛到较高的均衡投资水平；而推迟转换时机，则容易掉进住房金融发展的 G－陷阱，并始终维持在较低金融效率的发展路径上，从而导致 G－陷阱下的住房开发投资均衡水平要显著低于毁灭式创新模式下的。因此，在同一时期，不同的转换时机，形成了住房开发投资的城市差异性增长格局。第二，在金融抑制时期，过早的转换发展模式容易掉进金融创新的陷阱，不仅无法解决原有的金融约束问题，反而加剧住房市场的投融资难度，降低金融效率，加剧金融摩擦，减少住房开发投资均衡水平；而推迟转换，虽然保留了原有的垄断式金融体制，维持了住房市场和住房开发投资的缓慢增长，但是避免了金融创新的破坏作用，消除了金融体制的转型风险，反而可以摆脱金融创新陷阱。所以，在这一时期，由于转换时机的差异，住房开发投资也出现了两条城市差异性发展路径。第三，在金融自由化时期，所有银行一开始就直接选择毁灭式创新发展模式，城市住房金融发展均衡路径逐步收敛到金融效率最高的均衡点，有效刺激了住房市场发展。随着金融创新渠道的扩展和金融产品与工具的增加，银行的投融资能力和金融创新能力显著提高了金融市场资金供给规模。这不仅促进了外部流动性约束的改善，还有效缓解了住房市场的金融摩擦，从而带动住房市场投融资效率的提升。此时，城市中只存在一条住房开发投资的发展路径。第四，长期看，宏观金融环境的转变会重塑住房开发投资城市差异性增长的格局。随着大型银行垄断力量的减少，宏观经济环境从金融抑制转向金融垄断竞争，再趋向于金融自由化。在这一过程中，地方政府对住房金融发展均衡路径的影响程度不断减小，住房金融发展的均衡水平也随之而不断提高。由金融发展环境不健全造成的住房开发投资城市差异性增长的格局，也会因为金融自由化改革而逐步收敛到金融效率最高的单一发展路径上。

四、本章的政策含义

本章的政策含义在于：在不同金融发展时期，地方政府可以根据自身利益调整财政政策与土地政策的力度，控制住房金融发展模式转换的时机，防止住房金融发展路径陷入 G－陷阱或金融创新陷阱，降低社会无谓损失，减少金融摩擦，促进住房开发投资收敛到金融效率较高的均衡水平。而由中央政府与金融监管者制定的宏观经济政策应当侧重于金融自由化与市场化改革，完善住房金融市场，鼓励金融创新，减少地方政府干预、消除金融摩擦、推动住房开发投资稳步增长与住房市场健康发展。

五、本章的组织结构

本章的组织结构如下：

第一部分为引言部分。

第二部分构建了一个由商品房市场、保障性住房市场、土地市场和金融市场组成的城市经济体，其中涉及开发商对商品房的投融资决策、地方政府对保障性住房的投融资决策、金融中介对住房部门的流动性供给和金融摩擦的内生过程。

第三部分进行静态均衡分析，研究了住房金融发展环境外生给定条件下，金融摩擦对住房开发投资的影响机制。其中包含金融摩擦对开发商的微观最优决策和对商品房市场的整体影响、商品房市场对地方政府保障性住房投资决策环境产生的影响、金融摩擦对保障性住房类型占比选择和保障性住房开发投资的影响、能够使金融资源配置达到平衡的内生性金融摩擦、外生给定的住房金融发展程度对金融摩擦的影响，以及金融摩擦对社会福利的影响。

第四部分进行动态均衡分析，特征化住房金融发展的内生过程，从融资渠道扩张和金融产品开发两个方面建立住房金融发展的微观基础，研究不同类型银行住房金融发展策略对城市住房金融发展的推动作用。

第五部分继续进行动态均衡分析，重点分析城市住房金融发展的动态均衡路径对住房开发投资的城市差异性影响。第一，研究不同住房金融发展模式下的两类银行微观金融创新决策。第二，考察大型银行对两种住房金融发展模式的选择。第三，根据城市住房金融发展的动态过程，从宏观角度特征化城市经济的动态均衡路径。第四，详细讨论在金融抑制时期、金融垄断竞争时期、金融自由化时期城市住房金融发展的动态过程对住房开发投资的城市差异性影响。

第六部分是本研究的结论。

详细证明过程在附录给出。

第二节　理论模型环境

本节构建了一个由商品房市场、保障性住房市场、土地市场和金融市场组成的城市经济体。在这个城市经济中，开发商受到道德风险和利润最大化的激励，利用土地资源进行抵押融资，专业化从事商品房的投资与建设。地方政府根据政绩考核目标，利用财政税收与土地出让收入进行融资，通过选择出售型与出租型保障性住房的比重，决定保障性住房开发投资的规模。由于土地市场采用招拍挂的定价方式，地方政府可以凭借自身的垄断势力，操控土地价格与财政收入。金融中介通过调节抵押品贷款率来实现住房项目的流动性供给和开发商与地方政府住房项目融资需求的平衡与配置，维持城市经济的均衡。

一、宏观经济环境

给定一个离散时间的封闭城市经济体，且有一个无限期存活的代表性家庭。该家庭的人口规模为 N，且人口维持不变。为了体现城市不同地段的区位差异，我们把城市划分为 j 个地区，且各地区分布在测度为 1 的连续统上，$j\in[0,1]$。当 $j\to 0$ 时，该地段靠近城市边缘，缺乏区位优势和人群吸引力；当 $j\to 1$，地段接近城市中心，具有区位优势。

家庭的总消费由普通消费和商品房消费构成。由于住房消费具有消费拉动效应，为简化计算，我们假设普通消费是住房消费的函数，由人口规模 N 来进行生产。城市总消费 $C(t)$ 可以由住房消费决定。

$$C(t) = \psi_c\left(\int_0^1 c^h(j,t)\,dj\right) \tag{4-1}$$

（4－1）式中，$c^h(j,\ t)$ 表示 j 地段 t 时间的商品房消费，$\psi_c>0$ 表示商品房消费对总消费的拉动效应。最终产品可以看作是由商品房供给构成的，同样用于反映商品房生产对城市总产出的拉动效应。

$$Y(t) = \psi_y Y^h(t) = \psi_y\left(\int_0^1 y^h(j,t)\,dj\right) \tag{4-2}$$

（4－2）式中，$Y^h(t)$ 是商品房的供给，$y^h(j,t)$ 是各地段的商品房建设面积，$\psi_y>0$ 表示商品房供给对总产出的拉动效应。家庭采用对数效用函数为：

$$U(C(t)) = \log(C(t)) \tag{4-3}$$

（4－3）式效用函数表明，家庭消费是决定家庭效用与社会整体福利的重要组成部分。在此，我们假定家庭会把税收后的经济总产出用于在家庭消费、商品房投资和银行储蓄与净资本之间配置。

二、商品房开发投资

本节从微观视角入手研究商品房市场发展特征与开发商的投融资行为。

住房市场化改革的方向是建立以价格为核心的市场机制，让住房价格充分反映市场供求信息。1998 年以后，我国的商品房市场在需求和供给层面都发生了重大的改变。从需求侧看，为了应对东南亚金融危机，政府逐步放开商品房消费市场，宏观政策方向开始由以往的抑制性住房消费转变为通过市场刺激住房消费，利用住房市场来扩大消费需求，拉动内需。随着人均收入水平的提高，家庭住房购买力进一步增强，而福利分房政策的终结和货币化住房政策的实施，将城市各类收入人群完全推向商品房市场，充分释放了城市人群的住房需求。同时，为了加快城市化进程，地方政府不断加大公共基础设施投资力度，完善城市生活配套环节，改善城市人居环境。城市内部、城乡之间、城市之间的人口流动使得在公共设施附近的住房需求进一步增长。总体来看，城市中高收入人群比重的提高和人口城市化进程的加快，共同推动了住房需求的变动，促进了地区房价对市场需求的反映效率。由此，在住房供给规模给定情形下，城市不同地段的房价可以由该地的人口规模与基础设施投资规模产生的住房需求来决定。我们假设商品房市场的反需求函数为：

$$p^h(j,t) = jNE(t) - y^h(j,t) \tag{4-4}$$

（4－4）式中，$p^h(j,t)$ 是地段 j 在 t 时期的住房价格，可以体现区位优势 j 与城市总人口 N 和基础设施总投资 $E(t)$ 的分布特征。地段越接近市中心，人口与基础设施投资越多，人居环境越好，住房需求与房价也就越高。

从供给侧看，随着商品房市场进入门槛降低，开发商数量不断增多，住房开发环节逐步由国企完全垄断转变为存在多种所有制结构的垄断竞争市场。我们假设每个地区由一个开发商负责开发。开发商一旦获取地区 j 的土地要素，则在该地区具有垄断力量。这一垄断力量表现为开发商需要根据地区 j 的住房需求、公共配套设施等相关因素，进行该地区商品房项目的设计与开发，利用其对区域住房供给量的控制来获取垄断收益。我们假定商品房开发建设阶段的投入要素是资金与土地，商品房生产函数为：

$$y^h(j,t) = \psi_a l^h(j,t) \tag{4-5}$$

（4－5）式中，$y^h(j,t)$ 是在 t 时期地段 j 的商品房建设面积，$l^h(j,t)$ 是投入的土地面积，$\psi_a > 0$ 是外生设定的容积率。因此，开发商可以根据商品房市场反需求函数，通过土地数量的策略性选择①，决定利润最大化的住房供给量。给定土地价格 $p^l(j,t)$，住房建设的边际成本 $MC(j,t)$ 为 $MC(j,t) = p^l(j,t)/\psi_a$。

对于开发商来说，土地不仅是投入要素，还是重要的融资抵押品，具有金融资产特征。我们假设开发商外部融资的主要方式就是用土地做抵押，而银行根据抵押品价值进行信贷供给。但是由于体制性原因，银行针对国有开发商和私有开发商的贷款存在一定程度的制度差异。也就是说，不同类型开发商用同样价值的土地做抵押，会获得不同规模的贷款。我们假设城市中有两类性质开发商，$e \in \{D,S\}$，D 代表国有性质，S 代表私有性质。两类开发商在城市的比重分别是 $\lambda_d \in [0,1]$ 和 $1-\lambda_d$。除了所有制因素外，开发商外部贷款规模还取决于土地数量与土地价格，以及银行信贷规则和资金价格。我们假设开发商融资函数为：

$$qk^h(j,t) = \theta^e m(t) p^l(j,t) l^h(j,t)/(r+\Delta), e \in \{G,S\} \tag{4-6}$$

（4－6）式左侧反映开发商外部融资需求 $qk^h(j,t)$，其中，$k^h(j,t)$ 是开发商自有资金投入，$q \in [0,1]$ 是政府规定的外部融资比重，即外部融资不得超过自有资金的比例。（4－6）式右侧反映银行信贷供给特征，$p^l(j,t) l^h(j,t)$ 是土地抵押品价值，$m(t)$ 是银行统一控制的抵押贷款率，

① 我们在此假定开发商购买的土地数量等于住房项目开发的土地数量，即不考虑开发商囤地行为。

$m(t)\in(0,\infty)$，重点刻画银行对开发商的信贷约束程度。我们在此将其看作是开发商面临的金融摩擦。当 $m\to0$ 时，m 值越小意味着信贷约束程度越大，金融摩擦加剧，金融市场效率越低。此时，开发商需要用更多的土地资产做抵押来获得更多的贷款规模，从而增加了土地的融资性需求动机。因此，（4-6）式体现的是开发商以土地资产做抵押进行的有限负债（Limited Liability），而这里的金融摩擦是银行对开发商利用资产负债表渠道（Balance Sheet Channel，BSC）获取外部融资的限制，反映的是对开发商内部流动性（Inside Liquidity）约束情况。$\theta^e\in(0,\infty)$ 反映所有制因素对抵押贷款率的影响。就现实而言，由于我国的金融体系中大部分银行属于国有企业，金融资源的分配有着显著的“重视国企（大型企业）、歧视民企（中小企业）”的特征。所以，国有开发商会因为具有特殊政治地位而更容易获得银行信贷支持。虽然银行对国有开发商贷款的制度偏好未必会产生更多的贷款收益，有时甚至是降低金融效率，但是在同等信贷规则下国有开发商的信贷约束要显著小于私有企业，所以必然存在 $\theta^D>\theta^S$。融资成本由无风险利率 $r\in[0,\infty)$ 与银行业风险溢价 $r^R\in[0,\infty)$ 决定，既反映资金的市场价格，也能反映市场的投资收益率。在此假定市场平均投资收益率 $\bar{r}\equiv r+r^R$。

根据开发商融资函数，我们可以获得由开发商自有资金投资和金融摩擦决定的土地市场需求函数：

$$l^h(j,t)=\bar{r}\,qk^h(j,t)/\theta^e m(t)p^l(j,t) \tag{4-7}$$

商品房开发总投资的核算有两种方式：一种是根据投入要素成本来计算，另一种是根据投融资规模来计算。从成本角度，我们假设商品房的总投资规模取决于建设成本与融资成本。建设成本由土地面积和单位土地的边际成本决定，而融资成本由外部融资需求与资金价格决定。

$$I^h(j,t)=MC(j,t)y^h(j,t)+\bar{r}qk^h(j,t)=(1+q)k^h(j,t) \tag{4-8}$$

（4-8）式中，$I^h(j,t)$ 表示 t 时期地段 j 的商品房开发总投资。从融资来源来看，在给定投资成本和融资条件的基础上，商品房开发投资主要由自有资金 k^h 和外部资金 qk^h 构成。

为了实现利润最大化，开发商会根据商品房价格，利用垄断力量选择最优产出。结合土地需求函数与融资函数，该问题可以转化为在给定金融摩擦环境下开发商通过选择自有资金投入规模，实现垄断利润最大化。但是由于信息城市差异性，贷款银行很难观测到开发商的投资行为和偿债行为，所以开发商未必会完全偿还银行贷款，因此，信贷双方存在着道德风险问题。

我们在此设定金融市场的基本制度环境：第一，为确保贷款安全，贷款必须由借款人（开发商）当期住房开发项目土地数量作抵押，一旦开发商不偿还贷款，则法院将强制把抵押物的使用权转交给银行。第二，开发商违约后，贷款是无法继续追偿的（Non - recourse），即借款人不会受到除失去抵押物以外的任何损失。第三，贷款是非状态连续的（Non - contingent），即本期发生的违约行为不会影响开发商下一期的贷款。

在此环境下，我们将开发商的决策分为两个阶段。在第一阶段，给定未来的偿债率，开发商根据商品房价格和外部融资环境，选择自有资金投资数量，获得地段开发的最大垄断收益，即

$$\pi(j,t)=\max_{k^h} p^h(j,t)y^h(j,t)-MC(j,t)y^h(j,t)-z(j,t)qk^h(j,t)\bar{r} \tag{4-9}$$

（4 - 9）式中，$\pi(j,t)$ 是商品房项目可以实现的垄断利润。$z(j,t)$ 表示开发商贷款偿债率。该式意味着开发商的最优投资是偿债率的函数。

在第二阶段，当开发商把内外部资金投入商品房项目中并获得销售收入之后，开发商会根据利润情况，决定偿还贷款资金比例，实现自有投资收益率的最大化。对于开发商来说，自有投资收益率比总投资收益率更为重要。因为开发商具有完全信息优势，存在信贷违约的动机。在不被惩罚和不被监控的环境下，开发商可以利用对贷款偿还率的控制权来优先满足自身投资收益，而刻意将风险转嫁给贷款方。因此，开发商投资商品房的问题转变为追求自有投资收益率 $r^h(j,t)$ 的最大化：

$$\max_{z(j,t)} r^h(j,t)=\pi(j,t)/k^h(j,t) \tag{4-10}$$

为了确保开发商在商品房市场与存银行之间投资无差异，开发商在均衡时的贷款偿还率必须让自有投资收益率同市场平均收益率（无风险收益率与风险溢价之和）保持一致，即 $r^h(j,t)=r+r^R$。

该均衡条件从投资收益的角度反映了金融市场对商品房市场的影响。因为金融市场不完善，银行无法完全监督和处罚开发商的违约行为，而唯一能够弥补违约损失的就是土地抵押品价值。所以，当商品房项目收入无法满足开发商自有资金投资收益率时，金融市场收益率的变动会引起开发商的道德风险，比如过高的金融市场收益率会加剧开发商违约风险，而道德风险又会影响到开发商对商品房项目的投融资规模，从而改变商品房市场的供给与价格。

假设 4.1 $\psi_a jNE(t)\geqslant p^l(j,t)+\theta^e m(t)p^l(j,t)z(j,t)$

假设4.1给出了j地段的基本投资环境，包含地段区位优势、土地成本和融资条件。只有在假设4.1成立的条件下，开发商才会有动机进入商品房市场，对商品房项目进行投资，获取正收益。

总体来看，整个城市商品房市场的发展情况由所有地段开发商的最优投资决策加总组成，而地段区位优势对整体市场不产生任何影响。城市商品房总供给量$Y^h(t)$和城市房价$P^h(t)$分别为：

$$Y^h(t) = \int_0^1 y^h(j,t)dj = \psi_a L^h(t) = \psi_a \bar{\theta}^{\lambda} \bar{r} qK^h(t)/m(t)P^l(t)$$

$$P^h(t) = \int_0^1 p^h(j,t)dj = NE(t) - Y^h(t)$$

其中，$P^l(t)$是城市土地平均价格。$\bar{\theta}^{\lambda} \equiv \lambda_d/\theta^D + (1-\lambda_d)/\theta^S$反映两类开发商所处的市场结构。$\theta^{\lambda}$越大，意味着私有开发商在市场中的占比越高，银行对开发商的制度歧视程度会越弱，城市整体商品房外部融资会因为制度歧视的减少而增加。

三、保障性住房开发投资

本节研究商品房市场发展对保障性住房领域的影响，并由此考察地方政府对出售型和租赁型保障性住房开发投资模式的决策行为。

由于商品房市场针对的是有购买能力的消费者，因此，对社会其他群体来说具有显著的负外部性。为了克服这种负外部性，地方政府作为推动社会福利的主体，必须承担保障中低收入家庭实现最低住房标准的责任与义务。在这些中低收入家庭中，大部分家庭由于自身经济能力不足，无法通过商品房市场满足居住需求。如果地方政府采用市场经济的方式把这部分中低收入家庭完全推向商品房市场、不顾及这部分人群的实际住房需求的话，不但解决不了中低收入群体的住房困难，还会引发一系列社会问题，降低社会整体福利。但是如果地方政府采用计划经济的方式继续实行福利分房，那么不仅缺乏足够的财政资金保障，也无法提高社会住房建设的整体效率，与住房市场化改革的总体目标产生背离。因此，为了实现“住有所居”的小康住房发展目标，地方政府必须统筹兼顾，不仅要发挥市场的力量，促进商品房市场供给量的增加，使商品房价格与家庭收入水平相适应，提高中低收入家庭的住房购买力，同时，还需要发挥政府保障民生的职能，加大保障性住房投资力度，确保住房困难家庭达到社会的最低住房标准。

具体而言，地方政府投资保障性住房的主要目的是消除商品房市场产生的负外部性。这里的负外部性，从社会层面看，涉及房价收入比过高引起的中下阶层的不满与社会矛盾冲突，和由此增加的社会稳定成本；从政治层面看，反映在中央政府制度要求下地方政府对是否执行或多大程度上执行住房保障任务的政治成本与收益的衡量，比如在中央政府“重经济发展、轻社会保障”的政绩考核下，地方政府实施住房保障的动机明显减小，商品房市场的负外部性影响势必较弱。也就是说，只有当商品房市场的负外部影响达到一定程度时，地方政府作为一个被动或补充投资者，才进行补充性保障性住房投资，弥补商品房市场缺陷。因此，地方政府保障性住房投资行为产生的成本与收益完全取决于商品房市场的发展。

我们假设城市保障性住房建设总规模 $Y^p(t)$ 是由城市房价的外部性决定的，即：

$$Y^p(t)=\gamma P(t)=\gamma(NE(t)-Y^h(t)) \tag{4-11}$$

为了兼容中央与地方政府住房保障动机，我们采用 $\gamma\in[0,\infty)$ 来反映商品房市场的负外部性，即中央政府客观要求与地方政府主观执行意愿的统一。特殊情况是，当 $\gamma=0$ 时，城市房价的外部性消失，地方政府没有动机和责任去进行保障性住房投资。此时，地方政府更倾向于用商品房市场来解决城市中低收入人群的住房问题。我们假设保障性住房由城市住房建设部门统一规划设计，不会因为区位的选址而对局部地区商品房市场产生影响。

虽然保障性住房属于地方政府被动投资，其投资规模是由商品房市场、土地市场和金融市场决定的，但地方政府可以通过调节保障性住房建设类型来影响商品房市场和金融市场。我们假设地方政府承担的保障性住房项目具有两种类型：提供完整产权的出售型模式和提供使用权的租赁型模式。前者主要是针对中等收入家庭、可交易住房产权的经济适用房，后者包含廉租房、拆迁安置房、棚户区改造等不涉及产权交易性质的住房。这两种模式对地方政府的财政收支有着不同的影响机制。在出售型保障性住房的投资与建设过程中，由于中央政策要求地方政府无偿划拨保障性住房建设用地，因此，建设成本中不包含土地购买成本。地方政府作为保障性住房的投资方，根据不盈利原则和特定价格与分配机制，会在保障性住房开发、分配、销售完以后收回最初的投资，维持财政支出与收入的平衡，而唯一放弃的是保障性住房土地的商业化收入。也就是说，地方政府投资实质上只承担了保障性住房土地使用的机会成本，而相关的投资成本支出都会在保障性住房销售之后进行资金弥补。对于出租型保障性住房，开发前期投入过程与出售型保障性住房一样，唯一差别在于出租对象支付的租金无法弥补投资成本，使得财政收支出现缺口。我们可以把这一缺口看作是地方政府对弱势租房群体的一次性财政补贴。因此，对于地方政府而言，出租型住房建设的越多，意味着土地财政收入越少，财政补贴性支出越多。我们假设 $H(t) \in [0,1]$ 表示出售型住房占保障性住房的比率，$H(t)$ 越小，地方政府承受的财政压力越大，对银行产生的违约风险越高。因此，地方政府可以在给定保障性住房建设规模的情况下通过选择两种模式的最优比例来实现地方政府的最优目标。

保障性住房的建设需要投入土地和资金要素。由于地方政府是土地市场的唯一出让方，所以保障性住房建设用地完全由地方政府无偿投入，且投入数量取决于保障性住房需求量和规定的容积率。此时，保障性住房的土地具有非市场化性质，所以不产生价值增值部分。住房建设函数与商品房一样：

$$Y^p(t) = \psi_a L^p(t) \tag{4-12}$$

（4-12）式中，$L^p(t)$ 是全市保障性住房用地规模，$\psi_a > 0$ 是容积率。

地方政府在给定保障性住房建设规模之后再去进行融资。保障性住房融资与商品房融资模式不同，因为商品房土地作为抵押品时具有商品价值，银行可以在开发商违约时再次出售抵押土地，进行风险防范，而保障性住房用地无法进行市场化运作，缺乏抵押品价值①，所以银行难以采用土地抵押贷款模式。一般来说，银行为地方政府融资平台提供贷款的依据主要是地方财政收入和地方政府信用。因为地方财政收入决定了地方政府偿债能力，而政府信用决定了偿债的风险，所以在没有可担保资产抵押的情况下，银行往往根据地方政府财政收入来决定贷款规模。我们假设地方政府的融资函数为：

$$\bar{r}\, q^G K^p(t) = m^G(t) H(t) RE(t) \tag{4-13}$$

（4-13）式左侧反映地方政府外部融资需求 $q^G K^p(t)$，其中，$K^p(t)$ 是地方政府对保障性住房的财政支出，而中央规定的地方政府外部融资规模必须是财政支出的一定比例 $q^G \in [0, \infty)$。融资成本仍旧是无风险利率加上银行业风险溢价。（4-13）式右侧反映银行信贷供给特征，$RE(t)$ 是地方政府当期的财政收入情况，而 $m^G(t) = \theta^G m(t)$，$m(t)$ 仍旧是银行统一控制的抵押贷款率，与开发商不同的是，地方政府对地方金融机构存

① 我们在此排除地方政府擅自更改公共住房建设用地性质等非法获取贷款的动机，确保地方政府合法合理的完成公共住房建设任务。

在一定程度的干预。干预程度越高，政府获得的信贷支持力度 $\theta^G \in (0,\infty)$ 越大。我们假设这种干预是外生给定的。$H(t)$ 用于反映保障性住房投资的风险特征。对于银行来说，出售型保障性住房比出租型住房具有更高的流动性，购买者的偿债能力要高于地方政府对出租型住房的偿债能力，银行倾向于选择信贷违约风险小的出售型住房项目。特别是当 $H(t)=0$ 时，保障性住房投资都是出租型，极高的违约风险会导致银行拒绝提供信贷资金。这意味着地方政府外部融资能力彻底丧失，保障性住房投资完全由财政承担。因此，保障性住房类型的占比 $H(t)$ 决定了银行资金供给的意愿和地方政府的外部融资条件。

在给定保障性住房建设规模和融资模式条件下，我们可以获得保障性住房开发投资的规模：

$$\begin{aligned} I^p(t) &= MC(t)Y^p(t) + \bar{r}\, q^G K^p(t) \\ &= MC(t)Y^p(t) + m^G(t)H(t)RE(t) = (1+q^G)K^p(t) \end{aligned} \tag{4-14}$$

（4-14）式中，从成本角度来看，保障性住房开发投资既包含了保障性住房建设成本，也涉及融资过程中产生的融资成本，受到土地市场和金融市场影响。从投资来源来看，$(1+q^G)K^p(t)$ 表示保障性住房开发投资是由地方政府财政内部融资和外部融资规模共同决定的。当保障性住房建设规模 $Y^p(t)$ 给定时，地方政府需要支出的财政规模为：

$$K^p(t) = (MC(t)Y^p(t) + m^G(t)H(t)RE(t))/(1+q^G) \tag{4-15}$$

（4-15）式可以看出，地方政府保障性住房财政支出取决于商品房市场的冲击、包含土地财政在内的财政收入水平、金融市场的信贷支持程度以及保障性住房类型的占比。

地方政府的发展目标会根据中央政府的要求反映出多重性质。有的地方政府重点追求区域经济发展目标，比如实现财政收入最大化或是经济产出最大化，而有的地方侧重于实现民生保障目标，比如保障性住房建设规模，而具体的权重程度则完全取决于中央政府的政绩考核标准。在此，我们具体化设定地方政府需要追求的双重政绩目标：一是将城市的公共基础设施投入水平看作经济发展目标，因为基础设施投资会加快地区人才与资源的集聚，提高生产的边际收益和劳动生产率，对经济发展有着显著的推动作用；二是将出租型保障性住房供给量设定为民生发展目标。尽管出租型住房缺乏投资效率，但比出售型住房具有保障效率。因为地方政府承担的补贴性支出有利于满足更多中低收入阶层的民生住房需求，能够更大程度地解决商品房市场外部性问题。所以，在给定中央政绩考核体系和财政约束条件下，地方政府需要解决以下问题：

$$\max_{H(t)} \nu E(t) + (1-\nu)(1-H(t))Y^p(t) \tag{4-16}$$

$$\text{s. t. } E(t) + (1-H(t))K^p(t) + E^G(t) + \mu\psi_l \bar{L} = RE(t)$$

其中，$E(t) = \psi_e RE(t)H(t)$。

(4-16) 式中，$E(t)$ 可以被看作与住房相配套的公共基础设施投入，ψ_e 是财政收入在公共基础设施方面的支出系数。当出售型住房比例越高时，政府资金回笼较快，相应的基础设施投资规模越大。$[1-H(t)]K^p(t)$ 是地方政府针对出租型保障性住房的一次性补贴投入。$E^G(t)$ 是政府当期的消费性支出，本研究将其视为外生变量。$\mu\psi_l \bar{L}$ 是地方政府供给土地的相关成本支出。中央政绩考核体系是外生给定，经济发展权重为 $\nu \in [0,1]$，民生保障权重为 $1-\nu$。

四、土地市场与地方政府预算平衡

本节研究土地市场与地方政府财政收入的关系。在我国，地方政府始终主导着土地市场的资源配置。作为土地市场的主要供给者和垄断者，地方政府根据城市发展规划的要求，按照有偿使用国有土地的原则，有针对性地调节着土地资源的流动方向与利用规模，不断满足开发商住房建设用地的需求。

从现实来看，由于土地资源的稀缺性以及中央政府对国有土地的严格控制，地方政府每年供给的土地总量规模趋于相对固定，但是在商品房与保障性住房的分配上却存在着明显的差异。这主要是因为商品房用地可以通过市场化方式转化为地方政府预算外收入，而保障性住房用地不仅无法增加地方财政收益，还需要支付相应的配套建设资金，增加地方财政支出。因此，对于想谋求财政收入最大化和社会福利最大化的地方政府来说，平衡土地资源所带来的经济利益和社会利益是其在土地市场进行供给与分配决策行为的关键。

随着土地出让方式的变革，土地定价过程逐步变得公开透明，最终成交的土地价格也能有效体现市场供求信息。在 2002 年之前，城市土地使用权的转让主要采用协议出让和市场出售这两种方式。由于协议价格往往低于市场价格，导致土地市场存在大量套利行为，扰乱了市场秩序。为了统一各城市土地出让行为，2002 年原国土资源部颁布《招标拍卖挂牌出让国有土地使用权规定》，严格要求“商品住宅等经营性土地必须采用招标、拍卖或挂牌的方式进行出让”。2004 年，原国土资源部、监察部联合下发了《关于继续开展经营性土地使用权招标拍卖挂牌出让情况执法监察工作的通知》，明确指出，“所有经营性的土地一律都要公开竞价出让”。自此，土地市场进入了由市场力量决定商品房建设用地价格的完全市场化阶段。

由招拍挂的方式确定的土地价格，虽然可以反映土地市场的需求侧情况，但在土地的供给侧，地方政府仍旧处于垄断地位。地方政府为了获取最大化土地收益，倾向于把土地价格推高到垄断价格的水平。由于单一地区土地拍卖的过程是在众多竞争者中选择价格最高的开发商，这意味着地方政府可以通过减少土地供给量的方式，使获胜者支付的土地价格近似于地方政府的垄断价格，最终地方政府获得土地垄断收益。因此，对于商品房建设用地，地方政府会根据开发商土地需求函数，控制土地出让规模，并采用招拍挂的形式确定土地垄断价格，从而弥补土地获取成本，实现土地垄断收益的最大化。

$$p^l(j,t|m) = \underset{p^l}{\operatorname{argmax}}\{p^l(j,t)l^h(j,t|m) - j\mu\psi_l[l^h(j,t|m) + L^p(t)]\} \tag{4-17}$$

$p^l(j,t|m)$ 表示地方政府根据具有 m 程度金融摩擦开发商的土地需求函数，确定的使土地出让金最大化的垄断价格。$\psi_l>0$ 是地方政府土地资源获取过程中产生的成本，比如征地费用、维护费用等，为外生参数。$\mu\in(0,\infty)$ 用于衡量地方政府在城市土地市场的垄断势力。地方政府对土地市场的过度干预无形中增加了土地的行政成本，这也反映了垄断势力创造的土地溢价程度。特别是随着土地区位 j 向市中心靠近 $j\to1$，地方政府的干预力度越大，该地区土地溢价的程度越高，土地价格也随之上涨。通过对所有区位土地价格进行加总，我们得到城市土地均价 $P^l(t)=\int_0^1 p^l(j,t)dj$。

对于整个土地市场，我们假设 $\bar{L}(t)$ 是地方政府在 t 时期的城市土地供给总量。$l^h(j,t)$ 和 $L^p(t)$ 分别是商品房和保障性住房使用的土地数量。前者采用招拍挂的市场机制确定土地价格，后者不属于经营性用地，由地方政府根据保障性住房规划以行政手段有计划地划拨土地数量。因此，在土地供给总量保持不变的情况下，商品房用地规模受到保障性住房用地规模的影响。当土地市场出清时，土地资源的配置结构为 $L^h(t)+L^p(t)=\bar{L}(t)$。其中，$L^h(t)=\int_0^1 l^h(j,t)dj$。

商品房市场和土地市场的发展是地方财政收入的重要来源渠道。一方面，商品房市场繁荣带动了关联产业的消费需求与投资的增长，可以显著推动地区经济增长，为地方税收增长作出贡献；另一方面，商品房市场需求的旺盛直接刺激土地市场需求增长，在地方政府垄断地价背景下，可以创造高额的土地出让收益带来的预算外收入。因为中央政府会占据一定比例地方税收收入，所以分税制的存在会减少地方政府的财政总收入，因此，我们给定分税制下的地方税率为 $\tau \in [0, \infty)$，当期地方政府总收入 $RE(t)$ 为：

$$RE(t) = \tau Y(t) + P^{l}(t)L^{h}(t) \tag{4-18}$$

在此，我们已将商品房市场、土地市场和保障性住房项目引入地方政府预算约束中。这使得地方政府会在财政收支平衡的基础上，综合考虑保障性住房支出的分配和财政转移支付力度，从而既满足财政收入最大化目标，也能顾及中低收入人群的住房保障，实现经济增长与社会保障的双重政绩目标。

五、银行流动性平衡

本部分考察银行对住房部门的流动性供给和金融摩擦的内生过程。

作为金融中介，银行的主要功能在于协调金融资源供求平衡、防范金融风险。我们在此假定中央银行对利率进行管制，城市银行没有利率的定价权，风险溢价完全由金融业垄断并外生给定。由于这种外生给定的资金价格无法实现金融市场出清，所以我们先考虑银行对传统住房信贷业务的决策，即通过调节抵押品贷款率来实现住房流动性供给和开发商与地方政府住房项目融资需求的平衡与配置。

为了满足住房部门对外部融资的需求，银行必须具备足够的信贷供给能力。由于住房部门生产周期长、占用资金规模大、资产变现能力差，如果银行把过多的信贷资金投入商品房部门，则会出现流动性错配的情况，阻碍银行的投融资功能，进而影响到银行的可持续经营能力，甚至引发银行的破产。因此，为了维护金融体系的稳定，银行会根据自身的融资能力和金融发展程度对住房贷款设定流动性约束指标，控制住房部门的信贷规模，防止因住房部门过度贷款导致的流动性风险。

根据资产负债表结构，银行的融资能力由净资产和外部负债决定。为了简化计算，我们假设整个城市只有一个银行，银行的净资产 $AY(t)$ 是经济总产出的固定比例，$A \in [0, \infty)$ 是金融监管部门要求的最低净资产规模。银行的外部负债主要是城市内部各类储蓄存款 $\psi_s Y(t)$，$\psi_s \in [0, \infty)$ 是储蓄率。因此，对于银行来讲，其融资能力 $(\psi_s + A)Y(t)$ 取决于城市经济总产出，从而反映这一特征事实：城市经济总量规模越大，金融系统就越发达，银行的经营实力和信贷基础就越强。在此，我们假定开发商自有资本、银行净资产和城市存款构成了城市的总资本 $\bar{K}$，而 $\bar{K}>0$ 是外生给定的。

为了防范住房信贷产生的流动性风险，银行会根据当前的金融发展程度设置住房市场信贷规模。我们在此将住房金融发展程度 F 重点看作银行对住房市场信贷的限制，即银行贷款渠道（Bank Lending Channel，BLC）金融摩擦。与开发商金融摩擦不同，这里的金融摩擦主要是由银行资本化程度（外部融资能力）较低导致的自身放贷规模紧缩。从开发商角度来看，住房金融发展程度可以体现对住房市场融资的外部流动性（Outside Liquidity）约束。为了便于分析开发商金融摩擦，我们在此先假定住房金融发展程度为外生给定，后文将进一步分析住房金融发展的内生过程。

从住房资金需求端来看，商品房与保障性住房的投资规模和相应的融资模式决定了开发商与地方政府的外部融资需求。银行为了规避风险，预先设定了针对开发商特点的土地抵押贷款方式和针对地方政府特点的财政收入担保方式，从而使得银行贷款是风险可控的。即使出现开发商违约情况，银行也可以通过抵押品拍卖的方式弥补违约损失，所以银行能满足开发商的外部融资需求不可能超过土地抵押品的价值，即 $\min\{\bar{r}qk^h(j,t),\theta^e m(t)p^l(j,t)l^h(j,t)\}$。因为土地抵押品的价值受到由地方政府垄断定价的土地价格与由商品房市场均衡决定的土地需求量的影响，因此，土地市场和商品房市场的发展会提高银行持有的抵押品价值，促进开发商外部融资需求的增加。同样，在地方财政担保模式下，银行通过设置“地方政府外部融资需求必须小于可担保财政收入”这一限制条件，即 $\min\{\bar{r}q^G K^p(t),\theta^G m(t)H(t)RE(t)\}$，对地方政府违约风险进行防范。在给定制度因素和融资成本情形下，由商品房市场推动的经济增长带来的税收收入和由土地市场产生的土地出让收入决定了地方政府对保障性住房项目的融资能力。

我们在此考虑金融摩擦的内生机制。在给定住房金融发展程度背景下，银行通过对抵押品贷款率的调控，一方面，根据风险可控原则，约束与配置开发商与地方政府的外部融资需求，促进商品房和保障性住房开发投资顺利进行，推动商品房市场和土地市场的发展，实现经济总产出的最大化；另一方面，利用住房项目信贷约束对总产出的杠杆效应，调节银行的净资本和外部负债，改变自身的住房流动性供给能力，从而最终达到银行住房流动性供给与住房融资需求的平衡，实现住房金融市场出清，即：

$$F(\psi_s + A)Y(t) = qK^h(t) + q^G K^p(t) \tag{4-19}$$

因此，内生性的金融摩擦取决于银行在住房流动性之间的平衡。

第三节　静态均衡分析

本部分总结以上经济环境。

一、静态均衡定义

住房金融发展环境不变条件下具有金融摩擦的城市经济 $\varepsilon\{m(t)|F\}$ 的资源配置由以下因素构成：能够使各地段开发商垄断收益最大化的商品房建设规模、开发商自有资金投资规模、土地要素需求、开发商贷款偿债率的时间路径 $[y^h(j,t|m), k^h(j,t|m), l^h(j,t|m), z(j,t|m)]_{j\in[0,1],t=0}^{\infty}$；能够使地方政府政绩目标最大化的出售型与出租型保障性住房的比率选择、保障性住房财政支出、土地要素投入的时间路径 $[H(t|m), K^p(t|m), L^p(t|m)]_{t=0}^{\infty}$；满足金融市场流动性平衡的银行对抵押品贷款约束的时间路径 $[m(t)]_{t=0}^{\infty}$；能够使家庭效用最大化的总消费 $[C(t|m)]_{t=0}^{\infty}$；使商品房市场和土地市场出清的各地段商品房价格、土地价格的时间路径 $[p^h(j,t), p^l(j,t)]_{j\in[0,1],t=0}^{\infty}$。

定义 4.1（静态均衡） 考虑以上城市经济 $\varepsilon\{m(t)|F\}$，给定城市初始经济环境 $\tilde{s}^0 \equiv \{N, \bar{L}, \lambda_d, \bar{\theta}^{\lambda}, \theta^G, q, q^G, \gamma, \nu, \mu, \tau, r, r^R, A, F, \psi_c, \psi_y, \psi_a, \psi_e, \psi_l, \psi_s\}$，令 $\tilde{s} = (\tilde{s}^1, \tilde{s}^2)$，

其中，宏观序列 $\tilde{s}^1 \equiv [C(t), Y(t), K^h(t), K^p(t), L^h(t), L^p(t), P^h(t), P^l(t), H(t), m(t)]_{t=0}^{\infty}$，

微观序列 $\tilde{s}^2 \equiv [y^h(j,t), k^h(j,t), l^h(j,t), z(j,t), p^h(j,t), p^l(j,t)]_{j\in[0,1],t=0}^{\infty}$，当且仅当以下条件和假设 4.1 成立时，序列 $\tilde{s}$ 在 t 期可以实现均衡：

（1）给定宏观序列 $\tilde{s}^1$，在微观序列 $\tilde{s}^2$ 中，$[y^h(j,t)]$、$[k^h(j,t)]$、$[l^h(j,t)]$ 分别由（4-5）式、（4-9）式、（4-7）式给定，可以实现开发商地区垄断利润最大化，$[z(j,t)]$ 由（4-10）式给定，满足开发商自有资金投资收益率最大化，$[p^h(j,t)]$ 由（4-4）式给定，体现由开发商

垄断商品房供给产生的垄断价格，$[p^l(j,t)]$ 由（4－17）式给定，反映地方政府追求土地收益或经济发展政绩目标的最大化；

（2）宏观序列 $\tilde{s}^1$ 满足以下约束：

$$C(t)+K^h(t)+\psi_s Y(t)+AY(t)=(1-\tau)Y(t) \tag{4-20}$$

$$E(t)+(1-H(t))K^p(t)+E^G(t)+\mu\psi_l\bar{L}=\tau Y(t)+P^l(t)L^h(t) \tag{4-21}$$

$$qK^h(t)+q^G K^p(t)=F(\psi_s+A)Y(t) \tag{4-22}$$

$$L^h(t)+L^p(t)=\bar{L} \tag{4-23}$$

（3）$[H(t)]$ 由（4－16）式给定，满足地方政府民生保障政绩目标最大化；

（4）金融摩擦 $[m(t)]$ 由住房流动性约束（4－22）式决定；

（5）$[C(t)]$ 由（4－3）式给定，满足家庭效用最大化。

上面的约束条件具有明确的经济学解释：（4－20）式表示的是城市家庭的资源约束，除去税收后的经济总产出用于满足家庭消费、商品房投资和银行储蓄与净资产；（4－21）式代表地方政府财政约束；（4－22）式反映住房部门流动性约束；（4－23）式反映土地市场资源约束。总之，在给定经济环境下，金融摩擦通过对商品房投资和保障性住房投资的影响，决定了整个经济的资源约束与配置。

二、金融摩擦对商品房开发投资的影响

本节重点研究局部均衡时金融摩擦对商品房开发投资的影响机制。我们先分析给定宏观经济环境下开发商的微观最优决策，然后考察金融摩擦对商品房市场的整体影响，最后分析金融摩擦对商品房开发投资的影响。

首先，我们考察给定宏观经济环境下开发商的微观最优决策。由于开发商善于控制住房供给获取 j 地段的商品房垄断收益，因此，当期该地段的房价和土地与融资成本是开发商在投资前最关注的因素。当明确商品房供给数量和融资方式后，在利润最大化的动机下，开发商的最优自有资本投资由（4－9）式给定，即

$$k^h(j,t)=\frac{\theta^e m(t)p^l(j,t)(\psi_a jNE(t)-p^l(j,t)-\theta^e m(t)p^l(j,t)z(j,t))}{2q\bar{r}\,\psi_a{}^2},e\in\{D,S\} \tag{4-24}$$

从（4－24）式中不难看出，如果开发商要对 j 地段商品房进行投资，当地的经济环境必须达到基本条件：$\psi_a jNE(t)\geqslant p^l(j,t)+\theta^e m(t)p^l(j,t)$

$z(j,t)$。也就是说，该地区的人口与公共基础设施投资必须达到一定规模，才能够凸显出区位优势的价值，为开发商增加自有资本投资提供激励。地段越接近市中心，区位优势越大，开发商投资的动机越大。而土地价格通过建设成本和信贷途径对自有资本投资发挥着双重作用：一方面，土地价格上涨会增加成本支出，减少垄断利润规模，降低开发商投资的积极性；另一方面，在给定金融摩擦和偿债率条件下土地抵押品价值的增加会扩大开发商外部融资规模，减少开发商自有资本投资，降低其投资风险。另外，在给定开发商偿还能力的条件下，开发商所有制因素 θ^e 对自有资金投资起到关键作用。国有企业由于占据制度优势，会得到更多信贷资源，减少自有资金的投入，而私有开发商则会受到更大程度的银行制度性歧视，为了获得市场均衡利润，不得不加大自有资金的投资比重。

当自有资金和信贷资金投入商品房建设之后，开发商会根据市场销售情况计算自有资本的投资收益率，即：

$$r^h(j,t)=\frac{q\bar{r}\ (\psi_a jNE(t)-p^l(j,t))}{2\theta^e m(t)p^l(j,t)}-\frac{q\bar{r}z(j,t)}{2},e\in\{D,S\}\quad(4-25)$$

（4－25）式显示，该收益率取决于开发商偿还贷款决策，而最优的贷款偿还率必须确保均衡时商品房市场投资回报率等同于金融市场投资回报率，即 $r^h(j,t)=\bar{r}$。因此，开发商最优偿债率为：

$$z^*(j,t)=\frac{\psi_a jNE(t)-p^l(j,t)}{\theta^e m(t)p^l(j,t)}-\frac{2}{q},e\in\{D,S\}\qquad(4-26)$$

（4－26）式指出了当地段区位优势和土地价格给定时开发商面临的金融摩擦与其偿债率的关系。当开发商遇到较为严格的金融约束时，开发商会积极地偿还银行贷款，避免因道德风险问题导致开发商投资收益率降低。从开发商所有制特征来看，国有开发商偿还贷款的积极性要低于私有企业，违约风险较高。这一是因为银行对国有开发商的贷款监督要弱于对私有开发商的监督，二是因为银行与国有开发商之间有着较高的政治关联程度，银行对国有开发商的贷款包含着较多的政治目的，这使得国有开发商对经济收益的追求要低于私有开发商。所以，国有开发商的自有资金投资收益率要显著低于私有开发商，因而其债务的偿还能力也弱于私有开发商，容易出现违约风险。这也基本符合国有企业“占有大量信贷资源、投资的经济效率低下”的特征事实。

其次，为了考察金融摩擦对商品房市场的整体影响，我们将均衡的偿债率代入（4－24）式，从而获得在 j 地段由金融摩擦决定的开发商自有资本投资、土地需求、商品房供给规模、垄断利润、商品房价格等相关结论。

引理4.1 在城市经济 $\varepsilon\{m(t)|F\}$ 中，假设4.1成立的条件下，商品房市场达到局部均衡时，给定土地市场价格，$e\in\{D,S\}$，j 地段开发商的最优决策使得以下等式成立：

（1）开发商自有资本投资：$k^{h*}(j,t)=\dfrac{\theta^{e\,2}m(t)^2p^l(j,t)^2}{q^2\,\bar{r}\,\psi_a{}^2}$

（2）开发商土地需求：$l^{h*}(j,t)=\dfrac{\theta^e m(t)p^l(j,t)}{q\psi_a{}^2}$

（3）开发商商品房供给规模：$y^{h*}(j,t)=\dfrac{\theta^e m(t)p^l(j,t)}{q\psi_a}$

（4）开发商垄断利润：$\pi(j,t)=\dfrac{\theta^{e\,2}m(t)^2p^l(j,t)^2}{q^2\psi_a{}^2}=\bar{r}\,k^h(j,t)$

（5）商品房价格：$p^{h*}(j,t)=jNE(t)-\dfrac{\theta^e m(j)p^l(j,t)}{q\psi_a}$

引理4.1给出了金融摩擦与商品房市场的关系。从中可以发现，当银行的抵押贷款率降低时，开发商面临的金融摩擦会进一步增加，自有资本投资和土地需求减少，从而导致商品房供给下降。特别是在给定地段区位优势的环境下，不断增加的金融摩擦通过减少商品房供给的途径来推动商品房价格的上涨。对于开发商来说，均衡利润取决于其自有投资与金融市场平均投资收益。因此，在二元信贷配给制度下，国有开发商会因为特殊的制度优势，有效抵御整个金融市场的普遍性信贷约束，增加自有资金投资规模，获取更多垄断利润，而私有开发商的盈利能力明显要弱于国有开发商。

商品房市场的发展对土地市场有着重要的拉动作用。根据开发商最优土地需求量，地方政府通过“招拍挂”的方式对土地市场进行垄断定价，实现土地收益的最大化。求解（4-17）式，我们可以得到地方政府在 j 地段索取的标高价格：

$$p^{l*}(j,t)=(1+\gamma)j\mu\psi_l/2 \tag{4-27}$$

（4-27）式体现了在商品房市场和土地市场均衡时影响土地价格的主要因素。一是商品房价格的外部性效应 γ。较强的负外部性，不仅会让地方政府被迫增加保障性住房的土地供给规模，减少商品房用地供给，抬高土地价格，还会带动保障性住房投资支出和外部融资规模的增加，刺激“以地谋财”的地方政府通过加大对土地价格的控制来维持财政收支的平衡。二是土地的地段区位优势。离市中心越近的地段，公共基础设施越完善，区位价值越高，土地价格增长的越快。特别是在人口集聚的地段，对住房的过度需求会带动当地土地价格的高涨。三是地方政府对土地市场的垄断势力。过度的政府干预不仅会增加土地的行政成本，还会扭曲土地的市场价格。四是土地的供给成本。土地的征收补偿、储备维护等费用决定了土地出让的基本价格。总之，金融摩擦并不直接影响土地价格，而是通过改变商品房市场的土地需求来影响地方政府的土地定价决策。

最后，我们考察金融摩擦对商品房开发投资的影响。给定商品房市场和土地市场的最优决策，我们可以得到由自有资金和外部融资决定的 j 地段最优商品房开发投资：

$$I^{h^*}(j,t)=(1+q)k^{h^*}(j,t)=\frac{(1+q)\left[(1+\gamma)\theta^e j\mu\psi_l\right]^2}{4\bar{r}q^2\psi_a{}^2}m(t)^2, e\in\{D,S\} \tag{4-28}$$

（4－28）式反映了均衡时金融摩擦对商品房开发投资的影响。具体来说，金融摩擦从两个渠道影响商品房开发投资：一是通过信贷渠道调整开发商的道德风险，并从商品房市场层面影响开发商的自有资金投资规模。比如当银行抵押贷款率收紧时，开发商为了获得金融市场平均收益率并防止较高的违约率，必须控制商品房供给规模，减少自有资本投资。二是通过影响土地市场需求和地方政府土地定价决策，从土地成本角度改变商品房开发总投资。当金融摩擦增加时，土地市场需求减少，土地价格面临着下调的压力，所以包含土地成本在内的总投资也会随之而下降。另外，由于（4－28）式中 $m(t)$ 不是 $I^h(j,t)$ 的线性函数，因此，金融摩擦对商品房开发投资具有加速效应。也就是说，金融摩擦的微小变动会导致商品房开发投资的大幅波动。从现实来看，2000 年以后我国部分城市的金融机构对商品房市场的流动性限制逐步放松，极大地刺激了商品房市场的供给与土地市场的旺盛需求，带动了房价和地价的飞涨，从而使得城市商品房开发投资呈现出快速的、非线性增长。

通过加总所有地段的商品房开发投资，我们可以获得城市商品房开发总投资和相关命题。

命题 4.1（金融摩擦与商品房开发投资） 在城市经济 $\varepsilon\{m(t)|F\}$ 中，假设 4.1 成立的条件下，当商品房市场和土地市场达到局部均衡时，金融摩擦的减少会导致城市商品房开发投资 $I^h(t)$ 加速增长，即 $\partial I^h/\partial m>0$，$I^h(t)$ 由（4－29）式给定。

$$I^{h^*}(t)=(1+q)K^{h^*}(t)=\frac{(1+q)\,\tilde{\theta}^{\lambda}[(1+\gamma)\mu\psi_l]^2}{4\,\bar{r}\,q^2\psi_a{}^2}m(t)^2=\Phi_h(\tilde{\theta}^{\lambda},\mu)m(t)^2 \tag{4-29}$$

其中，$\Phi_h(\tilde{\theta}^{\lambda},\mu)\equiv\frac{(1+q)\,\tilde{\theta}^{\lambda}[(1+\gamma)\mu\psi_l]^2}{4\,\bar{r}\,q^2\psi_a{}^2}$，$\tilde{\theta}^{\lambda}\equiv\lambda_d\theta^{D2}+(1-\lambda_d)\theta^{S2}$。

除了命题4.1的结论以外，（4－29）式还从城市整体角度强调了影响金融摩擦边际投资效应的几个经济特征：一是所有制因素对开发商之间金融资源配置产生的影响。$\tilde{\theta}^{\lambda}$反映不同所有制开发商形成的市场结构，但是与θ^{λ}的含义完全相反，$\tilde{\theta}^{\lambda}$越大意味着所有制因素更有利于国有开发商获得信贷支持，从而导致金融资源在商品房市场的配置过程中出现由所有制不平等产生的结构性金融摩擦。对于私有开发商来说，在外部融资过程中，其不仅要面临普遍性的银行信贷约束，还会遭受由商品房市场结构引起的信贷挤压，显示出双重金融约束特征。因此，$\tilde{\theta}^{\lambda}$体现了银行对商品房市场的金融不平等程度。不平等程度越高，城市商品房开发投资越多，金融摩擦的边际效应就越强。二是地段区位优势消失，土地市场的发展对商品房市场具有重要推动作用。城市整体土地溢价和商品房市场的外部性同样以非线性的方式加速刺激商品房开发投资的变动。三是政府规定的外部融资限制q越高，越不利于商品房开发投资，从而减少了金融摩擦的边际效应。四是金融市场平均收益率增加投资成本和开发商预期收益率，会显著降低开发商投资收益和积极性。

三、金融摩擦对保障性住房开发投资的影响

本节先分析商品房市场对地方政府保障性住房投资决策环境产生的影响，随后分析金融摩擦对保障性住房类型占比选择和保障性住房开发投资的影响。

第一，考察商品房市场对地方财政收支的影响。根据（4－18）式，商品房市场的发展一方面通过推动经济增长，为地方政府创造税收收入；另一方面，刺激土地市场需求，增加土地财政收入。由于金融摩擦对商品房供给和土地需求具有抑制作用，因此，地方财政收入不可避免地受到金融市场的影响。同时，为了推动城市发展、扩大城市基础设施建设，地方政府需要合理分配财政收入，使其不仅能满足城市建设投资需求，还要应

对保障性住房的保障性需求。由于出租型住房投资属于财政的一次性补贴，对其投资越多，地方政府在城市建设方面的投资就越少，所以，除了受到由商品房市场决定的财政收入的影响，城市基础设施投资还受到由地方政府保障性住房类型选择的影响。

第二，保障性住房类型的选择对保障性住房开发投资有着双重作用。一种是通过对商品房市场的影响发挥产出效应。当出售型保障性住房占比较多时，地方政府虽然失去了由保障性住房带来的土地出让收益，但可以收回出售型保障性住房的开发投资，进一步用于城市基础设施建设，促进区域经济发展和城市区位优势价值增值。然而，这必然导致城市住房需求增加和商品房价格上升。而商品房价格上涨可能造成两个后果：一个是激励开发商扩大商品房投资规模，增加商品房供给；另一个是由房价上涨产生的负外部性会加剧社会矛盾与政治冲突，迫使地方政府加大保障性住房供给，增强住房的社会保障功能。从实践来看，地方政府投资保障性住房的主要目的是稳定商品房价格、控制保障性住房供给规模、保持商品房与保障性住房处于合理比例，所以出售型保障性住房占比过高未必能很好地发挥保障性住房的保障性职能，难以达到预期的政策目标。有时候甚至产生保障性住房建设的“恶性循环”，即出售型保障性住房越多，商品房价格上涨得越快，地方政府需要投资建设的保障性住房越多。因此，偏重于出售型住房的占比选择在一定程度上是扩大保障性住房建设规模的重要原因。由此，（4－11）式可以写为：

$$Y^p(t)=\gamma P(t)=\gamma(\psi_e RE(t)H(t)N-Y^h(t))$$

另一种是通过对金融市场的影响产生金融约束效应。对于银行来说，地方政府对保障性住房类型的选择是反映其偿债能力的重要信号。由于保障性住房建设规划的公开透明，银行与地方政府之间不存在信息城市差异性，所以银行会根据出售型住房的比重评估地方政府的偿债能力，使得地方政府获得与其偿债能力相适应的外部融资规模。也就是说，银行为了防范地方政府违约风险，提供的保障性住房贷款不会超过由地方政府财政收入和偿债能力决定的可保证财政收入，所以出售型住房比重越高，收回的住房投资就越多，地方政府偿债能力越强，保障性住房外部融资规模越大，地方政府预先承担的内部融资就越少。

$$\begin{aligned}K^p(t)&=[\gamma MC(t)(\psi_e RE(t)H(t)N-Y^h(t))+m^G(t)H(t)RE(t)]/(1+q^G)\\&=\gamma MC(t)(\psi_e RE(t)H(t)N-Y^h(t))/[1+q^G-\bar{r}q^G]\end{aligned}\tag{4-30}$$

（4－30）式反映了地方政府对保障性住房项目的财政支出是由财政收

入、商品房市场供给量、保障性住房类型选择和外部融资条件共同决定的。

第三，我们将由保障性住房类型占比决定的基础设施投资和出租型住房供给规模代入（4－16）式设定的双重政绩目标。地方政府为了在经济效率和住房保障效率之间平衡，需要选择最优的保障性住房类型占比。

引理4.2 在城市经济 $\varepsilon\{m(t)|F\}$ 中，假设4.1成立的条件下，当商品房市场和土地市场达到局部均衡时，地方政府对保障性住房类型的最优选择由（4－31）式给定，可以实现双重政绩目标最大化：

$$H^{*}(t)=\frac{(1-\nu)\gamma(Y^{h}(t)+\psi_{e}NRE(t))+\nu\psi_{e}RE(t)}{2\gamma\psi_{e}(1-\nu)NRE(t)} \quad (4-31)$$

引理4.2反映了均衡时保障性住房领域出现的几个特征：一是较多的商品房供给量会导致地方政府提高出售型保障性住房比重，即$\partial H(t)/\partial Y^{h}(t)>0$。当商品房市场发展较快时，城市房价增长较慢，更多人群可以通过商品房市场满足住房需求。此时，住房社会保障压力减少，地方政府倾向于建设更多出售型住房，减少财政补贴，提高城市基础设施投资，加快经济增长。二是财政收入的增加会促使地方政府扩大出租型住房比重，即$\partial H(t)/\partial RE(t)<0$。因为财政收入增加不仅提高了地方政府融资能力，还有助于承担更多的社会住房保障责任。三是房价的负外部性 γ 越强，出租型住房的比重越高，即$\partial H(t)/\partial\gamma<0$。当地方政府面对房价造成的严峻社会问题和政治问题时，尽管要支付高昂的财政补贴，但是提高出租型住房的比重可以显著提升住房保障效率，实现社会维稳和民生保障目标。四是中央制定的政绩考核比重 $\nu/(1-\nu)$ 越是偏向于经济效益，出售型住房的比重就越高，即$\partial H(t)/\partial(\nu/(1-\nu))>0$。很明显，出售型住房的产出效应有利于地方政府扩大基础设施投资，提升城市区位价值，促进商品房市场的发展。虽然出售型住房比重过大可能产生保障性住房投资的"恶性循环"，但是在以经济效益主导的政绩考核体系下，地方政府仍旧会去选择。五是城市人口过多会促使地方政府建设更多出租型保障性住房，即$\partial H(t)/\partial N<0$。城市化进程过快、城市净流入人口过多等因素会加剧住房市场矛盾，比如城市中部分非户籍人口无法承受商品房价格，同时也无法纳入保障性住房保障体系，从而给地方政府增加了大量社会负担。为了应对这类由城市人口过多引起的住房问题，地方政府需要扩大出租型住房供给，提高社会住房保障效率。

第四，给定地方政府财政收入和保障性住房类型占比选择，利用地方政府外部融资函数，我们可以得到保障性住房开发总投资：

$$I^{p^{*}}(t)=(1+q^{G})K^{p^{*}}(t)=\Phi_{p}(\nu,\tau,\theta^{\lambda},\theta^{G},\mu,N)m(t)^{2} \quad (4-32)$$

$$\Phi_p(\nu,\tau,\theta^{\lambda},\theta^G,\mu,N)=\frac{(1+q^G)\theta^G\theta^{\lambda}[\nu\psi_e(P^l(t)+\tau\psi_a\psi_y)+\gamma(1-\nu)(\psi_a+N\psi_eP^l(t)+N\tau\psi_a\psi_e\psi_y)]P^l(t)}{2Nqq^G\gamma(1-\nu)\psi_a{}^2\psi_e\bar{r}},$$

$\theta^{\lambda}=\lambda_d\theta^D+(1-\lambda_d)\theta^S$，$P^l(t)=(1+\gamma)\mu\psi_l/2$。$\theta^{\lambda}$越大，开发商所处的商品房市场结构越不平等，银行资金配置更倾向于国有企业。

命题4.2（金融摩擦与保障性住房开发投资） 在城市经济$\varepsilon\{m(t)|F\}$中，假设4.1成立的条件下，当商品房市场、土地市场、保障性住房市场达到局部均衡时，金融摩擦的减少会导致城市保障性住房开发投资$I^p(t)$加速增长，即$\partial I^p/\partial m>0$，$I^p(t)$由（4－32）式给定。

从（4－32）式中可以发现，金融摩擦主要从两条路径对保障性住房开发投资产生影响。一条是通过对商品房市场的融资约束产生间接影响。银行可以通过放松对开发商外部融资限制，刺激商品房市场和土地市场，加大商品房市场供给量，促进地方经济增长，提高地方政府税收和土地出让收入。尽管商品房供给和财政收入对保障性住房类型选择有着不同的影响效果，但是商品房市场的发展和由商品房市场决定的财政收入都会对地方政府的偿债能力起到关键性的作用，从而间接影响到两类保障性住房项目的投融资。特别是当开发商处于宽松的外部融资环境时，金融摩擦对商品房市场的产出效应超过了对地方政府的财政收入效应（$\partial Y^h(t)/\partial m(t)>\partial RE(t)/\partial m(t)$）时，地方政府会加大出售型住房的比重，并以此提高自身的偿债能力，获取更多外部融资，从而扩大保障性住房投资规模。另一条是银行对地方政府外部融资的直接限制。在给定地方政府财政收入和偿债能力的前提下，银行为了防范风险，必须确保保障性住房项目的贷款不得超过地方政府可保证收入。由于这种直接约束受到银行系统和地方政府干预双重影响，所以可能存在着地方政府过度融资问题。比如某些有政治影响力的城市即使在金融系统流动性紧缩的情况下，同样可以获得额外的外部融资。但是总体来看，地方政府对保障性住房项目外部融资的干预并非普遍行为，真正对保障性住房开发投资起主导作用的还是银行对地方政府可保证收入的要求与限制。因此，在金融摩擦的直接和间接影响下，虽然保障性住房开发投资面临着与商品房开发投资不同的决策环境和影响机制，但是都具有类似的金融加速效应。

金融摩擦对保障性住房开发投资的边际影响程度取决于经济环境中的以下几个方面特征：一是对开发商和地方政府外部融资的比例限制q和q^G。政府对两个比例限制程度越大，相应的外部融资规模就越少，金融摩擦对保障性住房投资的边际效应就越小。二是商品房市场结构的不平

等程度 θ^{λ}。不平等程度越高，商品房开发投资越多，金融摩擦对商品房和保障性住房投资的边际效应就越大。三是地方政府在土地市场和金融市场的垄断势力或干预能力 μ 和 θ^{G}。这两种力量越强，商品房和保障性住房的投资规模越多，金融摩擦的边际效应就越大。四是中央制定的政绩考核比重 $\nu/(1-\nu)$ 越是偏向于经济效益，保障性住房的投资规模越多，金融摩擦的边际效应越大。五是城市人口数量 N。城市化进程加快迫使地方政府加大出租型保障性住房比重，从而削弱了地方政府偿债能力，减少了外部融资规模，降低了金融摩擦的边际效应。

四、金融摩擦对住房开发投资的影响

本节首先考察金融摩擦对住房开发投资的影响，然后分析能够使金融资源配置达到平衡的内生性金融摩擦，最后研究外生给定的住房金融发展程度对金融摩擦的影响。

根据命题 4.1 和命题 4.2，我们汇总商品房开发投资和保障性住房开发投资，获得由金融摩擦决定的最优城市住房开发投资，即：

$$I^{*}(t|m)=I^{h^{*}}(t|m)+I^{p^{*}}(t|m)=\Phi_{a}(\nu,\tau,\theta^{\lambda},\theta^{G},\mu,N)m(t)^{2} \tag{4-33}$$

$$\Phi_{a}(\nu,\tau,\theta^{\lambda},\theta^{G},\mu,N)=\frac{P^{l}(1+q)\{\nu\theta^{G}\theta^{\lambda}\psi_{e}(P^{l}+\tau\psi_{a}\psi_{y})+\gamma(1-\nu)[2NP^{l}\tilde{\theta}^{\lambda}\psi_{e}+\theta^{G}\theta^{\lambda}(\psi_{a}+NP^{l}\psi_{e}+N\tau\psi_{a}\psi_{e}\psi_{y})]\}}{2Nq^{2}\bar{r}\gamma(1-\nu)\psi_{a}{}^{2}\psi_{e}},$$

$q=q^{G}$，$\theta^{\lambda}=\lambda_{d}\theta^{D}+(1-\lambda_{d})\theta^{S}$，$\tilde{\theta}^{\lambda}=\lambda_{d}\theta^{D2}+(1-\lambda_{d})\theta^{S2}$，$P^{l}=(1+\gamma)\mu\psi_{l}/2$。

为了简化计算（4-33）式，我们假设法律规定开发商外部融资规模占自有资金比重与地方政府外部融资规模占保障性住房财政支出的比重是一致的，即 $q=q^{G}$。该假设主要用于消除开发商与地方政府外部融资的差异性，统一住房市场内外部融资的比例关系。

（4-33）式是在给定金融摩擦条件下，商品房市场、保障性住房市场、土地市场达到均衡时城市住房开发投资的最优规模。该最优投资规模反映了这样一种关系：金融摩擦决定了开发商和地方政府的外部融资约束，通过改变商品房和保障性住房市场环境，实现了利润最大化的商品房投资和政绩最大化的保障性住房投资。具体而言，一方面，随着金融摩擦的减少，地方政府在现有土地财政和税收收入的保证下会加大城市公共基础设施投入，改善城市居住环境，推动城市房价上涨，吸引更多开发商进入商品房市场。尽管地方政府推动下的商品房市场繁荣在提升开发商债务偿还能力的同时，会降低开发商自有资本的投资收益率，减弱开发商投资的积极性，对商品房投资产生消极影响，但是在开发商融资约束减少的情况下，开发商为了获得较高的自有资本投资收益率，会提高信贷违约风险，从而抵消了地方政府的消极影响，总体上带动商品房开发投资的增长。另一方面，随着金融摩擦的减少，商品房和土地市场的繁荣为地方政府提供了建设保障性住房的压力和外部融资的动力，而这两种力量共同决定了保障性住房类型的选择。财政收入的增加虽然在结构上会减少出售型保障性住房比例，影响到地方政府的偿债能力，但在整体上会提高保障性住房建设的总量。在商品房市场繁荣和财政宽松的环境下，地方政府会在城市公共基础设施和民生住房领域投入更多的资源，从而提高财政支出的经济效率与保障效率，实现城市经济增长与民生保障的双重目标。由此可以看出，逐步减少的金融摩擦促进了开发商和地方政府在商品房和保障性住房市场之间的正向投资互动，而这种商品房开发投资和保障性住房开发投资的协同加速促进机制，正是推动城市住房开发投资快速增长的重要力量。

金融摩擦对住房开发投资的边际效应取决于由城市经济与社会环境特征构成的系数 $\Phi_a(\nu,\tau,\theta^{\lambda},\theta^{G},\mu,N)$。其中，偏向于经济效益的政绩考核比重 $\nu/(1-\nu)$、分税制下地方税率 τ、商品房市场结构的不平等程度 θ^{λ}、地方政府在土地市场和金融市场的垄断势力或干预能力 μ 和 θ^{G}，都对金融摩擦的边际效应有着积极的促进作用。也就是说，随着城市市场环境的变化，当这些外生参数不同程度的提高时，金融摩擦对住房开发投资的影响效果将会显著增强。不过，不断增长的城市人口数量 N 会增加地方政府的住房保障负担，影响到地方政府外部融资，从而会减少金融摩擦的住房投资边际效应。所以在不同的城市，经济与社会环境的差异会导致金融摩擦的边际效应出现明显差距。

以下，我们考察给定住房金融发展程度下住房金融市场出清时的金融摩擦。随着银行逐步放松抵押品贷款约束条件，金融摩擦进一步减少，银行对住房市场的信贷供给和住房市场的外部融资需求之间存在一个动态匹配的过程。图 4-2 中显示，当金融摩擦 m 从原点向 m^1 移动时，住房市场外部融资需求增长缓慢，银行信贷供给量远远超过住房市场的需求。$m\in(0,m^1)$ 区间段反映出金融摩擦抑制了住房市场外部融资需求，造成了住房市场发展疲软，金融市场资金配置效率不断降低。随着金融摩擦超过 m^1 后，住房市场快速发展，住房市场融资需求得到了有效释放，资金配置效率不断提高。当金融摩擦达到 m^* 点时，银行对住房市场的信贷供给与住房市场融资需求达到平衡，资金配置效率最高。如果金融摩擦超过了 m^* 点，则会出现住房金融市场供不应求的局面，并且随着供求缺口的加大，金融效率不断降低。因此，银行会选择金融效率最高的点 m^*，使金融市场出清。根据（4－19）式，我们可以获得最优的金融摩擦 m^*，即：

$$m^* = \Phi_b(\nu,\tau,\theta^\lambda,\theta^G,\mu,N)F \tag{4-34}$$

$$\Phi_b(\nu,\tau,\theta^\lambda,\theta^G,\mu,N) = \frac{2\psi_a\psi_e\psi_y(1-\nu)\bar{r}(A+\psi_s)\gamma\theta^\lambda N}{\nu\psi_e\theta^G\theta^\lambda(P^l+\tau\psi_a\psi_y)+\gamma(1-\nu)[2\psi_e NP^l\tilde{\theta}^\lambda + \theta^G\theta^\lambda(\psi_a+\psi_e NP^l+\tau\psi_a\psi_e\psi_y N)]}$$

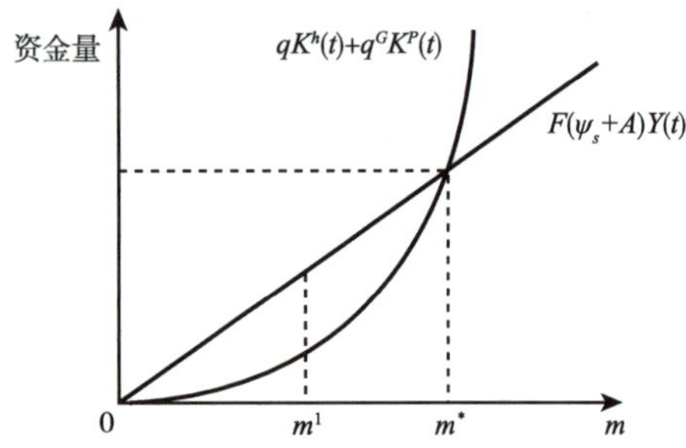

图4－2　住房金融市场流动平衡

从（4－34）式中可以发现，虽然内生的金融摩擦由开发商、地方政府和银行三方共同决定，但外生参数的变动会影响到三方决策行为的变化，并最终导致金融摩擦的变动。第一，偏向于经济效益的政绩考核体系会加剧金融摩擦程度，即$\partial m^*/\partial(\nu/(1-\nu))<0$。这说明，以经济增长为主导的政绩考核体系推动了住房市场的较快发展，促使开发商和地方政府扩大外部融资需求。当外部融资需求超过了银行可提供的信贷资源时，银行只能降低抵押品贷款率，在较低水平上满足住房市场需求。第二，税率增加同样会加剧金融摩擦，即$\partial m^*/\partial\tau<0$。税收的增长一方面扩大了保障性住房的投资与融资需求，另一方面会加大公共基础设施投资，促进商品房价格上涨和商品房投融资的增加，最终结果仍旧是银行降低抵押品贷款率。第三，商品房市场结构的不平等程度 θ^λ 越高，金融摩擦越严重，即$\partial m^*/\partial\theta^\lambda<0$。商品房市场中较多的国有开发商会利用制度因素占用大量信贷资源，导致金融市场资源配置效率降低，金融摩擦加剧。第四，地方政府在土地市场和金融市场的垄断势力或干预能力 μ 和 θ^G 越强，金融摩擦越严重，即$\partial m^*/\partial\mu<0$ 和$\partial m^*/\partial\theta^G<0$。地方政府通过土地垄断势力提高土地价格，使得开发商土地抵押融资规模增加，同时通过对金融市场的

干预占用更多信贷资源。在银行住房信贷资源有限的情况下，过度的住房信贷需求降低了金融资源配置效率，加剧了金融摩擦。第五，城市人口 N 的增加在一定程度上加重了城市住房保障负担，减缓了地方政府外部融资需求，从而使得住房信贷资源的供求平衡点处于配置效率比较高的水平，即 $\partial m^{*}/\partial N>0$。

最后，我们着重强调住房金融发展程度对金融摩擦的影响。从住房市场角度看，金融摩擦意味着因开发商或地方政府道德风险问题导致的银行对其外部融资的内部流动性约束，而住房金融发展程度体现为因银行自身融资能力或金融创新能力造成的对住房市场的流动性限制，是对开发商或地方政府的外部流动性约束。当银行处于较高程度住房金融发展环境中时，银行的融资能力或金融创新能力显著增强，抵御住房市场风险能力提高，因而银行可以为住房市场提供更多的流动性，促进资金在住房市场配置效率的提高，从而减少金融摩擦，增加开发商或地方政府的内部流动性。

随着开发商或地方政府内部流动性约束的放松，其外部融资规模增加，商品房开发投资与保障性住房开发投资以非线性方式加速增长。图 4－3 给出了住房金融发展通过改善金融摩擦的方式对住房开发投资产生的影响机制。由此，我们可以获得住房金融发展对住房开发投资的函数关系：

$$I^{*}(F)=I^{h^{*}}(F)+I^{p^{*}}(F)=\Phi_{a}(\nu,\tau,\theta^{\lambda},\theta^{G},\mu,N)\Phi_{b}(\nu,\tau,\theta^{\lambda},\theta^{G},\mu,N)^{2}F^{2}$$

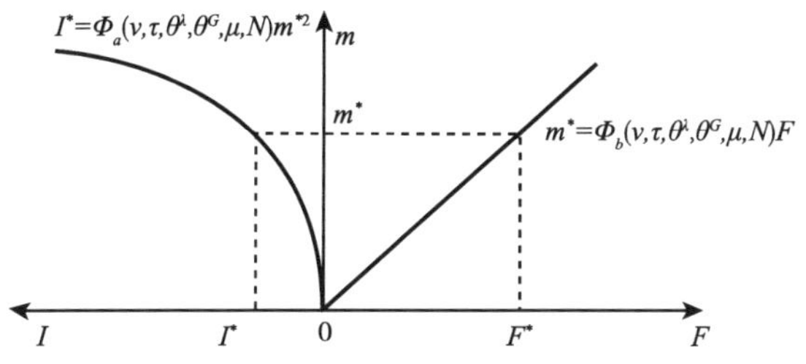

图 4－3　住房金融发展、金融摩擦与住房开发投资

在此，我们考虑金融摩擦对社会福利的影响。城市的福利水平可以从经济与社会两个方面来体现：一个是家庭效用水平，主要由家庭总消费来决定，反映市场化决策对家庭福利的影响，是城市经济发展水平的展现；另一个是社会效用水平，主要由住房保障程度来决定，反映地方政府提供的住房公共产品对社会弱势群体的救助与关心程度，以及对社会稳定起到减震器的作用，是社会福利的重要组成部分。根据上文对城市经济环境的描述，由于商品房消费决定了家庭总消费，$C(t)=\psi_c Y^{h^*}(t)$，所以当商品房市场出清时，商品房市场的最优供给量决定了家庭的最大效用。而社会效用取决于地方政府对保障性住房的投入。因此，我们将最优社会福利函数写作：

$$\begin{aligned} W^*(t) &= U(\psi_c Y^{h^*}(t)) + Y^{p^*}(t) = U(\psi_c Y^{h^*}(t)) + \gamma(\psi_e RE^*(t)H^*(t)N - Y^{h^*}(t)) \\ &= U(\psi_c Y^{h^*}(t)) + \frac{\psi_e RE^*(t)[\nu+\gamma N(1-\nu)]}{2(1-\nu)} - \frac{\gamma Y^{h^*}(t)}{2} \\ &= U(\psi_c Y^{h^*}(t)) + \left\{\frac{\psi_e(\tau\psi_y\psi_a + P^l)[\nu+\gamma N(1-\nu)]}{2\psi_a(1-\nu)} - \frac{\gamma}{2}\right\} Y^{h^*}(t) \end{aligned} \tag{4-35}$$

从（4－35）式中，可以发现，第一行公式表示商品房的供给、地方政府收入和在公共基础设施方面的支出决定了社会福利水平。第二行中，我们利用引理4.2的（4－31）式消去地方政府对保障性住房类型的选择决策，由此可以得到由财政收入和商品房供给决定的社会福利水平。由于商品房供给决定了地方税收和土地财政，所以第三行我们获得了由商品房供给 $Y^{h^*}(t)$ 唯一决定的社会福利水平。

根据引理4.1的结论，金融摩擦的减少会促进商品房供给的增加，所以结合（4－35）式，我们可以得出结论：均衡时，随着金融摩擦的减少，社会福利水平会得到显著改善，即$\partial W^*/\partial m>0$。因为开发商融资约束的减少不仅会促进商品房市场的繁荣与发展，带动家庭总消费的增长，还会为地方政府提供更多的税收收入与土地财政，让其有更多的资源来保障中低收入家庭的住房需求，缩小贫富差距，维持社会稳定与协调发展，从整体上改善社会福利。同理，当住房金融发展程度提高时，金融摩擦减少，社会福利水平增加，即$\partial W^*/\partial F>0$。这是因为随着金融市场环境的改善，银行融资渠道不断拓宽，金融创新的能力逐步增强。外部流动性约束的放松使得银行可以有效应对住房市场的流动性风险，从而提高了开发商的内部流动性程度，促进了开发商和地方政府抵押品贷款率的增加，进而扩大住房开发投资，带动社会整体福利上升。

需要特别指出的是，尽管房价的负外部性是导致住房保障的重要原因，会造成资金和土地资源从具有经济效率的商品房市场转向缺乏经济效率的保障性住房市场，降低社会的整体配置效率，但是如果地方政府不去治理这种负外部性，那么由此导致的社会不稳定会给地方政府造成更多的政治成本。因此，从政府治理的角度来看，地方政府建设保障性住房就是为了减少社会支付更多的社会与政治代价。虽然政府的住房保障行为无法使社会达到最优帕累托效率，但是可以推动社会福利的帕累托改进，实现次优的帕累托效率。

定理4.1 在城市经济 $\varepsilon\{m(t)|F\}$ 中，住房金融发展程度 F 为外生给定，在假设4.1成立的条件下，在 t 期存在一个城市静态均衡。

(1) 均衡时，逐步减少的金融摩擦通过商品房市场和保障性住房市场两个渠道影响到开发商自有资金投资和地方政府保障性住房财政支出，并最终导致城市住房开发投资的增加，即 $\partial I^* / \partial m^* > 0$。

(2) 金融摩擦由（4-34）式决定。其中，偏向于经济效益的政绩考核体系、税率、商品房市场结构的不平等程度、地方政府在土地市场和金融市场的垄断势力或干预能力的加强，都会加剧金融摩擦，而城市人口的增加会减缓金融摩擦，即 $\partial m^* / \partial(\nu/(1-\nu)) < 0$，$\partial m^* / \partial \tau < 0$，$\partial m^* / \partial \theta^{\lambda} < 0$，$\partial m^* / \partial \mu < 0$，$\partial m^* / \partial \theta^{G} < 0$，$\partial m^* / \partial N > 0$。

(3) 外生参数住房金融发展程度 F 关系到银行融资能力或金融创新能力对住房市场流动性的影响，会改变金融市场供求平衡关系，并使得银行通过调整抵押品信贷约束（金融摩擦 m）来实现资金配置效率最大化，从而带动了城市住房开发投资 I 的变动，即 $\partial m^* / \partial F > 0$，$\partial I^* / \partial F > 0$。

(4) 均衡时，随着金融摩擦的减少，社会福利水平会得到显著改善，即 $\partial W^* / \partial m > 0$。同理，当住房金融发展程度提高时，金融摩擦减少，社会福利水平增加，即 $\partial W^* / \partial F > 0$。

第四节 住房金融发展的动态过程

到目前为止，本研究将住房金融发展视作外生变量。在本节，我们将从动态角度特征化住房金融发展的内生过程。由于住房市场的发展不仅为银行创造了利润，还为其提供了金融创新的机会，是推动金融业发展的重要驱动力量，因此，为了能够更清晰地考察银行投融资能力和金融创新能力对住房金融发展的影响机制，我们试图从投融资渠道扩张和金融产品开发两个方面建立住房金融发展的微观基础，进而有助于研究不同类型银行金融创新策略对城市住房金融发展的推动作用。

住房金融发展是金融发展在住房领域的重要体现，而金融发展的本质是金融系统内外部制度、结构与环境等各要素的优化与升级过程。关于金融发展的特征，现有的文献分别从金融制度、金融组织结构、金融市场等多个层面给出了不同角度的理解①。不过，这些文献并没有充分结合住房市场与金融市场的相关特征。本研究以银行为研究对象，从行业的角度重点关注以下五个方面：一是从制度层面看，银行业的体系结构、经营范围、投融资渠道和金融创新活动受到金融制度的严格约束。政企不分的银行制度体系使得银行的微观经营活动缺乏决策的灵活性。特别是在我国，政府对金融资源的价格与配置方向进行严格监管，从而扭曲了银行的利润与成本关系，降低了金融资源使用效率。二是从组织结构看，在金融市场中，金融中介类型多样，既有垄断者，也有竞争者。各种类型的制度门槛给不同种类的银行创造了垄断优势与竞争劣势。虽然大型银行主导着整个金融市场，但是挑战与机遇并存的格局为中小银行未来的发展提供了激励。三是从产业关联角度看，住房市场的发展既为银行传统业务创造了利润来源，同时也为银行金融创新提供了新的发展方向。银行可以借助于住房不动产的实物资产特性，扩大自己的投融资渠道或是丰富不动产金融产品种类。这一方面可以提高不动产的流动性，保障银行流动性安全，解决住房抵押品的流动性风险问题；另一方面，以住房资源为基础的差异化金融产品可以满足不同风险类型消费者或投资者的金融需求，促进传统金融资源使用效率的提高，为银行创造更多的金融创新收益。四是从金融发展的动力看，国有大型银行是推动金融发展的主导力量，把控着金融创新的发展方向，而中小银行是金融创新的主要发起者或支持者，但受制于现有的制度障碍。由于金融创新面临着极大的不确定性，所以并不是所有银行都有动机进行金融创新。因此，为大型银行提供金融创新的动机是促进城市金融发展的关键。五是从金融发展的结果看，不同城市的金融环境和激励行为产生了多元化的金融发展结果。由于金融风险与收益的不匹配造成了城市金融激励环境的差异，这导致不同城市的银行面临着多种金融发展选择，并由此形成了金融发展过程的多重路径，所以最终的结果必然存在着多元化特征。总体而言，金融系统的发展环境决定了当前住房领域的金

---

① Gurley 和 Shaw（1955）、Goldsmith（1969）、McKinnon（1973）和 Shaw（1973）最先研究了金融发展对经济发展的关键性作用。他们测量的金融发展程度主要聚焦于银行系统金融中介的发展水平，包括发生在银行系统内外部的金融创新水平。他们认为，金融发展程度的提高会改善金融市场效率，带动储蓄与投资的增加，促进经济的内生性增长。Greenwood 和 Jovanovic（1990）、Bencivenga 和 Smith（1991）研究了竞争性金融中介与内生性增长的关系。李志赟（2002）探讨了银行结构与企业融资的关系。罗珺（2003）分析了国有商业银行市场势力在金融市场中的作用。林毅夫和李永军（2001）、郭斌和刘曼路（2002）研究了中小金融机构发展对中小企业融资的影响。王广谦（2002）对中国金融发展中的结构问题进行了分析。江春和许立成（2005）考察了金融监管对金融发展的影响。

融创新水平，而住房领域的金融创新发展程度会推动未来金融系统的更新与完善。

基于以上金融环境，我们在此特征化银行的金融创新决策行为。首先，住房金融发展的核心动力是金融创新行为。为了考察银行金融创新行为对住房金融发展的影响机制，我们需要建立住房金融发展的微观基础。本研究假设城市中有两类银行：国有大型银行 H 与中小商业银行 L。大型银行和中小银行在市场中的比重 $\lambda_b \in [0.5,1]$ 和 $1-\lambda_b$ 分别取决于各自净资产在总净资产中的比重。$i \in \{H,L\}$ 表示银行种类。两类银行在利润最大化的激励下从以下两个方面进行金融创新：一是从投融资渠道方面，扩大银行吸收和投放金融资源的覆盖范围，降低银行融资成本，多渠道分散投融资风险，提高资金利润率，这反映了银行投融资能力，可以用于衡量金融创新的广度；二是从金融产品开发方面，基于现有的投融资渠道，银行利用可支配资产和技术手段创造更多具有风险的杠杆收益，从而反映银行金融产品创新能力，可以用于衡量金融创新的深度和复杂度。总体来看，金融创新的广度与深度能够在一定程度上体现银行的综合金融发展水平。

其次，住房金融发展模式具有多样性。从银行的策略性行为来看，两类银行之间既有制度性垄断关系，也有竞争合作关系。特别是在高度管制的金融市场中，大型银行是金融政策的最先执行者和受益者，起着引导金融市场发展方向的作用。大型银行往往可以利用较低的经营成本充分享受到制度性或政策性垄断带来的行业垄断利润，而中小银行却面临着较高的制度门槛，具有较高的发展成本。因此，大型银行在住房领域存在着两种金融发展模式的策略性选择：一种是基于现有的垄断格局，既维持与拓展制度性垄断收益，同时还与中小银行争夺住房市场上的金融资源，体现出具有制度优势的垄断式特征；另一种是放弃现有的垄断制度优势，在同等的市场规则下，与中小银行从事同样类型的金融创新活动，获取与创新成本相匹配的金融创新收益，形成所谓的“毁灭式创新”发展模式。两种模式的最终选择主要取决于大型银行的发展动机。由于大型银行在城市金融市场中占据着主导地位，因此，其不同的发展动机决定了不同类型的城市住房金融发展模式，从而可以反映城市住房金融发展路径的多样性。

我们假设城市的住房金融发展程度是两类银行住房金融发展水平的总和，而银行的住房金融发展程度取决于其金融创新决策的水平。为了简化分析，我们考虑利用离散化的金融创新决策来衡量银行的住房金融发展程度。

$$F(i,t)=\xi B(i)F(t-1)+(S(i)+\lambda_b\Delta X(i=H))\bar{F}(t-1) \tag{4-36}$$

（4-36）式中，$F(i,t)$ 表示 i 银行在 t 时的住房金融发展水平。$S(i)\in\{1,s\}$ 表示 i 银行在投融资渠道方面的选择，$S(i)=1$ 意味着较低的金融创新程度，$S(i)=s>1$ 表示较高的金融创新程度。$B(i)\in\{b,1\}$ 表示 i 银行在住房金融产品开发方面的选择，$B(i)$ 既能反映金融创新的复杂度与不确定性，也能体现金融创新成功的概率。$B(i)=b\in(0,1)$ 意味着较低复杂度或成功率的金融创新程度，$B(i)=1$ 表示较高复杂度或成功率的金融创新程度。$\xi\in(0,1)$ 反映中央银行对两类银行流动性的政策约束。Δ 表示大型银行获得政府授予的核心垄断权力，体现垄断的力度。λ_b 意味着大型银行在市场中发挥垄断优势产生的影响范围，反映垄断的广度。$X(i=H)$ 表示大型银行对两种住房金融发展模式的选择。当 $X=1$ 时，大型银行选择垄断式发展模式，可以获得垄断收益 $\lambda_d\Delta$；而当 $X=0$ 时，其选择毁灭式创新模式，意味着放弃垄断收益。$\bar{F}(t-1)$ 表示 $t-1$ 期全国平均住房金融发展程度，用于体现全国的平均发展水平对某些住房金融水平较低城市金融机构的外部性影响。$F(t-1)$ 表示 $t-1$ 期城市住房金融发展程度，说明当期的金融创新是在前一期住房金融发展基础之上进行的，具有延续性。（4-36）式可以看出，i 银行在 t 期的住房金融发展的动态过程，不仅受到自身金融创新决策和大型银行发展模式选择的影响，还受到前一期城市和全国住房金融发展水平以及中央银行监管政策的影响。

我们假设 t 期全国平均住房金融发展程度 $\bar{F}(t)$ 的增长过程取决于城市消费的增长率 g_C 与金融发展的初始水平 $\bar{F}(0)$。

$$\bar{F}(t)=(1+g_C)^t\bar{F}(0)$$

通过对两类银行住房金融发展水平的加总，我们可以获得城市住房金融发展水平的增长率：

$$\frac{F(t)}{F(t-1)}=\frac{\int F(i,t)di}{F(t-1)}=\int[\xi B(i)+(S(i)+\lambda_b\Delta X(i=H))\frac{\bar{F}(t-1)}{F(t-1)}]di \tag{4-37}$$

（4-37）式反映出城市住房金融发展水平的增长速度既受到银行微观金融创新决策的影响，也受到全国平均水平的影响。当所有城市住房金融发展水平与全国平均水平保持一致时，城市住房金融市场将达到稳态均衡。

银行的总利润由各项经营活动产生的收入与成本构成。银行的收入来源主要有以下三种方式。

一是银行对住房开发项目贷款创造的利润 $DR(i,t)$。由于开发商和地方政府存在道德风险，可能无法按照先前约定的金融合同偿还贷款，所以银行提供给开发商和地方政府的贷款中必须包含违约风险因素。均衡时，银行给开发商的贷款取决于土地抵押品价值，给地方政府的贷款取决于可担保财政收入。由此，整个城市住房项目的贷款由所有开发商抵押的商品房土地、地方政府财政收入和银行抵押品贷款率共同决定。对于银行来说，城市住房市场的繁荣直接导致了银行部门收益的增加。在市场平均收益率 $\bar{r}$ 给定条件下，住房贷款规模越多，银行净利润越多。不过，两类银行在住房开发贷款上的盈利能力有着显著差异。这主要是因为两类银行对微观金融创新行为的不同选择，导致各自住房金融发展程度存在差异，从而使得开发商或地方政府可能面临着不同的金融摩擦程度 $m(i,t)$，因此，两类银行需要基于各自净资产比重，并根据（4－34）式中住房金融发展程度对金融摩擦的影响机制，来决定各自在城市住房开发贷款中获取的净利润。

$$DR(i=H,t)=\lambda_b\bar{r}\,\theta^{\lambda}(m(i,t)P^lL^h(t)+m^G(i,t)H(t)RE(t))$$

$$DR(i=L,t)=(1-\lambda_b)\,\bar{r}\,\theta^{\lambda}(m(i,t)P^lL^h(t)+m^G(i,t)H(t)RE(t))$$

二是银行对当前的住房资源进行金融开发，并由此产生住房金融创新额外收益 $HR(i,t)$。我们假定住房资源标的物是商品房。因为保障性住房有着特殊的政治目的、复杂的所有权关系和非市场化的交易机制，银行很难对其进行商业用途开发，所以银行尽可能地回避保障性住房资源，而是以商品房资源为基础从事金融创新活动，比如家庭抵押商品房进行信贷融资或是对商品房进行资产证券化等金融开发活动，都会给银行带来额外收益。这也意味着住房市场的发展会为银行创造新的利润来源，激发其金融创新活动，从而推动金融市场的发展。但是对商品房资源的金融开发并非没有限制。过度金融开发同样会给银行内外部流动性造成冲击，形成对银行可持续发展的系统性风险，因此，为了平衡住房金融市场的风险与收益，银行需要根据自身投融资能力设置商品房抵押品价值，控制商品房资源金融开发的风险，所以商品房资源的开发规模会受到由不同类型银行住房金融发展水平决定的金融摩擦的制约，并由此对银行收益造成影响。在此，我们假设银行对商品房资源进行开发产生的收益取决于商品房供给规模 $Y^h(t)$、不同类型银行的金融摩擦水平 $m(i,t)$ 和市场平均收益率 $\bar{r}$，而两类银行根据净资产比重分享这部分收益。

$$HR(i=H,t)=\lambda_b \bar{r}\, Y^h(t)m(i=H,t)$$

$$HR(i=L,t)=(1-\lambda_b)\,\bar{r}\, Y^h(t)m(i=L,t)$$

三是银行利用净资产从事除住房项目外的传统银行业务所创造的资产收益 $AR(i,t)$。为简化计算，我们假设资产收益取决于银行净资产的规模、国有化程度、市场平均收益率和住房金融发展程度。令 $\theta^i \in \{\theta^H,\theta^L\}$，且 $0<\theta^L<\theta^H$，表示两类银行的国有化程度。$AY(t)$ 是银行总净资产规模。根据两类银行所占的比重，大型和中小银行的净资产规模分别为 $\lambda_b AY(t)$ 和 $(1-\lambda_b)AY(t)$。其中，国有化程度 θ^i 可以反映所有制因素对银行收益的影响。在我国，大型银行国有控制程度高于中小银行，可以分享到更多垄断性制度创造的红利，具有明显制度优势。而住房金融发展程度既可以反映银行的综合金融水平，也能体现住房领域的金融创新行为对其他传统银行业务的正外部性效应。因此，大型银行和中小银行的资产收益分别是：

$$AR(i=H,t)=\lambda_b\theta^H\,\bar{r}\,AY(t)F(i=H,t)$$

$$AR(i=L,t)=(1-\lambda_b)\theta^L\,\bar{r}\,AY(t)F(i=L,t)$$

金融创新成本由投融资渠道成本和金融产品开发成本构成。投融资渠道成本 $SC(i,t|S)$ 主要体现为固定成本，是资本规模的固定比例 $\omega\in(0,1)$，且对应不同程度投融资渠道的选择。较高金融创新程度的成本要大于较低程度的成本，$\psi_\omega\in(0,1)$。

$$SC(i,t|S)=\begin{cases}\omega AY(t) & S(i)=s\\ \psi_\omega\omega AY(t) & S(i)=1\end{cases}$$

金融产品创新的成本 $BC(i,t|S,B)$ 随着前一期全国平均住房金融发展程度的变化而变动，涉及金融风险因素、金融管制因素和制度因素。$\zeta>1$ 反映较高程度的金融创新产生的金融风险，ζ^G 表示金融监管者要求的最低风险防范成本。θ^i 反映制度因素对银行风险的影响。一般而言，国有化程度越高，风险管理难度越大，金融创新成本越高。

$$BC(i,t|S,B)=\begin{cases}(\zeta+\zeta^G)\theta^i\,\bar{F}\,(t-1) & B(i)=1\\ \zeta^G\theta^i\,\bar{F}\,(t-1) & B(i)=b\end{cases}$$

两类创新行为具有成本叠加效应。因为金融产品创新需要在投融资渠道的基础上进行，所以随着投融资渠道的不断扩展，金融产品创新的研发

投入将同步增加，从总体上提高金融创新的成本。在此，我们假设金融创新的总成本为 $SC(i,t|S)$ 和 $BC(i,t|S,B)$ 的乘积。

假设 4.2 $\frac{s-1}{1-b}<\frac{(1-\psi_{\omega})(\zeta^{G}\theta^{H}-1)\xi}{\psi_{\omega}\zeta\theta^{H}}$

假设 4.2 用于确保两类银行在微观金融创新决策过程中实现均衡解，并使其具有唯一性。$s-1$ 意味着金融创新在广度层面的差距，而 $1-b$ 代表金融创新深度的差距。两者之比反映了金融创新在两个维度上的协同发展关系。假设 4.2 意味着金融创新在广度和深度的发展过程中必须保持特定的比例关系，既要考虑金融创新成本因素，也要顾及风险问题，更要关注政策与制度变动，所以，只有确保两者协同发展，各方的最优均衡解才能实现。

在大型银行垄断式发展模式下，其具有的垄断势力会对两类银行不同层面的金融创新行为产生差异化的影响。一是垄断势力在投融资渠道层面造成的市场挤压效应。由于市场渠道资源的有限性，大型银行在利用垄断势力开拓投融资渠道的过程中不可避免地挤占中小银行的发展空间，因此，我们假设垄断势力会根据投融资渠道的差异为大型银行创造额外垄断收益 $\Delta\bar{F}(t-1)SC(i,t|S)$，而中小银行则产生相应的损失 $\Delta\bar{F}(t-1)SC(i,t|S)$。二是垄断势力的存在会对大型银行产品创新行为产生消极影响，增加其创新的成本，减少其创新的积极性，但是却不会影响到中小银行的金融产品创新行为。

由于金融创新具有不确定性，i 银行在两种住房金融发展模式下进行不同程度金融创新产生的预期收益为：

$$
\begin{aligned}
\mathrm{E}V(i=H,t|S,B,X) = {} & DR(i,t)+HR(i,t)+AR(i,t)+\Delta\bar{F}(t-1) \\
& SC(i,t|S)-\Delta SC(i,t|S)BC(i,t|S,B)
\end{aligned}
$$

$$
\begin{aligned}
\mathrm{E}V(i=L,t|S,B,X) = {} & DR(i,t)+HR(i,t)+AR(i,t)-\Delta\bar{F}(t-1) \\
& SC(i,t|S)-SC(i,t|S)BC(i,t|S,B)
\end{aligned}
$$

根据两类银行的资产份额，可以计算包含预期收益在内的净资产收益率：

$$
\begin{gathered}
ROE(i=H,t|S,B,X)=\mathrm{E}V(i=H,t|S,B,X)/\lambda_{b}AY(t) \\
ROE(i=L,t|S,B,X)=\mathrm{E}V(i=L,t|S,B,X)/(1-\lambda_{b})AY(t)
\end{gathered}
\tag{4-38}
$$

由此，我们可以获得大型银行在两种住房金融发展模式中选择的约束条件：

$$X(t)=\begin{cases}1 & \text{当 } ROE(i=H,t|X=1)\geqslant ROE(i=L,t|X=0)\text{ 时}\\ 0 & \text{当 } ROE(i=H,t|X=1)<ROE(i=L,t|X=0)\text{ 时}\end{cases} \tag{4-39}$$

该式意味着大型银行可以在事前根据两类银行在不同发展模式下的预期资产收益率，选择当期的住房金融发展模式。当大型银行在垄断式环境下创造的预期资产收益率高于中小银行在毁灭式创新模式下的预期资产收益率时，大型银行往往选择继续维持垄断式的发展模式。反之，如果中小银行可以通过金融创新产生更高的预期资产收益率，则大型银行会学习中小银行的金融创新方式，并放弃现有的垄断收益，选择毁灭式创新模式。均衡时，大型银行对两种住房金融发展模式的选择无差异。

定义 4.2（垄断式住房金融发展模式与毁灭式创新住房金融发展模式） 给定以上经济环境，当 $ROE(i=H,t|X=1)\geqslant ROE(i=L,t|X=0)$ 时，针对住房市场创新的净收益不足以超过垄断收益，大型银行没有动机去进行相关的金融创新活动，而是继续利用现有的制度垄断优势维持与扩展垄断收益，同时还与中小银行争夺住房市场上的金融资源，这种“重视垄断优势、采用传统方式竞争”的模式被称为垄断式住房金融发展模式；

当 $ROE(i=H,t|X=1)<ROE(i=L,t|X=0)$ 时，中小银行针对住房市场创新的净收益超过了大型银行的垄断收益，大型银行为了实现资产收益率的最大化必须放弃现有的垄断制度优势，选择一条以金融创新为主导的新的发展模式，并且在同等的市场规则下，与中小银行从事竞争性的金融创新活动，获取与创新成本相匹配的金融创新收益，这种“放弃垄断优势、重视以住房市场为基础的金融创新”被称为毁灭式创新住房金融发展模式。

根据两类银行在金融市场中的资产份额和其相应的住房金融发展程度，我们可以获得城市住房金融发展程度：

$$F(t)=\int F(i,t)di=\lambda_b F(i=H,t)+(1-\lambda_b)F(i=L,t) \tag{4-40}$$

定义 4.3（城市住房金融发展） 城市住房金融发展是指在中央政府金融管制和大型金融中介（主要是银行）主导的城市住房金融市场中，不同制度类型的金融中介通过多种市场竞争方式，选择有利于自身资产收益率最大化的住房金融发展模式，并且根据垄断式与毁灭式创新发展模式的特点，针对住房市场相关资源进行不同程度的金融创新活动，从个体和整体层面提升地区住房金融资源使用效率的过程。

第五节　住房金融发展的动态均衡分析

一、经济动态均衡的定义

在定义 4.1 描述的城市经济 $\varepsilon\{m(t)|F\}$ 中，住房金融发展程度是外生给定的变量。随后，我们扩展了住房金融发展 $F(t)$ 的内生过程，并将其视作城市经济动态发展的主要状态变量。为了实现资产收益率最大化，两类银行在市场竞争过程中分别选择投融资渠道方面的策略行为 $S(i)$ 和住房金融产品开发方面的策略行为 $B(i)$，进而在广度与深度上改变城市住房金融发展程度。但是由于大型银行在金融市场中起主导作用，影响到金融创新的制度门槛，因此，面对不同发展模式下的资产收益率，大型银行会选择对自己最有利的住房金融发展模式 $X(i=H)$。最终，银行的微观金融创新行为和住房金融发展模式的选择推动了城市住房金融的发展路径，改变了金融摩擦的约束条件，从而引起了城市经济系统的内生性变动。因此，我们需要重新定义城市经济均衡。

定义 4.4（城市住房金融发展的动态均衡） 考虑定义 4.1 中的城市经济静态均衡 $\varepsilon\{m(t)|F\}$，给定城市初始的住房金融发展程度 $F(t)$ 和 $\tilde{s}^0=\{\xi,\Delta,g_C,\lambda_b,\theta^i,\omega,\psi_\omega,\zeta,\zeta^G\}_{i\in\{H,L\}}$，令 $\tilde{s}=(\tilde{s}^0,\tilde{s}^0,\tilde{s}^1,\tilde{s}^2,\tilde{s}^3)$，其中 $(\tilde{s}^0,\tilde{s}^1,\tilde{s}^2)$ 与定义 4.1 中的一致，银行策略行为序列 $\tilde{s}^3=[S(i,t),B(i,t),X(i=H,t)]_{i\in\{H,L\},t=0}^{\infty}$，当且仅当以下条件成立时，序列 $\tilde{s}$ 在 t 期可以实现动态均衡：

（1）给定宏观序列 $\tilde{s}^1$ 和微观序列 $\tilde{s}^2$，在住房金融发展程度 $F(t)$ 和住房金融发展模式 $X(i=H,t)$ 给定情形下，两类银行在投融资渠道方面的策略行为 $S(i)$ 和住房金融产品开发方面的策略行为 $B(i)$ 由（4－38）式给定，实现资产收益率最大化；

（2）给定两类银行微观金融创新策略行为 $S(i)$ 和 $B(i)$，大型银行对住房金融发展模式的选择 $X(i=H)$ 由（4－39）式给定，实现大型银行资产收益率最大化；

（3）住房金融发展的动态路径由（4－36）式给定。

二、住房金融发展模式与微观金融创新决策

本节我们首先研究不同住房金融发展模式下的两类银行微观金融创新

决策。随后，考察大型银行对两种住房金融发展模式的选择。

对于中小银行来说，在大银行垄断市场的背景下，其微观金融创新行为往往受到内外部条件的约束，金融发展过程困难重重。第一，在垄断权力的干扰下，不利的外部金融环境严重挤压了中小银行的投融资渠道，大型银行的市场挤压效应使其投融资渠道的开拓成本要高于由投融资能力提高所创造的经济收益，从而导致其内外部融资能力受到严重限制。由于垄断力量直接打击了中小银行积极拓宽投融资渠道的经济动机，影响到中小银行化解住房市场风险的能力，阻碍其向更高创新程度金融发展平台跨越的步伐，所以，面对这种不利的外部环境，中小银行为了防止住房市场金融创新速度过快与自身风险控制能力不足引起的系统性风险、实现资产收益率的最大化，不得不在投融资渠道层面选择维持较低创新程度的发展策略，即 $ROE(i=L,S=s|X=1)<ROE(i=L,S=1|X=1)$。第二，尽管中小银行的投融资能力受到垄断势力的抑制，但是在金融产品创新方面，中小银行并不受到垄断势力的影响。中小银行可以根据住房市场需求和自身风险控制能力，发挥金融杠杆的作用，开发相应的住房金融产品，提高其在住房金融市场上的竞争力与利润空间，弥补因投融资渠道受限造成的利润损失。所以，面对外部垄断势力，中小银行具有较强的内部创新动力，会选择较高程度的产品创新策略来应对投融资能力约束造成的竞争劣势，即 $ROE(i=L,S=1,B=1|X=1)>ROE(i=L,S=1,B=b|X=1)$。

当大银行放弃垄断权力并开始推动金融市场化竞争之后，中小银行仍旧面临着严峻的金融发展形势。第一，中小银行投融资渠道策略会受到大型银行竞争行为的冲击。在市场业务方面，中小银行资本规模小，在住房金融市场中提供的金融资源有限，难以与净资本规模较大的银行进行对抗，在完全市场竞争中始终处于弱势地位。在成本投入方面，开拓投融资渠道需要投入大量的固定成本，而这种成本需要资本规模的支撑。由于中小银行资本规模小，自身的经营特点不足以支撑其投融资渠道的大幅扩张。另外，投融资能力的改善对中小银行利润的提升效果有限，这导致由融资能力提高所创造的经济收益无法弥补开拓投融资渠道所产生的相应成本。因此，中小银行没有足够的经济动机去积极扩张投融资渠道，改善自身的投融资能力，从而迈向更高创新程度的金融发展平台，所以，即使是在支持鼓励毁灭式创新发展模式中，中小银行面对外部大型银行的强势竞争和自身资本规模的约束，仍旧会在投融资渠道层面选择维持较低创新程度的发展策略，即 $ROE(i=L,S=s|X=0)<ROE(i=L,S=1|X=0)$。第二，在金融产品创新方面，中小银行与垄断环境下一样，基于较低的投融资

资渠道，选择具有较高创新程度的产品创新策略，即 $ROE(i=L,S=1,B=1|X=0)>ROE(i=L,S=1,B=b|X=0)$。因此，在鼓励金融创新的环境下，中小银行可以利用自身的创新优势，不断提高产品创新产生的经济收益，弥补投融资渠道劣势造成的不利影响，实现较快的发展。

对于大型银行来说，不同的金融发展模式会导致其选择不同的金融创新行为。在垄断环境下，大型银行由于依靠垄断势力带来的垄断优势，始终处于较低水平的金融发展状态，创新动力明显不足。具体而言，一是高额的垄断收益导致其缺乏开拓投融资渠道、提高投融资能力的进取精神。由于垄断势力具有的市场挤压效应使得大型银行获得的边际收益远远超过在投融资能力改善方面的边际收益，而且在投融资渠道层面投入过多的固定成本对资产收益率的提升贡献有限，因此，大型银行维持现有的垄断优势、实施较低程度投融资渠道策略才是实现资产收益率最大化的最优选择，即 $ROE(i=H,S=s|X=1)<ROE(i=H,S=1|X=1)$。二是垄断因素的存在不利于大型银行金融产品创新。在垄断环境下，对于资本规模较大的银行来说，住房金融产品创新成本高、风险大，创造的收益不仅难以弥补创新成本，也无法超过垄断收益。由于金融产品创新行为对资产收益率的提升效果不显著，大型银行没有必要承担较高的金融创新风险。所以，垄断因素会降低金融产品创新效率，并由此促使大型银行选择较低的产品创新策略，即 $ROE(i=H,S=1,B=1|X=1)<ROE(i=H,S=1,B=b|X=1)$。

当大型银行改变发展模式、选择毁灭式创新之后，大型银行将失去垄断优势的保护，原先的收益与金融创新的成本将会受到影响。由于垄断优势的失去使其收益大幅下降，大型银行必然要转换经营发展的动力，通过加快内部金融创新的方式重新塑造市场竞争优势，从而替代传统的依靠垄断势力维持的发展动力。具体而言，第一，投融资渠道的扩张会有效提高大型银行在住房市场和其他金融领域的竞争力。虽然垄断优势产生的挤压效应消失了，但是大型银行由于资本规模较大、在住房金融市场上可供给金融资源较多，投融资能力提高产生的边际收益会逐步弥补原先的垄断收益，进而形成创新驱动型规模收益递增效应。随着这种金融创新规模收益递增效应的增强，大型银行投融资能力的完善可以有效推动综合金融能力的提升，从而促进其在住房市场和其他业务领域的盈利水平。此外，在金融市场完全竞争过程中，中小银行金融创新能力的增强给大型银行造成了潜在威胁。大型银行需要采取进取型策略加以应对，比如积极占据有限的投融资渠道资源，扩大其市场份额，从而对中小银行形成基于规模优势的挤压效应。因此，扩张性投融资渠道战略是大型银行提升资产收益率、防

范中小银行潜在威胁、巩固市场竞争地位的最优选择，即 $ROE(i=H,S=s|X=0)>ROE(i=H,S=1|X=0)$。第二，消除垄断因素后，大型银行进行金融产品创新的动机不断增强。虽然要承担较高的金融创新成本与风险，但是由于具有较高创新程度的投融资渠道，大型银行采取激进型产品创新策略所创造的边际收益要大于保守型产品创新策略收益。所以，面对市场竞争压力，大型银行选择激进型产品创新策略可以促使金融创新效率不断改进，资产收益率进一步提高，即 $ROE(i=H,S=s,B=1|X=0)>ROE(i=H,S=s,B=b|X=0)$。整体而言，随着金融市场竞争的加剧，住房金融市场的内在激励机制将推动着大型银行采取更为激进的金融创新策略。

引理 4.3 令

$$\bar{Z}\equiv\frac{\Delta\omega(1-\psi_{\omega})(\zeta^{G}\theta^{H}-1)}{\bar{r}(s-1)\lambda_{b}}-\theta^{H}$$

$$\underline{Z}\equiv\frac{\omega[(1-\psi_{\omega})(\zeta^{G}\theta^{L}+\Delta)-\psi_{\omega}\zeta\theta^{L}]}{\bar{r}(1-\lambda_{b})(s-1-(1-b)\xi)}-\theta^{L}$$

$$\tilde{Z}(\nu,\tau,\mu,A)\equiv\frac{(\theta^{\lambda}P^{l}+\psi_{a})}{A\psi_{a}\psi_{y}}\Phi_{b}(\nu,\tau,\theta^{\lambda},\theta^{G},\mu,N)$$

且假设 $\tilde{Z}(\nu,\tau,\mu,A)\in(\underline{Z},\ \bar{Z})$，当假设 4.2 成立时，对于 $F\in[0,\infty)$，以下命题成立：

（1）不管是垄断式发展模式，还是毁灭式创新发展模式，中小银行都会选择较低程度的投融资渠道创新策略 $S^{*}(i=L)=1$ 和较高程度的金融产品创新策略 $B^{*}(i=L)=1$。

（2）在垄断式发展模式 $X(t)=1$ 下，大型银行选择较低程度的投融资渠道创新策略 $S^{*}(i=H)=1$ 和较低程度的金融产品创新策略 $B^{*}(i=H)=b$；在毁灭式创新发展模式 $X(t)=0$ 下，大型银行选择较高程度的投融资渠道创新策略 $S^{*}(i=H)=s$ 和较高程度的金融产品创新策略 $B^{*}(i=H)=1$。

引理 4.3 的证明过程在附录 A 里给出。引理 4.3 给出了两种金融发展模式下两类金融机构采取不同竞争策略组合时住房市场发展的最优区间。$\tilde{Z}(\nu,\tau,\mu,A)$ 代表了住房市场和商品房资源对金融创新收益的边际贡献。当住房市场发展到一定程度时，两类银行金融创新的动机将发生改变，其投融资策略和产品创新策略必然受到影响。特别是大型银行，在不同住房金融发展模式下，盈利驱动机制出现了重大转变，相应的最优策略组合也随之而改变。由于住房市场发展对金融机构微观金融创新行为造成了差异，城市住房金融发展模式也将发生深刻的变革。

下面我们分析大型银行对住房金融发展模式的选择。在我国的政治经济体系中，由于大型银行和金融监管部门的领导层之间关系紧密，大型银行的重大决策往往代表了金融监管者的政策意图，主导着金融市场的发展格局，是金融制度变革的主要力量。那么大型银行为什么要去推动金融制度的变革？一是垄断式发展模式下，大型银行仅仅依靠垄断优势和保守型的金融创新策略难以应对中小银行金融创新为导向的盈利模式的冲击。垄断创造的收益在中小银行竞争策略的影响下逐步减少，从而导致大型银行资产收益率增长缓慢。二是住房市场发展对金融市场有着巨大的需求，但是垄断式发展模式下大型银行无法满足这部分需求，利润增长受到当前经营体制的限制。三是随着住房市场发展，住房市场金融创新收益不断提高，毁灭式创新发展模式可以帮助大型银行获得更高收益。因此，面对外部竞争压力和内部发展动力，大型银行需要综合权衡不同发展模式下的经营战略。

尽管有诸多因素推动大型银行破除体制性障碍、加快金融创新步伐，但是大型银行并不急于转变发展模式，因为金融创新红利并不足以弥补垄断收益，创新模式与创新思维的形成需要时间积累，且具有较高的创新成本。所以大型银行仍旧希望继续维持垄断优势，或是继续引导监管者制定相应的垄断政策，维护其垄断收益。

那么大型银行什么时候会真正进行金融发展模式的转换？我们首先关注大型银行在垄断式发展模式下采用最优策略获取的最大资产收益率：

$$ROE(i=H,S=1,B=b\mid X=1)=b\xi\bar{r}Z^{H}(\nu,\tau,\mu,A)F(t-1)+\frac{(1+\Delta\lambda_{b})\lambda_{b}\bar{r}Z^{H}(\nu,\tau,\mu,A)+\psi_{\omega}\omega\Delta(1-\zeta^{G}\theta^{H})}{\lambda_{b}}\bar{F}(t-1) \tag{4-41}$$

其中，$Z^{H}(\nu,\tau,\mu,A)=\tilde{Z}(\nu,\tau,\mu,A)+\theta^{H}$，这意味着我们将银行利润来源分解为代表住房市场和商品房资源的 $\tilde{Z}$ 和代表传统业务的 θ^{H}。（4－41）式中，随着住房市场的发展，垄断力量 Δ 为大型银行创造了巨大收益，而保守型金融创新策略对资产收益率增长贡献有限。

其次，中小银行可能对大型银行造成的潜在竞争威胁，也就是在毁灭式创新模式下，中小银行采取金融创新最优策略组合获得的资产收益率：

$$ROE(i=L,S=1,B=1|X=0)=\xi\bar{r}Z^{L}(\nu,\tau,\mu,A)F(t-1)+\frac{(1-\lambda_b)\bar{r}Z^{L}(\nu,\tau,\mu,A)-\psi_{\omega}\omega(\zeta+\zeta^{G})\theta^{L}}{1-\lambda_b}\bar{F}(t-1) \tag{4-42}$$

其中，$Z^{L}(\nu,\tau,\mu,A)=\tilde{Z}(\nu,\tau,\mu,A)+\theta^{L}$。（4－42）式中尽管创新成本较高，但是金融产品创新策略和住房市场发展对利润增长发挥了关键性作用。

通过以上对比，我们可以发现，给定前一期全国和城市住房金融发展水平 $\bar{F}(t-1)$ 和 $F(t-1)$，当毁灭式创新模式下中小银行金融创新的资产收益率威胁到垄断式模式下大型银行的资产收益率时，大型银行的优势地位将被撼动。大型银行必须改变现有的发展模式去应对资产收益率的下滑。所以，真正能够决定金融发展模式转变的核心条件是：

$$ROE(i=H,S=1,B=b|X=1)<ROE(i=L,S=1,B=1|X=0) \tag{4-43}$$

而当（4－43）式的条件无法达到时，大型银行会继续选择维持当前的垄断式发展模式。综合这一条件，我们可以定义住房金融发展模式转换的临界值 $F_{C}(\nu,\tau,\mu,A,\xi,\zeta^{G})$，也就是，当城市住房金融发展水平超过 F_C 时，大型银行放弃垄断优势、选择毁灭式创新模式（$X=0$）才是最优策略；反之，则维持垄断式发展模式（$X=1$）。所以，什么时候进行发展模式的转换完全取决于城市住房金融发展程度何时超过临界值 F_C。

$$F_{C}(\nu,\tau,\mu,A,\xi,\zeta^{G})=\left\{\frac{\theta^{H}-\theta^{L}+\Delta\lambda_b(\tilde{Z}(\nu,\tau,\mu,A)+\theta^{H})}{\xi[(1-b)\tilde{Z}(\nu,\tau,\mu,A)+(\theta^{L}-b\theta^{H})]}+\frac{\psi_{\omega}\omega[(1-\lambda_b)\Delta(1-\zeta^{G}\theta^{H})+\lambda_b(\zeta+\zeta^{G})\theta^{L}]}{(1-\lambda_b)\lambda_b\xi\bar{r}[(1-b)\tilde{Z}(\nu,\tau,\mu,A)+(\theta^{L}-b\theta^{H})]}\right\}\bar{F}(t-1) \tag{4-44}$$

（4－44）式给出了城市住房金融发展程度临界值 $F_{C}(\nu,\tau,\mu,A,\xi,\zeta^{G})$ 的具体形式。为了简化分析，我们暂时不考虑市场组织结构、制度因素和人口因素的影响，而是专注于研究中央政府、地方政府和金融监管者针对住房市场、土地市场和金融市场的政策集合。当政策主体改变某一政策参数力度之后，城市住房金融发展程度临界值将会发生变动，由此将会引发两类银行在不同模式下的经济利益冲突，并最终导致大型银行决定是否进行金融发展模式的根本性变革。具体而言，第一，中央政府对地方政府的经济考核比重 $\nu/(1-\nu)$ 越高，F_C的数值越大，实现金融发展模式转换的时间越长，即$\partial F_C/\partial(\nu/(1-\nu))>0$。当地方政府的政绩目标偏向于经济效益时，出售型保障性住房比重增加，保障性住房投资规模和住房市场对金融资源的需求同步扩大。由于金融机构供给能力不足，金融摩擦加剧。这不仅导致了住房市场发展受到金融市场的抑制，还造成宏观经济总产出的下滑，进而引起银行在住房市场和其他业务领域获取收益的减少。面对市场形势的恶化，两类银行金融创新的动机逐步减弱，城市的住房金融发展速度进一步放慢，所以中小银行想要超越大型银行，还需要更长的时间。第二，地方税率的提高同样也会推迟金融模式的变革，即$\partial F_C/\partial\tau>0$。分税制下的地方税率越高，地方政府财政收入就越多。地方政府可以利用财政作为贷款抵押品，扩大保障性住房市场对金融资源的需求量，并由此产生较高程度金融摩擦和城市金融创新步伐的减缓。第三，地方政府在土地市场的垄断势力对住房金融市场具有双重效应，但总体上与发展模式转变的临界值正相关，即$\partial F_C/\partial\mu>0$。地方政府通过土地垄断势力提高土地价格，虽然可以增加银行在住房贷款方面的收益，有利于住房金融市场的发展，但是土地成本过高会降低金融资源配置效率，加剧金融摩擦，不利于住房市场健康发展。综合来看，负面效应要超过正面效应，所以土地市场垄断势力的提高会减少银行收益，减慢住房金融发展速度。第四，金融监管部门要求的最低资本金规模 A 同样对住房金融市场具有双重效应，但总体上与发展模式转变的临界值正相关，即$\partial F_C/\partial A>0$。资本金规模的增加一方面可以提高信贷规模，减缓金融摩擦；另一方面，资本规模的增加会给资产收益率的提升造成压力。综合来看，由于盈利压力大于金融创新动力，所以资本金规模门槛越高，金融机构越是偏好垄断式发展模式。第五，金融监管部门对两类银行流动性的政策约束与发展模式转变的临界值负相关，即$\partial F_C/\partial\xi<0$。也就是说，宽松的流动性政策有助于提高金融创新的力度，增加金融创新的收益，因此，可以有效激励中小银行加快金融创新步伐，推动金融市场发展模式的切换；而紧缩的流动性政策则会降低金融创新的力度和发展模式的转换速度。第六，金融监管者要求的最低风险防范成本 ζ^G 是金融产品创新决策的重要影响因素，与发展模式转变的临界值负相关，即$\partial F_C/\partial\zeta^G<0$。由于风险防范成本与银行所有制因素密切相关，且具有非对称性——大型银行从事金融产品创新的风险防范成本要显著高于中小银行的创新成本，所以随着金融监管者对金融创新风险管理

的加强，大型银行金融创新的力度和金融发展的速度要明显落后于中小银行，被中小银行赶超的时间将大为缩短，发展模式的转换将变得更为迫切。

命题4.3 在城市经济$\varepsilon\{F(t)\}$中，当假设4.2成立时，$\tilde{Z}(\nu,\tau,\mu,A)\in(\underline{Z},\ \bar{Z})$，$F_C(\nu,\tau,\mu,A,\xi,\zeta^G)$由（4-44）式给定，$F\in[0,\infty)$，则对于给定的$F(t-1)$，在$t$期存在唯一的静态均衡，使得以下命题成立：

（1）不管是在垄断环境还是在完全竞争环境中，中小银行都会选择较为保守的投融资渠道创新策略$S^*(i=L)=1$和激进的金融产品创新策略$B^*(i=L)=1$。

（2）当$F(t-1)<F_C(\nu,\tau,\mu,A,\xi,\zeta^G)$时，大型银行会选择继续维持垄断式发展模式（$X(t)=1$），并且采取保守型金融创新策略组合，即较低程度的投融资渠道创新策略$S^*(i=H)=1$和较低程度的金融产品创新策略$B^*(i=H)=b$；当$F(t-1)\geqslant F_C(\nu,\tau,\mu,A,\xi,\zeta^G)$时，大型银行会选择毁灭式创新发展模式（$X(t)=0$），并且采取激进型金融创新策略组合，即较高程度的投融资渠道创新策略$S^*(i=H)=s$和较高程度的金融产品创新策略$B^*(i=H)=1$。

（3）城市住房金融发展程度临界值$F_C(\nu,\tau,\mu,A,\xi,\zeta^G)$受到中央政府、地方政府和金融监管者针对住房市场、土地市场和金融市场的政策集合的影响。建立偏向于社会效益的政绩考核、降低税率、减少地方政府对土地市场的垄断势力、降低金融机构的最低资本金要求、提高金融产品创新的流动性政策、加大对金融创新风险的金融监管力度等政策集合，都有助于减小城市住房金融发展程度临界值，加快金融发展模式变革的步伐，即$\partial F_C/\partial(\nu/(1-\nu))>0$，$\partial F_C/\partial\tau>0$，$\partial F_C/\partial\mu>0$，$\partial F_C/\partial A>0$，$\partial F_C/\partial\xi<0$，$\partial F_C/\partial\zeta^G<0$。

三、城市住房金融发展的动态均衡路径

在上节的静态均衡分析中，我们把$t-1$期城市住房金融发展程度视为给定，从微观角度研究了不同背景下两类银行金融创新的最优策略行为。在本节，我们将根据城市住房金融发展的动态过程，从宏观角度特征化城市经济的动态均衡路径。

我们考虑两种住房金融发展模式下城市住房金融发展的动态过程。在（4-40）式中，城市的住房金融发展程度$F(t)$由大型银行和中小银行的住房金融发展水平$F(i=H,t)$和$F(i=L,t)$根据资产的市场份额加总而成。根据命题4.3，在两种发展模式下，两类银行会采取不同的金融创新

策略组合，从而对城市住房金融发展程度产生差异化的影响。具体而言，在垄断式发展模式下，虽然大型银行的金融发展策略主导着城市住房金融的发展方向，但是中小银行对城市金融发展也存在着积极的影响。此时，大型银行选择较低程度的投融资渠道创新策略 $S^*(i=H)=1$ 和较低程度的金融产品创新策略 $B^*(i=H)=b$，而中小银行选择较为保守的投融资渠道创新策略 $S^*(i=L)=1$ 和激进的金融产品创新策略 $B^*(i=L)=1$。根据两类银行在市场中的比重，我们可以获得城市住房金融发展水平为：

$$F(t|X=1)=\lambda_b[\xi bF(t-1)+(1+\lambda_b\Delta)\bar{F}(t-1)]$$
$$+(1-\lambda_b)[\xi F(t-1)+\bar{F}(t-1)]$$

在毁灭式创新金融发展模式下，两类银行的金融创新策略共同推动了城市住房金融发展水平。其中，市场占比为 λ_b 的大型银行采取较高程度的投融资渠道创新策略 $S^*(i=H)=s$ 和较高程度的金融产品创新策略 $B^*(i=H)=1$；市场占比为 $1-\lambda_b$ 的中小银行选择较为保守的投融资渠道创新策略 $S^*(i=L)=1$ 和激进的金融产品创新策略 $B^*(i=L)=1$。此时，城市住房金融发展水平为：

$$F(t|X=0)=\xi F(t-1)+[\lambda_b s+(1-\lambda_b)]\bar{F}(t-1)$$

综合以上分析，我们可以特征化两种金融发展模式下城市住房金融发展的动态过程。

$$F(t)=\begin{cases}[b\lambda_b+(1-\lambda_b)]\xi F(t-1)+(\lambda_b^2\Delta+1)\bar{F}(t-1) & \text{当 } X(t)=1 \text{ 时}\\ \xi F(t-1)+[\lambda_b s+(1-\lambda_b)]\bar{F}(t-1) & \text{当 } X(t)=0 \text{ 时}\end{cases} \tag{4-45}$$

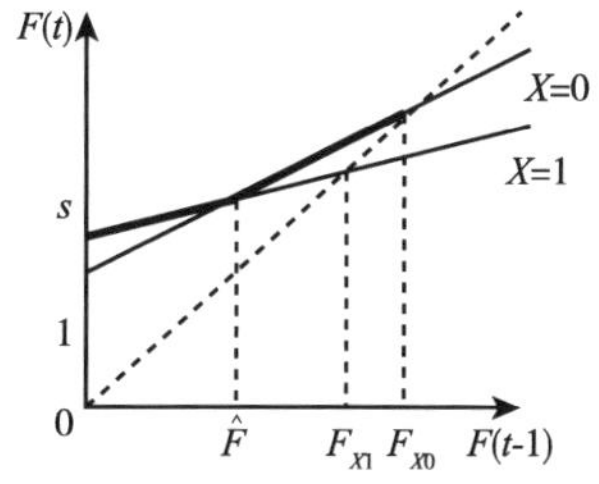

图4-4　垄断式（X=1）和毁灭式创新发展模式（X=0）下城市住房金融发展的动态路径

图4-4大体上描绘了（4-45）式的动态过程。当城市经济处于垄断

式金融发展模式时，城市经济运行在 $X=1$ 曲线上。当城市住房金融发展水平低于 F_{X1} 时，对于给定的 $F(t-1)$，$F(t)$ 的增长速度将加快；而当城市住房金融发展水平超过 F_{X1} 之后，$F(t)$ 的增长速度将减慢。因此，随着城市经济的发展，当在 $X=1$ 曲线上的城市经济达到稳态均衡时，住房金融发展水平会收敛到 F_{X1} 点处，此时，城市住房金融发展程度的增长率为：

$$g_F(X=1)=\frac{F(t|X=1)}{F(t-1)}=[b\lambda_b+(1-\lambda_b)]\xi+\frac{(\lambda_b^2\Delta+1)\bar{F}(t)}{(1+g_C)F_{X1}}$$

同样，当城市经济处于毁灭式创新金融发展模式时，城市经济运行在 $X=0$ 曲线上。当在 $X=0$ 曲线上的城市经济达到稳态均衡时，住房金融发展水平会收敛到 F_{X0} 点处，此时，城市住房金融发展程度的增长率为：

$$g_F(X=0)=\frac{F(t|X=0)}{F(t-1)}=\xi+\frac{[\lambda_b s+(1-\lambda_b)]\bar{F}(t)}{(1+g_C)F_{X0}}$$

对比这两条曲线可以发现：第一，$X=0$ 曲线收敛的 F_{X0} 点要大于 $X=1$ 曲线的 F_{X1} 点。这意味着毁灭式创新模式下城市住房金融发展程度的均衡水平要高于垄断式发展模式。第二，曲线斜率的差异关系到发展模式的转换。曲线的斜率用于反映城市在金融产品方面的创新水平。两种模式的收敛路径由于斜率的差异会在 $\hat{F}$ 点交叉。这意味着当城市住房金融发展水平低于 $\hat{F}$ 点时，垄断式发展模式对住房金融发展水平的推动作用较大，有助于促进 $F(t)$ 的快速增长；而当城市住房金融发展水平超过 $\hat{F}$ 点时，选择毁灭式创新发展模式将有助于促进 $F(t)$ 的快速增长。所以，能够使经济效率最大化的城市住房金融发展战略应当是：在 $\hat{F}$ 点之下采取垄断式金融发展模式，当 $F(t)$ 达到 $\hat{F}$ 点时，迅速转变为毁灭式创新发展模式，最终收敛到较高均衡水平的 F_{X0} 点。这一最优发展过程在图 4－4 中用粗线表示。$\hat{F}$ 点由下式给定：

$$\hat{F}=\frac{1+\Delta\lambda_b-s}{(1-b)\xi}\bar{F}(t-1) \tag{4-46}$$

需要注意的是，这里的 $\hat{F}$ 点仅仅是理论上城市住房金融发展的最优转折点，但是实际上，城市金融发展模式的转折点取决于 $F_C(\nu,\tau,\mu,A,\xi,\zeta^G)$。

综合以上分析和命题 4.3，城市经济的动态均衡可以由以下一阶差分方程来决定：

$$F(t)=\begin{cases}[b\lambda_b+(1-\lambda_b)]\xi F(t-1)+(\lambda_b^2\Delta+1)\bar{F}(t-1) & 当 F(t-1)\leqslant F_C(\nu,\tau,\mu,A,\xi,\zeta^G)时\\ \xi F(t-1)+[\lambda_b s+(1-\lambda_b)]\bar{F}(t-1) & 当 F(t-1)>F_C(\nu,\tau,\mu,A,\xi,\zeta^G)时\end{cases} \tag{4-47}$$

（4－47）式体现了不同住房金融发展路径下城市经济的发展战略思路。当 $F(t-1)\leqslant F_C$时，城市经济处于垄断式住房金融发展路径上，采取的是垄断式住房金融驱动城市经济发展的战略；当 $F(t-1)>F_C$ 时，城市经济转换到住房金融效率（曲线斜率）较高的发展路径上，执行的是毁灭式创新住房金融驱动城市经济发展的战略。不过，由于城市所处的经济环境存在差异，发展模式转换的临界点 F_C可能出现在不同的发展阶段。这会引起住房金融发展路径的变动和城市经济发展战略思路的转变，从而导致包括商品房与保障性住房开发投资在内的城市经济的长期均衡收敛路径出现差异。

四、城市住房金融发展的动态均衡路径对住房开发投资的城市差异性影响

下面我们将具体分析在不同经济环境下城市住房金融发展的动态均衡路径对住房开发投资的城市差异性影响。这里的经济环境主要是考虑到城市金融市场中存在的垄断力量 Δ。因为在我国，大型金融机构属于国有企业，具有较高的行政级别，天然享有中央政府赋予的金融垄断权力，必然要发挥国有资本对宏观经济的主导作用。我们假设不同城市经济环境的主要差别在于金融垄断权力的大小及其对城市经济（主要宏观经济参数）的影响程度。所以基于城市中垄断经济环境的差异，城市住房金融发展的动态均衡路径会体现出多样化特征。在此，我们根据垄断力量的强弱，将城市所处的经济环境划分为三个时期：金融抑制时期 $\Delta\geqslant\bar{\Delta}(\xi,\lambda_b)$、金融垄断竞争时期 $\underline{\Delta}(\lambda_b)<\Delta<\bar{\Delta}(\xi,\lambda_b)$、金融自由化时期 $\Delta\leqslant\underline{\Delta}(\lambda_b)$。其中，

$$\bar{\Delta}(\xi,\lambda_b)\equiv\frac{\lambda_b\xi(s-1)(1-b)+\xi(2-b-s)+s-1}{\lambda_b(1-\xi)}和\ \underline{\Delta}(\lambda_b)\equiv\frac{s-1}{\lambda_b} \tag{4-48}$$

首先，我们分析当城市处于金融垄断竞争时期 $\underline{\Delta}(\lambda_b)<\Delta<\bar{\Delta}(\xi,\lambda_b)$ 条件下，城市住房金融发展均衡路径的动态特征。在金融垄断竞争时期，中央政府鼓励金融机构参与保障性住房投融资 $\tilde{\nu}$，金融监管者适度放宽

行业准入门槛 $\tilde{\lambda}_b$，降低金融机构的最低资本金要求 $\tilde{A}$，提高金融产品创新的流动性政策 $\tilde{\xi}$，加强对大型银行的金融监管力度 $\tilde{\zeta}^G$，由此形成一连串与金融垄断竞争环境相对应的宏观政策集合 $\tilde{\mathrm{P}} \equiv \{\tilde{\nu}, \tilde{\lambda}_b, \tilde{A}, \tilde{\xi}, \tilde{\zeta}^G\}$。在这一经济环境下，地方政府只能通过调整税率和土地市场垄断势力来影响住房金融发展模式转变的临界值 $\tilde{F}_C$。不过，由于 $\tilde{F}_C$可能处于不同的发展阶段，所以城市住房金融发展的战略思路存在着较大差异，进而影响到住房开发投资发展路径的差异。

当 $\tilde{F}_0 < F_C(\tau,\mu) \leqslant \hat{F}$ 时，城市经济的初始状态从垄断式住房金融发展模式（$X=1$）开始。此时住房金融发展程度为 $\tilde{F}_0$。随着住房市场投融资需求的增加和两类银行在垄断式金融环境下的策略性竞争，城市住房金融发展程度缓慢增长。当住房金融发展程度达到 $\tilde{F}_C$时，大型银行感受到中小银行金融创新的潜在威胁，必须放弃垄断优势、选择毁灭式创新模式（$X=0$）。不过，在发展模式转换过程中，由于转换时机 $\tilde{F}_C$早于金融效率最优的转换点 $\hat{F}$，金融市场基础条件尚未达到最优状态，大型银行需要支付转型的经济成本和时间成本，所以城市住房金融发展程度会出现一个突然的下滑。此后，当大型银行完善了激进型金融创新策略、适应了激烈的市场竞争之后，在 $X=0$ 曲线上的城市住房金融程度逐步提高，发展速度也将加快（$X=0$ 的斜率大于 $X=1$ 的斜率），并最终收敛到 $\tilde{F}_{In}$点，实现城市经济的稳态均衡。图 4-5（a）中的粗线给出了当前经济环境下城市住房金融发展的最优动态路径。其中，$\tilde{F}_{In}$点定义为金融创新稳态点，由下式给定：

$$\tilde{F}_{In} = \frac{(s-1)\tilde{\lambda}_b + 1}{(1-\tilde{\xi})(1+g_C)} \bar{F}(t) \tag{4-49}$$

（4-49）式表明，金融监管者的政策对城市住房金融的发展有着至关重要的作用。提高金融产品创新的流动性政策 $\tilde{\xi}$ 有助于带动 $\tilde{F}_{In}$的增长，但是放宽行业准入门槛 $\tilde{\lambda}_b$却会降低 $\tilde{F}_{In}$。而金融创新在广度层面的差距 $s-1$ 越大，金融创新稳态点提高的越快。当所有城市都收敛到稳态点以后，利用 $\tilde{F}_{In}/\bar{F}(t)=1$ 的关系，我们可以获得城市的消费增长率，即城市的稳态增长率：

$$\tilde{g}_C = \frac{(s-1)\tilde{\lambda}_b + \tilde{\xi}}{1-\tilde{\xi}} \quad (4-50)$$

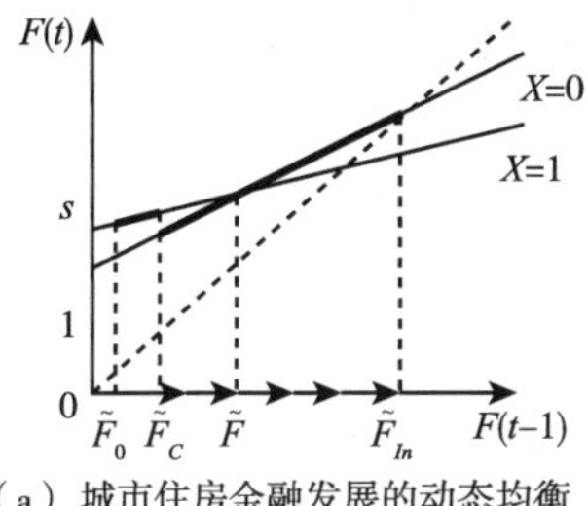

（a）城市住房金融发展的动态均衡

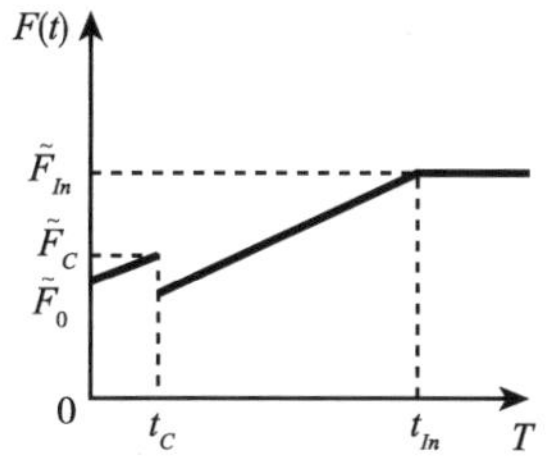

（b）城市住房金融发展的动态均衡过程

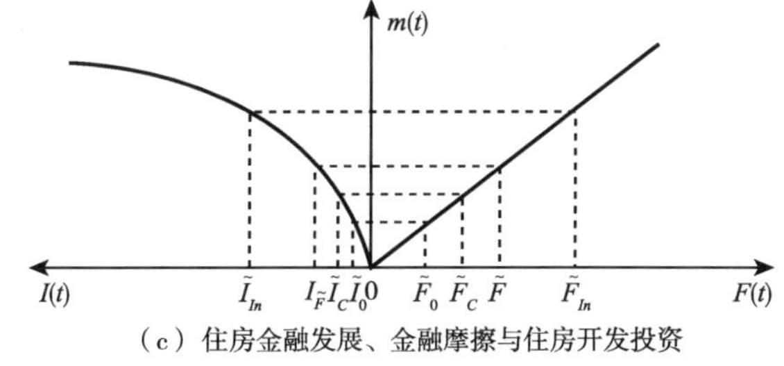

（c）住房金融发展、金融摩擦与住房开发投资

图 4－5　金融垄断竞争时期，$0 < F_C(\tau, \mu) \leqslant \hat{F}$ 条件下城市住房金融发展动态均衡对住房开发投资的影响

在住房金融发展过程中，金融摩擦和住房开发投资也随之而发生相应的变动。由于定理 4.1 的逻辑关系，在宏观政策集合 $\tilde{P} = \{\tilde{\nu}, \tilde{\lambda}_b, \tilde{A}, \tilde{\xi}, \tilde{\zeta}^G\}$ 下，当两类银行处于垄断式发展路径时，由于银行投融资能力和金融创新能力处于较低水平 $\tilde{F}_0$，金融资源供给有限。对于开发商和地方政府来说，外部流动性受到抑制。此时，开发商需要用更多的土地来获取住房开发贷款，而地方政府需要有更多的财政收入才能得到保障性住房开发贷款，因此，住房市场的金融摩擦程度较高。在住房开发投资 $\tilde{I}_0$ 面临着内外部流动性的双重制约下，商品房市场和保障性住房领域发展缓慢。对于大型银行而言，这意味着商机的流失，盈利增长的疲惫，而对于中小银行来说，这意味着巨大的盈利空间，新的发展机遇。当地方政府不断放松财政政策 $\tilde{\tau}$ 和土地政策 $\tilde{\mu}$ 之后，住房市场的金融收益逐步显现，中小银行盈利模式的潜在威胁激励着大型银行转换发展思路、改革金融发展模式、参与市

场竞争。虽然转型过程中大型银行要支付巨大代价，但是随着市场化竞争模式的完善，两类银行的投融资能力和金融创新能力不断提高，抵御住房市场风险能力逐步提高，住房金融资源的供给规模进一步扩大，外部流动性约束得到有效释放。在获得了更多的外部流动性之后，开发商可以用较少的土地获得更多的住房开发贷款，促进商品房市场的发展，为地方政府贡献更多税收和土地收入。而地方政府也可以利用财政收入获得更多贷款，一方面满足保障性住房领域的投资需求，发挥社会保障职能；另一方面支持城市基础设施建设，提升城市区位优势价值增值，推动商品房需求和价格的上涨，带动住房市场与金融市场的发展。当住房金融发展程度达到稳态均衡 $\tilde{F}_{In}$时，金融摩擦同样达到均衡水平 $\tilde{m}_{In}=\Phi_b(\tilde{\nu},\tilde{\tau},\theta^{\lambda},\theta^{G},\tilde{\mu},N)\tilde{F}_{In}$。在金融摩擦逐步减缓的背景下，开发商受到商品房价格和土地价格上涨的刺激，加速商品房开发投资，并最终达到稳态投资水平 $\tilde{I}^{h}_{In}=\Phi_h(\tilde{\theta}^{\lambda},\tilde{\mu})\tilde{m}^2_{In}$。随着财政收入的增长，地方政府不断提高出租型保障性住房比重，加大保障性住房开发投资规模，直到稳态投资水平 $\tilde{I}^{p}_{In}=\Phi_p(\tilde{\nu},\tilde{\tau},\theta^{\lambda},\theta^{G},\tilde{\mu},N)\tilde{m}^2_{In}$。总体来看，城市住房金融发展路径的变动促进了城市住房开发投资的加速增长，并且收敛到较高的均衡投资水平 $\tilde{I}_{In}=\Phi_a(\tilde{\nu},\tilde{\tau},\theta^{\lambda},\theta^{G},\tilde{\mu},N)\tilde{m}^2_{In}$。图 4 – 5（b）和图 4 – 5（c）描绘了这一动态过程。

当 $\hat{F}<F_C(\tau,\mu)\leqslant\tilde{F}_G$时，城市住房金融发展的动态路径与 $\tilde{F}_0<F_C(\tau,\mu)\leqslant\hat{F}$ 条件下类似。从垄断式住房金融发展模式（$X=1$）开始，城市住房金融发展程度缓慢增长。当住房金融发展程度达到 $\tilde{F}_C$时，发展路径转化成毁灭式创新模式（$X=0$），并最终收敛到 $\tilde{F}_{In}$点，实现城市经济的稳态均衡。与 $\tilde{F}_0<F_C(\tau,\mu)\leqslant\hat{F}$ 条件下的不同之处在于：转换时机 $\tilde{F}_C$晚于金融效率最优的转换点 $\hat{F}$。这意味着金融市场应对金融创新的基础条件已经具备。大型银行在转换过程中不仅不需支付较高的转型成本，还可以迅速推动城市住房发展程度的上升。但是转换时间越晚，两类银行在（$t_{F_C}-t_{\hat{F}}$）时期将会产生更多的无谓损失（Deadweight Loss），即没有获得毁灭式创新模式超过垄断式模式的差额收益。在图 4 – 6（a）中，无谓损失（DL）

由 $\hat{F}$ 和 $\tilde{F}_C$之间的三角形面积表示。相同之处在于：由于转换时机 $\tilde{F}_C$早于 $\tilde{F}_G$，城市住房金融发展路径可以通过转换成毁灭式创新模式来直接跳过 G－陷阱①，收敛到较高程度的均衡水平 $\tilde{F}_{In}$点，防止被垄断式发展模式锁定在低端均衡水平 $\tilde{F}_G$。

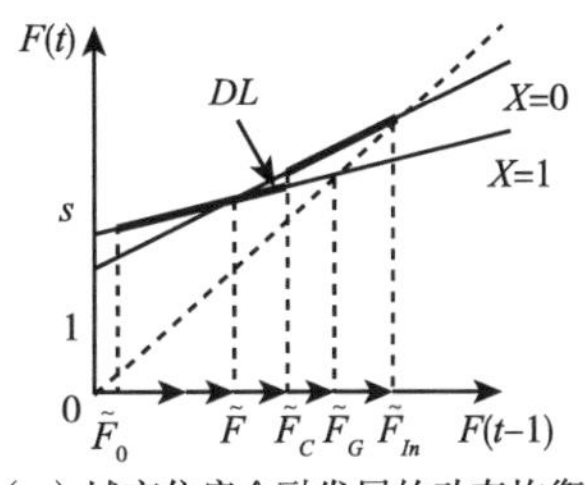

（a）城市住房金融发展的动态均衡

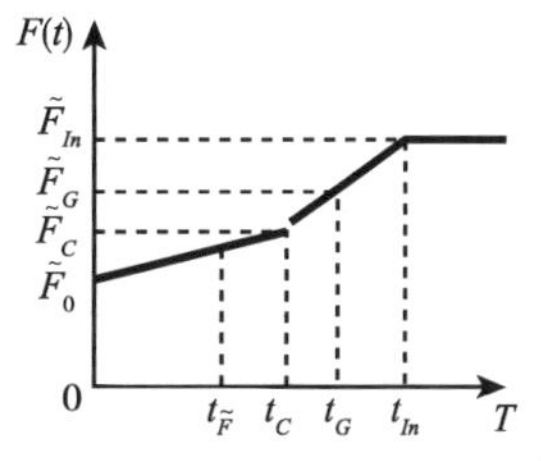

（b）城市住房金融发展的动态均衡过程

图 4－6 金融垄断竞争时期，$\hat{F} < F_C(\tau, \mu) \leqslant \tilde{F}_G$条件下城市住房金融发展动态均衡

尽管在 $\hat{F} < F_C(\tau,\mu) \leqslant \tilde{F}_G$时城市住房金融发展的动态路径与在 $\tilde{F}_0 < F_C(\tau,\mu) \leqslant \hat{F}$ 条件下有细微的不同，但是城市住房金融发展路径的变动对金融摩擦和住房开发投资的影响机制都是一样的。尤其是收敛到稳态水平 $\tilde{F}_{In}$点后，金融摩擦、商品房开发投资和保障性住房开发投资的均衡水平都与 $\tilde{F}_0 < F_C(\tau,\mu) \leqslant \hat{F}$ 条件下的保持一致。

当 $\tilde{F}_G < F_C(\tau,\mu) \leqslant \tilde{F}_{In}$时，城市住房金融发展模式转换的临界值 $\tilde{F}_C$要高于 G－陷阱。这意味着从垄断式住房金融发展模式开始的 $\tilde{F}_0$，沿着 $X=1$ 曲线缓慢增长，在到达 $\tilde{F}_C$点后便停止了增长。此时，由于无法达到发展模式转换的临界值 $\tilde{F}_C$，城市住房金融发展模式不可能实现路径的转换，所以城市住房金融发展程度将始终保持垄断式发展模式，并一直维持在较低的均衡水平 $\tilde{F}_G$点。这意味着城市掉进了住房金融发展的 G－陷阱，被

① 城市住房金融发展陷阱（简称 G－陷阱）是指在多种住房金融发展模式中，城市经济一直处于住房金融发展效率最低的路径上，并且由于缺乏有效的激励机制，城市经济无法转换到金融效率较高的住房金融发展路径上，最终收敛到效率水平最低的均衡点。稳态均衡时，城市住房金融发展水平处于最低点，金融摩擦程度最高，无谓损失最大，住房金融效率最低。

现有发展模式锁定在无谓损失最大的低位稳态均衡点。图4－7（a）中和图4－7（b）描绘了城市住房金融发展的收敛路径和动态均衡过程。$\tilde{F}_G$点被定义为G－陷阱稳态点，由下式给定：

$$\tilde{F}_G = \frac{(\tilde{\lambda}_b^2 \Delta + 1)}{\tilde{\xi}[b\tilde{\lambda}_b + (1 - \tilde{\lambda}_b)](1 + g_C)} \bar{F}(t) \tag{4-51}$$

（4－51）式表明，宏观政策组合会影响到G－陷阱稳态点的变动。一是提高金融产品创新的流动性政策 $\tilde{\xi}$ 会降低G－陷阱稳态点的门槛，促使城市跨越住房金融发展的陷阱，即$\partial \tilde{F}_G / \partial \tilde{\xi} < 0$。二是提高行业准入门槛$\tilde{\lambda}_b$会导致G－陷阱稳态点的上升，即$\partial \tilde{F}_G / \partial \tilde{\lambda}_b > 0$。当所有城市都收敛到G－陷阱稳态点以后，利用$F_G / \bar{F}(t) = 1$的关系，我们可以获得城市在G－陷阱下的稳态增长率 $\tilde{g}_C^G$：

$$\tilde{g}_C^G = \frac{(\tilde{\lambda}_b^2 \Delta + 1)}{\tilde{\xi}[b\tilde{\lambda}_b + (1 - \tilde{\lambda}_b)]} - 1 \tag{4-52}$$

在此，我们对G－陷阱做个明确的定义。

定义4.5（城市住房金融发展的G－陷阱） 城市住房金融发展的G－陷阱（Guan－Trap）是指在多种住房金融发展模式中，城市经济一直处于住房金融发展效率最低的路径上，并且由于缺乏有效的激励机制，城市经济无法转换到金融效率较高的住房金融发展路径上，最终收敛到效率水平最低的均衡点 $\tilde{F}_G$。$\tilde{F}_G$点由（4－51）式给定。稳态均衡时，城市住房金融发展水平处于最低点，金融摩擦程度最高，无谓损失最大，住房金融效率最低。

在城市住房金融发展程度收敛到G－陷阱的过程中，金融摩擦和住房开发投资也随之而发生相应的变动。在初始阶段 $\tilde{F}_0$，两类银行处于垄断式发展路径，投融资能力和金融创新能力较弱，金融资源供给不足。开发商和地方政府的住房开发贷款由于受到外部和内部流动性的约束，导致住房市场发展缓慢、地方政府财政收入有限。随着城市经济的发展，住房市场和商品房资源对两类银行利润的增长缺乏足够的推动力，毁灭式创新发展模式创造的收益明显小于当前的垄断式发展模式，所以两类银行维持当前的发展现状是最优策略选择。在宏观政策集合 $\tilde{P} \equiv \{\tilde{\nu}, \tilde{\lambda}_b, \tilde{A}, \tilde{\xi}, \tilde{\zeta}^G\}$ 给定条件下，地方政府出于自身利益考虑，不断提高税率 $\bar{\tau}$ 和土地市场垄断势力 $\bar{\mu}$，从而引起金融资源配置效率降低，金融摩擦加剧，银行收益减少，住房金融发展速度减慢，金融发展模式转换的时机 $\tilde{F}_C(\bar{\tau},\bar{\mu})$ 进一步延长。当城市住房金融发展水平在没有到达 $\tilde{F}_C(\bar{\tau},\bar{\mu})$ 之前就收敛到稳态均衡 $\tilde{F}_G$点时，垄断式发展模式产生的收益仍旧要高于毁灭式创新发展模式，大型银行没有转换发展模式的动机，完全被锁定在 G－陷阱之中。此时，开发商和地方政府面临的金融摩擦程度 $\tilde{m}_G=\Phi_b(\tilde{\nu},\bar{\tau},\theta^{\lambda},\theta^{G},\bar{\mu},N)\tilde{F}_G$，虽然低于初始水平，但是要高于毁灭式创新环境下的金融摩擦 $\tilde{m}_{In}$。在垄断式住房金融发展模式下，开发商逐步扩大商品房开发投资，并最终维持在 $\tilde{I}_G^h=\Phi_h(\tilde{\theta}^{\lambda},\bar{\mu})\tilde{m}_G^2$，而地方政府也不断增加保障性住房开发投资规模，直到稳态投资水平 $\tilde{I}_G^p=\Phi_p(\tilde{\nu},\bar{\tau},\theta^{\lambda},\theta^{G},\bar{\mu},N)\tilde{m}_G^2$。总体来看，在垄断式住房金融发展模式下，随着城市住房金融的发展，城市住房开发投资加速增长，但是城市住房金融发展 G－陷阱下的均衡投资水平 $\tilde{I}_G=\Phi_a(\tilde{\nu},\bar{\tau},\theta^{\lambda},\theta^{G},\bar{\mu},N)\tilde{m}_G^2$要显著低于毁灭式创新模式下的 $\tilde{I}_{In}$。

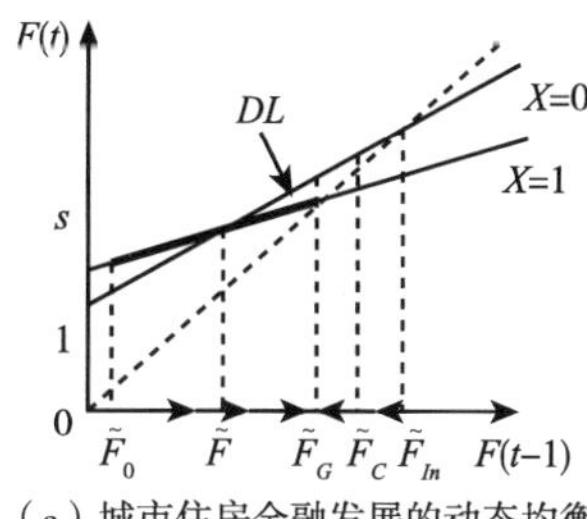

（a）城市住房金融发展的动态均衡

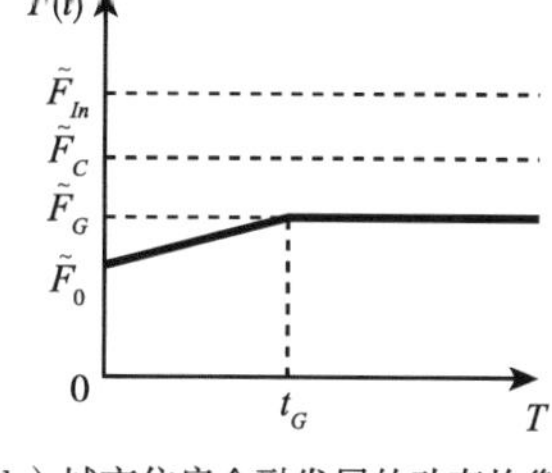

（b）城市住房金融发展的动态均衡过程

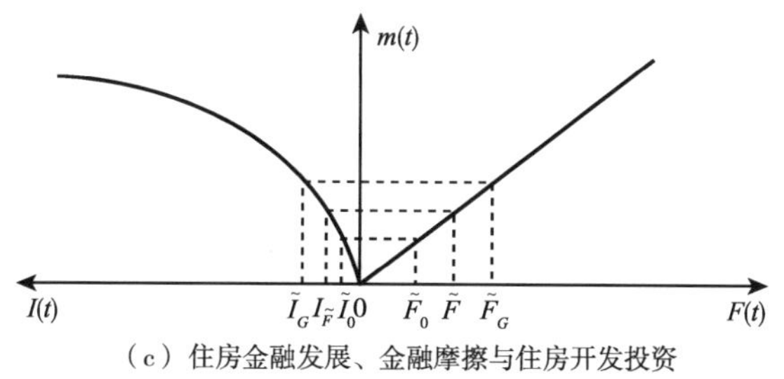

（c）住房金融发展、金融摩擦与住房开发投资

图 4－7　金融垄断竞争时期，$\tilde{F}_G<F_G(\tau,\mu)\leqslant\tilde{F}_{In}$条件下城市住房金融发展动态均衡对住房开发投资的影响

通过对金融垄断竞争时期三种情况的分析，我们发现，住房金融发展路径的转折点所处的阶段非常重要，是导致住房开发投资城市差异性增长的重要原因，而决定金融体制转型时机的地方政府在其中发挥着关键性的作用。当宏观经济环境给定之后，地方政府的不同政策力度会导致城市住房金融发展路径出现差异。由于 $\tilde{F}_0 < F_C(\tau,\mu) \leqslant \hat{F}$ 条件下的财政政策 $\tilde{\tau}$ 和土地政策 $\tilde{\mu}$ 要低于 $\tilde{F}_G < F_C(\tau,\mu) \leqslant \tilde{F}_{In}$条件下的 $\bar{\tau}$ 和 $\bar{\mu}$，所以 $\tilde{F}_0 < F_C(\tau,\mu) \leqslant \hat{F}$ 条件下城市住房金融发展对住房开发投资的影响程度要高于 $\tilde{F}_G < F_C(\tau,\mu) \leqslant \tilde{F}_{In}$条件下，即

$\Phi_a(\tilde{\nu},\tilde{\tau},\theta^{\lambda},\theta^{G},\tilde{\mu},N) \times \Phi_b(\tilde{\nu},\tilde{\tau},\theta^{\lambda},\theta^{G},\tilde{\mu},N)^2 > \Phi_a(\tilde{\nu},\bar{\tau},\theta^{\lambda},\theta^{G},\bar{\mu},N) \times \Phi_b(\tilde{\nu},\bar{\tau},\theta^{\lambda},\theta^{G},\bar{\mu},N)^2$。

在图 4－8（a）和图 4－8（b）中，粗体实线 IF_{In}和 IT_{In}曲线分别表示 $\tilde{F}_0 < F_C(\tau,\mu) \leqslant \hat{F}$ 条件下住房金融发展与住房开发投资的关系、住房开发投资的时间序列，粗体虚线 IF_G 和 IT_G 曲线表示 $\tilde{F}_G < F_C(\tau,\mu) \leqslant \tilde{F}_{In}$条件下。图 4－8 中，$IF_{In}$曲线要显著高于 IF_G 曲线。从初始点 $\tilde{F}_0$开始，两条曲线中住房开发投资的差距不大。当 IF_{In}曲线发展到 $\tilde{F}_C(\tilde{\tau},\tilde{\mu})$ 点时，地方政府政策推动住房金融发展模式转变，金融摩擦减缓，IT_{In}曲线中住房开发投资快速增长。而此时，IF_G 曲线尚未收敛到稳态点，但住房开发投资的差距开始逐步拉大。由于地方政府提高了体制转型的门槛 $\tilde{F}_C(\bar{\tau},\bar{\mu})$，$IT_G$ 曲线在没有到达 $\tilde{F}_C(\bar{\tau},\bar{\mu})$前就很快进入了均衡 G－陷阱，从此，住房开发投资停止了增长，一直维持在 $\tilde{I}_G$。而 IT_{In}曲线在金融模式转变后继续加速增长，超越了 G－陷阱，直到收敛到更高均衡水平的 $\tilde{I}_{In}$。当 IT_{In}和 IT_G 曲线都到达稳态均衡后，住房开发投资差距处于最大程度。由此，IT_{In}和 IT_G 曲线的发展过程形成了住房开发投资的城市差异性发展路径。从中不难看出，地方政府采取何种程度的财政政策和土地政策，直接关系到住房金融体制的变革和住房开发投资的未来发展前景。

我们分析当城市处于金融抑制时期 $\Delta \geqslant \bar{\Delta}(\xi,\lambda_b)$ 条件下，城市住房金融发展均衡路径的动态特征。在金融抑制时期，中央政府更加关注地方

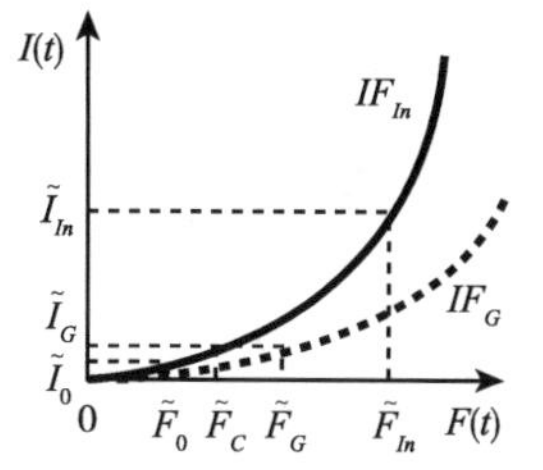

（a）住房金融发展与住房开发投资

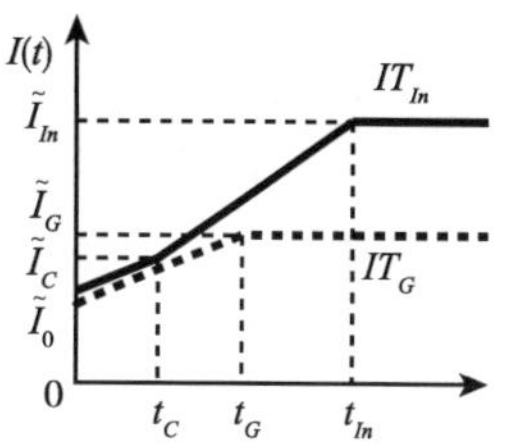

（b）住房开发投资发展路径

图 4－8　金融垄断竞争时期，不同条件下城市住房金融发展与住房开发投资的对比

政府在经济增长方面做出的政绩，而不重视对社会保障与保障性住房领域的资金投入 $\underline{\nu}$。金融监管者严格限制金融行业准入门槛 $\underline{\lambda}_b$，提高金融机构的最低资本金要求 $\underline{A}$，降低金融产品创新的流动性政策 $\underline{\xi}$，忽视对大型银行的金融监管力度 $\underline{\zeta}^G$，由此形成一连串与金融抑制环境相对应的宏观政策集合 $\underline{\mathrm{P}} \equiv \{\underline{\nu}, \underline{\lambda}_b, \underline{A}, \underline{\xi}, \underline{\zeta}^G\}$。在这一经济环境下，城市住房金融发展的均衡路径同样存在着较大差异。

当 $\underline{F}_0 < F_C(\tau, \mu) \leqslant \underline{F}_G$时，城市经济从垄断式住房金融发展模式 $(X=1)$ $\underline{F}_0$点开始，城市住房金融发展程度缓慢增长。随着发展模式转换时机 $\underline{F}_C$的到来，两类银行同时进入毁灭式创新发展模式 $X=0$。不过，由于宏观经济政策的压制，两类银行为新的发展模式支付了巨大的转型成本，导致城市住房金融发展水平突然下降到 $\underline{F}_S$点。其中，$\underline{F}_S < \underline{F}_C$。这可以看作城市住房金融体制转变对住房金融发展产生的内生性冲击。在毁灭式创新发展路径上，会出现两种情况：一种是 $\underline{F}_C \leqslant \underline{F}_{In}$时，新的发展模式推动城市住房金融发展程度快速增长（见图 4－9），另一种是 $\underline{F}_{In} < \underline{F}_C \leqslant \underline{F}_G$时，毁灭式创新发展模式不适应城市经济，导致住房金融发展水平快速下降（见图 4－10）。两种情况的最终结果都是逐步收敛到稳态均衡水平 $\underline{F}_{In}$。但是这种稳态均衡水平要低于模式转换之前的住房金融发展水平，即 $\underline{F}_{In} \leqslant \underline{F}_C$。我们将这种稳态均衡定义为金融创新的陷阱。此时，金融创新稳态点 $\underline{F}_{In}$和城市稳态增长率 $\underline{g}_C$分别为：

$$\underline{F}_{In} = \frac{(s-1)\underline{\lambda}_b + 1}{(1-\underline{\xi})(1+g_C)} \bar{F}(t) \text{ 和 } \underline{g}_C = \frac{(s-1)\underline{\lambda}_b + \underline{\xi}}{1-\underline{\xi}} \qquad (4-53)$$

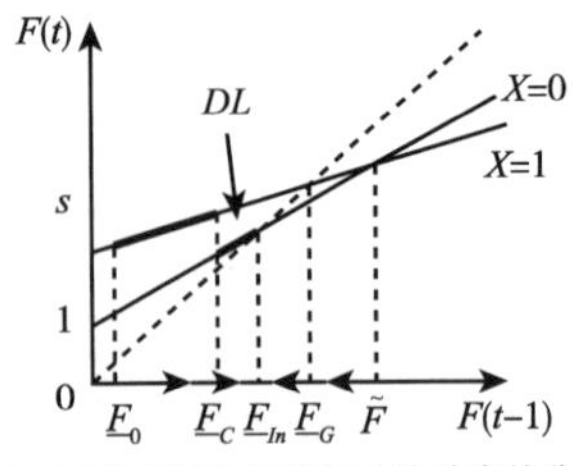

（a）城市住房金融发展的动态均衡

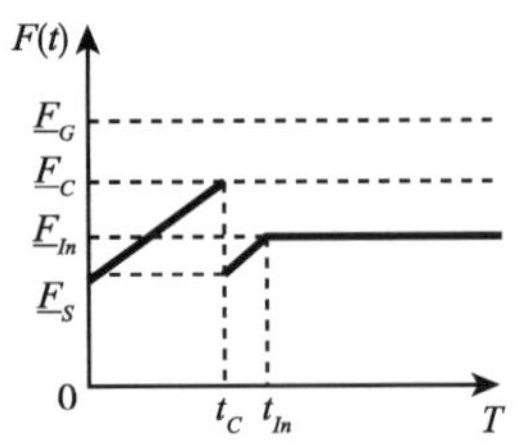

（b）城市住房金融发展的动态均衡过程

图 4－9　金融抑制时期，$\underline{F}_0 < F_C(\tau,\mu) \leqslant \underline{F}_{In}$ 条件下城市住房金融发展动态均衡

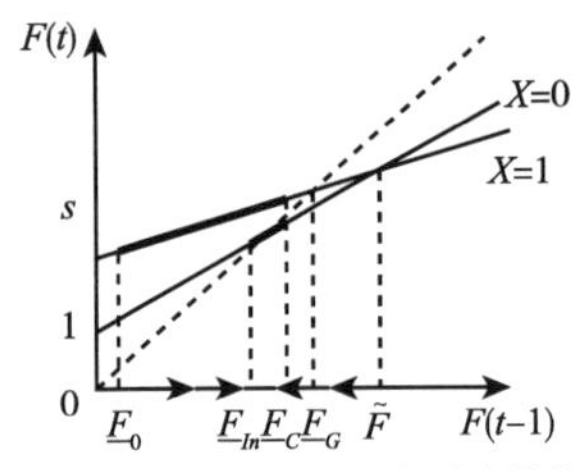

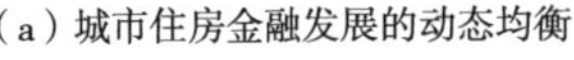
（a）城市住房金融发展的动态均衡

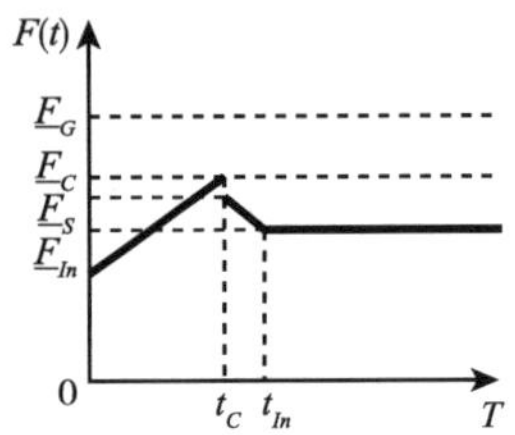

（b）城市住房金融发展的动态均衡过程

图 4－10　金融抑制时期，$\underline{F}_{In} < F_C(\tau,\mu) \leqslant \underline{F}_G$ 条件下城市住房金融发展动态均衡

定义 4.6（城市住房金融发展的金融创新陷阱）　城市住房金融发展的金融创新陷阱（Innovation－Trap）是指在毁灭式创新发展模式中，由于宏观与微观环境对金融创新行为的不兼容，金融创新对城市住房金融发展的推动作用效果不显著，住房金融发展程度一直处于金融效率最低的路径上，最终收敛到效率水平最低的均衡点 $\underline{F}_{In}$。$\underline{F}_{In}$ 点由（4－53）式给定。稳态均衡时，金融创新导致城市住房金融发展水平处于最低点，金融摩擦程度最高，无谓损失最大，住房金融效率最低。

金融创新陷阱与 G－陷阱的重要差别在于：一是推动力不同。前者以金融创新作为动力，导致金融发展效率较低，而后者由诸多因素引起，比如垄断力量。二是发展过程不同。前者是从其他模式转换而成，最终被金融创新锁定在低效率稳态，而后者一直想转变而无法转换模式，自己把自己锁定在低效率稳态。如果城市经济从毁灭式创新模式开始，住房金融发展均衡路径一直处于金融效率最低水平，且最终收敛到的金融创新稳态点也是金融效率最低点，则金融创新陷阱等同于 G－陷阱。

城市住房金融发展均衡路径“先上升后下滑”的过程对住房开发投资也产生了较大影响。在金融发展模式转换之前，金融摩擦逐步减缓，住房开发投资稳步增长。当城市转换到毁灭式创新发展路径上之后，金融摩擦随着 $\underline{F}_S$的下滑突然增加到 $\underline{m}_S = \Phi_b(\underline{\nu},\tau,\theta^{\lambda},\theta^{G},\mu,N)\underline{F}_S$，开发商和地方政府在外部与内部流动性同时收紧的情况下面临着巨大的投融资压力，减缓商品房与保障性住房的投资势在必行。由于毁灭式创新发展模式与城市经济的不兼容，住房金融发展水平很快就在低位实现稳态均衡，而此时金融摩擦 $\underline{m}_{In}$尚未恢复到转型前的水平 $\underline{m}_C$，即 $\underline{m}_C > \underline{m}_{In}$。对于开发商和地方政府而言，宏观金融环境的抑制作用原本已经阻碍到住房市场的发展，但新的金融发展模式不仅没有解决原有的问题，反而加剧了住房市场的投融资难度。稳态均衡时，处于金融创新陷阱的住房开发投资 $\underline{I}_{In} = \Phi_a(\underline{\nu},\tau,\theta^{\lambda},\theta^{G},\mu,N)\underline{m}_{In}^2$同样没有恢复到转型前的水平 $\underline{I}_C$，即 $\underline{I}_C > \underline{I}_{In}$。以上动态过程说明，在宏观金融环境不成熟的时候进行金融体制改革，不仅不利于银行金融创新收益的增加和城市住房金融发展程度的提高，还严重影响到住房市场的发展，加剧了金融摩擦，减少了住房开发投资。

当 $F_C(\tau,\mu) > \underline{F}_G$时，城市经济从垄断式住房金融发展模式的 $\underline{F}_0$点开始，城市住房金融发展程度一直沿着 $X=1$ 曲线缓慢增长，在没有达到发展模式转换时机 $\underline{F}_C$之前，就收敛到 $\underline{F}_G$点。稳态均衡点 $\underline{F}_G$和稳态增长率 $\underline{g}_C^G$分别为：

$$\underline{F}_G = \frac{(\underline{\lambda}_b^2\Delta+1)}{\underline{\xi}[b\underline{\lambda}_b+(1-\underline{\lambda}_b)](1+g_C)}\bar{F}(t) \text{和} \underline{g}_C^G = \frac{(\underline{\lambda}_b^2\Delta+1)}{\underline{\xi}[b\underline{\lambda}_b+(1-\underline{\lambda}_b)]}-1 \tag{4-54}$$

该均衡路径与金融垄断竞争时期 $\tilde{F}_G < F_C(\tau,\ \mu) \leqslant \tilde{F}_{In}$条件下的情形很相似，唯一的不同在于后者处于 G－陷阱之中，因为此时均衡路径的经济效率最低，且无法转换到更有经济效率的其他均衡路径上，而前者不仅没有处于 G－陷阱之中，反而还跳过了金融创新陷阱，因为此时均衡路径的经济效率最高，并且还存在着效率更差的均衡路径——金融创新陷阱。所以，在金融抑制环境下，维持原有垄断式发展模式在一定程度上要优于毁灭式创新发展模式，也更符合当期住房市场的发展要求。

在城市住房金融发展程度收敛到 $\underline{F}_G$点的过程中，金融摩擦逐步下降，住房开发投资不断增长。受到宏观政策 $\underline{\mathrm{P}} = \{\underline{\nu},\underline{\lambda}_b,\underline{A},\underline{\xi},\underline{\zeta}^G\}$和地方政府政策$\{\bar{\tau},\bar{\mu}\}$的影响，城市住房金融发展水平在没有到达 $\underline{F}_C(\bar{\tau},\bar{\mu})$ 之前就收敛到稳态均衡 $\underline{F}_G$ 点。此时，开发商和地方政府面临的金融摩擦程

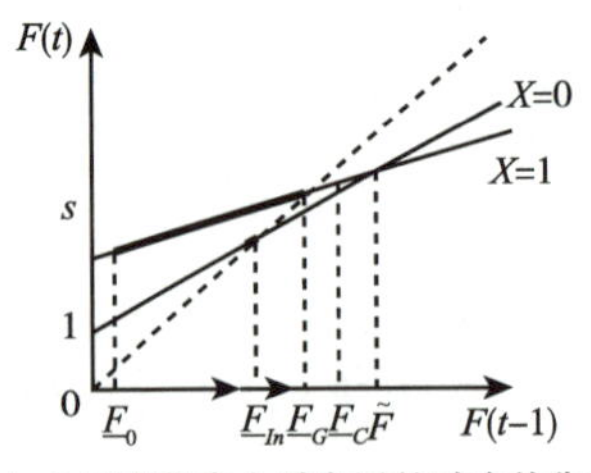

（a）城市住房金融发展的动态均衡

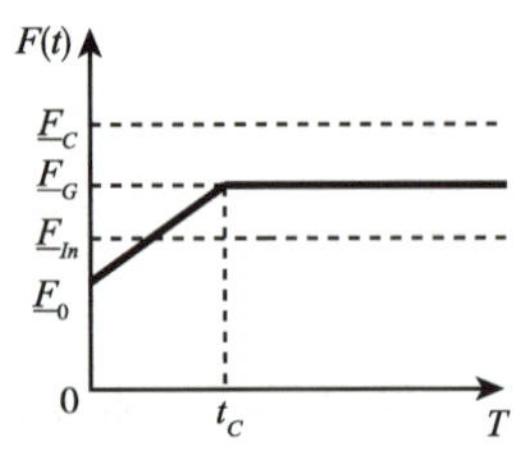

（b）城市住房金融发展的动态均衡过程

图 4－11　金融抑制时期，$F_C(\tau,\mu)>\underline{F}_G$条件下城市住房金融发展动态均衡

度 $\underline{m}_G=\Phi_b(\underline{\nu},\bar{\tau},\theta^{\lambda},\theta^{G},\bar{\mu},N)\underline{F}_G$，要高于金融创新陷阱下的金融摩擦 $\underline{m}_{In}$。在给定外部与内部流动性约束条件下，开发商逐步扩大商品房开发投资，并最终维持在 $\underline{I}_G^h=\Phi_h(\tilde{\theta}^{\lambda},\bar{\mu})\underline{m}_G^2$，而地方政府也不断增加保障性住房开发投资规模，直到稳态投资水平 $\underline{I}_G^p=\Phi_p(\underline{\nu},\bar{\tau},\theta^{\lambda},\theta^{G},\bar{\mu},N)\underline{m}_G^2$。总体来看，垄断式住房金融发展模式下的城市住房均衡投资水平 $\underline{I}_G=\Phi_a(\underline{\nu},\bar{\tau},\theta^{\lambda},\theta^{G},\bar{\mu},N)\underline{m}_G^2$要显著高于毁灭式创新模式下的 $\underline{I}_{In}$。

金融抑制时期，地方政府的政策同样会产生住房开发投资的城市差异性路径。虽然宽松的地方政府政策$\{\underline{\tau},\underline{\mu}\}$加快了金融模式的变革，推动了两类金融机构金融创新的力度，但是由于宏观经济环境的不健全，金融创新效率较低，金融创新的功能难以发挥。在金融创新陷阱中，这种低效率的金融体系不仅对开发商和地方政府的融资造成了困难，还压制了住房开发投资的长期增长，减弱了金融创新对住房市场的推动作用。而强力的政府干预$\{\bar{\tau},\bar{\mu}\}$，虽然保留了原有的垄断式金融体制，维持了住房市场和住房开发投资的缓慢增长，但是避免了金融创新的破坏作用，消除了金融体制的转型风险，反而摆脱了金融创新陷阱。由于住房金融发展均衡路径无法经过使城市经济效率最大化的最优转折点 $\hat{F}$，所以在金融抑制时期，地方政府无论采取何种政策促使住房金融发展路径收敛到哪一个均衡点，都是次优发展战略，而且不会出现城市住房金融发展的最优战略。

在图 4－12（a）和图 4－12（b）中，粗体虚线 $\underline{IF}_{In}$和 $\underline{IT}_{In}$曲线分别表示 $\underline{F}_0<F_C(\tau,\mu)\leqslant\underline{F}_G$条件下住房金融发展与住房开发投资的关系、住房开发投资的时间序列，粗体实线 $\underline{IF}_G$和 $\underline{IT}_G$曲线表示 $F_C(\tau,\mu)>\underline{F}_G$条件下。图 4－12 中，$\underline{IF}_{In}$曲线要显著高于$\underline{IF}_G$曲线。从初始点 $\underline{F}_0$开始，两条曲线

中住房开发投资的差距不大。当$\underline{IF}_{In}$曲线发展到$F_C(\tau, \mu)$点时，金融模式的转变过程会出现逐步下滑和突然下滑两种方式的下降过程，并且$\underline{IT}_{In}$最终收敛到金融创新陷阱$\underline{I}_{In}$。而$\underline{IT}_G$则不会发生任何重大转变，住房开发投资稳步增长直到跳过金融创新陷阱$\underline{I}_{In}$，收敛到稳态水平$\underline{I}_G$。不难看出，$\underline{IT}_{In}$与$\underline{IT}_G$两条曲线收敛后的差距反映了金融抑制时期政策差异对住房开发投资路径的城市差异性影响。

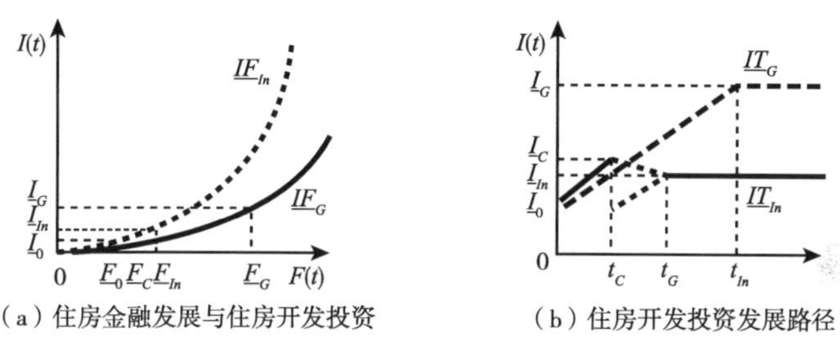

（a）住房金融发展与住房开发投资　　（b）住房开发投资发展路径

图4－12　金融抑制时期，不同条件下城市住房金融发展与住房开发投资的对比

在此，我们需要特别指出，金融创新是提高金融效率的重要方式与手段，其本身并没有错误。金融创新之所以出现金融效率不高、对住房开发投资产生负向冲击等问题，主要原因在于：不成熟的宏观经济环境，不适当的地方政府政策干预与不健康的城市住房市场导致了金融创新的成本较高、效率较差、功能无法发挥。

我们研究处于金融自由化时期$\Delta < \underline{\Delta}(\lambda_b)$条件下，城市住房金融发展均衡路径的动态特征。在金融自由化时期，中央政府积极推动金融机构参与保障性住房投融资$\bar{\nu}$，金融监管者完全放宽行业准入门槛$\bar{\lambda}_b$，最大限度降低金融机构的最低资本金要求$\bar{A}$，提高金融产品创新的流动性政策$\bar{\xi}$，加强对大型银行的金融监管力度$\bar{\zeta}^G$，防止大型银行垄断力量对金融市场产生干扰与扭曲，由此形成一连串与金融自由化环境相对应的宏观政策集合$\bar{P} \equiv \{\bar{\nu}, \bar{\lambda}_b, \bar{A}, \bar{\xi}, \bar{\zeta}^G\}$。

金融自由化时期与之前两种金融环境的最大不同在于：城市经济的初始点不是从垄断式发展模式（$X=1$）开始，而是从毁灭式创新发展模式（$X=0$）$\bar{F}_0$点开始。因为有效的金融自由化政策降低了金融创新门槛、减少了两类银行的转型成本、限制了垄断力量、促使金融创新收益高于垄断收益，所以金融市场中的所有银行一开始就直接选择毁灭式创新发展模式，积极参与市场竞争。由于金融自由化导向的宏观经济政策与微观金融创新活动的良性互动，城市住房金融发展水平不断提高，最终收敛到稳态均衡点 $\bar{F}_{In}$。金融创新稳态点 $\bar{F}_{In}$和城市稳态增长率 $\bar{g}_C$由下式给出：

$$\bar{F}_{In}=\frac{(s-1)\ \bar{\lambda}_b+1}{(1-\bar{\xi})(1+g_C)}\bar{F}(t)\text{和}\ \bar{g}_C=\frac{(s-1)\ \bar{\lambda}_b+\bar{\xi}}{1-\bar{\xi}} \qquad (4-55)$$

自由化金融市场体系的完善有效刺激了住房市场发展。随着金融创新渠道的扩展和金融产品与工具的增加，银行的投融资能力和金融创新能力显著提高了金融市场资金供给规模。这不仅促进了外部流动性约束的改善，还有效缓解了住房市场的金融摩擦。开发商与地方政府可以用更少的资产获得更多的信贷支持，从而带动住房市场投融资效率的提升。稳态均衡时，金融摩擦程度最低，为 $\bar{m}_{In}=\Phi_b(\bar{\nu},\tau,\theta^{\lambda},\theta^{G},\mu,N)\ \bar{F}_{In}$，住房开发投资处于最高水平 $\bar{I}_{In}=\Phi_a(\bar{\nu},\tau,\theta^{\lambda},\theta^{G},\mu,N)\ \bar{m}_{In}^2$。

图4－13描绘了金融自由化时期住房金融发展的动态均衡路径。由于两条住房金融发展路径既不存在交点 $\hat{F}$，也不存在金融体制转型的 $F_C(\tau,\mu)$点，所以地方政府政策｛τ,μ｝不会影响到住房金融发展路径的变动。但是宏观经济政策可以跳过地方政府，直接决定城市住房金融发展的均衡路径，而且该均衡路径是城市最优的发展战略。

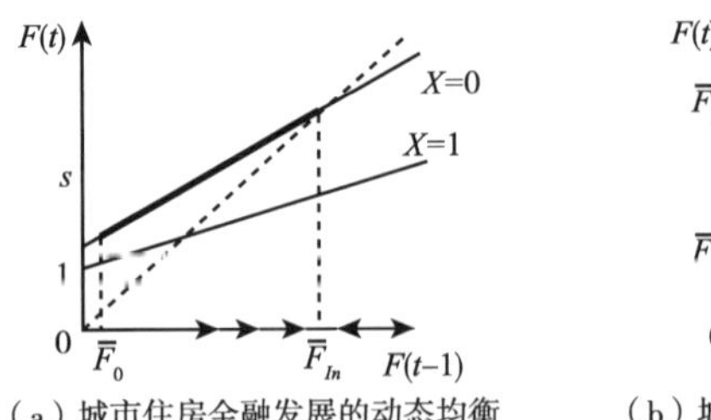

（a）城市住房金融发展的动态均衡

（b）城市住房金融发展的动态均衡过程

图4－13　金融自由化时期城市住房金融发展动态均衡

定理4.2　在城市经济 $\varepsilon\{F(t)\}$ 中，当假设4.1和假设4.2成立时，$F_C(\nu,\tau,\mu,A,\xi,\zeta^G)$ 由（4－44）式给定，$\hat{F}$ 由（4－46）式给定，$\bar{\Delta}(\xi,\lambda_b)$ 和 $\underline{\Delta}(\lambda_b)$ 由（4－48）式给定，$F\in[0,\infty)$，则唯一的动态均衡在以下条件下存在：

(1) 金融垄断竞争时期，$\underline{\Delta}(\lambda_b) < \Delta < \bar{\Delta}(\xi,\lambda_b)$，在宏观政策集合 $\tilde{\mathrm{P}} \equiv \{\tilde{\nu}, \tilde{\lambda}_b, \tilde{A}, \tilde{\xi}, \tilde{\zeta}^G\}$ 下：

当 $\tilde{F}_0 < F_C(\tau,\mu) \leqslant \tilde{F}_G$ 时，城市初始住房金融发展程度从垄断式住房金融发展模式（$X=1$）$\tilde{F}_0$ 开始，缓慢增长，到达 $\tilde{F}_C$ 点后发生路径转换。$\tilde{F}_0 < \tilde{F}_C \leqslant \hat{F}$ 时，突然下滑到 $X=0$ 曲线上，随后快速增长；$\hat{F} < \tilde{F}_C \leqslant \tilde{F}_G$ 时，突然上升到 $X=0$ 曲线上，随后快速增长。最终收敛到稳态均衡点 $\tilde{F}_{In}$。此时，$\tilde{F}_{In}$ 点由（4－49）式给定，城市稳态增长率由（4－50）式给定。

当 $\tilde{F}_G < F_C(\tau, \mu) \leqslant \tilde{F}_{In}$ 时，城市初始住房金融发展程度从垄断式住房金融发展模式（$X=1$）$\tilde{F}_0$ 开始，缓慢增长，在到达稳态均衡点 $\tilde{F}_G$ 点后便停止了增长，掉进了住房金融发展的 G－陷阱。此时，G－陷阱稳态点 $\tilde{F}_G$ 由（4－51）式给定。G－陷阱下的稳态增长率 $\tilde{g}_C^G$ 由（4－52）式给定。

(2) 金融抑制时期，$\Delta \geqslant \bar{\Delta}(\xi,\lambda_b)$，在宏观政策集合 $\underline{\mathrm{P}} \equiv \{\underline{\nu}, \underline{\lambda}_b, \underline{A}, \underline{\xi}, \underline{\zeta}^G\}$ 下：

当 $\tilde{F}_0 < F_C(\tau,\mu) \leqslant \underline{F}_G$ 时，城市初始住房金融发展程度从垄断式住房金融发展模式（$X=1$）$\underline{F}_0$ 开始，缓慢增长，到达 $\underline{F}_C$ 点后发生路径转换。$\underline{F}_C \leqslant \underline{F}_{In}$ 时，在 $X=0$ 曲线上快速增长；$\underline{F}_{In} < \underline{F}_C \leqslant \underline{F}_G$ 时，在 $X=0$ 曲线上快速下降。最终收敛到稳态均衡点 $\underline{F}_{In}$，掉进了金融创新的陷阱。此时，金融创新稳态点 $\underline{F}_{In}$ 和城市稳态增长率 $\underline{g}_C$ 由（4－53）式给定。

当 $F_C(\tau,\mu) > \underline{F}_G$ 时，城市初始住房金融发展程度从垄断式住房金融发展模式（$X=1$）$\underline{F}_0$ 开始，缓慢增长，直接收敛到稳态均衡点 $\underline{F}_G$。此时，稳态均衡点 $\underline{F}_G$ 和稳态增长率 $\underline{g}_C^G$ 由（4－54）式给定。

(3) 金融自由化时期，$\Delta < \underline{\Delta}(\lambda_b)$，在宏观政策集合 $\bar{\mathrm{P}} \equiv \{\bar{\nu}, \bar{\lambda}_b, \bar{A}, \bar{\xi}, \bar{\zeta}^G\}$ 下，城市初始住房金融发展程度从毁灭式创新发展模式（$X=0$）$\bar{F}_0$ 点开始，快速增长，最终收敛到稳态均衡点 $\bar{F}_{In}$。此时，金融创新稳态点 $\bar{F}_{In}$ 和稳态增长率 $\bar{g}_C$ 由（4－55）式给定。

定理4.2中可以发现，静态看，在不同金融发展时期的宏观经济环境下，城市住房金融发展均衡路径具有多样化特征，对住房市场金融摩擦和住房开发投资的发展路径产生了城市差异性影响。金融抑制程度越高，地方政府对住房金融市场的影响越大，金融摩擦也越严重。住房市场和住房开发投资在这种金融环境下不仅难以持续、稳定增长，还容易出现大起大落、差异性较大的发展路径。相反，金融自由化程度越高，宏观经济环境越有利于减少地方政府干预、消除金融摩擦、推动住房开发投资稳步增长与住房市场健康发展。动态看，随着大型银行垄断力量的减少Δ，宏观经济环境从金融抑制转向金融垄断竞争，再趋向于金融自由化。在这一过程中，地方政府对住房金融发展均衡路径的影响程度不断减小，住房金融发展的均衡水平也随之而不断提高。由金融发展环境不健全造成的住房开发投资城市差异性增长的格局，也会因为金融环境的自由化改革而逐步收敛到金融效率最高的发展路径上。在此，我们将城市住房金融发展对住房开发投资的城市差异性影响机制归纳为以下命题。

命题4.4 对于城市经济$\varepsilon\{F(t)\}$而言，在假设4.1和假设4.2成立的条件下，金融发展的不同时期（金融抑制时期、金融垄断竞争时期、金融自由化时期）决定了中央政府与金融监管者选择的相应的宏观政策集合$\mathrm{P}=\{\nu,\lambda_b,A,\xi,\zeta^G\}$。地方政府为了追求中央制定的政绩考核目标与自身利益，利用手中的财税工具和土地垄断势力$\{\tau,\mu\}$，不仅和中央政府与金融监管者博弈，还和金融机构与开发商进行博弈，从而影响到城市住房金融制度变革的时机$F_C(\nu,\tau,\mu,A,\xi,\zeta^G)$。在宏观政策集合和地方政府政策的共同作用下，城市存在着多样化的住房金融发展均衡路径，比如G－陷阱、金融创新陷阱、经济效率最大化路径等。这些住房金融发展均衡路径的差异不仅影响到城市中两类银行自身投融资能力与金融创新能力（外部流动性）的变化，还直接导致了金融机构和开发商与地方政府之间金融摩擦（内部流动性）的差异。在外部和内部流动性的共同作用下，由商品房开发投资和保障性住房开发投资构成的城市住房开发投资产生了多种形式的城市差异性发展路径。长期看，随着金融环境从金融压抑向金融自由化方向转变，住房开发投资城市差异性增长的格局会因为金融自由化改革而逐步收敛到金融效率最高的单一发展路径上。

第六节　本章小结

为了解释住房开发投资增长路径的城市差异性，本部分建立了一个住房金融发展、金融摩擦与住房开发投资相互关联的理论框架。该理论框架将住房市场分为由市场驱动投资的商品房市场和由地方政府补充投资的保障性住房市场，并基于这两个市场构建了具有金融摩擦和住房金融发展的动态一般均衡模型，从而有利于清晰阐释开发商、地方政府与金融中介之间的经济与政治互动关系。该理论框架阐明了这样一种解释思路：在具有不同金融垄断力量的宏观经济环境中，由于宏观政策和地方政府政策的共同作用，城市存在着多样化的住房金融发展均衡路径。这些住房金融发展均衡路径的差异不仅影响到城市中金融中介自身投融资能力与金融创新能力（外部流动性）的变化，还直接导致了金融中介和开发商与地方政府之间金融摩擦（内部流动性）的差异。在外部和内部流动性的相互影响下，由商品房开发投资和保障性住房开发投资构成的城市住房开发投资产生了多种形式的城市差异性发展路径。

首先，通过对金融摩擦内生机制的研究，本研究认为：第一，金融摩擦的增加会导致城市商品房开发投资加速减少。具体来说，金融摩擦从两个渠道影响商品房开发投资：一是通过信贷渠道调整开发商的道德风险，并从商品房市场层面影响开发商的自有资金投资规模。二是通过影响土地市场需求和地方政府土地定价决策，从土地成本角度改变商品房开发总投资。第二，金融摩擦的减少会导致城市保障性住房开发投资加速增长。金融摩擦主要从两条路径对保障性住房开发投资产生影响。一条是通过对商品房市场的融资约束产生间接影响。另一条是银行对地方政府外部融资的直接限制。第三，逐步减少的金融摩擦促进了开发商和地方政府在商品房和保障性住房市场之间的正向投资互动，而这种商品房开发投资和保障性住房开发投资的协同加速促进机制，正是推动城市住房开发投资快速增长的重要力量。第四，住房金融发展程度的提高有助于减缓金融摩擦。当银行处于较高程度住房金融发展环境中时，银行的融资能力或金融创新能力显著增强，抵御住房市场风险能力提高，因而银行可以为住房市场提供更多的流动性，促进资金在住房市场配置效率的提高，从而减少金融摩擦，增加开发商或地方政府的内部流动性。第五，住房金融发展程度的提高与金融摩擦的减少会显著改善社会福利水平。

其次，本研究从动态角度特征化住房金融发展的内生过程，分析城市住房金融发展的动态均衡路径对住房开发投资的城市差异性影响，解释住房开发投资城市差异性增长的根本原因。本研究根据金融垄断力量的强弱，将城市所处的经济环境划分为三个时期：金融抑制时期、金融垄断竞争时期、金融自由化时期。本研究认为：第一，在金融垄断竞争时期，城市较早进行金融发展模式的转换，有助于跳过住房金融发展的G-陷阱，收敛到较高金融效率的发展路径上，从而促进城市住房开发投资的加速增长，并使其收敛到较高的均衡投资水平；而推迟转换时机，则容易掉进住房金融发展的G-陷阱，并始终维持在较低金融效率的发展路径上，从而导致G-陷阱下的住房开发投资均衡水平要显著低于毁灭式创新模式下的。因此，在同一时期，不同的转换时机，形成了住房开发投资的城市差异性增长格局。第二，在金融抑制时期，过早的转换发展模式容易掉进金融创新的陷阱，不仅无法解决原有的金融约束问题，反而加剧住房市场的投融资难度，降低金融效率，加剧金融摩擦，减少住房开发投资均衡水平；而推迟转换，虽然保留了原有的垄断式金融体制，维持了住房市场和住房开发投资的缓慢增长，但是避免了金融创新的破坏作用，消除了金融体制的转型风险，反而可以摆脱金融创新陷阱。所以，在这一时期，由于转换时机的差异，住房开发投资也出现了两条城市差异性发展路径。第三，在金融自由化时期，所有银行一开始就直接选择毁灭式创新发展模式，城市住房金融发展均衡路径逐步收敛到金融效率最高的均衡点，有效刺激了住房市场发展。此时，城市中只存在一条住房开发投资的发展路径。第四，长期看，宏观金融环境的转变会重塑住房开发投资城市差异性增长的格局。随着大型银行垄断力量的减少，宏观经济环境从金融抑制转向金融垄断竞争，再趋向于金融自由化。在这一过程中，地方政府对住房金融发展均衡路径的影响程度不断减小，住房金融发展的均衡水平也随之而不断提高。由金融发展环境不健全造成的住房开发投资城市差异性增长的格局，也会因为金融自由化改革而逐步收敛到金融效率最高的单一发展路径上。

基于对住房开发投资增长路径的城市差异性的解释，本研究给出了以下政策建议：在不同金融发展时期，地方政府可以根据自身利益调整财政政策与土地政策的力度，控制住房金融发展模式转换的时机，防止住房金融发展路径陷入G-陷阱或金融创新陷阱，降低社会无谓损失，减少金融摩擦，促进住房开发投资收敛到金融效率较高的均衡水平。而由中央政府与金融监管者制定的宏观经济政策应当侧重于金融自由化与市场化改革，完善住房金融市场，鼓励金融创新，减少地方政府干预、消除金融摩擦、推动住房开发投资稳步增长与住房市场健康发展。

第五章　我国住房开发投资城市差异性增长的经验性分析

第一节　引　　言

一、我国住房开发投资增长路径的城市差异性：从理论模型到现实数据

住房金融发展、金融摩擦与住房开发投资的相互关系是我国住房开发投资城市差异性增长理论的重点与基石。自 1998 年以来，我国政府始终坚持金融市场化与住房市场化的方向，不断进行综合性、多层面、跨市场的制度建设与配套改革，经过十多年的不懈努力，初步形成了与城市发展相适应的住房金融体系。部分城市的地方政府在住房金融改革过程中进一步放宽市场进入门槛，不断发挥市场的决定性作用，通过减少行政干预、鼓励竞争、开放投资领域等方式，为住房市场与金融市场注入内生发展动力，并以此带动土地市场与保障性住房市场的有序发展。同时，这些城市在住房金融发展过程中充分实现金融市场与地方财政的良性互动，不断开拓商品房市场与保障性住房市场的融资渠道，积极推动城市住房开发投融资的多元化发展，有效改善开发商与政府在商品房市场与保障性住房市场面临的金融摩擦，促进了城市住房开发投资总量的平稳较快增长。但是由于不同城市具有的差异化特征，在部分住房金融发展程度较低的城市，开发商融资渠道狭窄、金融市场流动性不足、住房市场风险较大、住房建设成本较高、地方政府限制过多等问题使开发商面临着较大的金融摩擦，这不仅造成开发商投融资效率的损失，还导致城市住房开发投资总量的相对疲软，制约了城市住房市场的健康发展。从整体上看，住房金融发展程度与金融摩擦的变化贯穿于城市住房开发投资的增长路径之中，是形成不同

类型城市住房开发投资发展路径差异的重要影响因素。

我国住房开发投资城市差异性增长格局的出现意味着以下三层统计关系的确立。

第一是金融摩擦与住房开发投资之间的负向影响关系，即金融摩擦的增加会抑制城市住房开发投资的增长。图 5－1 呈现了基于 35 个大中城市样本的金融摩擦与住房开发投资的负向关系。其中，金融摩擦是影响住房开发投资的微观原因，本研究采用开发商资金来源中的国内贷款与自筹资金之比的倒数来衡量。不过，该负向关系是对跨城市样本数据进行估计的结果，并没有根据城市的类型进行分类考察，缺乏对比研究。而且商品房投资与保障性住房投资的主体具有不同行为特征，需要根据这些差异化特征对其中的关系进行稳健性检验。

第二是住房金融发展与金融摩擦之间的负向影响关系，即住房金融发展会改善或缓解开发商或地方政府面临的金融摩擦。特别是在 2000 年以后，部分城市的住房市场与金融市场得到了长足发展，与城市经济相互补充、齐头并进，实现了从计划经济向市场经济的跨越式转变。在这一转变过程中，以市场化为导向的金融体系的构建与完善在现代经济增长理论中扮演着核心作用。它不仅提高了社会资本的配置与运作效率、降低了市场经济的系统性风险，而且进一步增加了社会公共产品与服务、加速推进城市化进程、提高了社会的整体福利水平。图 5－2 呈现了基于 35 个大中城市样本的住房金融发展与金融摩擦的负向关系。其中，住房金融发展是改善住房市场金融资

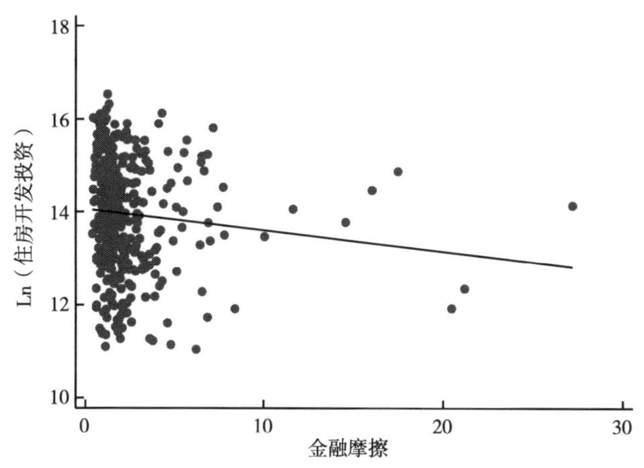

图 5－1　金融摩擦与住房开发投资（35 个城市）

注：数据来源于 2001—2011 年的《中国房地产统计年鉴》。金融摩擦采用开发商资金来源中的国内贷款与自筹资金之比的倒数来衡量。数据期间为 2000—2010 年。

源配置效率的关键性因素，是开发商和地方政府克服金融摩擦的重要途径。由于资本市场的统一性，本研究很难从城市的角度来划分与度量，因此，本研究采用住房国内贷款与城市银行存贷款余额之和的比重来衡量城市住房金融发展程度。该统计关系在一定程度上符合金融发展理论的预期，反映了金融市场化改革对开发商与地方政府融资结构的改善与优化。

第三是住房金融发展与住房开发投资的关系，即随着住房金融发展程度的增加和金融摩擦的缓解，城市住房开发投资会得到有效的提升。图 5 – 3 呈现了基于 35 个大中城市样本的住房金融发展与住房开发投资的正向关系。从中可以发现，两者之间存在相互促进作用。住房金融发展促进了住房市场资金配置效率，开拓了开发商与地方政府融资渠道，降低了融资成本，提高了住房开发投资的投资规模与效率。而住房开发投资的增长也同样推动着金融市场的发展。住房市场的迅猛发展，加快了城市化的进程，扩大了城市的规模与承载力，拉动了社会投融资需求，带动了金融市场规模的壮大、结构的优化、功能的完善和监管水平的加强。尽管住房市场和金融市场都朝着市场化的方向发展，但是由于政策干预程度的不同、监管体制的差异以及市场开放程度的不同，在不同城市，两类市场的市场化程度各不相同，住房市场与金融市场的匹配与融合程度也存在着显著差异。因此，图 5 – 3 中的混合最小二乘法无法给出住房金融发展对住房开发投资的影响的稳健估计结果，需要根据城市类型并采用更为有效的估计方法进行分类估计。

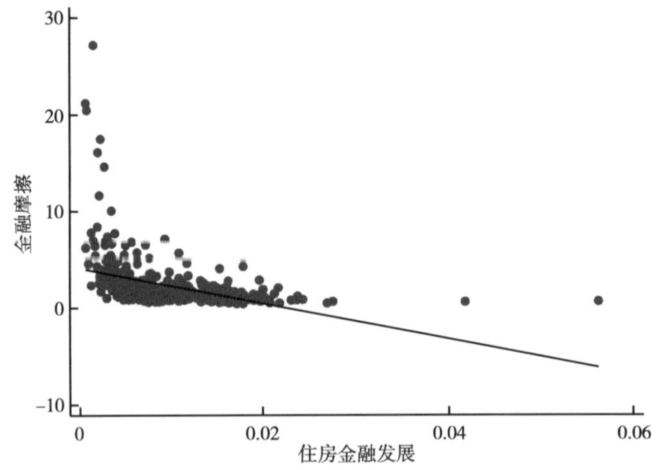

图 5 – 2　住房金融发展与金融摩擦（35 个城市）

注：数据来源于 2001—2011 年的《中国房地产统计年鉴》。金融摩擦采用开发商资金来源中的国内贷款与自筹资金之比的倒数来衡量。住房金融发展采用住房国内贷款与城市银行存贷款余额之和的比重来衡量。数据期间为 2000—2010 年。

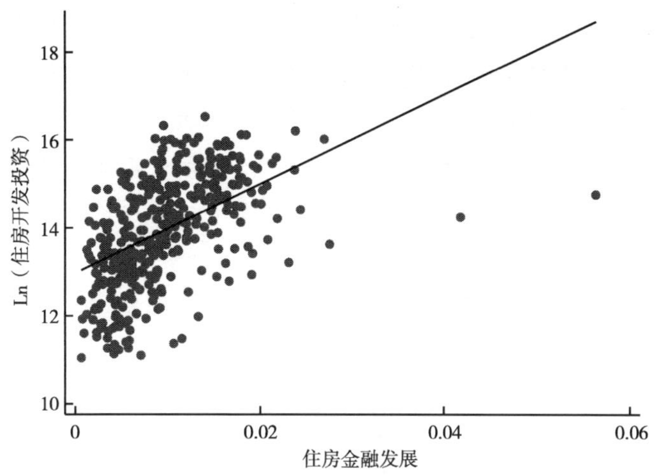

图 5－3　住房金融发展与住房开发投资（35 个城市）

注：数据来源于 2001—2011 年的《中国房地产统计年鉴》。住房金融发展采用住房国内贷款与城市银行存贷款余额之和的比重来衡量。数据期间为 2000—2010 年。

以上三层关系在理论上有着严密的逻辑结构，但是在现实中却缺乏有针对性的有效经验支持。这主要是因为现有的经验研究在住房金融发展、金融摩擦与住房开发投资三者关系的实证检验方面存在着明显的不足。具体而言，一是没有对城市样本进行分组估计，无法考察住房金融发展和金融摩擦对不同类型城市住房开发投资发展路径的差异化影响；二是缺乏对金融摩擦和住房金融发展变量的明确定义与科学测度，这会导致对住房开发投资作用机制的多样化解释与影响程度的差异；三是时间跨度较小、样本量不足产生的估计效率的损失，这不利于对住房金融发展与金融摩擦显著性影响程度的考察与相应的经济学解释；四是缺乏对金融摩擦和住房金融发展之间传递机制的有效估计，以及没有考虑住房金融发展与金融摩擦对决定不同市场行为主体决策的宏观与微观环境变量的影响。

为了克服现有经验研究的缺陷、深化对住房开发投资城市差异性增长理论的认识、寻求对该理论的经验支持，本研究在现有理论与经验研究的基础之上，利用 2000—2010 年我国 35 个大中城市的数据，重点考察两种城市类型中住房金融发展、金融摩擦对住房开发投资的影响。本研究试图确立以下四方面关系：

一是金融摩擦与住房金融发展的主要影响因素。本研究认为，开发商面临的金融摩擦取决于开发商的特征、金融机构资金供给特征和地方政府干预特征，这些因素对两类城市金融摩擦的影响程度各有不同；住房金融发展受到金融深化程度、金融机构效率、金融市场化程度的确定性影响，强劲型城市推动住房金融发展的长期内生动力要优于疲软型城市。

二是住房金融发展对金融摩擦的影响。本研究发现，住房金融发展对金融摩擦具有显著的负向影响，即随着住房金融发展程度的提高，制约当地开发商融资的多重因素正在得到进一步的改善，金融摩擦程度不断减少。强劲型城市住房金融发展对金融摩擦的改善程度总体上要优于疲软型城市。

三是住房金融发展与金融摩擦分别对两类城市的保障性住房开发投资和商品房开发投资产生的影响。本研究的估计结果显示，在考虑住房金融发展情形下，两类城市金融摩擦的增加会导致保障性住房开发投资和商品房开发投资显著下降，并且对疲软型城市的影响程度要显著高于强劲型城市；住房金融发展不仅直接推动保障性住房开发投资和商品房开发投资的增长，还通过减缓金融摩擦的方式间接地促进保障性住房开发投资和商品房开发投资的增加，并且对强劲型城市的影响程度要显著高于疲软型城市，长期性影响也大于短期性影响。

四是住房金融发展与金融摩擦对两类城市的住房开发投资产生的影响。在对保障性住房开发投资和商品房开发投资的分析基础上，本研究认为，由于强劲型城市住房金融发展程度不断提高，金融摩擦得到了显著的改善，金融摩擦对住房开发投资的抑制作用进一步减少，整体上促进了住房开发投资的增长；而疲软型城市住房金融发展相对较慢，金融摩擦对住房开发投资的抑制作用较强，从而造成了住房开发投资的较慢增长，并最终强化了两类城市住房开发投资城市差异性增长的格局。

二、估计的策略与估计的方法

本研究在估计住房金融发展、金融摩擦对住房开发投资的影响的过程中面临着巨大的挑战。第一，现有的住房金融发展与金融摩擦指标普遍存在着一定程度的测量误差，在金融制度保持不变的情况下，这会导致部分城市住房金融发展或金融摩擦的虚假变动，影响估计结果的稳健性。第二，由于35个大中城市在地理、文化、历史、制度、政策等方面的差异，跨城市样本的混合回归不可能有效揭示住房金融发展、金融摩擦与住房开发投资三者的关系。第三，当期开发商住房开发投资的规模会影响到下一期的金融摩擦与住房金融发展，具有动态滞后效应，因此，对三者关系的可靠性估计必须建立住房金融发展、金融摩擦和住房开发投资的动态化模型并进行参数的动态估计。第四，由于存在时间和城市的固定性效应，住房金融发展和金融摩擦的变动可能与其他变量的变动具有相关性，或是受到当期或未来经济条件的影响，从而会因明显的变量遗漏产生估计结果的有偏问题。

为了应对经验研究过程中的挑战，在组织结构上，本研究采取四步检验的策略，试图以此确立住房金融发展、金融摩擦与住房开发投资之间的经验性关系。第一步，建立与估计金融摩擦和住房金融发展的确定性方程，明确金融摩擦和住房金融发展的内生性因素，避免因指标测量误差产生的问题。这样处理可以为选择金融摩擦和住房金融发展的替代变量提供参考依据，防止金融摩擦与住房金融发展引起的内生性问题或存在的反向因果关系导致的估计结果的有偏和估计效率的降低。第二步，重点考察住房金融发展对金融摩擦的影响机制，明确不同类型城市在住房金融发展过程中存在的差异以及不同住房金融发展因素对金融摩擦造成的差异化影响。第三步，分别考虑金融摩擦、住房金融发展、两者交互项对保障性住房开发投资与商品房开发投资的直接与间接影响。该环节主要是为了验证第四章中金融摩擦与住房金融发展分别对保障性住房开发投资与商品房开发投资的相关理论命题，同时，也是为了明确金融摩擦和住房金融发展对不同投资主体的住房开发投资的影响机制和对不同类型城市的影响结果。第四步，重点考察金融摩擦、住房金融发展和两者交互项对住房开发投资总量的影响机制，以及对不同类型城市住房开发投资的差异性结果，从而为两类城市选择不同的住房开发投资发展路径提供理论支撑与经验支持。

在估计方法上，本研究首先考虑的策略是控制影响住房金融发展、金融摩擦和住房开发投资等变量的城市特征因素，即估计方程中包含城市的固定效应。尽管固定效应回归无法解决遗留变量的有偏问题，但在本研究中该方法可以很好地观察住房金融发展、金融摩擦与被解释变量的关系。在对跨城市样本的估计过程中，潜在的有偏的主要来源是影响经济发展与政治发展的、包括地理、文化、历史、制度、政策等在内的城市特征差异。如果这些遗漏的特征是时间一致的，那么引入固定效应就可以消除它们以及由此产生的有偏问题。比如，在强劲型城市北京和疲软型城市贵阳的对比研究中，具有较高住房金融发展程度和较快住房开发投资增长速度的北京市，不需要控制城市固定效应，就可以进行简单的跨城市或一对一的比较，从而得到较高住房金融发展会促进住房开发投资增长的结论。但固定效应的核心解释思路是超越这种简单的比较，重点关注于“城市内部变化”（Within - country Variation）的影响。也就是说，固定效应试图去思考这样一个问题：随着贵阳市住房金融发展程度的相对提高，它的住房开发投资是否会相对的增多。这样处理会进一步增强这一结论：如果某一城市在住房金融发展方面做得更好，该城市的住房开发投资会更多。而不是简单认为，住房金融发展较高的城市会出现更多的住房开发投资。因此，通过引入城市固定效应，我们可以消除与住房金融发展和金融摩擦潜在相关的固定城市特征变量对住房开发投资产生的影响。同时，我们也引入时间固定效应，用于消除住房金融发展与金融摩擦的任何共同全局变动，因为这些变动很可能与住房开发投资相关。

住房开发投资等变量具有持久性、延续性，会产生动态滞后效应。为了模型化这些变量的动态综合效应，本研究的第二个估计策略是在包含城市固定效应和时间固定效应的年度面板数据回归过程中，引入被解释变量的滞后项。广义矩估计（Generalized Method of Moments，GMM）方法可以有效获得被解释变量动态性的稳定估计值。GMM 方法可以根据不同的假设和矩条件划分为两类。一是 Arellano 和 Bond（1991）提出的差分广义距估计（Difference GMM）方法。该方法采用内生变量滞后项的差分作为工具变量进行估计，并假定随机误差项不存在自相关。但当自回归系数较高或面板效应的方差与随机误差项的方差比很高时，该方法会表现出不稳定。二是 Blundell 和 Bond（1998）提出的系统广义距估计（System GMM）方法。他们利用其他距条件推出系统广义距估计的估计量，并额外假定工具变量的一阶差分与固定效应不相关。该方法可以同时使用变量水平方程和差分方程的信息，极大地提高了估计效率。以上两种估计方法都具有一步估计和两步估计。两步估计的优点在于，可以基于第一步估计的残差计算协方差矩阵，进行 White 异方差修正，但会低估标准差，降低估计效率。本研究将同时采用差分 GMM 和系统 GMM 进行一步和两步估计，并在差分方程的基础上利用正交离差方程和水平方程提供的信息来加强估计效率。

尽管固定效应可以有效地消除住房金融发展、金融摩擦和住房开发投资这三个变量的长期确定性因素的影响，但结果不一定是稳健的，且未必可以确立三者之间的因果效应。因此，本研究在估计过程中采取的第三个策略是从金融摩擦和住房金融发展的确定性因素中选择替代变量，利用面板数据固定效应估计方法和 GMM 估计方法对方程进行稳健性检验，从不同维度估计其对被解释变量的影响，获得稳健性结果。对于替代变量的选择，我们始终坚持替代变量与金融摩擦或住房金融发展高度相关、与随机误差项不存在直接影响关系的基本假设。这样处理可以防止因变量内生性问题导致的相互影响关系，有助于获得住房金融发展、金融摩擦对被解释变量的单向因果关系。

三、变量选择和数据说明

本研究的开发商特征和住房市场特征数据主要来自《中国房地产统计年鉴》，土地市场相关数据来自《中国国土资源统计年鉴》，城市特征数据主要来自35个大中城市的统计公报，金融市场特征数据主要来自《中国统计年鉴》。本研究重点考察2000—2010年35个大中城市的年度面板数据集，并根据第一章对35个大中城市的分类，形成住房开发投资强劲型城市集（SHIC）和住房开发投资疲软型城市集（WHIC）。前者包含北京、天津、石家庄、呼和浩特、沈阳、大连、长春、上海、南京、杭州、合肥、南昌、郑州、武汉、长沙、广州、南宁、重庆、成都、西安共20个城市，后者包含太原、哈尔滨、宁波、福州、厦门、济南、青岛、深圳、海口、贵阳、昆明、兰州、西宁、银川、乌鲁木齐共15个城市。这种分类研究不仅可以观察到住房金融发展或金融摩擦对不同类型城市住房市场变量的差异化影响，还有助于进行城市间的比较研究。

金融摩擦是本研究的核心指标之一。理论上说，金融摩擦是一个抽象的概念。实证时，需要使用某个具体指标进行衡量，Rajan 和 Zingales（1998），Buera et al.（2011）采用外部融资的依赖程度来衡量金融摩擦，但仅考虑外部融资需求往往忽略了开发商的经营风险特征，所以本研究构建的金融摩擦指标既要与开发商融资需求高度相关，也要反映住房产业特征。为了有效地衡量开发商面临的融资约束，基于住房抵押贷款时土地抵押带来的金融摩擦这一问题，本研究采用开发商资金来源中的国内贷款与自筹资金之比的倒数这一指标近似衡量金融摩擦程度。如果外部融资占自有资金的比重较高，开发商面临的金融摩擦程度就较低。当开发商完全采用外部贷款来进行住房开发投资时，金融摩擦程度就趋于零。反之，完全利用自有资金进行投资，则意味着金融市场对开发商完全关闭，开发商难以获得贷款，金融摩擦程度无穷大。

住房金融发展也是本研究要研究的核心指标之一。Buera et al.（2011）采用外部融资规模占GDP的比率来衡量一国的金融发展程度。这里的外部融资规模是私人信贷、私人债券市场资本规模、股票市场资本规模的总和。但由于本研究考察的重点不是全国层面，而是城市层面的金融发展程度，且无法从全国统一的债券市场和股票市场中分离出具有地域特征的35个大中城市的融资规模，因此，为了综合衡量住房市场与金融市场的紧密程度，本研究采用住房国内贷款与城市银行存贷款余额之和的比重来衡量该城市的住房金融发展程度。该指标不仅可以衡量金融中介吸收社会存款资源的效率，也可以考察住房市场对金融中介的融资需求，更可以反映城市住房市场发展程度与金融市场发展程度的相关程度。

本研究的开发商特征数据不是指单独某个开发商的特征数据，而是来源于《中国房地产统计年鉴》中的城市开发商数据，是城市中所有开发商的特征数据之和，反映的是城市开发商的总体特征，而非个体特征。与开发商特征相关的指标涉及以下几个方面：一是开发商资本结构特征，包括开发商资产、负债、资产负债率。其中，资产负债率是城市开发商负债总额与资产总额之比，用于考察开发商经营效率与企业风险。二是住房市场结构特征。本研究采用开发商市场势力来衡量开发商在住房市场上的垄断程度。该指标是一级与二级开发商数量之和占所有开发商数量的比重，可以反映一二级开发商对住房市场的影响程度。三是开发商要素需求特征，包括融资需求和土地需求。本研究采用开发商资金来源小计与自筹资金之差来度量开发商外部融资需求，采用地方政府出让的住房用地面积来度量土地需求。由于《中国房地产统计年鉴》对开发商土地投入指标做了特殊的模糊处理，使我们无法获得城市住房用地的相关数据，因此，本研究通过《中国国土资源统计年鉴》的国有土地供应出让情况，对该指标进行加权处理，即开发商土地需求 = 地方政府土地出让面积 ×（商品房开发投资 + 保障性住房开发投资）/房地产开发投资。本研究的处理只对房地产投资中的住房投资进行了加权，但我们无法掌握地方政府出让的土地除了房地产建设以外的其他用途，所以该指标存在着一定的测量误差，但不影响本研究的使用。四是开发商商品房投资特征，即商品房开发投资指标。该指标包含商品房建设所有环节的相关投资。

金融市场特征指标除了金融摩擦与住房金融发展以外，还涉及以下多个方面：一是金融市场流动性特征，包含流动性规模、住房贷款占银行贷款比重。一般来说，中央银行可以利用调整存款准备金率的方式来限制银行存款的货币创造乘数，从而控制金融市场的流动性规模。当然，关于流动性的定义可以有不同角度的理解，在此，本研究把流动性视为金融机构在其自身资本金规模约束的情况下向资金需求方提供的可贷资金的规模①。因此，本研究将基于银行存款余额与央行的存款准备金政策来考察城市的流动性规模，即流动性规模 = 银行存款余额 ×（1 − 存款准备金率）。住房贷款占银行贷款比重用于衡量银行的贷款结构，因为住房贷款比重过高会增加金融机构流动性风险，影响到其未来的经营业绩，所以银行对该

① 此处的流动性等同于第四章中的外部流动性约束。

指标的选择会导致开发商获取外部融资的难易程度发生变动。二是金融市场价格特征，包含实际贷款利率、实际利率差、信贷成本。由于2000年以后我国的金融市场采取市场导向的利率管制政策，但尚未完全实现利率的市场化，所以这里的实际贷款利率采用央行一年期基准贷款利率扣除城市居民消费价格指数（Consumer Price Index，CPI）的变动率的差来衡量。一般来说，金融市场化程度越高，金融机构的竞争就越激烈，在资金需求量不变的情况下，资金价格（利率）就会随着资金供给规模的增加而减少，其获得垄断收益就越少。在中国，金融机构之所以获得高额垄断收益，很大程度上是因为中央银行限定了资金的价格，导致了较高的金融机构利率差。从金融发展的角度来看，利率差会随着金融市场化改革而逐步减少。因此，本研究采用贷款利率与存款利率之差来反映金融机构的市场化程度，也是从金融机构层面反映金融市场的发展程度。当资金价格由金融机构控制时，开发商可以根据融资需求量计算相应的融资成本（信贷成本），选择风险可控、贷款可偿还的融资规模。三是金融机构的效率特征，包括金融机构贷存效率。金融机构贷存效率利用金融机构贷款余额与存款余额之比来衡量，可以反映金融机构的经营绩效。四是金融市场结构特征，包括住房金融深化程度。住房金融深化程度用开发商外部融资需求占住房开发投资的比重来衡量，反映金融市场对住房市场投资的支持力度，体现两个市场的结构比重。

为了考察住房市场特征，本研究分别从以下几个方面着手：一是住房需求，包括商品房消费需求和保障性住房消费需求。在此，本研究将不再单独研究不同类型的住房需求，而是把投机性需求和投资性需求全部看作消费性需求。商品房消费需求和保障性住房消费需求分别采用商品房销售面积和保障性住房销售面积来度量。二是消费者特征，包括住房购买力。该指标是区分消费者进入商品房市场和保障性住房市场的关键指标，本研究采用城市居民可支配收入来度量住房购买力。三是住房价格特征，包括商品房价格和保障性住房价格。在商品房市场，其价格由商品房需求与供给决定，而在保障性住房市场，其价格由政府根据建设成本与限定利润来确定。四是住房供给特征，包含商品房供给规模。该指标主要由商品房竣工面积来度量，反映商品房市场供给特征。五是住房市场总投资特征，该指标由商品房开发投资与保障性住房开发投资构成，并没有考虑投资主体的差异，体现住房市场投资的总体情况。

与住房市场密切相关的要素市场，除了金融市场以外，还有土地市场。本研究主要从以下几方面考察土地市场特征：一是土地价格特征。我国的土地所有权属于国有，地方政府有出让权。住房建设用地出让价格完全由地方政府控制。土地价格的变动具有丰富含义，不仅可以体现政府行为特征，也能反映下游住房市场特征，同时土地价格的变化趋势对金融市场也有着重要的影响作用。二是土地的价值总量特征。本研究采用开发商土地需求与土地价格的乘积来度量土地抵押品价值，体现土地市场交易的价值总量。土地作为重要的金融抵押品，具有较高的融资价值，因此，土地的市场总价是土地使用者获取信贷资金的重要资产。三是土地市场与金融市场的紧密程度特征，即土地资本化率。该指标由开发商获取的国内贷款占土地抵押品价值的比重来度量，反映土地使用者或所有者利用土地资产作抵押从金融市场获取资金的效率与难易程度。一般来说，在具有较高金融发展程度的城市，土地要素的价值可以更好地体现在金融市场中，同时金融市场的创新功能也能够为具有区位特征的土地注入流动性，实现不动产土地要素的动产化。

为了刻画地方政府特征，本研究从以下两个角度进行考察：一是地方政府的投融资行为。地方政府的总收入包含一般性税收收入和政府性基金收入（土地出让收入）两个部分。前者来源于《地方政府统计公报》中的一般性地方财政收入指标，与地方的经济增长密切相关；后者来源于《中国国土资源统计年鉴》的国有土地成交价款，反映土地出让收入情况，与土地市场的需求密切相关。不过，由于出让的土地只有一定比例用于住房建设，因此，开发商支付的土地价款与地方政府土地出让收入并不完全等同，两者存在一定比例关系，且高度相关。本研究将地方政府的支出采用一般性财政支出度量，包含公共基础设施支出与保障性住房支出。为了进一步研究土地出让收入对地方政府财政收支的影响，本研究构建土地财政比重指标，即土地出让收入占一般财政收入的比率，用于考察土地财政在地方政府投融资过程中发挥的作用。由于土地财政比重仅仅是从收入角度影响政府融资行为，为了全面考察地方政府的经营能力，本研究建立地方财政丰盈程度指标，即地方财政盈余占地方政府财政总收入的比重。其中，财政盈余是财政总收入与财政支出的差额。当地方财政丰盈程度较高且是正值时，这意味着地方政府具有充裕的财政实力，具备较强的城市经营能力和管理水平，可以实现较高程度的财政融资与投资水平；反之，则意味着地方财政压力较大或亏空程度较高，地方政府在财政融资与投资方面阻力较大，难以实现城市的稳健经营和可持续发展。二是地方政府的住房保障职能。保障性住房开发投资指标可以直接用于考察地方政府在保障性住房产品供给方面的投入力度。同时，为了反映地方政府对保障性住房的重视程度，本研究采用保障性住房开发投资占地方政府收入的比重来度量住房保障程度。该指标既可以进行城市间民生住房保障程度相对数量的比较，也可以考察保障性住房开发投资与地方财政收入相匹配的程度。三是住房产业对地方政府投融资行为的影响。本研究采用住房土地抵押品价值与地方财政总收入的比重来度量财政依赖住房的程度。住房产业的繁荣直接关系到土地抵押品价值升值，而土地抵押品价值的变动决定了地方政府融资规模的多少。当财政依赖住房程度较高时，地方政府会有极强的动机去操控土地市场与金融市场，防止因土地价值下降造成的财政融资困境。反之，当依赖程度较低时，则说明住房用地创造的抵押品价值对地方财政的影响程度较低，地方政府并不需要依靠土地财政来谋求城市发展。

由于城市具有多样性，为了考察城市的经济社会特征，本研究采用的相关解释变量涉及以下四个方面：一是城市人口特征。城市人口规模数据来自中经网数据库，但由于统计范围和样本的局限性，我们无法获得城市的常住人口数据，因此只能采用市辖区的户籍人口度量城市人口规模。二是城市经济特征。本研究采用城市地区总产值（GDP）度量经济总量规模。三是城市的社会发展水平。城市用电量可以反映家庭现代化设备的使用情况，是社会文明程度的重要体现，因此，本研究采用城市用电量来度量社会的发展程度。四是城市的对外开放程度。本研究采用外商直接投资占城市 GDP 的比重来考察国际化投资对国内城市经济的影响程度。

根据表 5 -1 的变量描述性统计分析结果，我们可以对强劲型城市和疲软型城市相关变量的平均值做一个简单的对比分析。就开发商特征而言，强劲型城市的开发商不仅在资产与负债的绝对数量上要超过疲软型城市，而且在体现经营效率的资产负债率上也要远高于疲软型城市。这意味着强劲型城市的开发商善于利用金融市场发挥资产的杠杆效应，增强企业经营规模，敢于承担市场风险，融资策略更为激进。在住房市场控制力方面，强劲型城市开发商的市场势力要弱于疲软型城市，这说明在强劲型城市中开发商的竞争程度要高于疲软型城市，而疲软型城市的开发商具有较高的垄断力量，在一定程度上可以影响住房市场相关变量的变动。在要素需求方面，强劲型城市对融资需求和土地需求的程度要远高于疲软型城市。这与强劲型城市特征相吻合，在商品房开发投资较快增长的城市，开发商对于资金、土地等投入要素的需求量会同步增加，反映了投资需求对中间产品需求的拉动作用。

表 5－1 变量描述性统计分析结果

变量	标记	35 个城市	SHIC	WHIC
开发商特征：				
开发商资产	Ln*DAsset*	15. 765 (1. 385)	16. 047 (1. 345)	15. 465 (1. 367)
开发商负债	Ln*DLiability*	15. 481 (1. 389)	15. 776 (1. 328)	15. 168 (1. 387)
开发商资产负债率	*DALRate*	0. 755 (0. 062)	0. 764 (0. 056)	0. 745 (0. 067)
开发商市场势力	*DMPower*	0. 130 (0. 073)	0. 129 (0. 065)	0. 132 (0. 080)
开发商融资需求	Ln*DFDemand*	14. 182 (1. 373)	14. 544 (1. 352)	13. 799 (1. 291)
开发商土地需求	Ln*DLDemand*	6. 535 (1. 200)	6. 880 (0. 939)	6. 172 (1. 334)
商品房开发投资	Ln*PriHDI*	13. 826 (1. 317)	14. 193 (1. 265)	13. 437 (1. 261)
金融市场特征：				
金融摩擦	*FFriction*	2. 314 (2. 735)	2. 174 (1. 866)	2. 463 (3. 423)
住房金融发展	*FDevelop*	0. 010 (0. 006)	0. 010 (0. 005)	0. 009 (0. 007)
流动性规模	Ln*Liquidity*	7. 849 (1. 027)	8. 097 (0. 989)	7. 586 (1. 003)
住房贷款占银行贷款比重	*HBLRate*	0. 022 (0. 014)	0. 022 (0. 012)	0. 021 (0. 015)
信贷成本	Ln*FinaCost*	8. 999 (1. 066)	9. 220 (1. 027)	8. 760 (1. 057)
住房金融深化程度	*HFDIndex*	1. 365 (0. 570)	1. 400 (0. 625)	1. 329 (0. 505)
金融机构效率	*FIEff*	0. 807 (0. 124)	0. 808 (0. 134)	0. 805 (0. 111)
实际贷款利率	*RLRate*	3. 935 (1. 984)	3. 926 (1. 969)	3. 944 (2. 004)
实际利率差	*LDRD*	3. 361 (0. 178)	3. 361 (0. 178)	3. 361 (0. 178)

续表

变量	标记	35 个城市	SHIC	WHIC
住房市场特征：				
住房消费需求	Ln*HConsume*	15.175 (0.979)	15.461 (1.001)	14.873 (0.861)
商品房消费需求	Ln*PriHCon*	15.024 (1.089)	15.326 (1.094)	14.703 (0.989)
保障性住房消费需求	Ln*PubHCon*	12.283 (1.596)	12.629 (1.396)	11.911 (1.713)
住房购买力	Ln*HBuy*	9.408 (0.445)	9.411 (0.411)	9.406 (0.480)
商品房价	Ln*PriHP*	8.045 (0.555)	8.050 (0.530)	8.040 (0.581)
保障性住房价格	Ln*PubHP*	7.531 (0.385)	7.520 (0.359)	7.543 (0.411)
商品房供给规模	Ln*PriHSup*	14.924 (0.989)	15.177 (1.005)	14.656 (0.899)
住房开发投资	Ln*HDI*	13.952 (1.214)	14.290 (1.201)	13.595 (1.124)
土地市场特征：				
土地价格	Ln*LandP*	6.031 (1.074)	6.087 (1.109)	5.972 (1.035)
土地资本化率	*LandCap*	4.004 (27.569)	6.090 (2.768)	2.020 (39.357)
土地抵押品价值	Ln*LColateral*	12.567 (1.835)	12.967 (1.593)	12.145 (1.977)
地方政府特征：				
一般财政收入	Ln*GFRev*	13.723 (1.210)	13.898 (1.182)	13.537 (1.216)
土地出让收入	Ln*GLRev*	12.958 (1.714)	13.340 (1.532)	12.556 (1.806)
地方政府总收入	Ln*GTRev*	14.205 (1.278)	14.436 (1.221)	13.960 (1.295)
财政支出	Ln*GExp*	13.938 (1.172)	14.085 (1.175)	13.783 (1.152)

续表

变量	标记	35 个城市	SHIC	WHIC
地方财政丰盈程度	*GBPRate*	0.405 (0.592)	0.533 (0.670)	0.269 (0.459)
土地财政比重	*LFRate*	0.714 (0.642)	0.817 (0.668)	0.606 (0.596)
保障性住房开发投资	*LnPubHDI*	11.058 (1.326)	11.310 (1.370)	10.792 (1.225)
财政依赖住房程度	*FHRate*	0.268 (0.293)	0.288 (0.218)	0.248 (0.355)
住房保障程度	*HSIndex*	0.091 (0.114)	0.081 (0.098)	0.102 (0.128)
城市经济社会特征：				
城市人口规模	Ln*Population*	5.667 (0.697)	5.906 (0.713)	5.414 (0.583)
城市经济规模	Ln*GDP*	7.340 (1.015)	7.562 (0.924)	7.105 (1.056)
社会发展水平	Ln*SocalLev*	13.942 (0.888)	13.993 (0.941)	13.888 (0.826)
对外开放程度	*Openness*	3.879 (3.343)	3.978 (3.273)	3.769 (3.423)
观测值		385	198	187

注：表中数值为样本期平均值，小括号内为标准差。

从金融市场特征来看，强劲型城市的金融摩擦程度要低于疲软型城市，而住房金融发展程度则高于疲软型城市。这意味着随着住房金融发展程度的提升，强劲型城市的金融资产规模在不断壮大，开发商获取融资的方式在不断增多，资金的来源渠道在不断多样化，从而可以在一定程度上更为有效地克服与消除金融摩擦。具体而言，在流动性方面，强劲型城市的流动性规模和银行对住房贷款的供给规模要高于疲软型城市；在资金价格方面，强劲型城市具有低贷款利率的优势，但由于信贷需求较为旺盛，在信贷成本总量上要高于疲软型城市；在金融效率方面，强劲型城市的金融机构效率要高于疲软型城市，同时在住房金融深化程度方面，强劲型城市也强于疲软型城市。总之，强劲型城市金融市场的综合发展从多个层面解决了由金融摩擦造成的住房开发投资疲软问题。

从住房市场特征来看，强劲型城市的住房市场比疲软型城市活跃。在住房需求方面，强劲型城市住房市场需求旺盛，不论是商品房消费需求，还是保障性住房消费需求，都远高于疲软型城市；在消费能力方面，强劲型城市的消费者具有较强的购买力；在价格方面，强劲型城市商品房价格和保障性住房价格普遍高于疲软型城市；在住房投资与供给方面，强劲型城市的住房开发投资总量远高于疲软型城市，且商品房供给规模也高于疲软型城市。

从土地市场特征来看，强劲型城市的土地可以为开发商和地方政府创造更多的流动性。在土地价格方面，强劲型城市较高的地价反映出开发商土地需求的旺盛和地方政府对土地价格的控制与支持；在土地价值总量方面，强劲型城市土地具有较高的资产抵押价值，为开发商或地方政府融资提供强有力的有形资产担保；在土地资源金融创新方面，强劲型城市利用土地要素获取的金融资源，不论是在规模，还是在效率方面，都远高于疲软型城市，即强劲型城市的不动产土地具有较高的动产化水平。

从地方政府行为特征来看，强劲型城市的地方政府具有较大的财政收支能力，且受住房市场发展的影响程度较大，但住房保障工作没有疲软型城市做得好。具体而言，在财政收入方面，强劲型城市不仅税收收入和土地出让收入规模较高，而且土地财政比重远大于疲软型城市。这意味着强劲型城市的融资行为在很大程度上依赖于土地出让收入。在财政支出方面，强劲型城市同样具有较高的财政支出规模。根据地方财政丰盈程度的比较，强劲型城市财政充足，城市经营和管理水平较高，为地方政府的投融资规模创造了极佳的条件，比疲软型城市更有城市资源吸取与控制力。在住房保障方面，强劲型城市的保障性住房投资规模较大，但相对保障程度要低于疲软型城市，这表明疲软型城市更加重视住房保障工作，从而使得民生住房支出规模在地方财政收入中占据较高的份额。在住房产业对地方政府的影响方面，强劲型城市对住房产业的依赖程度高于疲软型城市，这意味着强劲型城市土地资源创造的价值为地方政府财政收入或融资作出了较大的贡献，其住房市场的发展紧密关系到地方政府的投融资行为。

从城市的经济与社会特征看，与疲软型城市相比，强劲型城市人口数量较多，经济总量较大，家庭使用的现代化电器设备较多，城市吸收的国外投资比重较高。这反映出强劲型城市在人口集聚规模、经济发展水平、现代化文明程度与国际化方面均遥遥领先于疲软型城市。

第二节 金融摩擦的影响因素分析

金融摩擦是金融市场需求方、供给方、监管方与干预者多主体在金融市场、住房市场、土地市场中相互博弈产生的综合结果，其变动受到多重因素的影响。为了估计各因素对金融摩擦的影响程度，本研究在假定住房金融发展程度不变的基础上，利用（4－34）式方程，分别采用以下静态面板模型和动态面板模型进行考察：

$$FFriction_{it} = \lambda Developer_{it} + \xi Bank_{it} + \chi Government_{it} + \mu_t + \delta_i + \varepsilon_{it} \tag{5-1}$$

$$FFriction_{it} = \alpha FFriction_{it-1} + \lambda Developer_{it} + \xi Bank_{it} + \chi Government_{it} + \mu_t + \delta_i + \varepsilon_{it} \tag{5-2}$$

在静态面板模型（5－1）式中，被解释变量为 i 城市 t 时期的金融摩擦程度（$FFriction_{it}$），解释变量分别为 i 城市 t 时期开发商融资特征（$Developer_{it}$）、金融机构资金供给特征（$Bank_{it}$）、地方政府干预金融市场特征（$Government_{it}$），系数 λ、ξ、χ 分别反映这三类特征对金融摩擦的影响程度。在此，本研究分别采用开发商资产、开发商资产负债率、开发商市场势力来衡量开发商融资特征，分别采用银行流动性规模、住房贷款占银行贷款比重、信贷成本来度量金融机构资金供给特征，分别采用土地抵押品价值、地方财政丰盈程度、财政依赖住房程度、住房保障程度来衡量地方政府干预金融市场特征。μ_t 为时间固定效应，δ_i 为城市固定效应，用于反映对所有城市的金融摩擦的共同冲击（或共同时间趋势项）。ε_{it} 为随机误差项，且 $E(\varepsilon_{it})=0$，用于捕获其他遗漏的影响因素。

静态面板模型仅仅考虑了解释变量对本期被解释变量的影响，无法关注内生被解释变量滞后项对本期的影响，即金融摩擦在时间上的延续。为了弥补这一缺陷，本研究在动态面板模型（5－2）式中加入金融摩擦的滞后项（$FFriction_{it-1}$），用于捕获金融摩擦的持续性，系数 α 反映金融摩擦变动趋势对其均衡值的动态影响。

表 5－2 给出了固定效应、差分 GMM 和系统 GMM 估计的结果。(1)—(3) 列是包含了固定效应的估计结果，而（4)—(9) 列通过对时间的差分消除了固定效应，并且显示了金融摩擦一阶滞后项产生的影响。在对方程进行二阶序列相关检验后，我们发现，检验结果没有给出明确的证据来证明估计方程中的误差项具有二阶序列相关特征。这意味

着（5－2）式中的动态一阶自回归模型是合适的。通过对方程的工具变量进行 Hansen 过度识别检验，我们可以证实“工具变量具有有效性”这一假设。因此，差分 GMM 和系统 GMM 估计得到的结果是稳健的。

表 5－2 的估计结果显示，金融摩擦的主要影响因素在不同类型的城市中存在显著差异。就开发商特征而言，在强劲型城市，开发商资产规模、资产负债率、开发商市场势力与金融摩擦具有显著的负向关系，这意味着在其他因素不变的情况下，随着开发商自身资本规模的增加，开发商更倾向具有风险的负债经营，并且在开发商市场势力的影响下，开发商的盈利能力越强，获取外部资金的可能性越大，受到金融摩擦的程度越小。而在疲软型城市，虽然开发商特征与金融摩擦显著负相关，但影响程度要弱于强劲型城市。这可能是因为疲软型城市金融市场不发达，开发商与银行之间的合作程度不高，受金融市场影响较小。

表 5－2　金融摩擦的主要影响因素

被解释变量	金融摩擦（*FFriction*）								
	固定效应			差分 GMM			系统 GMM		
	35 个城市 （1）	SHIC （2）	WHIC （3）	35 个城市 （4）	SHIC （5）	WHIC （6）	35 个城市 （7）	SHIC （8）	WHIC （9）
$FFriction_{it-1}$				0.244*** （0.025）	0.281*** （0.081）	0.268*** （0.063）	0.688*** （0.038）	0.593*** （0.085）	0.677*** （0.055）
$LnDAsset_{it}$	－1.567*** （0.431）	－2.190*** （0.512）	－1.437* （0.736）	－0.751* （0.416）	－1.027** （0.452）	－1.093* （0.783）	－0.408 （0.326）	－0.412* （0.235）	－0.001 （0.549）
$DALRate_{it}$	－3.107* （2.268）	－3.180* （2.441）	－6.705* （4.002）	－2.313 （3.341）	－3.970** （1.646）	3.600 （2.423）	0.453 （0.678）	0.505 （0.840）	0.619 （0.734）
$DMPower_{it}$	－3.548* （1.959）	－7.928*** （2.205）	－1.277 （3.495）	－2.186 （2.425）	－6.966** （3.085）	－3.204 （4.349）	－2.440* （1.419）	－2.742* （1.509）	－2.565* （3.007）
$LnLiquidity_{it}$	－2.241*** （0.715）	－2.613*** （0.841）	－2.578** （1.157）	－2.025 （1.601）	－4.991** （2.527）	0.532 （2.327）	－1.005* （0.590）	－0.078 （0.542）	－2.704** （1.310）
$HBLRate_{it}$	－67.60*** （12.368）	－69.51*** （15.812）	－71.84*** （19.241）	－45.082** （19.641）	－69.82*** （19.986）	－44.966* （23.443）	－29.689** （12.454）	－45.49*** （16.884）	－47.151* （32.190）
$LnFinaCost_{it}$	－0.069 （0.165）	－0.185 （0.169）	－0.009 （0.296）	0.827 （0.512）	0.431* （0.546）	1.003* （0.577）	0.977* （0.553）	0.381* （0.567）	1.535** （0.681）
$LnLColateral_{it}$	－0.439** （0.174）	－0.411 （0.255）	－0.506* （0.275）	－0.410 （0.312）	－0.181 （0.166）	－0.754* （0.450）	－0.350** （0.156）	－0.398 （0.254）	－0.618* （0.369）

续表

被解释变量	金融摩擦（*FFriction*）								
	固定效应			差分 GMM			系统 GMM		
	35 个城市 (1)	SHIC (2)	WHIC (3)	35 个城市 (4)	SHIC (5)	WHIC (6)	35 个城市 (7)	SHIC (8)	WHIC (9)
$GBPRate_{it}$	-0.141 (0.274)	-0.191* (0.253)	-0.369 (0.595)	-0.019* (0.131)	-0.031 (0.138)	-0.390 (0.290)	-0.238 (0.195)	-0.157 (0.176)	-0.540* (0.653)
$FHRate_{it}$	-0.464 (0.441)	-1.231 (1.149)	-0.382 (0.566)	-0.508 (0.358)	-0.156 (0.561)	-0.687 (0.486)	-0.727** (0.336)	-1.089* (0.998)	-0.904* (0.526)
$HSIndex_{it}$	4.008*** (1.178)	1.233 (1.218)	5.817*** (2.120)	3.010 (2.403)	1.615 (1.218)	3.585* (3.949)	0.693 (1.002)	0.233* (0.768)	1.445 (1.569)
AR（1）检验				[0.067]	[0.042]	[0.125]	[0.077]	[0.070]	[0.181]
AR（2）检验				[0.191]	[0.502]	[0.199]	[0.256]	[0.490]	[0.193]
Hansen 检验				[1.00]	[1.00]	[1.00]	[1.00]	[1.00]	[1.00]
R^2	0.269	0.306	0.296						
观测值	356	184	172	290	150	140	325	168	157

注：（1）***、**、*分别表示在1%、5%、10%的显著性水平下显著。（2）小括号内为稳健标准误。（3）中括号内为一阶序列相关检验、二阶序列相关检验、Hansen 检验的 p 值结果。一阶序列相关、二阶序列相关检验原假设为“不存在序列相关”。Hansen 检验为工具变量过度识别检验，原假设为“过度识别限制是有效的”。（4）本研究分别用一步和两步的差分 GMM 与系统 GMM 进行估计，并采用滞后二阶的被解释变量和滞后一阶的解释变量作为工具变量。由于篇幅限制，表中只列出了主要解释变量和最有效的估计结果。第（4）—（9）列显示的是一步 GMM 估计结果。

就金融机构特征而言，在强劲型城市，流动性规模、住房贷款占银行贷款比重与金融摩擦具有显著的负向关系，信贷成本与金融摩擦具有显著的正向关系，但是住房贷款占银行贷款比重的显著性要高于流动性规模和信贷成本。这意味着在其他因素不变的情况下，随着货币政策的宽松，银行会提高开发商的信贷门槛与信贷规模，更大程度上满足开发商资金需求，但是随着开发商融资规模的增加，其信贷成本逐渐上升，信贷风险也同步增加。这对于资金供给方来说，无异于增加了其放贷的谨慎性，从而限制了开发商的进一步融资。而在疲软型城市，流动性规模、住房贷款占银行贷款比重显著为负，信贷成本显著为正，但流动性规模的影响要弱于强劲型城市，而银行对住房贷款比重的控制和信贷成本的作用比强劲型城市要强烈。这说明疲软型城市金融资源较少，且受货币政策影响较小，银行对住房信贷的控制和相应的信贷成本对开发商的融资影响程度较大。总体而言，在其他因素不变的条件下，银行对住房信贷的控制在两类城市中引起的金融摩擦最为显著。

就地方政府干预特征而言，在强劲型城市，土地抵押品价值、地方财政丰盈程度、财政依赖住房程度与金融摩擦具有显著的负向关系，住房保障程度与金融摩擦具有显著的正向关系。这意味着在其他因素不变的情况下，随着土地价值的增加，开发商会获得更多的土地抵押贷款，增加开发商融资规模，同时，随着土地财政收入的增加，地方政府对住房产业发展的依赖性进一步增强，一旦住房产业增长放慢或进入下行通道，地方政府会通过经济或行政方式进行市场干预，比如对住房消费贷款实施优惠政策、减免开发商相关税收、降低开发商的信贷门槛或信贷成本等。但是对于住房保障程度较高的城市来说，民生住房建设任务会要求地方政府在有限的土地供给计划中划拨更多的保障性住房用地，从而减少商品房用地规模，也减少了开发商利用土地获取贷款的规模，增加了开发商外部融资的难度。而在疲软型城市，土地抵押品价值、财政依赖住房程度对金融摩擦的影响要弱于强劲型城市，地方财政丰盈程度、住房保障程度对金融摩擦的影响要强于强劲型城市。这说明疲软型城市土地市场价值增长较慢，土地在开发商信贷过程中发挥的作用有限，而且由于土地创造的市场价值较低，地方政府卖地收入在财政收入的比重不高，地方政府干预开发商或住房市场的行为影响程度有限。不过，疲软型城市在财政盈余减少和住房保障建设任务较多的情形下，会增加保障性住房建设用地与资金投入，从而对开发商融资行为造成较大压力。

由于在动态面板模型中引入了被解释变量的滞后项，系数 λ、ξ、χ 仅仅体现了各主体特征对金融摩擦的短期性影响，而不是长期性影响。在(4)—(9) 列的估计方程中，系数 α 的估计值高度显著，反映了被解释变量具有真实的持久性。为了获得这种长期性影响，本研究令 $FFriction_{it} = FFriction_{it-1}$，使得被解释变量动态收敛到新的稳态点。于是，各主体特征的解释变量对稳态点处的金融摩擦的长期性影响可以由系数 $\lambda/(1-\alpha)$、$\xi/(1-\alpha)$、$\chi/(1-\alpha)$ 来分别考察。

表 5 -3 的结果显示，各因素对不同类型城市稳态时的金融摩擦的影响程度各不相同。从主体特征来看，在强劲型城市，土地抵押品价值和财政丰盈程度对稳态的金融摩擦缺乏显著性影响；而在疲软型城市，资产负债率对稳态的金融摩擦缺乏显著性影响。这意味着，强劲型城市地方政府对开发商融资约束的干预程度会逐渐减少，地方政府对金融市场、住房市场和土地市场的宏观调控逐步从政府干预型向市场自由配置型转变，从而有利于发挥市场对资源配置的决定性作用；而在疲软型城市，制约开发商

融资的部分资本特征因素正在逐步消失，影响金融摩擦的因素更多地取决于金融机构资金供给特征与地方政府的干预行为特征。从影响程度来看，开发商资产规模、金融机构资金供给特征、地方政府干预行为特征对疲软型城市金融摩擦的影响程度要显著高于强劲型城市，强劲型城市只在开发商势力方面产生的影响要高于疲软型城市。这一方面反映了在长期发展过程中，强劲型城市的开发商更重视企业的转型与升级，不断提高自身的市场占有规模与市场的经营能力，试图通过加强自身的变革来突破金融摩擦的限制；另一方面，也体现出疲软型城市开发商的融资约束长期受到金融机构和地方政府的影响，难以实现企业的可持续发展。

表5-3　　解释变量对稳态点处的金融摩擦的长期影响

被解释变量	金融摩擦（*FFriction*）	
	SHIC	WHIC
Ln$DAsset_{it}$	-1.43	-1.49
$DALRate_{it}$	-5.52	/
$DMPower_{it}$	-9.69	-7.94
Ln$Liquidity_{it}$	-6.94	-8.37
$HBLRate_{it}$	-97.11	-145.98
Ln$FinaCost_{it}$	0.60	4.75
Ln$LColateral_{it}$	/	-1.91
$GBPRate_{it}$	/	-1.67
$FHRate_{it}$	-2.68	-2.80
$HSIndex_{it}$	0.57	4.90

注：“/”表示长期影响不显著。

结论5.1（金融摩擦与其影响因素）　开发商面临的金融摩擦取决于开发商的特征、金融机构资金供给特征和地方政府干预特征。随着开发商资产规模的增加、资产负债率的上升、开发商市场势力的增强，金融摩擦会得到有效的减缓；流动性规模、住房贷款占银行贷款比重的上升有助于减缓金融摩擦，但信贷成本的增加则加剧了金融摩擦；土地抵押品价值、地方财政丰盈程度、财政依赖住房程度的增加使得金融摩擦不断减少，而住房保障程度的提高则使金融摩擦显著增加。

短期来看，疲软型城市开发商特征的影响程度要弱于强劲型城市，而金融机构资金供给特征和地方政府干预特征对两类城市金融摩擦的影响程度各有不同。

长期来看，强劲型城市地方政府对开发商融资约束的干预程度会逐渐减少，而疲软型城市的金融摩擦更多地取决于金融机构资金供给特征与地方政府的干预行为特征。

第三节　住房金融发展的影响因素分析

住房金融发展是住房金融体系不断完善、金融结构不断优化、金融中介规模不断增加、金融机构效率不断提升、住房金融产品不断丰富、金融市场功能不断健全、住房金融资源配置不断合理、住房金融资产不断增长、住房金融风险不断防范、住房金融监管不断完善、住房金融质量不断提高的动态发展过程。该发展过程的变化受到多重因素的影响。为了估计各因素对住房金融发展的影响程度，本研究以（4－36）式为基础，分别采用以下静态面板模型和动态面板模型进行考察：

$$FDevelop_{it} = \lambda FDeeping_{it} + \xi FEfficiency_{it} + \chi FMarketization_{it} + \mu_t + \delta_i + \varepsilon_{it} \tag{5-3}$$

$$FDevelop_{it} = \alpha FDevelop_{it-1} + \lambda FDeeping_{it} + \xi FEfficiency_{it} + \chi FMarketization_{it} + \mu_t + \delta_i + \varepsilon_{it} \tag{5-4}$$

在静态面板模型（5－3）式中，被解释变量为 i 城市 t 时期住房金融发展程度（$FDevelop_{it}$），解释变量分别为 i 城市 t 时期住房金融深化程度（$FDeeping_{it}$）、金融机构效率（$FEfficiency_{it}$）、金融市场化程度（$FMarketization_{it}$），系数 λ、ξ、χ 分别反映这三类特征对住房金融发展的影响程度。住房金融深化程度可以体现住房金融发展的结构特征，反映出金融市场对住房市场和土地市场的影响程度以及融合深度。金融机构效率体现出金融发展的质量特征，而金融市场化程度则体现出金融发展的制度性特征。在此，本研究分别采用住房金融深化程度、土地资本化率来衡量住房金融深化程度，分别采用实际贷款利率、实际利率差来度量金融市场化程度。μ_t 为时间固定效应，δ_i 为城市固定效应，用于反映对所有城市住房金融发展的共同冲击（或共同时间趋势项）。ε_{it} 为随机误差项，且 $E(\varepsilon_{it})=0$，用于捕获其他遗漏的影响因素。

静态面板模型仅仅考虑了解释变量对本期被解释变量的影响，无法关注内生被解释变量滞后项对本期的影响，即住房金融发展在时间上的延续。为了弥补这一缺陷，本研究在动态面板模型（5－4）式中加入住房金融发展的滞后项（$FDevelop_{it-1}$），用于捕获住房金融发展的持续性，系数

α 反映住房金融发展变动趋势对其均衡值的动态影响。

表 5 -4 给出了固定效应、差分 GMM 和系统 GMM 估计的结果。(1)—(3) 列是包含了固定效应的估计结果，而 (4)—(9) 列通过对时间的差分消除了固定效应，并且显示了住房金融发展一阶滞后项产生的影响。在对方程进行二阶序列相关检验后，我们发现，检验结果没有给出明确的证据来证明估计方程中的误差项具有二阶序列相关特征。这意味着 (5 -4) 式中的动态一阶自回归模型是合适的。通过对方程的工具变量进行 Hansen 过度识别检验，我们可以证实“工具变量具有有效性”这一假设。因此，差分 GMM 和系统 GMM 估计得到的结果是稳健的。

表 5 -4　　　　住房金融发展的主要影响因素

被解释变量	住房金融发展 (*FDevelop*)								
	固定效应			差分 GMM			系统 GMM		
	35 个城市 (1)	SHIC (2)	WHIC (3)	35 个城市 (4)	SHIC (5)	WHIC (6)	35 个城市 (7)	SHIC (8)	WHIC (9)
$FDevelop_{it-1}$				0.376 *** (0.071)	0.560 *** (0.084)	0.338 *** (0.091)	0.940 *** (0.029)	0.955 *** (0.041)	0.965 *** (0.017)
$HFDIndex_{it}$	0.021 (0.074)	0.189 ** (0.094)	0.117 * (0.114)	0.079 (0.084)	0.075 (0.087)	0.159 * (0.134)	0.099 ** (0.046)	0.161 *** (0.039)	0.028 (0.030)
$LandCap_{it}$	-0.001 (0.001)	0.060 ** (0.014)	0.001 (0.001)	-0.001 (0.000)	0.046 ** (0.016)	-0.001 (0.000)	0.001 (0.000)	-0.014 (0.031)	-0.001 (0.000)
$FIEff_{it}$	1.016 *** (0.303)	1.638 *** (0.455)	0.489 * (0.382)	0.796 ** (0.375)	1.143 *** (0.436)	0.158 (0.455)	0.158 (0.185)	0.075 (0.164)	0.161 (0.176)
$RLRate_{it}$	0.026 ** (0.013)	0.053 * (0.018)	0.040 ** (0.017)	0.041 *** (0.015)	0.024 (0.017)	0.044 ** (0.017)	0.017 (0.022)	0.003 (0.031)	0.031 (0.032)
$LDRD_{it}$	-1.591 ** (0.140)	-1.663 ** (0.207)	-1.309 ** (0.184)						
AR (1) 检验				[0.0003]	[0.0044]	[0.0048]	[0.0004]	[0.0083]	[0.0364]
AR (2) 检验				[0.241]	[0.366]	[0.159]	[0.182]	[0.406]	[0.172]
Hansen 检验				[1.00]	[1.00]	[1.00]	[1.00]	[1.00]	[1.00]
R^2	0.309	0.389	0.324						
观测值	384	197	187	315	162	153	350	180	170

注：第 (4)—(9) 列显示的是一步 GMM 估计结果。其他说明同表 5 -2。

表 5 -4 的估计结果显示，住房金融深化程度、金融机构效率和金融市场化程度对于不同类型城市的住房金融发展存在显著的差异。就住房金

融深化程度而言，不论是在强劲型城市，还是在疲软型城市，住房金融深化程度与住房金融发展之间的关系显著为正，但是土地资本化率与住房金融发展的正向关系只在强劲型城市显著，而在疲软型城市不显著。这表明：第一，随着我国住房市场化和金融体制改革的加快，在两类城市样本代表的我国，住房市场与金融市场的融合程度不断提高。住房市场的发展不仅扩大了金融市场的需求，而且优化了金融市场的资金需求结构。同样，金融市场的发展不仅提升了金融资源的配置效率，还为住房市场提供了充分的流动性支持，推动了住房开发投资的快速增长与住房市场的进一步发展与完善。第二，在疲软型城市，土地市场化改革进度较慢，与金融市场之间的融合程度不足，与强劲型城市相比形成了显著差异。这主要是因为疲软型城市土地管理水平不高、土地市场化机制不健全以及住房市场发展不足等因素造成了土地价值不高、土地需求不旺，从而导致土地资本化程度不高，难以获得金融市场的有效支持。当然，也有可能是因为疲软型城市金融市场发育不健全或是当地金融改革滞后等因素造成的土地市场与金融市场的不协调。从影响程度来看，在疲软型城市，住房金融深化程度对金融发展的作用程度要弱于强劲型城市。这意味着疲软型城市住房市场与金融市场发展程度较低，两者之间的融合程度以及金融资源支持力度不高，两类市场之间合作阻力较大，金融发展结构性矛盾突出，住房金融深化程度总体上落后于强劲型城市。

就金融机构效率而言，在两类城市，由金融机构贷款与存款比度量的金融机构效率与住房金融发展具有显著的正向关系，并且对强劲型城市住房金融发展的影响要明显高于疲软型城市。这说明，两类城市金融发展质量得到了有效的提升。金融机构不仅在吸收存款资源方面提高了效率，还在提高贷款质量、防范金融风险方面做了积极的努力。可以说，金融机构效率的改善极大程度地推动了金融资源的吸收与运用，扩大了资金投融资渠道，提升了传统金融资产的质量，促进了区域或城市金融资源的有效配置，推动了城市金融市场的成熟与发展。由于强劲型城市在金融机构数量与金融资源供求规模上具有优势，因此，在金融机构的整体质量方面要优于疲软型城市。

就金融市场化程度而言，在两类城市，实际贷款利率与住房金融发展具有显著的正向关系，而实际利率差显著为负。从固定效应估计的结果来看，金融市场化程度对疲软型城市住房金融发展的影响要弱于强劲型城市。不过，实际利率差只存在有固定效应的方程里，一旦去除了固定效应，就无法估计其对住房金融发展的影响，因此，在差分 GMM 和系统

GMM 的估计中没有实际利率差的系数。对实际贷款利率的估计结果与传统理论相反。传统理论认为，在竞争性的金融市场，贷款利率会随着竞争的加剧而逐步下降，利率的变动可以反映市场竞争程度和市场化水平。但是本研究估计的结果却并不适用于这一理论。本研究认为，由于我国实行的是利率管制政策，利率无法充分反映市场竞争程度，而利率的变动更多地反映了中央银行的流动性政策。实际贷款利率与住房金融发展的正向关系意味着，随着实际贷款利率的上升，金融市场流动性减少，金融机构为了确保盈利会充分利用现有的金融资源去寻求更有市场投资价值的项目。因此，市场化的需求方在一定程度上引导了有限金融资源的配置。可以说，在严格控制资金价格的我国，利率上升虽然限制了金融市场的供给，但是在一定程度上却可以反映金融市场需求侧的市场化程度，局部推动了金融市场的发展。另外，从实际利率差的估计结果来看，其与住房金融发展存在显著的负向关系。这与传统的理论相一致，即利率差的变化反映市场竞争程度。估计结果说明，随着利率差的减少，金融机构的垄断程度进一步下降，市场化竞争程度逐步提高，从而提高了金融市场资源的配置效率，加快了住房金融发展水平的提高。对于强劲型城市，由于金融市场需求的旺盛，金融机构在利率管制情况下，面对有限的金融资源，市场化导向比疲软型城市更为明确。

由于在动态面板模型中引入了被解释变量的滞后项，系数 λ、ξ、χ 仅仅体现了各主体特征对住房金融发展的短期性影响，而不是长期性影响。在（4）—（9）列的估计方程中，系数 α 的估计值高度显著，反映了被解释变量具有真实的持久性。为了获得这种长期性影响，本研究令 $FDevelop_{it} = FDevelop_{it-1}$，使得被解释变量动态收敛到新的稳态点。于是，各主体特征的解释变量对稳态点处的住房金融发展的长期性影响可以由系数 $\lambda/(1-\alpha)$、$\xi/(1-\alpha)$、$\chi/(1-\alpha)$ 来分别考察。

表 5－5 的结果显示，各因素对不同类型城市稳态时住房金融发展的影响程度各不相同。从影响因素来看，在强劲型城市，金融市场化程度对稳态的住房金融发展缺乏显著性影响；而在疲软型城市，土地资本化率、金融机构效率对稳态的住房金融发展缺乏显著性影响。这意味着，对于强劲型城市而言，金融市场、住房市场和土地市场之间的融合程度以及金融机构的效率提升对于住房金融市场的长期发展有着重要的作用，而金融市场化因素的作用正逐步消失。地方政府对住房金融市场发展的重点始终在优化金融结构和提高金融质量，而金融市场化改革更大程度上取决于中央银行，而非地方政府，因此，地方政府对于住房金融市场的监管仍旧是粗

放式管理，并且缺乏市场化的外部推动力量。而在疲软型城市，土地市场对住房金融市场的影响、金融机构效率对金融市场的作用正在逐步消失，影响住房金融发展的因素更多地取决于住房金融市场的发展与金融市场需求方的市场化程度。这反映出疲软型城市在住房金融发展过程中存在着严重的金融结构失衡和金融质量不足的缺陷。

表 5－5　　解释变量对稳态点处的住房金融发展的长期影响

被解释变量	住房金融发展（*FDevelop*）	
	SHIC	WHIC
$HFDIndex_{it}$	3.58	0.24
$LandCap_{it}$	0.10	/
$FIEff_{it}$	2.60	/
$RLRate_{it}$	/	0.07
$LDRD_{it}$	/	/

注：“/”表示长期影响不显著。

从影响程度来看，住房金融深化程度对强劲型城市住房金融发展的影响程度要显著高于疲软型城市。这一方面反映了在长期发展过程中，随着强劲型城市金融市场与住房市场的成熟，住房资产的金融价值不断得到增强，通过投资住房实现资产保值增值的功能逐步得到放大，从而拉动了城市长期的住房消费和住房开发投资，加快了住房金融深化程度。这里的住房消费不仅包括住房消费性需求的增加，还涉及投资性需求的扩大。两类住房需求以及开发商为了获取住房投资收益而扩大的开发投资规模，都不同程度地增加了金融市场的资金需求。在金融机构效率提升的背景下，金融资源进入住房市场的规模逐步扩大，不动产住房的流动性得到了有效的提高。另一方面，也反映出疲软型城市住房资产价值未能得到充分体现，住房投资功能没有得到合理开发，住房市场与金融市场的融合程度不高，在推动住房金融发展过程中内生性动力不足。

结论 5.2（住房金融发展与其影响因素）　住房金融发展受到住房金融深化程度、金融机构效率、金融市场化程度的确定性影响：随着住房金融深化程度、土地资本化率、金融机构效率、实际贷款利率的增加，住房金融发展程度得到了有效的提升，但实际利率差的增加却阻碍了住房金融发展程度的上升；土地资本化率的变动不会对疲软型城市住房金融发展产生显著性影响。

短期来看，疲软型城市住房市场与金融市场发展程度较低，两者之间的融合程度以及金融资源支持力度不高，住房金融深化程度总体上落后于强劲型城市。而强劲型城市不仅住房金融深化程度高、金融机构整体质量好，而且金融市场需求侧的市场化程度也高于疲软型城市。

长期来看，在强劲型城市，金融市场、住房市场和土地市场之间的融合程度以及金融机构的效率提升对于住房金融市场的长期发展有着重要的作用，而金融市场化因素的作用正逐步消失，这说明金融结构优化和金融质量提升推动了强劲型城市的长期住房金融发展；在疲软型城市，土地市场对金融市场的影响、金融机构效率对金融市场的作用正在逐步消失，影响住房金融发展的因素更多地取决于住房金融市场的发展与金融市场需求方的市场化程度，这意味着疲软型城市在住房金融发展过程中存在着金融结构失衡和金融质量不足的缺陷。总之，强劲型城市推动住房金融发展的长期内生动力要优于疲软型城市。

第四节　住房金融发展对金融摩擦的影响分析

与金融摩擦的确定性影响因素不同，住房金融发展并不是直接对金融摩擦产生影响，而是通过改善住房金融市场环境、优化金融结构、提高金融质量间接地改变影响金融摩擦的相关因素，从而起到减缓金融摩擦的作用。为了考察住房金融发展对金融摩擦的影响机制，本研究分别采用以下静态面板模型和动态面板模型进行考察：

$$FFriction_{it} = \lambda FDevelop_{it} + \xi Control_{it} + \mu_t + \delta_i + \varepsilon_{it} \quad (5-5)$$

$$FFriction_{it} = \alpha FFriction_{it-1} + \lambda FDevelop_{it} + \xi Control_{it} + \mu_t + \delta_i + \varepsilon_{it} \quad (5-6)$$

在静态面板模型（5－5）式中，被解释变量为 i 城市 t 时期的金融摩擦程度（$FFriction_{it}$），解释变量分别为 i 城市 t 时期住房金融发展程度（$FDevelop_{it}$）和相关的控制变量（$Control_{it}$），系数 λ、ξ 分别反映这两类变量对金融摩擦的影响程度。本研究重点关注的住房金融发展变量分别采用两类指标：第一类是用城市的住房国内贷款与城市银行存贷款余额之和的比重度量的住房金融发展程度；第二类是采用住房金融深化程度、金融机构效率、实际贷款利率分别反映住房金融发展的结构、质量与市场化特征，作为住房金融发展程度的替代变量。相关控制变量包括城市人口规模、城市经济规模、社会发展水平、对外开放程度。μ_t 为时间固定效应，δ_i 为城市固定效应，用于反映对所有城市金融摩擦的共同冲击（或共同时间趋势项）。

ε_{it}为随机误差项，且$E(\varepsilon_{it})=0$，用于捕获其他遗漏的影响因素。

静态面板模型仅仅考虑了解释变量对本期被解释变量的影响，无法关注内生被解释变量滞后项对本期的影响，即金融摩擦在时间上的延续。为了弥补这一缺陷，本研究在动态面板模型（5－6）式中加入金融摩擦的滞后项（$FFriction_{it-1}$），用于捕获金融摩擦的持续性，系数α反映金融摩擦变动趋势对其均衡值的动态影响。

表5－6给出了固定效应、差分GMM和系统GMM估计的结果。(1)—(4)列是包含了固定效应的估计结果，而（5)—(8)列通过对时间的差分消除了固定效应，并且显示了金融摩擦一阶滞后项产生的影响。在对方程进行二阶序列相关检验后，我们发现，检验结果没有给出明确的证据来证明估计方程中的误差项具有二阶序列相关特征。这意味着（5－6）式中的动态一阶自回归模型是合适的。通过对方程的工具变量进行Hansen过度识别检验，我们可以证实“工具变量具有有效性”这一假设。因此，差分GMM和系统GMM估计得到的结果是稳健的。

表5－6的估计结果显示，在两类城市，住房金融发展对金融摩擦的影响显著为负，并且对强劲型城市的影响要强于疲软型城市。这与本研究的理论预期相符合。这表明，随着住房金融发展程度的提高，制约当地开发商融资的多重因素正在得到不断的改善，金融摩擦程度进一步减少。由于强劲型城市金融资源存量丰富、住房融资体系发展较快、开发商融资需求旺盛，开发商获取资金的途径较多，受到的金融约束较少，因此，在同等程度的住房金融发展过程中，强劲型城市开发商金融摩擦的边际改善程度往往提升的较快，各金融约束主体受到的影响程度更为广泛。

表5－6　　住房金融发展对金融摩擦的影响

被解释变量	金融摩擦（FFriction）							
	固定效应				GMM			
	SHIC (1)	WHIC (2)	SHIC (3)	WHIC (4)	SHIC (5)	WHIC (6)	SHIC (7)	WHIC (8)
$FFriction_{it-1}$					0.759*** (0.038)	0.548*** (0.040)	0.685*** (0.051)	0.539*** (0.041)
$FDevelop_{it}$	−0.583* (0.379)	−0.429** (0.189)			−0.985* (0.626)	−0.582** (0.247)		
$HFDIndex_{it}$			−2.675*** (0.589)	−0.943*** (0.246)			−1.490** (0.631)	−0.836** (0.408)

续表

被解释变量	金融摩擦（*FFriction*）							
	固定效应				GMM			
	SHIC (1)	WHIC (2)	SHIC (3)	WHIC (4)	SHIC (5)	WHIC (6)	SHIC (7)	WHIC (8)
$FIEff_{it}$			-5.046*** (1.171)	2.567 (1.996)			-3.846** (1.580)	0.023 (2.441)
$RLRate_{it}$			0.058 (0.093)	0.043 (0.051)			0.356* (0.203)	0.270* (0.154)
$\mathrm{Ln}Population_{it}$	-1.113 (0.676)	-3.458 (2.159)	1.449** (0.663)	3.739* (2.005)	0.076 (0.394)	0.125 (0.315)	-0.105 (0.249)	-0.362 (0.515)
$\mathrm{Ln}GDP_{it}$	1.085*** (0.413)	2.302*** (0.674)	1.008** (0.417)	2.046*** (0.650)	-0.567 (0.515)	0.915* (0.508)	0.236 (0.293)	-0.013 (0.269)
$\mathrm{Ln}SocalLev_{it}$	-0.040 (0.680)	0.101 (0.795)	0.002 (0.633)	0.024 (0.747)	0.264 (0.400)	0.442 (0.443)	-0.183 (0.307)	-0.079 (0.195)
$Openness_{it}$	0.272*** (0.055)	0.245** (0.098)	0.177*** (0.055)	0.124 (0.095)	0.218*** (0.071)	0.243** (0.100)	0.187*** (0.049)	0.152** (0.076)
AR（1）检验					[0.0878]	[0.170]	[0.0513]	[0.124]
AR（2）检验					[0.708]	[0.213]	[0.544]	[0.219]
Hansen 检验					[1.00]	[1.00]	[1.00]	[1.00]
R^2	0.181	0.158	0.322	0.260				
观测值	194	177	193	177	176	161	158	144

注：第（5）—（6）列显示的是一步系统GMM估计结果。第（7）—（8）列显示的是一步系统GMM估计结果。其他说明同表5－2。

当本研究采用住房金融发展的替代变量时，估计结果显示，在两类城市，住房金融深化程度与金融摩擦显著为负，实际贷款利率与金融摩擦显著为正，并且对强劲型城市的影响要显著高于疲软型城市；金融机构效率只在强劲型城市显著为负，而在疲软型城市不显著。该结果表明：

第一，两类城市的住房金融市场结构不断优化，住房市场与金融市场的融合程度不断提高，从而强有力地促进了开发商融资制约因素的改善。随着住房金融深化程度的提高与金融结构的优化，开发商可以更好地发挥自有资本的杠杆作用，扩大抵押信贷规模和住房开发投资规模，保障企业现金流的稳定和住房开发项目的顺利进行。同时，金融机构可以通过贷款规模的增加，促进自身利润的增长，增强资本金规模，在中央货币政策不变的情况下，提高金融市场的流动性规模。另外，随着住房市场与金融市场的活跃与发展，地方政府从中获取了极大的经济与政治收益，进一步提高了其依赖住房市场和土地财政的动机，这对于开发商而言，即便存在融资困难，也会在地方政府的干预或帮助下，共同缓解金融摩擦问题。

第二，强劲型城市金融机构效率的提高促进了开发商的融资效率，也加快了金融资源整体配置效率。金融机构效率的改进不仅帮助开发商采取更为冒险的经营战略、扩大资产负债规模、形成资本规模优势、增强住房市场垄断势力，还提升了金融机构自身融资的吸收能力，增强自身发展的内生动力。更为重要的是，金融机构质量的提高为地方政府提供了多元化的融资途径，带动了地方政府多渠道融资的积极性，这也为土地价值的增值创造了更为广阔的升值平台，增强了地方政府的可支配资金规模和财政盈利空间。此外，金融效率的改进也推动了住房产业的发展，使得地方政府从中收益较多，因而地方政府会出台更多支持开发商融资的政策，从政策层面减少金融摩擦。

第三，较慢的利率市场化进程不利于减缓金融摩擦。在利率市场化程度较低的情况下，金融机构的垄断维持了较高的资金价格。实际贷款利率的上升增加了开发商金融摩擦。利率上升一方面减少了金融市场的流动性供给，限制了住房市场信贷规模，降低了住房市场与金融市场的发展深度；另一方面，提高了开发商融资成本，增加开发商负债经营风险，恶化开发商资产质量，放大了金融机构的信贷风险，从而对资金需求面造成巨大压力。此外，利率的增加也降低了地方政府的财政收入与土地盈利能力，这使得地方政府在处理开发商融资问题时缺乏有效的财税支持政策或是政策支持力度不足。反之，随着住房金融发展程度的提高，金融市场供给端竞争加剧，实际贷款利率的下降可以增加住房市场的流动性，降低开发商与政府的融资成本，减缓金融市场摩擦。这也意味着尽管我国是个严格管制利率的国家，但金融市场化的方向并没有改变，利率在金融市场中调节资金供求关系的作用没有改变，因此，利率市场化进程对金融摩擦的负向影响是符合传统的金融发展理论的。

第四，住房金融发展对两类城市金融摩擦的影响存在显著差异。疲软型城市由于外部融资需求要小于强劲型城市，因此在同等程度金融发展结构优化过程中，疲软型城市的金融资源对住房市场的流动性注入规模越小，对缓解开发商融资限制产生的边际影响就越低，但是伴随着实际利率的上升，在流动性收紧的背景下，金融市场需求侧的市场化竞争不断加剧。为了获取有限的外部资金，开发商不惜以高额的价格获取资金，抬高了住房市场融资成本。因为疲软型城市开发商的资金成本承受力要明显弱于强劲型城市，所以金融摩擦的改善程度要显著小于强劲型城市。不过，疲软型城市金融机构效率的提高并没有明显帮助开发商改善融资约束，而强劲型城市金融机构效率的提升则对金融摩擦的减小发挥了关键性的作用。因此，从整体上看，强劲型城市住房金融发展程度较高，并且随着金融结构的优化、金融质量的提升、金融市场需求方市场化程度的提高，各种制约金融市场资金配置效率的因素不断改善，住房金融发展对改善开发商金融限制性因素的综合效果优于疲软型城市。而在疲软型城市，住房金融发展存在着严重的内在不均衡，各金融环节的完善程度差异较大，从而导致对金融摩擦影响因素的作用效果各不相同。

由于在动态面板模型中引入了被解释变量的滞后项，系数 λ 仅仅体现了住房金融发展对金融摩擦的短期性影响，而不是长期性影响。在（5）—（8）列的估计方程中，系数 α 的估计值高度显著，反映了被解释变量具有真实的持久性。为了获得这种长期性影响，本研究令 $FFriction_{it} = FFriction_{it-1}$，使得被解释变量动态收敛到新的稳态点。于是，住房金融发展对稳态点处的金融摩擦的长期性影响可以由系数 $\lambda/(1-\alpha)$ 来考察。

表 5 -7 的结果显示，当采用第一类指标度量住房金融发展程度时，住房金融发展对两类城市稳态时的金融摩擦的影响显著为负。与表 5 -6 的估计结果（强劲型与疲软型城市的住房金融发展系数分别是 -0.985、-0.582）相比，住房金融发展的长期影响程度不断加深（强劲型与疲软型城市的系数分别为 -4.09、 -1.29），并且强劲型城市住房金融发展对金融摩擦的边际改善程度要显著高于疲软型城市。该结果反映出以下几方面的特点：第一，随着城市金融资源总量的快速增长，开发商可以通过金融市场获得更多的外部融资，提高自有资金的杠杆比率，减少投资效率损失。长期看，住房国内贷款占城市银行存贷款余额之和的比重每提高 1 个基点，强劲型城市开发商的融资约束减少 4.09 个基点，自有资金的杠杆比率提升 0.24 个基点，而疲软型开发商融资约束减少 1.29 个基点，自有资金的杠杆比率提升 0.77 个基点。虽然疲软型城市杠杆比率提升较快，但是金融风险同样上升较快。第二，住房金融发展过程具有积累效应。在长期的发展过程中，随着住房金融市场交易规模的扩大，与资金配置的相关交易平台、交易方式和监管制度都会在现有基础上不断地更新、完善与健全，而开发商会从中获得金融市场发展红利，即以更少的金融交易成本享受到更为便利的住房金融服务。由于这种发展红利并非短期形成，而是需要住房金融市场的各类参与主体在长期合作过程中不断改善交易方式、降低资金交易成本并最终形成有利于资金配置效率提升的制度化的发展模

式，因此，开发商在多大程度上能享受到住房金融市场发展红利，取决于各类城市住房金融市场积累、更新、完善的程度。第三，在强劲型城市，由于开发商融资需求远大于疲软型城市，所以同等程度的住房金融市场环境的改善可以使开发商获得更多的边际收益。当然，还存在着这样一种可能：疲软型城市住房市场需求不旺，住房投资收益率低于强劲型城市，导致开发商改变投资方向，或是投资其他行业，或是投资强劲型城市住房市场，从而造成疲软型城市开发商融资约束的快速增加和强劲型城市融资需求的急剧增加。

表 5－7　　解释变量对稳态点处的金融摩擦的长期影响

被解释变量	金融摩擦（*FFriction*）	
	SHIC	WHIC
$FDevelop_{it}$	－4.09	－1.29
$HFDIndex_{it}$	－4.73	－1.81
$FIEff_{it}$	－12.21	/
$RLRate_{it}$	1.13	0.59

注："/"表示长期影响不显著。

当采用第二类指标度量住房金融发展程度时，不同住房金融发展因素对两类城市稳态时的金融摩擦的影响各不相同。住房金融深化程度与金融摩擦显著为负，实际贷款利率与金融摩擦显著为正，金融机构效率只在强劲型城市显著为负，而在疲软型城市不显著。从影响程度看，各住房金融发展指标对改善强劲型城市金融摩擦的程度要大于疲软型城市，长期影响要超过短期影响。该结果说明：第一，在强劲型城市，住房金融结构优化与金融质量提升促进了稳态时金融摩擦的减少，而由利率变动引起的资金需求侧与供给侧的竞争，不仅反映了利率市场化的趋势，也体现了利率在金融摩擦变化过程中的关键作用。尽管利率市场化改革进展较慢，利率的增加不利于改善金融摩擦，但是在其他住房金融发展因素的作用下，特别是在金融机构效率充分提高的背景下，这种不利影响正在缓解。住房金融发展的总体趋势是通过加快利率市场化改革，使利率可以充分反映住房金融市场供求关系，从而有利于资金的高效配置，有利于金融摩擦的减少。第二，疲软型城市与强劲型城市类似，唯一的不同在于金融机构的效率没有体现出来。这可能是因为疲软型城市金融市场资源不丰富，金融机构在转化和配置过程中的作用难以充分发挥，也可能是因为地方政府在金融资源分配过程中的过度干预影响到了金融机构的配置效率。第三，强劲型城市住房金融发展对稳态时金融摩擦的改善程度要优于疲软型城市。

结论 5.3（住房金融发展与金融摩擦） 随着住房金融发展程度的提高，制约当地开发商融资的多重因素正在得到进一步的改善，金融摩擦程度不断减少。

短期来看，住房金融结构的优化和金融质量的提升有效地减缓了金融摩擦，而利率市场化进程的加快同样会降低融资成本，增加市场流动性，减少金融摩擦，但金融机构效率的变动对疲软型城市金融摩擦不产生显著影响。

长期来看，随着城市金融资源总量的增长，开发商可以通过金融市场获得更多的外部融资，提高自有资金的杠杆比率，减少投资效率损失。金融结构优化与金融质量提升促进了稳态时金融摩擦的减少，而由利率变动引起的资金需求侧与供给侧的竞争，不仅反映了利率市场化的趋势，也体现了利率在金融摩擦变化过程中的关键作用。住房金融发展过程具有的积累效应使开发商享受到发展红利。总之，强劲型城市住房金融发展对金融摩擦的改善程度要优于疲软型城市。

第五节　保障性住房开发投资的影响因素分析

在研究不同类型城市住房开发投资城市差异性增长的原因之前，我们必须先从保障性住房开发投资的影响因素入手。这不仅是因为保障性住房投资是住房开发投资的重要组成部分，还是因为地方政府作为保障性住房建设的投资主体，其对保障性住房的投融资行为与建设普通商品房的开发商存在着明显差异，所以其受到金融摩擦与住房金融发展等相关因素的影响机制与商品房开发投资截然不同。为了研究金融摩擦对不同类型城市保障性住房开发投资发展路径的影响机制，本研究在（4－29）式、（4－32）式、（4－33）式的基础上，分别采用以下静态面板模型和动态面板模型进行考察：

$$Investment_{it} = \lambda FFriction_{it} + \xi Control_{it} + \mu_t + \delta_i + \varepsilon_{it} \quad (5-7)$$

$$Investment_{it} = \alpha Investment_{it-1} + \lambda FFriction_{it} + \xi Control_{it} + \mu_t + \delta_i + \varepsilon_{it} \quad (5-8)$$

同时，为了进一步考察住房金融发展在其中发挥的作用，本研究在（4－34）式的基础上，分别在以上模型中加入住房金融发展、住房金融发展与金融摩擦的交互项：

$$Investment_{it} = \lambda FFriction_{it} + \phi FDevelop_{it} + \rho FFriction_{it} \times FDevelop_{it} + \xi Control_{it} + \mu_t + \delta_i + \varepsilon_{it} \quad (5-9)$$

$$Investment_{it} = \alpha Investment_{it-1} + \lambda FFriction_{it} + \phi FDevelop_{it} + \rho FFriction_{it} \times FDevelop_{it} + \xi Control_{it} + \mu_t + \delta_i + \varepsilon_{it} \quad (5-10)$$

在静态面板模型（5－7）式和（5－9）式中，被解释变量 $Investment_{it}$ 为 i 城市 t 时期保障性住房开发投资（$\mathrm{Ln}PubHDI_{it}$），解释变量分别为 i 城市 t 时期金融摩擦程度（$FFriction_{it}$）、住房金融发展程度（$FDevelop_{it}$）、金融摩擦与住房金融发展的交互项（$FFriction_{it} \times FDevelop_{it}$）和相关的控制变量（$Control_{it}$），系数 λ、ϕ、ρ、ξ 分别反映这四类变量对保障性住房开发投资的影响程度。

本研究重点关注的金融摩擦变量分别采用两类指标：第一类是采用开发商资金来源中的国内贷款与自筹资金之比的倒数来测量开发商外部融资的难易程度；第二类是采用开发商资产规模、住房贷款占银行贷款比重、土地抵押品价值分别反映开发商融资特征、金融机构资金供给特征、地方政府干预金融市场特征，作为金融摩擦程度的替代变量。

住房金融发展变量分别采用两类指标：第一类是用城市的住房国内贷款与城市银行存贷款余额之和的比重度量住房金融发展程度；第二类是采用住房金融深化程度、金融机构效率、实际贷款利率分别反映住房金融发展的结构、质量与市场化特征，作为住房金融发展程度的替代变量。

相关控制变量包括住房市场特征（商品房消费需求、保障性住房消费需求、住房购买力、商品房价格、保障性住房价格、商品房供给规模）、地方政府特征（一般财政收入、土地出让收入、财政支出、地方财政丰盈程度、土地财政比重、财政依赖住房程度、住房保障程度）、城市经济社会特征（城市人口规模、城市经济规模、社会发展水平、对外开放程度）。μ_t 为时间固定效应，δ_i 为城市固定效应，用于反映对所有城市的保障性住房开发投资的共同冲击（或共同时间趋势项）。ε_{it} 为随机误差项，且 $E(\varepsilon_{it})=0$，用于捕获其他遗漏的影响因素。

静态面板模型仅仅考虑了解释变量对本期被解释变量的影响，无法关注内生被解释变量滞后项对本期的影响，即保障性住房开发投资在时间上的延续。为了弥补这一缺陷，本研究在动态面板模型（5－8）式和（5－10）式中加入被解释变量的滞后项（$Investment_{it-1}$），用于捕获保障性住房开发投资的持续性，系数 α 反映保障性住房开发投资变动趋势对其均衡值的动态影响。

一、金融摩擦对保障性住房开发投资的影响

表5-8给出了固定效应、差分GMM和系统GMM估计的结果。(1)—(4)列是包含了固定效应的估计结果，而(5)—(8)列通过对时间的差分消除了固定效应，并且显示了保障性住房开发投资一阶滞后项产生的影响。在对方程进行二阶序列相关检验后，我们发现，检验结果没有给出明确的证据来证明估计方程中的误差项具有二阶序列相关特征。这意味着(5-8)式中的动态一阶自回归模型是合适的。通过对方程的工具变量进行Hansen过度识别检验，我们可以证实"工具变量具有有效性"这一假设。因此，差分GMM和系统GMM估计得到的结果是稳健的。

表5-8的估计结果显示，在不考虑住房金融发展情形下，两类城市的金融摩擦对保障性住房开发投资的影响显著为负，并且疲软型城市金融摩擦的影响程度要显著高于强劲型城市。第(5)、(6)列显示，金融摩擦每增加(减少)1个基点，强劲型和疲软型城市的保障性住房开发投资增长率将分别降低(提高)0.005%(标准误为0.016)和0.017%(标准误为0.020)。该结果说明：第一，金融摩擦是影响保障性住房开发投资的重要因素，即随着两类城市开发商外部融资规模的减少或是融资约束的增加，保障性住房开发投资出现了显著的减少；第二，金融摩擦的变动会造成两类城市保障性住房开发投资增长速度的差异；第三，疲软型城市保障性住房开发投资受到金融摩擦的冲击程度较大。开发商融资约束每增加1个基点，导致疲软型城市保障性住房开发投资的下降速度超过强劲型城市的三倍；第四，从金融摩擦的角度看，这种强劲的融资约束在一定程度上导致了两类城市保障性住房开发投资发展路径的差异。

当采用第二类指标度量金融摩擦时，结果显示：在强劲型城市，住房贷款占银行贷款比重的减少显著地增加了金融摩擦，使得保障性住房开发投资显著下降，即住房贷款占银行贷款比重每减少1个基点(也就是金融摩擦程度增加1个基点)，保障性住房开发投资将下降6.068%；在疲软型城市，开发商资产规模和土地抵押品价值的减少会显著地增加金融摩擦，使得保障性住房开发投资出现了显著的下滑，即开发商资产规模、土地抵押品价值每减少1%(也就是金融摩擦程度增加1个基点)，保障性住房开发投资分别下降13.304%、4.648%。该结果说明：

第一，在强劲型城市，由银行对开发商的信贷供给特征造成的金融摩擦是保障性住房开发投资的关键。因为在强劲型城市，地方政府的财政收入主要依靠税收收入与土地出让收入，而开发商融资约束的程度直接关系

到商品房市场的发展和土地市场的发展。如果银行收紧对商品房市场的信贷，那么商品房市场和土地市场必然会减速下行，地方政府可获得的财税收入和土地收入也将大幅减少，而相应的公共基础设施建设和保障性住房建设规模也都会受到严重影响。另外，银行对住房信贷的收紧意味着限制地方政府融资，直接减弱其外部融资能力和公共服务的供给能力。

第二，在疲软型城市，由开发商的资产实力和地方政府对开发商融资行为的干预引起的金融摩擦在保障性住房开发投资过程中发挥着主要作用。首先，在金融摩擦较为严重的城市，开发商很难通过金融中介进行外部融资，所以主要依靠自身资本规模来推动商品房市场的发展。一旦开发商资产实力受到冲击，必然会影响到商品房市场的发展，不利于地方政府税收收入的增加。其次，在地方政府垄断土地市场背景下，如果地方政府放松对地价的控制行为，让土地价格下跌，那么土地抵押品价值的下降不仅会减少开发商外部融资规模，阻碍商品房市场和财税收入的增加，还会导致地方政府土地出让收入的下滑。因此，在开发商资本实力不强、商品房市场不旺和土地市场疲软的环境下，地方政府缺乏足够的财政资金去进行保障性住房建设。

第三，疲软型城市金融摩擦的变动对保障性住房开发投资增长速度的影响是强劲型城市的3倍左右。这意味着，金融摩擦的变动对两类城市保障性住房开发投资城市差异性增长格局的形成有着显著的影响。

由于在动态面板模型中引入了被解释变量的滞后项，系数 λ 仅仅体现了金融摩擦对保障性住房开发投资的短期性影响，而不是长期性影响。在（5）—（8）列的估计方程中，系数 α 的估计值高度显著，反映了被解释变量具有真实的持久性。为了获得这种长期性影响，本研究令 $Investment_{it} = Investment_{it-1}$，使得被解释变量动态收敛到新的稳态点。于是，金融摩擦对稳态点处的保障性住房开发投资的长期性影响可以由系数 $\lambda/(1-\alpha)$ 来考察。

表5-8　金融摩擦对保障性住房开发投资的影响

被解释变量	保障性住房开发投资（Ln*PubHDI*）							
	固定效应				GMM			
	SHIC (1)	WHIC (2)	SHIC (3)	WHIC (4)	SHIC (5)	WHIC (6)	SHIC (7)	WHIC (8)
$\mathrm{Ln}PubHDI_{it-1}$					0.383*** (0.096)	0.520*** (0.041)	0.377*** (0.090)	0.500*** (0.044)
$FFriction_{it}$	0.006 (0.025)	-0.016* (0.035)			-0.005* (0.016)	-0.017* (0.020)		

续表

被解释变量	保障性住房开发投资（Ln*PubHDI*）							
	固定效应				GMM			
	SHIC (1)	WHIC (2)	SHIC (3)	WHIC (4)	SHIC (5)	WHIC (6)	SHIC (7)	WHIC (8)
$LnDAsset_{it}$			0. 211 (0. 273)	0. 362 (0. 273)			-0. 207 (0. 218)	13. 304 ** (6. 507)
$HBLRate_{it}$			1. 584 (7. 478)	9. 081 (5. 690)			6. 068 ** (2. 896)	1. 297 (8. 926)
$LnLColateral_{it}$			0. 330 (0. 273)	0. 031 (0. 165)			-0. 091 (0. 086)	4. 648 * (2. 815)
$LnPriHCon_{it}$	-0. 122 (0. 183)	-0. 157 (0. 198)	-0. 108 (0. 189)	-0. 275 (0. 206)	-0. 370 * (0. 219)	-0. 104 (0. 144)	-0. 328 (0. 217)	-0. 047 (0. 178)
$LnPubHCon_{it}$	0. 200 *** (0. 046)	0. 116 *** (0. 043)	0. 197 *** (0. 046)	0. 115 *** (0. 043)	0. 103 * (0. 057)	0. 082 ** (0. 035)	0. 114 * (0. 059)	0. 085 ** (0. 035)
$LnHBuy_{it}$	2. 135 *** (0. 577)	1. 287 *** (0. 472)	2. 113 *** (0. 580)	1. 191 ** (0. 476)	1. 563 *** (0. 533)	2. 556 *** (0. 395)	1. 631 ** (0. 635)	2. 435 *** (0. 475)
$LnPriHP_{it}$	-1. 681 *** (0. 368)	0. 400 (0. 464)	-1. 704 *** (0. 361)	0. 079 (0. 471)	-1. 493 *** (0. 341)	-0. 374 (0. 359)	-1. 377 *** (0. 312)	-0. 362 (0. 406)
$LnPubHP_{it}$	0. 447 * (0. 263)	-0. 046 (0. 242)	0. 442 (0. 268)	-0. 020 (0. 240)	0. 394 (0. 245)	-0. 228 (0. 184)	0. 378 * (0. 221)	-0. 212 (0. 168)
$LnPriHSup_{it}$	0. 162 (0. 208)	0. 116 (0. 153)	0. 150 (0. 210)	0. 104 (0. 154)	4. 503 ** (2. 173)	0. 021 (0. 117)	0. 199 (0. 215)	0. 024 (0. 122)
$LnGFRev_{it}$	0. 921 (0. 638)	1. 262 (1. 044)	1. 062 (0. 657)	1. 545 (1. 015)	2. 830 * (1. 643)	0. 624 (0. 728)	-0. 167 (0. 422)	1. 143 (0. 871)
$LnGLRev_{it}$	-0. 081 (0. 119)	0. 156 (0. 118)	0. 196 (0. 258)	0. 193 (0. 182)	-0. 018 (0. 114)	0. 229 * (0. 127)	-0. 003 (0. 158)	0. 300 *** (0. 088)
$LnGExp_{it}$	-0. 226 (0. 652)	-1. 117 (1. 006)	-0. 283 (0. 659)	-1. 523 (0. 996)	1. 252 ** (0. 576)	-0. 290 (0. 801)	1. 333 ** (0. 537)	-0. 839 (0. 913)
$GBPRate_{it}$	0. 253 (0. 343)	-1. 007 (0. 746)	0. 230 (0. 347)	1. 281 * (0. 756)	0. 486 (0. 308)	0. 518 (0. 587)	0. 529 * (0. 294)	-0. 886 (0. 617)
$LFRate_{it}$	0. 337 (0. 321)	0. 467 (0. 477)	0. 295 (0. 324)	0. 572 (0. 484)	2. 299 *** (0. 643)	0. 204 (0. 317)	4. 119 ** (1. 785)	0. 442 (0. 385)
$FHRate_{it}$	-0. 485 (0. 427)	0. 097 (0. 147)	0. 157 (0. 692)	0. 087 (0. 186)	-0. 126 (0. 221)	0. 092 (0. 057)	0. 046 (0. 286)	0. 158 ** (0. 081)
$HSIndex_{it}$	4. 467 *** (0. 653)	4. 812 *** (0. 783)	4. 626 *** (0. 663)	4. 577 *** (0. 786)	5. 562 *** (1. 216)	3. 587 *** (0. 556)	5. 635 *** (1. 269)	3. 691 *** (0. 624)
$LnPopulation_{it}$	0. 244 (0. 348)	-0. 675 (0. 742)	0. 205 (0. 345)	-0. 273 (0. 757)	-0. 251 (0. 232)	-0. 451 (0. 281)	-0. 212 (0. 278)	-0. 396 (0. 267)

续表

被解释变量	保障性住房开发投资（Ln*PubHDI*）							
	固定效应				GMM			
	SHIC (1)	WHIC (2)	SHIC (3)	WHIC (4)	SHIC (5)	WHIC (6)	SHIC (7)	WHIC (8)
$LnGDP_{it}$	-0.464 (0.460)	-0.555 (0.558)	-0.761 (0.525)	-0.560 (0.582)	-0.304** (0.151)	0.162 (0.158)	-0.278* (0.149)	0.292 (0.182)
$LnSocalLev_{it}$	0.000 (0.315)	0.185 (0.240)	-0.033 (0.319)	0.089 (0.252)	0.232** (0.097)	0.310*** (0.093)	0.183 (0.115)	0.371*** (0.116)
$Openness_{it}$	-0.074*** (0.026)	0.040 (0.028)	-0.078*** (0.027)	0.040 (0.030)	-0.207** (0.102)	0.010 (0.021)	-0.481* (0.277)	-0.253 (0.189)
AR（1）检验					[0.039]	[0.022]	[0.033]	[0.025]
AR（2）检验					[0.570]	[0.304]	[0.570]	[0.290]
Hansen 检验					[1.00]	[1.00]	[1.00]	[1.00]
R^2	0.616	0.448	0.621	0.466				
观测值	182	164	182	164	165	149	165	149

注：第（5）—(6）列显示的是一步系统 GMM 估计结果。第（7）—(8）列显示的是一步系统 GMM 估计结果。其他说明同表 5-2。

表 5-9 的结果显示，当采用第一类指标度量金融摩擦时，金融摩擦对两类城市稳态时的保障性住房开发投资的影响显著为负，并且对疲软型城市的影响要大于强劲型城市。金融摩擦每增加（减少）1 个基点，强劲型和疲软型城市的保障性住房开发投资将分别降低（提高）0.01% 和 0.04%。这说明：第一，金融摩擦对保障性住房开发投资具有长期性负向影响，并且这种长期性影响程度几乎是短期性影响的两倍，因此，是否改善金融摩擦对于保障性住房开发投资的发展路径有着决定性的作用。第二，在其他因素不变情况下，两类城市产生同等程度的金融摩擦，长期看，会导致疲软型城市保障性住房开发投资的增长速度进一步减慢，并且减慢程度是强劲型城市的 3—4 倍，从而形成两类城市差异化、城市差异性的发展路径。

当采用第二类指标度量金融摩擦时，由金融机构资金供给特征引起的金融摩擦仍旧对强劲型城市保障性住房开发投资具有显著的影响，而由开发商资产规模和土地抵押品价值引起的金融摩擦同样对疲软型城市保障性住房开发投资具有显著的影响，并且长期影响程度要远大于短期影响程度，对疲软型城市的影响要大于对强劲型城市的影响。这说明：第一，由于动态滞后项的存在，保障性住房开发投资受到金融摩擦确定性因素的影响程度不断加深。第二，强劲型城市虽然面临着影响程度较小的金融摩擦，但是保障性住房投资的长期增长仍旧受到金融机构流动性供给的约束。第三，疲软型城市受到的金融摩擦的影响因素较多，程度较深，导致保障性住房投资长期增长阻力较大。

表 5－9　解释变量对稳态点处的保障性住房开发投资的长期影响

被解释变量	保障性住房开发投资（Ln*PubHDI*）	
	SHIC	WHIC
$FFriction_{it}$	－0.01	－0.04
$\text{Ln}DAsset_{it}$	/	26.61
$HBLRate_{it}$	9.74	/
$\text{Ln}LColateral_{it}$	/	9.30

注："/"表示长期影响不显著。

结论 5.4（金融摩擦与保障性住房开发投资） 在不考虑住房金融发展情形下，随着金融摩擦的增加，两类城市的保障性住房开发投资进一步减少，并且疲软型城市保障性住房开发投资的变动程度要显著高于强劲型城市。金融摩擦的变动会造成两类城市保障性住房开发投资增长速度的差异。

短期来看，在强劲型城市，由银行对开发商的信贷供给特征造成的金融摩擦是保障性住房开发投资的关键；在疲软型城市，由开发商的资产实力和地方政府对开发商融资行为的干预引起的金融摩擦在保障性住房开发投资过程中发挥着主要作用。

长期来看，稳态时金融摩擦的增加会显著减少两类城市保障性住房开发投资，并且对疲软型城市的影响要大于强劲型城市，长期影响程度要大于短期影响程度。

因此，不论是短期还是长期，这种强劲的融资约束在一定程度上导致了两类城市保障性住房开发投资城市差异性增长格局的形成。

二、住房金融发展对保障性住房开发投资的影响

在加入住房金融发展、金融摩擦与住房金融发展的交互项之后，表 5－10 给出了固定效应、差分 GMM 和系统 GMM 估计的结果。（1）—（4）列是包含了固定效应的估计结果，而（5）—（8）列通过对时间的差分消除了固定效应，并且显示了保障性住房开发投资一阶滞后项产生的影响。在对方程进行二阶序列相关检验后，我们发现，检验结果没有给出明

确的证据来证明估计方程中的误差项具有二阶序列相关特征。这意味着(5－10)式中的动态一阶自回归模型是合适的。通过对方程的工具变量进行Hansen过度识别检验，我们可以证实“工具变量具有有效性”这一假设。因此，差分GMM和系统GMM估计得到的结果是稳健的。

表5－10的第(5)、(6)列估计结果显示，在考虑住房金融发展情形下，两类城市的金融摩擦对保障性住房开发投资的影响显著为负，并且对疲软型城市的影响程度要显著高于强劲型城市；住房金融发展对保障性住房开发投资的影响显著为正，金融摩擦与住房金融发展交互项对保障性住房开发投资的影响显著为正，并且对强劲型城市的影响程度要显著高于疲软型城市。该结果说明：

第一，在住房金融发展背景下，金融摩擦的变化对保障性住房开发投资增长的快慢有着重要的影响，并且该影响程度要显著高于不考虑住房金融发展时的影响程度。也就是说，随着住房金融发展程度的加深，金融摩擦每增加(减少)1个基点，强劲型和疲软型城市保障性住房开发投资将分别降低(增长)0.109%和0.115%。这意味着在住房金融市场发展过程中，随着金融资源的丰富和金融质量的改善，金融资源的配置效率对于地方政府保障性住房项目融资与投资的影响程度进一步提高。由于强劲型城市在改善金融摩擦方面具有较大优势，因此，在保障性住房项目方面，地方政府可以以更少的抵押品或担保调动更多的金融资源，提高自身信用与偿债能力，扩大外部融资规模，减少公共财政赤字风险，从而加大保障性住房投资规模，推动公共基础设施投资的快速增长。

第二，住房金融发展在更大范围内促进保障性住房开发投资的增长。该范围不仅包括对金融摩擦因素的改善，还涉及影响保障性住房开发投资的诸多相关因素。比如，住房金融发展对住房消费需求的促进作用，可以使更多的中低收入家庭享受到由低金融门槛带来的住房金融资源，提高其对保障性住房和商品房的消费能力，从而刺激保障性住房与商品房开发投资。随着住房国内贷款占城市银行存贷款余额之和的比重的增加，住房金融发展程度每提升1个基点，强劲型和疲软型城市保障性住房开发投资将分别提高0.094%和0.091%。因此，住房金融发展对决定保障性住房开发投资的其他影响因素的积极作用是不容忽视的。

第三，在住房金融发展的影响下，金融摩擦逐步改变，导致金融摩擦对保障性住房开发投资的影响也发生了显著变化。住房金融发展与金融摩擦的交互项显示，随着住房金融市场的发展，影响金融摩擦的确定性因素得到了显著的改善，地方政府的财政总收入与融资成本得到了增强与优化，融资方式也在不断改进，其对保障性住房的投资能力明显提高。金融摩擦对保障性住房开发投资的制约作用正在逐步减少。住房金融发展与金融摩擦的交互项的临界点意味着，当强劲型和疲软型城市住房金融发展程度分别超过临界值 4.04（=0.109/0.027）和 4.79（=0.115/0.024）时，金融摩擦对保障性住房开发投资的负向影响将消失，或者说是住房金融发展抵消了金融摩擦对保障性住房开发投资的负向影响；反之，住房金融发展程度降低，金融摩擦的负面影响将逐步加深。

当采用第二类指标度量住房金融发展时，表 5－10 的第（7）、（8）列结果显示：金融摩擦与保障性住房开发投资显著为负，对疲软型城市的影响程度要显著高于强劲型城市；住房金融深化程度与保障性住房开发投资显著为正，实际贷款利率与保障性住房开发投资显著为负，住房金融发展的结构、质量、市场化进程的特征与金融摩擦的交互项的系数显著为正，但是金融机构效率的系数不显著。该结果表明：

第一，住房金融结构的优化有力地促进了两类保障性住房开发投资的增长。具体而言，金融资源对各类市场支持力度的加大显著地增强了地方政府的融资能力，有效地改善了开发商的融资约束，扩大了地方政府财政实力，带动了保障性住房项目的建设。这主要是因为住房市场与金融市场融合程度的加深，不仅有利于降低开发商参与保障性住房项目的风险，还可以带动土地市场的抵押品价值的增值，为地方政府创造更多土地出让收入，从而减少地方政府因财政压力导致的保障性住房投资项目违约风险。特别是当强劲型和疲软型城市的住房金融深化程度分别超过 1.52 和 1.90 时，金融摩擦对保障性住房投资的负向影响逐渐消失，或者说是住房金融发展可以抵消金融摩擦对保障性住房开发投资的负向影响；反之，这种负向影响将逐渐增加。

第二，金融质量的提高加快了强劲型城市金融摩擦的改善，并促进保障性住房开发投资的快速增长，但是对疲软型城市不产生显著影响。这主要是因为金融机构质量的提高为地方政府提供了多元化的融资途径，带动了地方政府多渠道融资的积极性，这也为以土地作为抵押品的价值增值创造了更为广阔的升值平台，增强了地方政府的可支配资金规模和财政盈利空间。同时，金融效率的改进也推动了保障性住房项目的发展。地方政府为了满足民生住房发展目标或是政绩考核目标，会出台更多的补贴政策，从政策层面减少保障性住房建设过程中的融资难问题。此外，随着金融机构整体质量的提升，金融系统的抗风险能力明显增强，银行可以承担更多中长期保障性住房项目贷款造成的流动性风险。这也意味着银行会提高对地方政府在保障性住房项目的金融支持力度，以更低的风险实现地方政府中长期民生住房投资目标。在强劲型城市的金融机构效率不断提升过程中，金融摩擦对保障性住房投资的负向影响逐渐减少，当金融机构效率超过1.18时，该负向影响消失；反之，随着金融机构效率的降低，这种负向影响将逐渐增加。

第三，利率的市场化进程对保障性住房开发投资有着显著的促进作用。两类城市实际贷款利率的系数分别是 -1.553 和 -0.418，而实际贷款利率与金融摩擦的交互项系数是0.143 和0.117。这意味着实际贷款利率每减少1个基点，强劲型和疲软型城市的保障性住房开发投资将分别增长1.553%和0.418%，而在金融摩擦的影响下，保障性住房开发投资将分别减少0.143%和0.117%。这主要是因为随着金融机构的增多，金融机构之间的竞争逐步加剧。虽然中央银行对利率进行管制，但金融机构仍旧可以通过各种优惠措施降低贷款成本，满足项目的融资需求。实际贷款利率的下降，一方面减少了商品房项目的融资成本，促进了商品房投资的增加，带动商品房市场的繁荣，为地方政府税收收入和土地出让收入做出贡献，满足其公共项目投资需要；另一方面，加快了住房金融市场供给方的竞争，促进了金融产品的丰富。这不仅可以扩大地方政府融资途径，还可以节约保障性住房项目的建设成本，减少地方政府还债压力。当利率市场化进程不断加快时，金融摩擦对保障性住房投资的负向影响逐渐减少。当强劲型和疲软型城市实际贷款利率水平分别低于临界点1.11和1.54时，该负向影响消失；反之，随着实际贷款利率的提高，这种负向影响将逐渐增加。总之，由利率市场化带动的金融市场供给方竞争虽然影响效果不如金融结构优化的影响效果显著，但是对于利率管制的国家而言，这是未来解决保障性住房开发项目融资约束的重要突破方向。

由于在动态面板模型中引入了被解释变量的滞后项，系数 λ、ϕ、ρ 仅仅体现了金融摩擦、住房金融发展、金融摩擦与住房金融发展的交互项对保障性住房开发投资的短期性影响，而不是长期性影响。在（5）—（8）列的估计方程中，系数 α 的估计值高度显著，反映了被解释变量具有真实的持久性。为了获得这种长期性影响，本研究令 $Investment_{it} = Investment_{it-1}$，使得被解释变量动态收敛到新的稳态点。于是，金融摩擦、住房金融发展、金融摩擦与住房金融发展的交互项对稳态点处的保障性住房开发投资的长期性影响可以由系数 $\lambda/(1-\alpha)$、$\phi/(1-\alpha)$、$\rho/(1-\alpha)$ 来考察。

表 5 - 10　　住房金融发展对保障性住房开发投资的影响

被解释变量	保障性住房开发投资（Ln*PubHDI*）							
	固定效应				GMM			
	SHIC (1)	WHIC (2)	SHIC (3)	WHIC (4)	SHIC (5)	WHIC (6)	SHIC (7)	WHIC (8)
$\text{Ln}PubHDI_{it-1}$					0. 270 *** (0. 040)	0. 324 *** (0. 064)	0. 386 *** (0. 094)	0. 515 *** (0. 047)
$FFriction_{it}$	-0. 064 * (0. 079)	0. 082 (0. 072)	0. 004 (0. 234)	0. 207 (0. 155)	-0. 109 * (0. 028)	-0. 115 * (0. 060)	-0. 159 * (0. 348)	-0. 181 * (0. 798)
$FDevelop_{it}$	-0. 178 (0. 111)	0. 049 * (0. 136)			0. 094 ** (0. 120)	0. 091 * (0. 214)		
$FFriction_{it} \times FDevelop_{it}$	0. 025 * (0. 025)	-0. 029 (0. 026)			0. 027 * (0. 022)	0. 024 ** (0. 011)		
$HFDIndex_{it}$			-0. 154 (0. 157)	0. 071 (0. 220)			5. 575 ** (2. 187)	1. 102 ** (0. 116)
$FIEff_{it}$			1. 161 (0. 961)	1. 191 (0. 865)			0. 595 (0. 590)	0. 492 (0. 579)
$RLRate_{it}$			-0. 010 (0. 045)	-0. 035 (0. 042)			-1. 553 * (0. 601)	-0. 418 ** (0. 269)
$FFriction_{it} \times HFDIndex_{it}$			0. 053 (0. 089)	0. 086 ** (0. 085)			0. 104 ** (0. 078)	0. 095 * (0. 064)
$FFriction_{it} \times FIEff_{it}$			0. 140 (0. 245)	-0. 193 (0. 175)			0. 134 * (1. 301)	-0. 016 (0. 374)
$FFriction_{it} \times RLRate_{it}$			0. 003 (0. 018)	0. 017 (0. 016)			0. 143 ** (0. 141)	0. 117 * (0. 024)
$\text{Ln}PriHCon_{it}$	-0. 160 (0. 186)	-0. 146 (0. 199)	-0. 046 (0. 188)	-0. 112 (0. 206)	-0. 027 (0. 186)	-0. 061 (0. 204)	-0. 294 (0. 232)	-0. 107 (0. 154)
$\text{Ln}PubHCon_{it}$	0. 209 *** (0. 046)	0. 109 ** (0. 044)	0. 199 *** (0. 048)	0. 097 ** (0. 048)	0. 113 * (0. 061)	0. 057 * (0. 033)	2. 947 *** (1. 071)	1. 361 *** (0. 518)
$\text{Ln}HBuy_{it}$	2. 334 *** (0. 591)	1. 322 *** (0. 475)	2. 521 *** (0. 603)	1. 263 *** (0. 476)	1. 590 *** (0. 497)	2. 562 *** (0. 480)	1. 502 *** (0. 530)	1. 082 * (0. 600)
$\text{Ln}PriHP_{it}$	-1. 559 *** (0. 375)	0. 325 (0. 498)	-1. 551 *** (0. 386)	0. 318 (0. 469)	-1. 293 *** (0. 359)	-0. 588 ** (0. 284)	-1. 460 *** (0. 351)	-0. 417 (0. 330)
$\text{Ln}PubHP_{it}$	0. 435 (0. 263)	-0. 017 (0. 250)	0. 463 * (0. 271)	-0. 025 (0. 247)	0. 395 * (0. 218)	0. 030 (0. 187)	0. 374 (0. 228)	-0. 090 (0. 197)

续表

被解释变量	保障性住房开发投资（Ln*PubHDI*）							
	固定效应				GMM			
	SHIC (1)	WHIC (2)	SHIC (3)	WHIC (4)	SHIC (5)	WHIC (6)	SHIC (7)	WHIC (8)
$LnPriHSup_{it}$	0.209 (0.210)	0.080 (0.157)	0.052 (0.220)	0.012 (0.164)	0.042 (0.215)	-0.127 (0.097)	0.039 (0.206)	-0.021 (0.118)
$LnGFRev_{it}$	0.717 (0.649)	1.214 (1.048)	1.159 * (0.650)	0.737 (1.080)	0.622 (0.521)	0.528 (1.005)	-0.043 (0.545)	0.771 (0.631)
$LnGLRev_{it}$	-0.064 (0.120)	0.156 (0.119)	-0.086 (0.121)	0.157 (0.121)	-0.017 (0.121)	0.247 ** (0.122)	-0.025 (0.079)	0.269 ** (0.132)
$LnGExp_{it}$	-0.006 (0.664)	-1.065 (1.014)	-0.426 (0.668)	-0.628 (1.039)	1.273 ** (0.549)	-0.339 (0.902)	1.146 * (0.649)	-0.370 (0.624)
$GBPRate_{it}$	0.350 (0.348)	-0.959 (0.749)	0.111 (0.350)	-0.704 (0.766)	0.320 (0.286)	-0.776 (0.728)	0.439 (0.341)	-0.551 (0.509)
$LFRate_{it}$	0.256 (0.324)	0.431 (0.479)	0.449 (0.326)	0.266 (0.490)	0.117 (0.286)	0.375 (0.453)	-0.063 (0.308)	0.223 (0.260)
$FHRate_{it}$	-0.470 (0.426)	0.092 (0.147)	-0.480 (0.434)	0.081 (0.148)	-0.242 (0.274)	0.062 (0.047)	-0.284 (0.204)	0.064 (0.053)
$HSIndex_{it}$	4.442 *** (0.652)	4.885 *** (0.788)	4.211 *** (0.682)	4.315 *** (0.889)	5.748 *** (1.609)	4.454 *** (0.702)	5.437 *** (1.285)	3.293 *** (0.472)
$LnPopulation_{it}$	0.316 (0.356)	-0.690 (0.745)	0.277 (0.362)	-0.410 (0.772)	-0.259 (0.424)	-0.507 * (0.265)	-0.178 (0.238)	-0.368 (0.237)
$LnGDP_{it}$	-0.721 (0.486)	-0.540 (0.591)	-0.809 (0.503)	-0.614 (0.569)	-0.797 (0.786)	-0.094 (0.796)	-0.322 ** (0.151)	0.020 (0.198)
$LnSocalLev_{it}$	0.059 (0.317)	0.233 (0.245)	-0.071 (0.324)	0.262 (0.247)	0.247 *** (0.086)	0.313 ** (0.127)	0.183 (0.130)	0.381 *** (0.090)
$Openness_{it}$	-0.073 ** (0.028)	0.044 (0.029)	-0.080 *** (0.027)	0.030 (0.030)	-0.835 *** (0.318)	0.016 (0.017)	-3.690 *** (1.418)	-1.072 (0.674)
AR（1）检验					[0.028]	[0.018]	[0.029]	[0.019]
AR（2）检验					[0.928]	[0.396]	[0.665]	[0.355]
Hansen 检验					[1.00]	[1.00]	[1.00]	[1.00]
R^2	0.623	0.454	0.631	0.475				
观测值	182	164	182	164	148	133	165	149

注：第（5）—（6）列显示的是一步差分 GMM 估计结果。第（7）—（8）列显示的是一步系统 GMM 估计结果。其他说明同表 5－2。

表5-11的结果显示，当采用第一类指标度量住房金融发展时，金融摩擦对两类城市稳态时的保障性住房开发投资的影响显著为负，住房金融发展对两类城市稳态时的保障性住房开发投资的影响显著为正，并且对疲软型城市的影响要大于强劲型城市；住房金融发展与金融摩擦的交互项对两类城市稳态时的保障性住房开发投资的影响显著为正，并且对强劲型城市的影响要大于疲软型城市，长期性影响也大于短期性影响。金融摩擦每增加（减少）1个基点，强劲型和疲软型城市的保障性住房开发投资将分别降低（提高）0.149%和0.170%。同时，随着住房金融发展程度的提高，金融摩擦对保障性住房开发投资的负向影响将分别减少0.037%和0.036%。这说明：第一，在住房金融发展背景下，金融摩擦仍旧对保障性住房开发投资具有长期性负向影响。第二，在其他因素不变的情况下，住房金融发展对改善金融摩擦、促进保障性住房开发投资增长有着重要的作用。长期看，虽然住房金融发展对保障性住房开发投资的直接影响要弱于金融摩擦产生的负向影响，但随着住房金融市场的发展，制约开发商融资的各种因素得到了有效改善。在一定程度上，住房金融发展减弱了金融摩擦的负向影响，并间接地促进了保障性住房开发投资的增长。第三，由于保障性住房开发投资具有积累效应，对于投资规模较大的强劲型城市来说，同等住房金融发展程度的变动对金融摩擦和保障性住房开发投资的影响程度要显著高于疲软型城市。

当采用第二类指标度量住房金融发展时，住房金融深化程度及其与金融摩擦的交互项的系数都显著为正，实际贷款利率与保障性住房开发投资显著为负，但实际贷款利率与金融摩擦的交互项系数为正。只有强劲型城市的金融机构效率与金融摩擦的交互项显著为正。这说明：第一，住房金融结构的优化不仅直接地、有力地刺激了保障性住房开发投资的增长，同时也通过改善金融摩擦间接地推动保障性住房开发投资的增长，并且在长期住房金融发展过程中，对保障性住房开发投资发展路径的影响程度最高。第二，金融质量并不直接影响保障性住房开发投资，而是通过改善融资约束来间接促进保障性住房开发投资。这是因为地方政府主要通过间接融资方式对保障性住房项目进行投资，而金融中介在其中发挥着配置金融资源的关键性作用，因此，金融机构（金融中介）效率的提高对于这种间接融资形式影响程度较大。第三，利率市场化的长期改革显著提高了金融市场资金供给方的竞争程度，降低了地方政府民生住房融资成本，加快了地方政府对保障性住房项目的投资速度。不过，由于利率市场化进程较慢，金融摩擦因素仍旧无法得到有效改善，对保障性住房开发投资的阻力长期存在。

表 5-11　解释变量对稳态点处的保障性住房开发投资的长期影响

被解释变量	保障性住房开发投资（Ln*PubHDI*）	
	SHIC	WHIC
$FFriction_{it}$	-0.149	-0.170
$FDevelop_{it}$	0.129	0.135
$FFriction_{it} \times FDevelop_{it}$	0.037	0.036
$HFDIndex_{it}$	9.080	2.272
$FIEff_{it}$	/	/
$RLRate_{it}$	-2.529	-0.862
$FFriction_{it} \times HFDIndex_{it}$	0.169	0.196
$FFriction_{it} \times FIEff_{it}$	0.218	/
$FFriction_{it} \times RLRate_{it}$	0.233	0.241

注："/" 表示长期影响不显著。

结论 5.5（金融摩擦、住房金融发展与保障性住房开发投资）　在考虑住房金融发展情形下，两类城市金融摩擦的增加会导致保障性住房开发投资显著下降，并且对疲软型城市的影响程度要显著高于强劲型城市；住房金融发展程度的提高不仅直接导致了保障性住房开发投资的增加，还通过减缓金融摩擦的方式间接促进保障性住房开发投资增加，并且对强劲型城市的影响程度要显著高于疲软型城市，长期性影响也大于短期性影响。

短期来看，住房金融发展在更大范围内促进保障性住房开发投资的增长。随着金融资源的丰富和金融质量的改善，金融资源的配置效率对于地方政府保障性住房项目融资与投资的影响程度进一步提高。金融结构的优化有力地促进了两类保障性住房开发投资的增长；金融质量的提高加快了强劲型城市金融摩擦的改善；由利率市场化带动的金融市场供给方竞争是未来解决保障性住房开发项目融资约束的重要突破方向。

长期来看，在住房金融发展背景下，金融摩擦的增加会显著减少两类城市稳态时保障性住房开发投资，而住房金融发展对改善金融摩擦、促进保障性住房开发投资增长有着重要的作用。金融结构的优化在长期住房金融发展过程中，对保障性住房开发投资发展路径的影响程度最高；金融质量并不直接影响保障性住房开发投资，而是通过改善融资约束来间接促进保障性住房开发投资；利率市场化进程较慢，对保障性住房开发投资的阻力长期存在。

因此，由于强劲型城市住房金融发展程度不断提高，金融摩擦得到了显著的改善，金融摩擦对保障性住房开发投资的抑制作用进一步减少，整体上促进了保障性住房开发投资的增长；而疲软型城市住房金融发展相对较慢，金融摩擦对保障性住房开发投资的抑制作用较强，从而造成了保障性住房开发投资的较慢增长，并最终强化了两类城市保障性住房开发投资城市差异性增长格局。

三、其他因素对保障性住房开发投资的影响

除了金融摩擦和住房金融发展以外，还有一些重要的因素对保障性住房开发投资产生影响。表 5－10 显示：第一，在住房金融发展的背景下，保障性住房市场需求端与保障性住房开发投资显著正相关。这主要是因为家庭收入水平的提高增强了住房购买力，刺激了保障性住房市场消费规模的增加，从而拉动了地方政府对保障性住房的投资。第二，商品房价格与保障性住房价格对保障性住房开发投资的影响具有显著差异。商品房价格的上升降低了保障性住房开发投资，而保障性住房价格的上升却推动了保障性住房开发投资。这是因为商品房价格的上涨意味着商品房市场投资收益率增加，也意味着地方政府可以从商品房市场和土地市场获取更多税收收入和土地出让收入，于是，在利益动机的影响下，商品房市场会对保障性住房市场产生挤出效应，即不仅地方政府会减少保障性住房建设用地投入，还会减少相应的保障性住房开发投资。由于保障性住房项目的非营利性，保障性住房价格的变动更多的是反映了建设成本的变化。因此，保障性住房开发投资也会随着建设成本的上涨而增加，从而与保障性住房价格呈现出显著的正相关关系。第三，地方政府的收支与保障性住房开发投资显著正相关。随着地方政府的税收收入和土地出让收入的增加，用于公共项目的支出也会同步增长。民生住房项目作为公共财政支出的重要组成部分，会因为地方财政收支的增长而增加。第四，住房保障程度与保障性住房开发投资显著为正。第五，从经济社会发展层面来看，疲软型城市人口的增长会导致保障性住房开发投资的减少，强劲型城市 GDP 的增长和对外开放程度的增长也会造成保障性住房开发投资的减少，而社会发展程度的增长却促进了保障性住房开发投资的增加。这意味着随着城市人口规模的扩大和经济总量的增长，城市人口的居住需求必须通过商品房市场来解决，而无法单靠地方政府提供保障性住房来实现。特别是在对外开放程度较高的城市，外国资本的进入可以促进商品房市场的发展，增加城市商品房供给，满足社会需求。因此，商品房市场对保障性住房开发投资的挤出效应会更加显著。对于地方政府来说，建立住房保障体系、实现弱势群体“住有所居”的目标是社会文明程度的重要体现，也是政府难以推卸的责

任与义务，所以当地方政府关注民生发展目标或是对保障性住房项目进行政绩考核时，保障性住房开发投资会随之而增长。

第六节　商品房开发投资的影响因素分析

在分析了保障性住房开发投资的影响因素之后，我们还需要重点考察商品房市场的开发投资。因为1998年住房市场化改革在严格限制了政府对住房市场的计划经济式的驱动力量的同时，进一步放开市场限制，引入了商品房市场发展的新动力，即建立由住房市场多元化需求和自利性开发商专业化供给构成的商品房市场体系，并鼓励用市场经济的力量自行调节供求平衡，从而推动住房市场快速发展。商品房市场体系汇集了政府设定市场规则下的各经济主体在各类市场的自利性行为的交互式影响。其中，金融市场和土地市场的相关行为关联着商品房的需求与供给，在商品房市场发展过程中发挥着关键作用，特别是对商品房开发投资的变动有着重要的影响。因此，为了研究金融摩擦、住房金融发展、住房金融发展与金融摩擦的交互项对商品房开发投资的影响机制，本研究仍旧采用（5－7）式—（5－10）式的静态面板模型和动态面板模型进行计量分析。

在静态面板模型（5－7）式和（5－9）式中，被解释变量 $Investment_{it}$ 为 i 城市 t 时期商品房开发投资（$LnPriHDI_{it}$），解释变量分别为 i 城市 t 时期金融摩擦程度（$FFriction_{it}$）、住房金融发展程度（$FDevelop_{it}$）、金融摩擦与住房金融发展的交互项（$FFriction_{it} \times FDevelop_{it}$）和相关的控制变量（$Control_{it}$），系数 λ、ϕ、ρ、ξ 分别反映这四类变量对商品房开发投资的影响程度。

金融摩擦与住房金融发展作为解释变量，仍旧采用上一节的两类指标体系。

相关控制变量包括开发商特征（开发商融资需求、开发商土地需求）、住房市场特征（商品房消费需求、保障性住房消费需求、住房购买力、商品房价格、保障性住房价格、商品房供给规模）、地方政府特征（财政支出、地方财政丰盈程度、土地财政比重、财政依赖住房程度、住房保障程度）、城市经济社会特征（城市人口规模、城市经济规模、社会发展水平、对外开放程度）。

在动态面板模型（5－8）式和（5－10）式中，被解释变量的滞后项（$Investment_{it-1}$）用于捕获商品房开发投资的持续性，系数 α 反映商品房开发投资变动趋势对其均衡值的动态影响。

一、金融摩擦对商品房开发投资的影响

表5－12给出了固定效应、差分GMM和系统GMM估计的结果。(1)—(4)列是包含了固定效应的估计结果，而(5)—(8)列通过对时间的差分消除了固定效应，并且显示了商品房开发投资一阶滞后项产生的影响。在对方程进行二阶序列相关检验后，我们发现，检验结果没有给出明确的证据来证明估计方程中的误差项具有二阶序列相关特征。这意味着(5－8)式中的动态一阶自回归模型是合适的。通过对方程的工具变量进行Hansen过度识别检验，我们可以证实“工具变量具有有效性”这一假设。因此，差分GMM和系统GMM估计得到的结果是稳健的。

表5－12　　金融摩擦对商品房开发投资的影响

被解释变量	商品房开发投资（Ln*PriHDI*）							
	固定效应				GMM			
	SHIC (1)	WHIC (2)	SHIC (3)	WHIC (4)	SHIC (5)	WHIC (6)	SHIC (7)	WHIC (8)
$LnPriHDI_{it-1}$					0.627*** (0.047)	0.630*** (0.050)	0.719*** (0.050)	0.684*** (0.063)
$FFriction_{it}$	−0.045*** (0.012)	−0.062*** (0.014)			−0.016** (0.007)	−0.037*** (0.009)		
$LnDAsset_{it}$			0.352*** (0.108)	0.089 (0.136)			0.109** (0.049)	1.106*** (0.367)
$HBLRate_{it}$			3.099 (3.067)	−1.137 (2.771)			1.354* (2.037)	1.695* (1.568)
$LnLColateral_{it}$			−0.010 (0.069)	0.087 (0.064)			0.043 (0.055)	0.278** (0.139)
$LnPriHCon_{it}$	0.261*** (0.066)	0.275*** (0.084)	0.326*** (0.066)	0.346*** (0.089)	0.133** (0.053)	0.296*** (0.054)	0.176** (0.077)	0.377*** (0.055)
$LnPubHCon_{it}$	−0.019 (0.017)	−0.050*** (0.017)	−0.012 (0.018)	−0.052*** (0.019)	0.004 (0.009)	−0.004 (0.009)	0.085 (0.151)	−0.212** (0.092)
$LnDFDemand_{it}$	0.452*** (0.119)	0.601*** (0.118)	0.167 (0.120)	0.380*** (0.120)	0.325*** (0.073)	0.215*** (0.068)	0.222** (0.089)	0.396*** (0.112)
$LnDLDemand_{it}$	0.018 (0.040)	0.006 (0.040)	0.018 (0.044)	−0.006 (0.054)	0.028 (0.033)	0.070** (0.033)	0.025 (0.039)	0.100** (0.041)
$LnHBuy_{it}$	0.053 (0.239)	0.251 (0.367)	0.234 (0.240)	0.522 (0.405)	0.576*** (0.119)	0.126 (0.218)	0.524*** (0.125)	0.335* (0.198)

续表

被解释变量	商品房开发投资（Ln*PriHDI*）							
	固定效应				GMM			
	SHIC (1)	WHIC (2)	SHIC (3)	WHIC (4)	SHIC (5)	WHIC (6)	SHIC (7)	WHIC (8)
$LnPriHP_{it}$	-0.068 (0.148)	0.405* (0.211)	-0.137 (0.152)	0.364 (0.227)	0.036 (0.079)	0.328*** (0.096)	0.038 (0.090)	0.411*** (0.119)
$LnPubHP_{it}$	0.126 (0.103)	-0.106 (0.118)	0.103 (0.109)	-0.209* (0.123)	-0.016 (0.053)	-0.075 (0.067)	0.014 (0.041)	-0.585** (0.288)
$LnPriHSup_{it-1}$	-0.147** (0.068)	0.063 (0.053)	-0.161** (0.070)	0.090 (0.057)	-0.138** (0.061)	-0.192*** (0.041)	-0.144** (0.058)	-0.223*** (0.045)
$LnGExp_{it}$	-0.062 (0.109)	-0.152 (0.166)	0.035 (0.126)	-0.056 (0.175)	-0.033 (0.053)	-0.323*** (0.064)	0.036 (0.065)	-0.249*** (0.086)
$GBPRate_{it}$	-0.064 (0.063)	-0.097 (0.136)	-0.054 (0.069)	-0.003 (0.149)	0.026 (0.037)	-0.186** (0.083)	0.020 (0.039)	-0.146 (0.099)
$LFRate_{it}$	0.014 (0.057)	0.041 (0.085)	0.003 (0.061)	-0.058 (0.094)	-0.036 (0.023)	0.103** (0.049)	-0.037 (0.028)	0.107** (0.047)
$FHRate_{it}$	0.239 (0.178)	0.058 (0.063)	0.309 (0.252)	0.025 (0.073)	0.117 (0.108)	0.006 (0.026)	-0.014 (0.134)	0.028 (0.037)
$HSIndex_{it}$	-0.170 (0.330)	0.304 (0.362)	0.019 (0.343)	0.434 (0.389)	0.174 (0.238)	-0.005 (0.161)	-0.456** (0.231)	0.010 (0.129)
$LnPopulation_{it}$	0.138 (0.136)	0.201 (0.326)	0.146 (0.142)	-0.004 (0.361)	-0.075 (0.057)	0.097 (0.079)	-0.067 (0.057)	0.164** (0.068)
$LnGDP_{it}$	0.562*** (0.185)	0.101 (0.274)	0.240 (0.210)	-0.099 (0.302)	0.135*** (0.030)	0.160** (0.072)	0.135*** (0.026)	0.140* (0.072)
$LnSocalLev_{it}$	-0.188 (0.123)	-0.022 (0.104)	-0.212 (0.132)	-0.029 (0.123)	0.030 (0.026)	-0.039 (0.043)	-0.029 (0.033)	-0.034 (0.055)
$Openness_{it}$	0.021* (0.011)	0.037*** (0.013)	0.022* (0.011)	0.043*** (0.014)	0.035** (0.016)	0.018*** (0.007)	0.016*** (0.005)	0.007 (0.007)
AR（1）检验					[0.001]	[0.004]	[0.001]	[0.005]
AR（2）检验					[0.657]	[0.022]	[0.564]	[0.038]
Hansen 检验					[1.00]	[1.00]	[1.00]	[1.00]
R^2	0.962	0.940	0.960	0.934				
观测值	166	149	166	149	166	149	166	149

注：第（5）—（6）列显示的是一步系统 GMM 估计结果。第（7）—（8）列显示的是一步系统 GMM 估计结果。其他说明同表 5-2。

表5－12的估计结果显示，在不考虑住房金融发展情形下，两类城市的金融摩擦对商品房开发投资的影响显著为负，并且疲软型城市金融摩擦的影响程度要显著高于强劲型城市。第（5）、（6）列显示，金融摩擦每增加（减少）1个基点，强劲型和疲软型城市的商品房开发投资将分别降低（增长）0.016%（标准误为0.007）和0.037%（标准误为0.009）。该结果说明：第一，金融摩擦是影响商品房开发投资的重要因素，即随着两类城市开发商外部融资规模的减少或是融资约束的增加，商品房开发投资得到了显著的抑制；第二，金融摩擦的变动会造成两类城市商品房开发投资增长速度的差异；第三，开发商融资约束每增加1个基点，导致疲软型城市商品房开发投资的下降速度超过强劲型城市的两倍；第四，从金融摩擦的角度看，这种强劲的融资约束在一定程度上造成了两类城市商品房开发投资发展路径的差异。

当采用第二类指标度量金融摩擦时，结果显示：在强劲型城市，开发商资产规模和住房贷款占银行贷款比重的下降显著地增加了金融摩擦，使得商品房开发投资出现了显著的减少，即开发商资产规模、住房贷款占银行贷款比重每减少1%或1个基点（也就是金融摩擦程度增加1个基点），商品房开发投资分别下降0.109%、1.354%；而在疲软型城市，开发商资产规模、住房贷款占银行贷款比重、土地抵押品价值的减少都显著地增加了金融摩擦，使得商品房开发投资显著回落，即开发商资产规模、住房贷款占银行贷款比重、土地抵押品价值每减少1%或1个基点（也就是金融摩擦程度增加1个基点），商品房开发投资将分别降低1.106%、1.695%、0.278%。该结果说明：

第一，在强劲型城市，开发商的资产实力和金融机构对开发商资金的供给是造成开发商融资约束、抑制商品房开发投资增长的关键因素。这是因为商品房开发投资一方面取决于开发商自有资金，另一方面受到外部融资约束影响。当给定土地抵押品价值后，开发商资产实力的增强有助于提高外部融资的偿债能力，是其扩大融资渠道的重要基础。特别是私有开发商与国有开发商在住房市场上竞争时，面对金融市场制度造成的不平等，私有开发商的资金实力决定了商品房开发投资的规模。此外，银行通过信贷渠道调整开发商的道德风险，并从商品房市场层面影响开发商的自有资金投资规模。比如当银行抵押贷款率收紧时，开发商为了获得金融市场平均收益率并防止较高的违约率，必须控制商品房供给规模，减少自有资本投资。

第二，在疲软型城市，开发商融资受到自身资金实力、银行对开发商的信贷供给、土地抵押品价值等因素的制约，而这些约束同时也构成了打压商品房开发投资增长的重要力量。除了开发商自有资本和银行信贷约束外，在疲软型城市，金融摩擦还通过影响土地市场需求和地方政府土地定价决策，从土地成本角度改变商品房开发总投资。当金融摩擦增加时，土地市场需求减少，土地价格面临着下调的压力，所以包含土地成本在内的总投资也会随之而下降。

第三，由于两类城市影响金融摩擦的确定性因素存在差异，因此，金融摩擦对商品房开发投资增长速度的影响程度显著不同。这意味着，金融摩擦的变动对两类城市商品房开发投资城市差异性增长格局的形成有着显著的影响。

由于在动态面板模型中引入了被解释变量的滞后项，系数 λ 仅仅体现了金融摩擦对商品房开发投资的短期性影响，而不是长期性影响。在(5)—(8) 列的估计方程中，系数 α 的估计值高度显著，反映了被解释变量具有真实的持久性。为了获得这种长期性影响，本研究令 $Investment_{it} = Investment_{it-1}$，使得被解释变量动态收敛到新的稳态点。于是，金融摩擦对稳态点处的商品房开发投资的长期性影响可以由系数 $\lambda/(1-\alpha)$ 来考察。

表 5 - 13 的结果显示，当采用第一类指标度量金融摩擦时，金融摩擦对两类城市稳态时的商品房开发投资的影响显著为负，并且对疲软型城市的影响要大于强劲型城市。金融摩擦每增加（减少）1 个基点，强劲型和疲软型城市的商品房开发投资将分别减少（增加）0. 04% 和 0. 10% 。这说明：第一，金融摩擦对商品房开发投资具有长期性负向影响，并且这种长期性影响程度几乎是短期性影响的两倍多，因此，金融摩擦对抑制商品房开发投资的发展路径有着决定性的作用。第二，在其他因素不变的情况下，两类城市产生同等程度的金融摩擦，长期看，会导致疲软型城市商品房开发投资的增长速度进一步减慢，并且减慢程度是强劲型城市的两倍多，从而形成两类城市差异化、城市差异性的发展路径。

当采用第二类指标度量金融摩擦时，由开发商资产规模特征和金融机构资金供给特征引起的金融摩擦同样对强劲型城市商品房开发投资具有显著的影响，而由开发商资产规模特征、金融机构资金供给特征和土地抵押品价值特征引起的金融摩擦仍旧对疲软型城市商品房开发投资具有显著的影响，并且长期影响程度要远大于短期影响程度，对疲软型城市的影响要大于对强劲型城市的影响。这说明：第一，由于动态滞后项的存在，商品房开发投资受到金融摩擦确定性因素的影响程度不断加深。第二，强劲型城市商品房开发投资长期受到开发商资产规模、金融机构资金供给的约束限制。第三，疲软型城市的开发商受到的金融摩擦的影响因素较多，程度较深，导致商品房投资长期增长阻力较大。

表 5-13　解释变量对稳态点处的商品房开发投资的长期影响

被解释变量	商品房开发投资（Ln*PriHDI*）	
	SHIC	WHIC
$FFriction_{it}$	-0.04	-0.10
$\text{Ln}DAsset_{it}$	0.39	3.50
$HBLRate_{it}$	4.82	5.36
$\text{Ln}LColateral_{it}$	/	0.88

注："/"表示长期影响不显著。

结论 5.6（金融摩擦与商品房开发投资）　在不考虑住房金融发展情形下，两类城市金融摩擦的增加会导致商品房开发投资显著下降，并且疲软型城市金融摩擦的影响程度要显著高于强劲型城市。金融摩擦的变动会造成两类城市商品房开发投资增长速度的差异。

短期来看，在强劲型城市，开发商的资产实力和金融机构对开发商资金的供给是造成开发商融资约束、抑制商品房开发投资增长的关键因素；在疲软型城市，开发商融资受到自身资金实力、银行对开发商的信贷供给、土地抵押品价值等因素的制约，而这些约束同时也构成了打压商品房开发投资增长的重要力量。

长期来看，金融摩擦的增加会导致两类城市稳态时商品房开发投资显著下降，并且对疲软型城市的影响要大于强劲型城市，长期影响程度要大于短期影响程度。

因此，不论是短期还是长期，这种强劲的融资约束在一定程度上造成了两类城市商品房开发投资城市差异性增长格局的形成。

二、住房金融发展对商品房开发投资的影响

表 5-14 给出了固定效应、差分 GMM 和系统 GMM 估计的结果。(1)—(4) 列是包含了固定效应的估计结果，而 (5)—(8) 列通过对时间的差分消除了固定效应，并且显示了商品房开发投资一阶滞后项产生的影响。在对方程进行二阶序列相关检验后，我们发现，检验结果没有给出明确的证据来证明估计方程中的误差项具有二阶序列相关特征。这意味着 (5-10) 式中的动态一阶自回归模型是合适的。通过对方程的工具变量进

行 Hansen 过度识别检验，我们可以证实“工具变量具有有效性”这一假设。因此，差分 GMM 和系统 GMM 估计得到的结果是稳健的。

表 5-14　　住房金融发展对商品房开发投资的影响

被解释变量	商品房开发投资（Ln*PriHDI*）							
	固定效应				GMM			
	SHIC (1)	WHIC (2)	SHIC (3)	WHIC (4)	SHIC (5)	WHIC (6)	SHIC (7)	WHIC (8)
$\text{Ln}PriHDI_{it-1}$					0.608 *** (0.050)	0.644 *** (0.045)	0.128 ** (0.060)	0.173 *** (0.057)
$FFriction_{it}$	-0.036 (0.033)	-0.029 (0.029)	-0.084 * (0.030)	-0.158 ** (0.041)	-1.075 * (0.020)	-1.086 ** (0.231)	-0.108 * (0.022)	-0.110 ** (0.015)
$FDevelop_{it}$	0.059 * (0.069)	0.019 * (0.043)			0.067 ** (0.027)	0.021 * (0.016)		
$FFriction_{it} \times FDevelop_{it}$	0.010 (0.011)	0.006 (0.011)			0.207 * (0.093)	0.205 * (0.006)		
$HFDIndex_{it}$			0.674 * (0.045)	0.385 ** (0.027)			0.542 * (0.061)	0.363 * (0.073)
$FIEff_{it}$			0.329 * (0.188)	0.114 (0.168)			0.300 * (0.129)	0.190 ** (0.079)
$RLRate_{it}$			-0.010 (0.008)	-0.014 (0.008)			-0.005 (0.008)	-0.043 * (0.023)
$FFriction_{it} \times HFDIndex_{it}$			0.111 ** (0.015)	0.077 ** (0.016)			0.064 ** (0.014)	0.060 ** (0.016)
$FFriction_{it} \times FIEff_{it}$			0.078 * (0.043)	0.034 (0.033)			0.075 * (0.020)	0.069 (0.022)
$FFriction_{it} \times RLRate_{it}$			0.003 (0.003)	0.003 (0.003)			0.001 (0.003)	0.056 * (0.003)
$\text{Ln}PriHCon_{it}$	0.256 *** (0.068)	0.279 *** (0.085)	0.087 ** (0.033)	0.210 *** (0.040)	1.409 *** (0.432)	0.316 *** (0.055)	0.064 ** (0.030)	0.194 *** (0.041)
$\text{Ln}PubHCon_{it}$	-0.017 (0.017)	-0.053 *** (0.018)	-0.020 ** (0.008)	-0.005 (0.009)	0.003 (0.007)	-0.111 ** (0.053)	-0.012 * (0.006)	-0.016 * (0.009)
$\text{Ln}DFDemand_{it}$	0.465 *** (0.125)	0.588 *** (0.126)	0.931 *** (0.059)	1.018 *** (0.063)	0.346 *** (0.070)	0.180 *** (0.062)	0.866 *** (0.063)	0.890 *** (0.087)
$\text{Ln}DLDemand_{it}$	0.026 (0.042)	0.004 (0.041)	-0.029 (0.019)	0.001 (0.019)	0.024 (0.034)	0.075 ** (0.031)	0.125 ** (0.049)	-0.009 (0.019)

续表

被解释变量	商品房开发投资（Ln*PriHDI*）							
	固定效应				GMM			
	SHIC (1)	WHIC (2)	SHIC (3)	WHIC (4)	SHIC (5)	WHIC (6)	SHIC (7)	WHIC (8)
$\text{Ln}HBuy_{it}$	0.036 (0.245)	0.180 (0.372)	-0.180 (0.111)	0.348* (0.182)	0.535*** (0.128)	0.107 (0.231)	0.307** (0.132)	0.105 (0.174)
$\text{Ln}PriHP_{it}$	-0.047 (0.151)	0.367* (0.219)	-0.035 (0.069)	0.131 (0.099)	0.043 (0.095)	0.313*** (0.104)	0.087*** (0.032)	0.155** (0.064)
$\text{Ln}PubHP_{it}$	0.132 (0.104)	-0.128 (0.120)	-0.049 (0.048)	0.007 (0.057)	0.005 (0.061)	-0.037 (0.069)	-0.088* (0.045)	-0.036 (0.039)
$\text{Ln}PriHSup_{it-1}$	-0.150** (0.069)	0.063 (0.053)	-0.041 (0.033)	-0.013 (0.026)	-0.159** (0.063)	-0.185*** (0.048)	-0.071*** (0.018)	-0.095*** (0.033)
$\text{Ln}GExp_{it}$	-0.069 (0.110)	-0.179 (0.167)	-0.138*** (0.050)	-0.137* (0.076)	-0.015 (0.050)	-0.329*** (0.081)	-0.149** (0.060)	-0.141** (0.063)
$GBPRate_{it}$	-0.068 (0.064)	-0.100 (0.137)	-0.024 (0.029)	-0.020 (0.064)	0.012 (0.036)	-0.172** (0.086)	-0.031* (0.018)	-0.092*** (0.024)
$LFRate_{it}$	0.013 (0.057)	0.032 (0.086)	-0.001 (0.026)	-0.051 (0.040)	0.034* (0.021)	0.094* (0.049)	-0.003 (0.022)	0.076*** (0.024)
$FHRate_{it}$	0.222 (0.180)	0.060 (0.063)	0.134 (0.081)	0.007 (0.029)	0.149 (0.110)	0.005 (0.025)	0.068 (0.053)	0.029 (0.018)
$HSIndex_{it}$	-0.197 (0.333)	0.309 (0.367)	-0.763*** (0.160)	-0.915*** (0.190)	0.180 (0.222)	0.021 (0.162)	-0.600** (0.240)	-1.033*** (0.243)
$\text{Ln}Population_{it}$	0.154 (0.138)	0.229 (0.328)	0.059 (0.063)	-0.198 (0.156)	-0.065 (0.052)	0.063 (0.089)	-0.024 (0.023)	0.022 (0.062)
$\text{Ln}GDP_{it}$	0.550*** (0.207)	0.221 (0.296)	0.459*** (0.087)	0.212 (0.133)	0.103** (0.049)	0.242*** (0.068)	0.353*** (0.076)	0.166 (0.190)
$\text{Ln}SocalLev_{it}$	-0.192 (0.126)	-0.039 (0.106)	-0.076 (0.057)	-0.027 (0.049)	0.015 (0.026)	0.075 (0.067)	0.085** (0.036)	0.002 (0.059)
$Openness_{it}$	0.020* (0.011)	0.037*** (0.013)	0.006 (0.005)	0.005 (0.006)	0.009* (0.005)	0.036*** (0.014)	0.008** (0.004)	-0.001 (0.004)
AR（1）检验					[0.001]	[0.003]	[0.002]	[0.006]
AR（2）检验					[0.841]	[0.031]	[0.807]	[0.425]
Hansen 检验					[1.00]	[1.00]	[1.00]	[1.00]
R^2	0.962	0.941	0.993	0.988				
观测值	166	149	166	149	166	149	166	149

注：第（5）—（6）列显示的是一步系统 GMM 估计结果。第（7）—（8）列显示的是一步系统 GMM 估计结果。其他说明同表 5-2。

表5－14的第（5）、（6）列估计结果显示，在考虑住房金融发展情形下，两类城市的金融摩擦对商品房开发投资的影响显著为负，并且对疲软型城市的影响程度要显著高于强劲型城市；住房金融发展对商品房开发投资的影响显著为正，金融摩擦与住房金融发展交互项对商品房开发投资的影响显著为正，并且对强劲型城市的影响程度要显著高于疲软型城市。该结果说明：

第一，在住房金融发展背景下，金融摩擦的变化对商品房开发投资增长的快慢有着重要的影响，并且该影响程度要显著高于不考虑住房金融发展时的影响程度。也就是说，随着住房金融发展程度的加深，金融摩擦每增加（减少）1个基点，强劲型和疲软型城市商品房开发投资将分别减少（增加）1.075%和1.086%。这意味着在住房金融市场发展过程中，随着金融资源的丰富和金融质量的改善，金融资源的配置效率对于商品房市场融资与投资的影响程度进一步提高。

第二，住房金融发展在更大范围内促进商品房开发投资的增长。该范围不仅包括对金融摩擦因素的改善，还涉及影响商品房开发投资的诸多相关因素。比如，住房金融发展对住房消费需求的促进作用，可以使更多的中低收入家庭享受到由低金融门槛带来的住房金融资源，提高其对商品房的消费能力，从而刺激商品房开发投资。随着住房国内贷款占城市银行存贷款余额之和的比重的增加，住房金融发展程度每提升1个基点，强劲型和疲软型城市商品房开发投资将分别增长0.067%和0.021%。因此，住房金融发展对决定商品房开发投资的其他影响因素的作用是不容忽视的。

第三，在住房金融发展的影响下，金融摩擦逐步改变，从而导致金融摩擦对商品房开发投资的影响也发生了显著变化。住房金融发展与金融摩擦的交互项显示，随着住房金融市场的发展，影响金融摩擦的确定性因素得到了显著的改善，开发商的融资方式在不断改进，融资规模与融资成本也得到了增强与优化，其对商品房项目的投资能力明显提高。金融摩擦对商品房开发投资的制约作用正在逐步减少。住房金融发展与金融摩擦的交互项的临界点意味着，当强劲型和疲软型城市住房金融发展程度分别超过临界值5.19（＝1.075/0.207）和5.30（＝1.086/0.205）时，金融摩擦对商品房开发投资的负向影响将消失，或者说是金融发展抵消了金融摩擦对商品房开发投资的负向影响；反之，住房金融发展程度降低，金融摩擦的负面影响将逐步加深。

当采用第二类指标度量住房金融发展时，表5－14的第（7）、（8）列结果显示：金融摩擦与商品房开发投资显著为负，对疲软型城市的影响程度要显著高于强劲型城市；住房金融深化程度与商品房开发投资显著为正，金融机构效率与商品房开发投资显著为正，实际贷款利率与商品房开发投资显著为负，住房金融发展的结构、质量、市场化进程的特征与金融摩擦的交互项的系数显著为正，但是在强劲型城市实际贷款利率的系数不显著，在疲软型城市金融机构效率与金融摩擦的交互项的系数不显著。该结果表明：

第一，住房金融结构的优化有力地促进了两类城市商品房开发投资的增长。具体而言，金融资源对各类市场支持力度的加大显著地增强了开发商的融资能力，有效地改善了开发商的融资约束，带动了商品房项目的建设。特别是当强劲型和疲软型城市的住房金融深化程度分别超过 1.68 和 1.83 时，金融摩擦对商品房投资的负向影响逐渐消失，或者说是住房金融发展可以抵消金融摩擦对商品房投资的负向影响；反之，这种负向影响将逐渐增加。

第二，金融质量的提高加快了强劲型城市金融摩擦的改善，并促进商品房开发投资的快速增长，但是对疲软型城市不产生显著影响。这主要是因为金融机构质量的提高为开发商提供了多元化的融资途径，带动了开发商多渠道融资的积极性。同时，随着金融机构整体质量的提升，金融系统的抗风险能力明显增强，银行可以承担更多中长期商品房项目贷款造成的流动性风险。这也意味着银行会提高对开发商的金融支持力度，以更低的风险实现大规模商品房投资目标。在强劲型城市的金融机构效率不断提升过程中，金融摩擦对商品房投资的负向影响逐渐减少，当金融机构效率超过 1.44 时，该负向影响消失；反之，随着金融机构效率的降低，这种负向影响将逐渐增加。

第三，利率的市场化进程对疲软型城市商品房开发投资有着显著的促进作用。疲软型城市实际贷款利率的系数是 -0.043，而实际贷款利率与金融摩擦的交互项系数是 0.056。这意味着实际贷款利率每减少 1 个基点，疲软型城市的商品房开发投资将增长 0.043%，而在金融摩擦的影响下，商品房开发投资将减少 0.056%。这主要是因为随着金融机构的增多，金融机构之间的竞争逐步加剧。虽然中央银行对利率进行管制，但金融机构仍旧可以通过各种优惠措施降低贷款成本，满足项目的融资需求。实际贷款利率的下降，一方面减少了商品房项目的融资成本，促进了商品房投资的增加，带动商品房市场的繁荣；另一方面，加快了金融市场供给方的竞争，促进了金融产品的丰富。这不仅可以扩大开发商融资途径，还可以节约商品房项目的建设成本，减少开发商融资压力。当利率市场化进程不断加快时，金融摩擦对商品房投资的负向影响逐渐减少，当实际贷款利率水平低于1.96时，该负向影响消失；反之，随着实际贷款利率的提高，这种负向影响将逐渐增加。

由于在动态面板模型中引入了被解释变量的滞后项，系数λ、ϕ、ρ仅仅体现了金融摩擦、住房金融发展、金融摩擦与住房金融发展的交互项对商品房开发投资的短期性影响，而不是长期性影响。在（5）—(8）列的估计方程中，系数α的估计值高度显著，反映了被解释变量具有真实的持久性。为了获得这种长期性影响，本研究令$Investment_{it} = Investment_{it-1}$，使得被解释变量动态收敛到新的稳态点。于是，金融摩擦、住房金融发展、金融摩擦与住房金融发展的交互项对稳态点处的商品房开发投资的长期性影响可以由系数$\lambda/(1-\alpha)$、$\phi/(1-\alpha)$、$\rho/(1-\alpha)$来考察。

表5－15　解释变量对稳态点处的商品房开发投资的长期影响

被解释变量	商品房开发投资（Ln*PriHDI*）	
	SHIC	WHIC
$FFriction_{it}$	-2.74	-3.05
$FDevelop_{it}$	0.17	0.06
$FFriction_{it} \times FDevelop_{it}$	0.53	0.58
$HFDIndex_{it}$	0.62	0.44
$FIEff_{it}$	0.34	0.23
$RLRate_{it}$	/	-0.05
$FFriction_{it} \times HFDIndex_{it}$	0.07	0.07
$FFriction_{it} \times FIEff_{it}$	0.09	/
$FFriction_{it} \times RLRate_{it}$	/	0.07

注：“/”表示长期影响不显著。

表5－15的结果显示，当采用第一类指标度量住房金融发展时，金融摩擦对两类城市稳态时的商品房开发投资的影响显著为负，住房金融发展与金融摩擦的交互项的系数显著为正，并且对疲软型城市的影响要大于强劲型城市；住房金融发展对两类城市稳态时的商品房开发投资的影响显著为正，并且对强劲型城市的影响要大于疲软型城市，长期性影响也大于短期性影响。金融摩擦每增加（减少）1个基点，强劲型和疲软型城市的商品房开发投资将分别降低（提高）2.74%和3.05%。同时，随着住房金融发展程度的提高，金融摩擦对商品房开发投资的负向影响将分别减少0.53%和0.58%。这说明：第一，在住房金融发展背景下，金融摩擦仍旧对商品房

开发投资具有长期性负向影响。第二，在其他因素不变的情况下，住房金融发展对改善金融摩擦、促进商品房开发投资增长有着重要的作用。长期看，虽然住房金融发展对商品房开发投资的直接影响要弱于金融摩擦产生的负向影响，但随着住房金融市场的发展，制约开发商融资的各种因素得到了有效改善。在一定程度上，住房金融发展减弱了金融摩擦的负向影响，并间接地促进了商品房开发投资的增长。第三，由于商品房开发投资具有积累效应，对于投资规模较大的强劲型城市来说，同等住房金融发展程度的变动对商品房开发投资的影响程度要显著高于疲软型城市。

当采用第二类指标度量住房金融发展时，住房金融深化程度及其与金融摩擦的交互项的系数都显著为正，金融机构效率的系数显著为正，只有强劲型城市的金融机构效率与金融摩擦的交互项的系数显著为正，而疲软型城市的实际贷款利率系数为负，其与金融摩擦的交互项的系数显著为正。这说明：第一，住房金融结构的优化不仅直接地、有力地刺激了商品房开发投资的增长，同时也通过改善金融摩擦间接地推动商品房开发投资的增长，并且在长期住房金融发展过程中，对商品房开发投资发展路径的影响程度最高。第二，在强劲型城市，金融质量不仅直接影响商品房开发投资，还通过改善开发融资约束来间接促进商品房开发投资。这主要是因为强劲型城市住房市场需求旺盛，金融机构效率的改善有助于提高开发商负债经营的杠杆率，扩大投资规模，增加商品房市场供给，获取更多的销售利润，从而加快资金在开发商与金融机构之间的配置效率与流动速度。第三，在疲软型城市，利率市场化的长期改革显著提高了金融市场资金供给方的竞争程度，降低了开发商融资成本，加快了开发商对商品房的投资速度。不过，由于疲软型利率市场化进程较慢，金融摩擦因素仍旧无法得到有效改善，对商品房开发投资的阻力长期存在。

结论 5.7（金融摩擦、住房金融发展与商品房开发投资） 在考虑住房金融发展情形下，两类城市金融摩擦的增加导致商品房开发投资显著减少，并且对疲软型城市的影响程度要显著高于强劲型城市；住房金融发展程度的提高不仅直接推动商品房开发投资增长，还通过减缓金融摩擦的方式间接地促进商品房开发投资增长，并且对强劲型城市的影响程度要显著高于疲软型城市，长期性影响也大于短期性影响。

短期来看，住房金融发展在更大范围内促进商品房开发投资的增长。随着金融资源的丰富和金融质量的改善，金融资源的配置效率对于开发商商品房融资与投资的影响程度进一步提高。住房金融结构的优化有力地促进了两类城市商品房开发投资的增长；金融质量的提高加快了强劲型城市金融摩擦的改善，并促进商品房开发投资的快速增长，但是对疲软型城市不产生显著影响；利率的市场化进程对疲软型城市商品房开发投资有着显著的促进作用。

长期来看，在住房金融发展背景下，金融摩擦的增加会减少两类城市稳态时商品房开发投资，而住房金融发展对改善金融摩擦、促进商品房开发投资增长有着重要的作用。住房金融结构的优化在长期住房金融发展过程中，对商品房开发投资发展路径的影响程度最高；在强劲型城市，金融质量不仅直接影响商品房开发投资，还通过改善开发融资约束来间接促进商品房开发投资；疲软型城市利率市场化进程较慢，对商品房开发投资的阻力长期存在。

因此，由于强劲型城市住房金融发展程度不断提高，金融摩擦得到了显著的改善，金融摩擦对商品房开发投资的抑制作用进一步减少，整体上促进了商品房开发投资的增长；而疲软型城市住房金融发展相对较慢，金融摩擦对商品房开发投资的抑制作用较强，从而造成了商品房开发投资的较慢增长，并最终强化了两类城市商品房开发投资城市差异性增长格局。

三、其他因素对商品房开发投资的影响

除了金融摩擦和住房金融发展以外，还有一些重要的因素对商品房开发投资产生影响。表5－14显示：第一，在住房金融发展的背景下，商品房市场需求与商品房开发投资显著正相关，保障性住房市场需求与商品房开发投资显著负相关，住房购买力与商品房开发投资显著正相关。这主要是因为家庭收入水平的提高增强了住房购买力，刺激了商品房和保障性住房市场消费规模的增加，进而带动两个市场住房项目开发投资规模的增长。但是由于保障性住房供给规模的增长会使得有限的土地资源在商品房项目和保障性住房项目之间出现配置的偏向，因此，过多的保障性住房消费会减少商品房土地供给，从而减少商品房项目的开发投资。

第二，从开发商特征来看，外部融资需求、土地要素需求都与商品房开发投资显著正相关，而上一期商品房供给规模与商品房开发投资显著负相关。这是因为资金和土地要素是商品房供给的重要投入品，这些要素投入的越多，商品房项目的总投资规模越大，并且随着商品房需求的增加，对资金和土地要素的引致需求会进一步增长。不过，如果当期要素投入过多、商品房供给规模较大时，商品房市场会出现供过于求的现象，商品房库存积压会导致下一期要素需求的减少和总投资的下降。

第三，商品房价格与保障性住房价格对商品房开发投资的影响具有显

著差异。商品房价格的上升促进了商品房开发投资，而保障性住房价格的上升却减少了商品房开发投资。这是因为商品房价格的上涨意味着商品房市场投资收益率增加，也意味着地方政府可以从商品房市场和土地市场获取更多税收收入和土地出让收入，于是，在利益动机的影响下，开发商会加大对商品房项目的投资，而地方政府也会出台政策，鼓励商品房投资。然而，由于保障性住房项目的非营利性，保障性住房价格的变动更多的是反映了建设成本的变化，因此，当保障性住房开发投资随着建设成本的上涨而增加时，保障性住房市场对商品房市场的挤出效应将更加明显，对于商品房投资的抑制作用将更加显著。

第四，从地方政府特征来看，地方政府的财政支出、财政丰盈程度与商品房开发投资显著负相关，土地财政比重、住房保障程度与商品房开发投资显著正相关。这是因为随着地方政府的税收收入和土地出让收入的增加，用于公共项目的支出也会同步增长。民生住房项目作为公共财政支出的重要组成部分，会因为地方财政收支的增长而增加。由于城市保障性住房体系的完善也是住房保障程度不断提高的过程，所以在此过程中，城市中低收入家庭的住房需求会因为住房保障程度的提高而得到进一步的满足，这使得商品房市场需求减少，从而降低了商品房市场的利润率与投资规模。这也意味着城市住房供应体系的完善不仅需要商品房投资力量的推动，还需要地方政府对中低收入家庭的有力保障。因此，尽管商品房投资在一定程度上会被保障性住房开发投资所抑制，但地方政府民生住房保障的职能仍旧不能忽视。

第五，从经济社会发展层面来看，城市 GDP、社会发展程度和对外开放程度的增长会促进商品房开发投资的增加。这意味着随着城市经济总量和社会发展水平的提高，城市居民的住房需求不断增长。在家庭收入水平增长的背景下，这种需求已经无法通过保障性住房市场来满足，而必须通过商品房市场的途径才能实现家庭多样化的住房消费需求。特别是在对外开放程度较高的城市，外国资本的进入可以促进商品房市场的发展，增加城市多样化商品房的供给，满足更多差异化家庭的社会需求。因此，城市的繁荣与开放对商品房开发投资具有更为积极的促进作用。

第七节　住房开发投资的影响因素分析

住房开发投资是保障性住房开发投资与商品房开发投资的总和，反映了推动城市住房供应体系发展的两股主导力量——地方政府的住房保障力量和以盈利为目的的市场经济力量。由于金融摩擦和住房金融发展对地方政府和开发商具有不同的作用机制，因此，推动商品房市场与保障性住房市场发展的力量会出现相互影响、此消彼长的关系，并最终导致住房开发投资发展路径的变动。为了研究金融摩擦、住房金融发展、住房金融发展与金融摩擦的交互项对住房开发投资的影响机制，本研究仍旧采用（5－7）式—（5－10）式的静态面板模型和动态面板模型进行计量分析。

在静态面板模型（5－7）式和（5－9）式中，被解释变量 $Investment_{it}$ 为 i 城市 t 时期住房开发投资（$LnHDI_{it}$），解释变量分别为 i 城市 t 时期金融摩擦程度（$FFriction_{it}$）、住房金融发展程度（$FDevelop_{it}$）、金融摩擦与住房金融发展的交互项（$FFriction_{it} \times FDevelop_{it}$）和相关的控制变量（$Control_{it}$），系数 λ、ϕ、ρ、ξ 分别反映这四类变量对住房开发投资的影响程度。

金融摩擦与住房金融发展作为解释变量，仍旧采用上文的两类指标体系。

相关控制变量包括开发商特征（开发商融资需求、开发商土地需求）、住房市场特征（商品房消费需求、保障性住房消费需求、住房购买力、商品房价格、保障性住房价格、商品房供给规模）、地方政府特征（财政支出、地方财政丰盈程度、土地财政比重、财政依赖住房程度、住房保障程度）、城市经济社会特征（城市人口规模、城市经济规模、社会发展水平、对外开放程度）。

在动态面板模型（5－8）式和（5－10）式中，被解释变量的滞后项（$Investment_{it-1}$）用于捕获住房开发投资的持续性，系数 α 反映住房开发投资变动趋势对其均衡值的动态影响。

一、金融摩擦对住房开发投资的影响

表5－16给出了固定效应、差分 GMM 和系统 GMM 估计的结果。（1）—（4）列是包含了固定效应的估计结果，而（5）—（8）列通过对时间的差分消除了固定效应，并且显示了住房开发投资一阶滞后项产生的影响。在对方程进行二阶序列相关检验后，我们发现，检验结果没有给出明确的证据来证明估计方程中的误差项具有二阶序列相关特征。这意味着（5－10）式中的动态一阶自回归模型是合适的。通过对方程的工具变量进行 Hansen 过度识别检验，我们可以证实“工具变量具有有效性”这一假设。因此，差分 GMM 和系统 GMM 估计得到的结果是稳健的。

表5－16的估计结果显示，在不考虑住房金融发展情形下，两类城市

的金融摩擦对住房开发投资的影响显著为负，并且疲软型城市金融摩擦的影响程度要显著高于强劲型城市。第（5）、（6）列显示，金融摩擦每增加（减少）1 个基点，强劲型和疲软型城市的住房开发投资将分别降低（提高）0.017%（标准误为 0.005）和 0.029%（标准误为 0.007）。该结果说明：第一，金融摩擦是影响住房开发投资的重要因素，即随着两类城市开发商外部融资规模的减少或是融资约束的增加，住房开发投资受到了显著的抑制；第二，金融摩擦的变动会造成两类城市住房开发投资增长速度的差异；第三，开发商融资约束每增加 1 个基点，导致疲软型城市住房开发投资的下降速度超过强劲型城市的 1.7 倍；第四，从金融摩擦的角度看，这种强劲的融资约束在一定程度上导致了两类城市住房开发投资发展路径的差异。

当采用第二类指标度量金融摩擦时，结果显示：在强劲型城市，开发商资产规模、住房贷款占银行贷款比重和土地抵押品价值的减少显著地增加了金融摩擦，使得住房开发投资出现了显著的下滑，即开发商资产规模、住房贷款占银行贷款比重、土地抵押品价值每减少 1% 或 1 个基点（也就是金融摩擦程度增加 1 个基点），住房开发投资分别下降 0.054%、1.201%、0.253%；而在疲软型城市，开发商资产规模、住房贷款占银行贷款比重和土地抵押品价值的减少显著地增加了金融摩擦，使得住房开发投资显著下降，即开发商资产规模、住房贷款占银行贷款比重和土地抵押品价值每减少 1% 或 1 个基点（也就是金融摩擦程度增加 1 个基点），住房开发投资将下降 0.084%、1.379%、0.590%。该结果说明：

第一，开发商资产规模对住房开发投资具有重要影响。开发商资产实力的增强，一方面有助于提高偿债能力，扩大外部融资能力，促进商品房开发投资的增长；另一方面，带动商品房市场发展，改善城市居住环境，推动城市房价上涨，为地方政府创造更多财税收入与土地出让收入，缓解地方政府融资约束，进而推动保障性住房开发投资的增加。

第二，银行对开发商的信贷供给是造成金融摩擦、抑制住房开发投资的关键。在开发商和地方政府偿债能力不变的情形下，银行放松信贷约束会直接扩大开发商与地方政府外部融资规模，促进商品房与保障性住房开发投资的增长，带动商品房市场和保障性住房市场的发展，但是会加大银行的流动性风险。除非银行的投融资能力和金融创新能力获得了大幅提升，否则银行放松信贷约束将会产生潜在金融风险。一旦宏观经济形势出现问题，金融机构存在着掉入金融创新陷阱的可能性。

第三，土地市场的发展对改变土地抵押品价值、调控开发商和地方政府融资约束发挥了重要作用。土地市场既关系到开发商外部融资规模，也关系到地方政府收入，更涉及金融机构的流动性与金融创新活动。由于地方政府垄断与操控土地市场，如果土地供应数量或是土地价格下降，商品房建设成本与地方政府财政收入将直接减少，商品房与保障性住房开发投资都会因此而下降。

总之，不同因素引起的金融摩擦的变动对两类城市住房开发投资城市差异性增长格局的形成有着显著的影响。

表 5-16　　金融摩擦对住房开发投资的影响

被解释变量	住房开发投资（Ln*HDI*）							
	固定效应				GMM			
	SHIC (1)	WHIC (2)	SHIC (3)	WHIC (4)	SHIC (5)	WHIC (6)	SHIC (7)	WHIC (8)
$LnHDI_{it-1}$					0.570 *** (0.060)	0.672 *** (0.052)	0.614 *** (0.073)	0.735 *** (0.054)
$FFriction_{it}$	-0.031 * (0.009)	-0.053 ** (0.013)			-0.017 * (0.005)	-0.029 ** (0.007)		
$LnDAsset_{it}$			0.172 (0.106)	0.373 *** (0.094)			0.054 * (0.071)	0.084 ** (0.035)
$HBLRate_{it}$			3.374 * (2.655)	0.452 (2.151)			1.201 ** (1.536)	1.379 * (1.725)
$LnLColateral_{it}$			0.019 (0.059)	0.070 (0.050)			0.253 * (0.151)	0.590 * (0.226)
$LnPriHCon_{it}$	0.214 *** (0.059)	0.109 (0.067)	0.263 *** (0.057)	0.142 ** (0.069)	0.099 * (0.058)	0.156 *** (0.031)	0.132 ** (0.057)	0.233 *** (0.029)
$LnPubHCon_{it}$	-0.012 (0.015)	-0.038 *** (0.014)	-0.007 (0.015)	-0.040 *** (0.015)	0.003 (0.008)	-0.020 ** (0.010)	0.002 (0.007)	-0.018 ** (0.009)
$LnDFDemand_{it}$	0.400 *** (0.106)	0.535 *** (0.094)	0.146 (0.104)	0.341 *** (0.093)	0.236 *** (0.062)	0.242 *** (0.051)	0.142 * (0.078)	0.114 ** (0.050)
$LnDLDemand_{it}$	0.015 (0.036)	0.026 (0.032)	0.010 (0.038)	0.018 (0.042)	0.012 (0.030)	0.061 *** (0.024)	0.265 ** (0.117)	0.077 ** (0.036)
$LnHBuy_{it}$	0.135 (0.212)	0.650 ** (0.290)	0.250 (0.207)	0.720 ** (0.314)	0.397 *** (0.115)	0.123 (0.180)	0.369 *** (0.110)	0.729 * (0.383)
$LnPriHP_{it}$	-0.127 (0.131)	0.298 * (0.167)	-0.188 (0.132)	0.248 (0.176)	-0.072 (0.076)	0.215 ** (0.097)	-0.048 (0.074)	0.240 ** (0.117)

续表

被解释变量	住房开发投资（Ln*HDI*）							
	固定效应				GMM			
	SHIC (1)	WHIC (2)	SHIC (3)	WHIC (4)	SHIC (5)	WHIC (6)	SHIC (7)	WHIC (8)
$LnPubHP_{it}$	0.127 (0.092)	−0.077 (0.093)	0.102 (0.094)	−0.149 (0.096)	0.019 (0.054)	0.076 (0.066)	0.025 (0.040)	0.107* (0.064)
$LnPriHSup_{it-1}$	−0.152** (0.061)	−0.094** (0.042)	−0.158** (0.061)	−0.107** (0.044)	−0.082* (0.048)	−0.056** (0.028)	−0.070 (0.047)	−0.081** (0.039)
$LnGExp_{it}$	0.102 (0.096)	−0.090 (0.131)	0.163 (0.109)	−0.029 (0.136)	0.074 (0.059)	−0.220*** (0.051)	−1.296** (0.647)	−0.146** (0.060)
$GBPRate_{it}$	−0.014 (0.056)	−0.076 (0.108)	−0.014 (0.060)	−0.018 (0.115)	0.036 (0.037)	−0.101** (0.049)	0.025 (0.043)	−0.061 (0.056)
$LFRate_{it}$	0.016 (0.051)	0.070 (0.067)	−0.002 (0.052)	−0.012 (0.073)	−0.017 (0.021)	0.074** (0.034)	−0.019 (0.026)	0.069** (0.034)
$FHRate_{it}$	0.181 (0.158)	0.042 (0.050)	0.174 (0.218)	0.012 (0.057)	0.116 (0.096)	0.012 (0.024)	−0.048 (0.086)	0.026 (0.027)
$HSIndex_{it}$	0.766*** (0.292)	1.261*** (0.287)	0.930*** (0.297)	1.305*** (0.302)	0.433** (0.215)	0.462*** (0.157)	0.588*** (0.224)	0.472*** (0.183)
$LnPopulation_{it}$	0.118 (0.120)	0.127 (0.258)	0.140 (0.123)	0.092 (0.280)	0.121** (0.056)	0.099 (0.078)	0.110** (0.053)	0.134* (0.076)
$LnGDP_{it}$	0.438*** (0.164)	−0.032 (0.217)	0.100 (0.182)	−0.168 (0.234)	0.083*** (0.032)	0.145** (0.070)	0.088*** (0.029)	0.128* (0.069)
$LnSocalLev_{it}$	−0.166 (0.110)	−0.009 (0.082)	0.200* (0.114)	−0.058 (0.095)	0.142* (0.079)	0.047 (0.034)	0.005 (0.026)	1.467* (0.874)
$Openness_{it}$	0.019** (0.010)	0.037*** (0.010)	0.019* (0.010)	0.039*** (0.011)	0.014* (0.008)	0.021** (0.010)	0.013*** (0.004)	0.024** (0.011)
AR（1）检验					[0.0007]	[0.004]	[0.0005]	[0.004]
AR（2）检验					[0.481]	[0.013]	[0.384]	[0.012]
Hansen 检验					[1.00]	[1.00]	[1.00]	[1.00]
R^2	0.966	0.950	0.966	0.947				
观测值	166	149	166	149	166	149	166	149

注：第（5）—（6）列显示的是一步系统 GMM 估计结果。第（7）—（8）列显示的是一步系统 GMM 估计结果。其他说明同表 5－2。

由于在动态面板模型中引入了被解释变量的滞后项，系数 λ 仅仅体现了金融摩擦对住房开发投资的短期性影响，而不是长期性影响。在（5）—（8）列的估计方程中，系数 α 的估计值高度显著，反映了被解释变量具有真实的持久性。为了获得这种长期性影响，本研究令 $Investment_{it} = Investment_{it-1}$，使得被解释变量动态收敛到新的稳态点。于是，金融摩擦对稳态点处的住房开发投资的长期性影响可以由系数 $\lambda/(1-\alpha)$ 来考察。

表5-17的结果显示，当采用第一类指标度量金融摩擦时，金融摩擦对两类城市稳态时的住房开发投资的影响显著为负，并且对疲软型城市的影响要大于强劲型城市。金融摩擦每增加（减少）1个基点，强劲型和疲软型城市的住房开发投资将分别降低（提高）0.04%和0.09%。这说明：第一，金融摩擦对住房开发投资具有长期性负向影响，并且这种长期性影响程度几乎是短期性影响的2—3倍，因此，金融摩擦对于住房开发投资的发展路径有着决定性的抑制作用。第二，在其他因素不变的情况下，两类城市出现同等程度的金融摩擦，长期看，会导致疲软型城市住房开发投资的进一步减少，并且下降程度是强劲型城市的两倍，从而形成两类城市差异化、城市差异性的发展路径。

表5-17　解释变量对稳态点处的住房开发投资的长期影响

被解释变量	住房开发投资（Ln*HDI*）	
	SHIC	WHIC
$FFriction_{it}$	-0.04	-0.09
$\text{Ln}DAsset_{it}$	0.14	0.32
$HBLRate_{it}$	3.11	5.20
$\text{Ln}LColateral_{it}$	0.66	2.23

注："/"表示长期影响不显著。

当采用第二类指标度量金融摩擦时，由开发商资产规模、金融机构资金供给特征和土地抵押品价值引起的金融摩擦同样对两类城市稳态时的住房开发投资具有显著的影响，并且长期影响程度要远大于短期影响程度，对疲软型城市的影响要大于对强劲型城市的影响。这说明：第一，由于动态滞后项的存在，住房开发投资受到金融摩擦确定性因素的影响程度不断加深。第二，强劲型城市住房开发投资长期受到开发商资产规模、金融机构资金供给、土地市场价值的约束限制。第三，疲软型城市的开发商受到的金融摩擦的影响因素较多，影响程度较深，由此导致住房开发投资长期增长阻力较大。

结论5.8（金融摩擦与住房开发投资）　在不考虑住房金融发展情形

下，两类城市金融摩擦的增加导致住房开发投资显著减少，并且疲软型城市金融摩擦的影响程度要显著高于强劲型城市。金融摩擦的变动会造成两类城市住房开发投资增长速度的差异。

短期来看，开发商资产规模、住房贷款占银行贷款比重和土地抵押品价值的减少显著地增加了金融摩擦，从而使得两类城市的住房开发投资显著下降。

长期来看，金融摩擦的增加会导致两类城市稳态时住房开发投资显著下降，并且对疲软型城市的影响要大于强劲型城市，长期影响程度要大于短期影响程度。

因此，不论是短期还是长期，这种强劲的融资约束在一定程度上造成了两类城市住房开发投资城市差异性增长格局的形成。

二、住房金融发展对住房开发投资的影响

表5－18给出了固定效应、差分GMM和系统GMM估计的结果。(1)—(4)列是包含了固定效应的估计结果，而(5)—(8)列通过对时间的差分消除了固定效应，并且显示了住房开发投资一阶滞后项产生的影响。在对方程进行二阶序列相关检验后，我们发现，检验结果没有给出明确的证据来证明估计方程中的误差项具有二阶序列相关特征。这意味着(5－10)式中的动态一阶自回归模型是合适的。通过对方程的工具变量进行Hansen过度识别检验，我们可以证实“工具变量具有有效性”这一假设。因此，差分GMM和系统GMM估计得到的结果是稳健的。

表5－18的第(5)、(6)列估计结果显示，在考虑住房金融发展情形下，两类城市的金融摩擦对住房开发投资的影响显著为负，并且对疲软型城市的影响程度要显著高于强劲型城市；住房金融发展对住房开发投资的影响显著为正，金融摩擦与住房金融发展交互项对住房开发投资的影响显著为正，并且对强劲型城市的影响程度要显著高于疲软型城市。该结果说明：

第一，在住房金融发展背景下，金融摩擦的变化对住房开发投资增长的快慢有着重要的影响，并且该影响程度要显著高于不考虑住房金融发展时的影响程度。也就是说，随着住房金融发展程度的加深，金融摩擦每增加（减少）1个基点，强劲型和疲软型城市住房开发投资将分别降低（增长）0.134%和0.152%。这意味着在住房金融市场发展过程中，随着金融资源的丰富和金融质量的改善，金融资源的配置效率对于商品房市场和保障性住房市场的融资与投资的影响程度进一步提高。

第二，住房金融发展在更大范围内促进住房开发投资的增长。该范围

不仅包括对金融摩擦因素的改善，还涉及影响住房开发投资的诸多相关因素。比如，住房金融发展对住房消费需求的促进作用，可以使更多的中低收入家庭享受到由低金融门槛带来的住房金融资源，提高其对保障性住房和商品房的消费能力，从而刺激保障性住房与商品房开发投资。随着住房国内贷款占金融资源总量的增加，住房金融发展程度每提升 1 个基点，强劲型和疲软型城市住房开发投资将分别提高 0. 139% 和 0. 091% 。因此，住房金融发展对住房开发投资的其他影响因素的作用是不容忽视的。

第三，在住房金融发展的影响下，金融摩擦逐步改变，导致金融摩擦对住房开发投资的影响也发生了显著变化。住房金融发展与金融摩擦的交互项显示，随着住房金融市场的发展，影响金融摩擦的确定性因素得到了显著的改善，开发商和地方政府的融资渠道不断拓宽，融资方式在不断改进，融资规模与融资成本也得到了增强与优化，其对商品房和保障性住房的投资能力明显提高。金融摩擦对住房开发投资的制约作用正在逐步减少。住房金融发展与金融摩擦的交互项的临界点意味着，当强劲型和疲软型城市住房金融发展程度分别超过临界值 5. 15 （ =0. 134/0. 026） 和 6. 08 （ =0. 152/0. 025） 时，金融摩擦对住房开发投资的负向影响将消失，或者说是住房金融发展抵消了金融摩擦对住房开发投资的负向影响；反之，住房金融发展程度降低，金融摩擦的负面影响将逐步加深，对住房开发投资的抑制作用不断增强。

当采用第二类指标度量住房金融发展时，表 5 – 10 的第（7）、(8)列结果显示：金融摩擦与住房开发投资显著为负，对疲软型城市的影响程度要显著高于强劲型城市；住房金融深化程度与住房开发投资显著为正，金融机构效率与住房开发投资显著为正，实际贷款利率与住房开发投资显著为负，住房金融发展的结构、质量、市场化进程的特征与金融摩擦的交互项的系数显著为正，但是在疲软型城市，实际贷款利率的系数不显著，金融机构效率及其与金融摩擦的交互项的系数也不显著。该结果表明：

第一，住房金融结构的优化有力地促进了两类住房开发投资的增长。具体而言，金融资源对各类市场支持力度的加大显著地增强了开发商和地方政府的融资能力，有效地改善了开发商的融资约束，带动了住房项目的建设。这主要是因为住房市场与金融市场融合程度的加深，一方面，刺激商品房消费需求，加快开发商资金的流动性，减少开发商违约风险，从而增强了开发商融资能力，促进了开发商融资杠杆比的扩大；另一方面，有利于降低开发商参与保障性住房项目的风险，带动土地市场的抵押品价值的增值，为地方政府创造更多土地出让收入，从而减少地方政府因财政压力导致的保障性住房投资项目违约风险。特别是当强劲型和疲软型城市的住房金融深化程度分别超过1.77和2.07时，金融摩擦对住房开发投资的负向影响逐渐消失，或者说是住房金融发展可以抵消金融摩擦对住房开发投资的负向影响；反之，这种负向影响将逐渐增加。

表5－18　　　住房金融发展对住房开发投资的影响

被解释变量	住房开发投资（LnHDI）							
	固定效应				GMM			
	SHIC (1)	WHIC (2)	SHIC (3)	WHIC (4)	SHIC (5)	WHIC (6)	SHIC (7)	WHIC (8)
LnHDI_{it-1}					0.359 *** (0.068)	0.554 *** (0.052)	0.036 *** (0.044)	0.190 *** (0.043)
$FFriction_{it}$	−0.013 (0.023)	−0.029 (0.029)	−0.085 ** (0.016)	−0.141 * (0.031)	−0.134 * (0.018)	−0.152 ** (0.125)	−0.097 ** (0.017)	−0.108 * (0.014)
$FDevelop_{it}$	0.040 * (0.055)	0.015 (0.038)			0.139 * (0.050)	0.091 * (0.023)		
$FFriction_{it}$ $\times FDevelop_{it}$	0.009 (0.010)	0.007 ** (0.009)			0.026 * (0.006)	0.025 * (0.005)		
$HFDIndex_{it}$			0.576 ** (0.024)	0.355 ** (0.020)			0.533 * (0.035)	0.334 ** (0.067)
$FIEff_{it}$			0.209 ** (0.143)	0.007 (0.091)			0.184 ** (0.082)	0.135 (0.083)
$RLRate_{it}$			−0.008 (0.006)	−0.006 (0.005)			−0.049 * (0.011)	0.007 (0.013)
$FFriction_{it}$ $\times HFDIndex_{it}$			0.106 * (0.011)	0.060 ** (0.009)			0.054 * (0.008)	0.052 * (0.014)
$FFriction_{it}$ $\times FIEff_{it}$			0.070 ** (0.033)	0.052 * (0.018)			0.067 ** (0.022)	0.061 (0.015)
$FFriction_{it}$ $\times RLRate_{it}$			0.003 (0.002)	0.002 (0.002)			0.049 ** (0.009)	0.077 * (0.003)
Ln$PriHCon_{it}$	0.211 *** (0.061)	0.110 (0.067)	0.054 ** (0.025)	0.043 * (0.022)	0.133 * (0.063)	0.155 ** (0.048)	0.059 ** (0.026)	0.056 ** (0.020)
Ln$PubHCon_{it}$	−0.010 (0.015)	−0.039 *** (0.014)	−0.014 ** (0.006)	−0.002 (0.005)	−0.287 ** (0.101)	−0.024 *** (0.010)	−0.013 *** (0.004)	0.001 (0.004)
Ln$DFDemand_{it}$	0.410 ** (0.111)	0.534 ** (0.100)	0.837 ** (0.045)	0.897 ** (0.034)	0.265 ** (0.124)	0.434 *** (0.090)	0.797 *** (0.052)	0.881 *** (0.045)
Ln$DLDemand_{it}$	0.023 (0.037)	0.022 (0.033)	0.024 * (0.014)	0.022 ** (0.010)	0.020 (0.035)	0.067 *** (0.022)	−0.014 (0.015)	0.024 ** (0.010)

续表

被解释变量	住房开发投资（Ln*HDI*）							
	固定效应				GMM			
	SHIC (1)	WHIC (2)	SHIC (3)	WHIC (4)	SHIC (5)	WHIC (6)	SHIC (7)	WHIC (8)
$\text{Ln}HBuy_{it}$	0.116 (0.217)	0.585 ** (0.294)	-0.063 (0.084)	0.070 (0.099)	0.500 *** (0.190)	0.418 (0.411)	0.270 ** (0.114)	0.156 * (0.091)
$\text{Ln}PriHP_{it}$	-0.109 (0.134)	0.275 (0.173)	0.099 * (0.053)	0.065 (0.054)	0.025 (0.123)	0.169 * (0.097)	0.114 * (0.061)	0.109 ** (0.049)
$\text{Ln}PubHP_{it}$	0.133 (0.093)	-0.099 (0.095)	-0.030 (0.036)	0.007 (0.031)	0.048 (0.043)	0.093 ** (0.047)	-0.027 (0.030)	-0.001 (0.028)
$\text{Ln}PriHSup_{it-1}$	-0.155 ** (0.061)	-0.096 ** (0.042)	-0.024 (0.025)	-0.029 ** (0.014)	-0.086 * (0.052)	-0.043 (0.042)	-0.052 *** (0.016)	0.001 (0.019)
$\text{Ln}GExp_{it}$	0.095 (0.098)	-0.113 (0.132)	0.032 (0.038)	-0.074 * (0.041)	0.073 (0.075)	-0.213 *** (0.062)	-0.100 *** (0.031)	-0.063 ** (0.029)
$GBPRate_{it}$	-0.017 (0.056)	-0.080 (0.108)	0.023 (0.022)	-0.004 (0.035)	-0.530 *** (0.205)	0.022 (0.073)	-0.037 ** (0.016)	-0.034 ** (0.016)
$LFRate_{it}$	0.015 (0.051)	0.064 (0.068)	0.003 (0.020)	-0.012 (0.022)	1.618 * (0.961)	0.063 * (0.033)	-0.018 (0.016)	0.006 (0.011)
$FHRate_{it}$	0.165 (0.160)	0.046 (0.050)	0.082 (0.062)	0.003 (0.016)	0.098 (0.114)	0.036 (0.028)	0.043 (0.040)	0.002 (0.007)
$HSIndex_{it}$	0.741 ** (0.295)	1.254 *** (0.290)	0.196 (0.122)	0.197 * (0.103)	0.701 *** (0.257)	0.551 *** (0.199)	0.417 *** (0.113)	0.224 *** (0.076)
$\text{Ln}Population_{it}$	0.132 (0.122)	0.155 (0.259)	0.052 (0.048)	0.216 ** (0.085)	0.114 ** (0.048)	0.156 (0.246)	0.063 ** (0.028)	0.219 * (0.125)
$\text{Ln}GDP_{it}$	0.432 ** (0.183)	0.061 (0.234)	0.343 *** (0.066)	0.106 (0.072)	0.083 * (0.043)	0.273 *** (0.060)	0.055 ** (0.025)	0.034 (0.028)
$\text{Ln}SocalLev_{it}$	0.171 (0.112)	0.027 (0.083)	0.067 (0.043)	0.001 (0.027)	0.139 ** (0.068)	0.106 ** (0.047)	0.036 ** (0.016)	0.003 (0.019)
$Openness_{it}$	0.019 * (0.010)	0.036 *** (0.010)	0.005 (0.004)	0.008 ** (0.003)	0.161 ** (0.076)	0.017 *** (0.005)	0.008 ** (0.003)	0.007 ** (0.003)
AR（1）检验					[0.002]	[0.001]	[0.003]	[0.058]
AR（2）检验					[0.749]	[0.061]	[0.547]	[0.170]
Hansen 检验					[1.00]	[1.00]	[1.00]	[1.00]
R^2	0.966	0.951	0.995	0.995				
观测值	166	149	166	149	148	133	166	149

注：第（5）—（6）列显示的是一步差分 GMM 估计结果。第（7）—（8）列显示的是一步系统 GMM 估计结果。其他说明同表 5-2。

第二，金融质量的提高加快了强劲型城市金融摩擦的改善，并促进住房开发投资的快速增长，但是对疲软型城市不产生显著影响。这主要是因为金融机构质量的提高为地方政府提供了多元化的融资途径，带动了地方政府多渠道融资的积极性，这也为以土地作为抵押品的价值增值创造了更为广阔的升值平台，增强了地方政府的可支配资金规模和财政盈利空间。同时，金融效率的改进也推动了保障性住房项目的发展。地方政府为了满足民生住房发展目标或是政绩考核目标，会出台更多的开发商融资补贴政策，从政策层面减少保障性住房建设过程中的融资难问题。此外，随着金融机构整体质量的提升，金融系统的抗风险能力明显增强，银行可以承担更多中长期住房项目贷款造成的流动性风险。这也意味着银行不仅会提高对地方政府在保障性住房项目的金融支持力度，以更低的风险实现地方政府中长期民生住房投资目标，同时也会增强对开发商的金融信贷力度，实现大规模商品房投资目标，以此获取更多投资收益。在强劲型城市的金融机构效率不断提升过程中，金融摩擦对住房投资的负向影响逐渐减少，当金融机构效率超过 1.45 时，该负向影响消失；反之，随着金融机构效率的降低，这种负向影响将逐渐增加。

第三，利率的市场化进程对住房开发投资有着显著的促进作用。强劲型城市实际贷款利率的系数是 -0.049，而实际贷款利率与金融摩擦的交互项系数是0.049。这意味着实际贷款利率每减少 1 个基点，强劲型城市的住房开发投资将增长 0.049%，而在金融摩擦的影响下，这种增长率将减少 0.049%，但是在疲软型城市，金融摩擦会在实际贷款利率下降的情况下使得住房开发投资减少 0.077%。这主要是因为随着金融机构的增多，金融机构之间的竞争逐步加剧。虽然中央银行对利率进行管制，但金融机构仍旧可以通过各种优惠措施降低贷款成本，满足项目的融资需求。实际贷款利率的下降，一方面减少了商品房项目的融资成本，促进了商品房投资的增加，带动商品房市场的繁荣，为地方政府税收收入和土地出让收入作出贡献，满足其公共项目投资需要；另一方面，加快了金融市场供给方的竞争，促进了金融产品的丰富。这不仅可以扩大开发商和地方政府融资途径，还可以节约住房项目的建设成本，减少还债压力。当利率市场化进程不断加快时，金融摩擦对住房投资的负向影响逐渐减少，当强劲型和疲软型城市实际贷款利率水平分别低于 1.98 和 1.4 时，该负向影响消失；反之，随着实际贷款利率的提高，这种负向影响将逐渐增加。总之，由利率市场化带动的金融市场供给方竞争虽然影响效果不如住房金融结构优化的影响效果显著，但是对于利率管制的国家而言，这是未来解决住房开发项目融资约束的重要突破方向。

由于在动态面板模型中引入了被解释变量的滞后项，系数 λ、ϕ、ρ 仅仅体现了金融摩擦、住房金融发展、金融摩擦与住房金融发展的交互项对住房开发投资的短期性影响，而不是长期性影响。在（5）—（8）列的估计方程中，系数 α 的估计值高度显著，反映了被解释变量具有真实的持久性。为了获得这种长期性影响，本研究令 $Investment_{it} = Investment_{it-1}$，使得被解释变量动态收敛到新的稳态点。于是，金融摩擦、住房金融发展、金融摩擦与住房金融发展的交互项对稳态点处的住房开发投资的长期性影响可以由系数 $\lambda/(1-\alpha)$、$\phi/(1-\alpha)$、$\rho/(1-\alpha)$ 来考察。

表 5 - 19 的结果显示，当采用第一类指标度量住房金融发展时，金融摩擦对两类城市稳态时的住房开发投资的影响显著为负，住房金融发展与金融摩擦的交互项的系数显著为正，并且对疲软型城市的影响要大于强劲型城市；住房金融发展对两类城市稳态时的住房开发投资的影响显著为正，并且对强劲型城市的影响要大于疲软型城市，长期性影响也大于短期性影响。金融摩擦每增加（减少）1 个基点，强劲型和疲软型城市的住房开发投资将分别降低（提高）0.21% 和 0.34%。同时，随着住房金融发展程度的提高，金融摩擦对住房开发投资的负向影响将分别减少 0.04% 和 0.06%。这说明：第一，在住房金融发展背景下，金融摩擦仍旧对住房开发投资具有长期性负向影响。第二，在其他因素不变的情况下，住房金融发展对改善金融摩擦、促进住房开发投资增长有着重要的作用。长期看，虽然住房金融发展对住房开发投资的直接影响要弱于金融摩擦产生的负向影响，但随着住房金融市场的发展，制约开发商融资的各种因素得到了有效改善。在一定程度上，住房金融发展减弱了金融摩擦的负向影响，并间接地促进了住房开发投资的增长。第三，由于住房开发投资具有积累效应，对于投资规模较大的强劲型城市来说，同等住房金融发展程度的变动对住房开发投资的影响程度要显著高于疲软型城市。

表 5 - 19　　解释变量对稳态点处的住房开发投资的长期影响

被解释变量	住房开发投资（Ln*HDI*）	
	SHIC	WHIC
$FFriction_{it}$	-0.21	-0.34
$FDevelop_{it}$	0.22	0.20
$FFriction_{it} \times FDevelop_{it}$	0.04	0.06
$HFDIndex_{it}$	0.55	0.41

续表

被解释变量	住房开发投资（Ln*HDI*）	
	SHIC	WHIC
$FIEff_{it}$	0.19	/
$RLRate_{it}$	-0.05	/
$FFriction_{it} \times HFDIndex_{it}$	0.06	0.06
$FFriction_{it} \times FIEff_{it}$	0.07	/
$FFriction_{it} \times RLRate_{it}$	0.05	0.10

注："/"表示长期影响不显著。

当采用第二类指标度量住房金融发展时，住房金融深化程度及其与金融摩擦的交互项的系数都显著为正，实际贷款利率与住房开发投资显著为负，但实际贷款利率与金融摩擦的交互项系数为正。只有强劲型城市的金融机构效率及其与金融摩擦的交互项显著为正。这说明：第一，住房金融结构的优化不仅直接地、有力地刺激了住房开发投资的增长，同时也通过改善金融摩擦间接地推动住房开发投资的增长，并且在长期住房金融发展过程中，对住房开发投资发展路径的影响程度最高。第二，在强劲型城市，金融质量不仅直接影响住房开发投资，而且通过改善融资约束来间接促进住房开发投资。第三，利率市场化的长期改革显著提高了金融市场资金供给方的竞争程度，降低了住房融资成本，加快了开发商与地方政府对住房项目的投资速度。

结论 5.9（金融摩擦、住房金融发展与住房开发投资） 在考虑住房金融发展情形下，两类城市金融摩擦的增加会导致住房开发投资显著减少，并且对疲软型城市的影响程度要显著高于强劲型城市；住房金融发展程度的提高不仅直接推动住房开发投资增长，还通过减缓金融摩擦的方式间接地促进住房开发投资增长，并且对强劲型城市的影响程度要显著高于疲软型城市，长期性影响也大于短期性影响。

短期来看，住房金融发展在更大范围内促进住房开发投资的增长。在住房金融市场发展过程中，随着金融资源的丰富和金融质量的改善，金融资源的配置效率对于商品房市场和保障性住房市场的融资与投资的影响程度进一步提高。住房金融结构的优化有力地促进了两类住房开发投资的增长；金融质量的提高加快了强劲型城市金融摩擦的改善，并促进住房开发投资的快速增长，但是对疲软型城市不产生显著影响；利率的市场化进程对住房开发投资有着显著的促进作用。

长期来看，在住房金融发展背景下，金融摩擦的增加会导致两类城市稳态时住房开发投资显著减少，而住房金融发展对改善金融摩擦、促进住房开发投资增长有着重要的作用。住房金融结构的优化在长期住房金融发展过程中，对住房开发投资发展路径的影响程度最高；在强劲型城市，金融质量不仅直接影响住房开发投资，而且通过改善融资约束来间接促进住房开发投资；利率市场化的长期改革显著提高了金融市场资金供给方的竞争程度，加快了开发商与地方政府对住房项目的投资速度。

因此，由于强劲型城市住房金融发展程度不断提高，金融摩擦得到了显著的改善，金融摩擦对住房开发投资的抑制作用进一步减少，整体上促进了住房开发投资的增长；而疲软型城市住房金融发展相对较慢，金融摩擦对住房开发投资的抑制作用较强，从而造成了住房开发投资的较慢增长，并最终强化了两类城市住房开发投资城市差异性增长格局。

三、其他因素对住房开发投资的影响

除了金融摩擦和住房金融发展以外，还有一些重要的因素对住房开发投资产生影响。表5－18显示：第一，在住房金融发展的背景下，商品房市场需求与住房开发投资显著正相关，保障性住房市场需求与住房开发投资显著负相关，住房购买力与住房开发投资显著正相关。这主要是因为家庭收入水平的提高增强了住房购买力，刺激了商品房和保障性住房市场消费规模的增加，进而带动两个市场住房项目开发投资规模的增长。但是由于保障性住房供给规模的增长会使得有限的土地资源在商品房项目和保障性住房项目之间出现配置的偏向，因此，过多的保障性住房消费会减少商品房土地供给和商品房开发投资，从而在总体上减少住房项目的开发投资。

第二，从开发商特征来看，外部融资需求、土地要素需求都与住房开发投资显著正相关，而上一期商品房供给规模与住房开发投资显著负相关。这是因为资金和土地要素是商品房供给的重要投入品，这些要素投入的越多，商品房项目的总投资规模越大，并且随着商品房需求的增加，对资金和土地要素的引致需求会进一步增长。不过，如果当期要素投入过多、商品房供给规模较大时，商品房市场会出现供过于求的现象，商品房库存积压会导致下一期要素需求的减少和总投资的下降。

第三，商品房价格对两类城市住房开发投资具有显著正向影响，而保障性住房价格只对疲软型城市的住房开发投资具有显著正向影响。这是因为商品房价格的上涨意味着商品房市场投资收益率增加，也意味着地方政府可以从商品房市场和土地市场获取更多税收收入和土地出让收入，于是，在利益动机的影响下，开发商会加大对商品房项目的投资，而地方政府也会出台政策，鼓励商品房投资。然而，由于保障性住房项目的非营利性，保障性住房价格的变动更多的是反映了建设成本的变化，因此，保障性住房开发投资会随着建设成本的上涨而增加。尽管保障性住房市场对商品房市场具有挤出效应，但在疲软型城市，这种效应并不明显，或者说是成本效应超过了挤出效应。

第四，从地方政府特征来看，地方政府的财政支出、财政丰盈程度与住房开发投资显著负相关，土地财政比重、住房保障程度与住房开发投资显著正相关。这是因为随着地方政府的税收收入和土地出让收入的增加，用于公共项目的支出也会同步增长。民生住房项目作为公共财政支出的重要组成部分，会因为地方财政收支的增长而增加。由于城市保障性住房体系的完善也是住房保障程度不断提高的过程，所以在此过程中，城市中低收入家庭的住房需求会因为住房保障程度的提高而得到进一步的满足，这使得商品房市场需求减少，从而降低了商品房市场的利润率与投资规模。这也意味着城市住房供应体系的完善不仅需要商品房投资力量的推动，还需要地方政府对中低收入家庭的有力保障。尽管商品房投资在一定程度上会被保障性住房开发投资所抑制，但总体来看，住房保障程度的提高有利于促进商品房和保障性住房开发投资的增长。

第五，从经济社会发展层面来看，城市人口规模、城市经济规模、社会发展程度和对外开放程度的增长会促进住房开发投资的增加。这意味着随着城市经济总量和社会发展水平的提高，城市常住人口不断增加，城市居民的住房需求进一步增长。在家庭收入水平增长的背景下，这种需求已经无法通过保障性住房市场来满足，而必须通过商品房市场的途径才能实现家庭多样化的住房消费需求。特别是在对外开放程度较高的城市，外国资本的进入可以促进商品房市场的发展，增加城市多样化商品房的供给，满足更多差异化家庭的社会需求。因此，城市化进程的加快、城市经济的繁荣与对外开放的加深对住房开发投资具有更为积极的促进作用。

第八节　本章小结

我国住房开发投资城市差异性增长格局的出现意味着三层统计关系的确立：一是金融摩擦与住房开发投资之间的负向影响关系；二是住房金融发展与金融摩擦之间的负向影响关系；三是住房金融发展与住房开发投资

的正向关系。为了寻求对该理论的经验支持，本研究在现有理论与经验研究的基础之上，利用2000—2010年我国35个大中城市的数据，重点考察两种城市类型中住房金融发展、金融摩擦与住房开发投资的关系。

计量结果显示：

第一，关于金融摩擦与住房金融发展的主要影响因素。开发商面临的金融摩擦取决于开发商的特征、金融机构资金供给特征和地方政府干预特征，这些确定性因素对两类城市金融摩擦的影响程度各有不同；住房金融发展受到金融深化程度、金融机构效率、金融市场化程度的确定性影响，强劲型城市推动住房金融发展的长期内生动力要优于疲软型城市。

第二，住房金融发展对金融摩擦具有显著的负向影响，即随着住房金融发展程度的提高，制约当地开发商融资的多重因素正在得到进一步的改善，金融摩擦程度不断减少。强劲型城市住房金融发展对金融摩擦的改善程度总体上要优于疲软型城市。

第三，在考虑住房金融发展情形下，两类城市金融摩擦的增加会导致保障性住房开发投资和商品房开发投资显著减少，并且对疲软型城市的影响程度要显著高于强劲型城市；住房金融发展程度的提高不仅直接推动保障性住房开发投资和商品房开发投资的增长，还通过减缓金融摩擦的方式间接地促进保障性住房开发投资和商品房开发投资的增长，并且对强劲型城市的影响程度要显著高于疲软型城市，长期性影响也大于短期性影响。

第四，由于强劲型城市住房金融发展程度不断提高，金融摩擦得到了显著的改善，金融摩擦对住房开发投资的抑制作用进一步减少，整体上促进了住房开发投资的增长；而疲软型城市住房金融发展相对较慢，金融摩擦对住房开发投资的抑制作用较强，从而造成了住房开发投资的较慢增长，并最终强化了两类城市住房开发投资城市差异性增长格局。

第六章　研究结论、政策建议与进一步研究方向

本研究研究了我国住房市场化改革之后出现的住房开发投资城市差异性增长问题。从2000—2010年我国35个大中城市的住房开发投资数据中，我们发现这样一种现象：在住房市场化改革的前期，大部分城市的住房开发投资的初始水平非常接近，差距较小，但是随着住房市场化程度的提高，一部分城市的住房开发投资逐渐超越了其他城市，到了2010年，这种差距进一步拉大，呈现出一种“剪刀差”的格局。对于同一区域不同城市间住房开发投资发展路径差距逐渐拉大的现象，由于现有文献并没有给出系统且合理的答案，所以本研究将其称之为“我国住房开发投资增长路径的城市差异性”。

为了解释这一现象，本研究提出了这样一种解释思路：在具有不同金融垄断力量的宏观经济环境中，由于宏观经济政策和地方政府政策的共同作用，城市存在着多样化的住房金融发展均衡路径。这些住房金融发展均衡路径的差异不仅影响到城市中金融中介自身投融资能力与金融创新能力（外部流动性）的变化，还直接导致了金融中介和开发商与地方政府之间金融摩擦（内部流动性）的差异。在外部和内部流动性的相互影响下，由商品房开发投资和保障性住房开发投资构成的城市住房开发投资产生了多种形式的城市差异性发展路径。

第一节　研究结论

一、两类城市存在诸多特征差异

为了论证这一解释思路，本研究首先归纳与总结了住房开发投资强劲型与疲软型城市的特征事实。

本研究发现：随着我国 35 个大中城市不断向微观市场成熟、宏观政策稳定、可持续发展的住房市场迈进，两类城市分别在住房市场、土地市场、金融市场、住房金融发展等方面存在着明显的特征差异。

二、不同住房金融发展模式下的两类银行微观金融创新决策的差异性

通过分析不同住房金融发展模式下的两类银行微观金融创新决策，本研究发现：

第一，在不同的城市住房金融发展程度下，两类银行的金融创新决策存在差异。不管是在垄断环境还是在完全竞争环境中，中小银行都会选择较为保守的投融资渠道创新策略和激进的金融产品创新策略。而大型银行在垄断环境中会选择继续维持垄断式发展模式，并且采取保守型金融创新策略组合；在完全竞争环境中，大型银行会选择毁灭式创新发展模式，并且采取激进型金融创新策略组合。

第二，城市住房金融发展模式转换的时机受到中央政府、地方政府和金融监管者针对住房市场、土地市场和金融市场的政策集合的影响。比如，建立偏向于社会效益的政绩考核、降低税率、减少地方政府对土地市场的垄断势力、降低金融机构的最低资本金要求、提高金融产品创新的流动性政策、加大对金融创新风险的金融监管力度等政策集合，都有助于加快金融发展模式变革的步伐。

三、不同金融发展时期，金融发展模式转换时机不同

由于城市所处的经济环境存在差异，发展模式转换的时机可能出现在不同的发展阶段，进而引起住房金融发展路径的变动和城市经济发展战略思路的转变，所以为了研究不同经济环境下城市住房金融发展的动态均衡路径对住房开发投资的城市差异性影响，本研究根据金融垄断力量的强弱，将城市所处的经济环境划分为三个时期：金融抑制时期、金融垄断竞争时期、金融自由化时期，并分别讨论相应政策环境下包括商品房与保障性住房开发投资在内的城市住房开发投资长期均衡收敛路径出现差异的原因。结论显示：

第一，在金融垄断竞争时期，城市较早进行金融发展模式的转换，有助于跳过住房金融发展的 G－陷阱，收敛到较高金融效率的发展路径上，从而促进城市住房开发投资的加速增长，并使其收敛到较高的均衡投资水平；而推迟转换时机，则容易掉进住房金融发展的 G－陷阱，并始终维持

在较低金融效率的发展路径上，从而导致G－陷阱下的住房开发投资均衡水平要显著低于毁灭式创新模式下的。因此，在同一时期，不同的转换时机，形成了住房开发投资的城市差异性增长格局。

第二，在金融抑制时期，过早的转换发展模式容易掉进金融创新的陷阱，不仅无法解决原有的金融约束问题，反而加剧住房市场的投融资难度，降低金融效率，加剧金融摩擦，减少住房开发投资均衡水平；而推迟转换，虽然保留了原有的垄断式金融体制，维持了住房市场和住房开发投资的缓慢增长，但是避免了金融创新的破坏作用，消除了金融体制的转型风险，反而可以摆脱金融创新陷阱。所以，在这一时期，由于转换时机的差异，住房开发投资也出现了两条城市差异性发展路径。

第三，在金融自由化时期，所有银行一开始就直接选择毁灭式创新发展模式，城市住房金融发展均衡路径逐步收敛到金融效率最高的均衡点，有效地刺激了住房市场发展。随着金融创新渠道的扩展和金融产品与工具的增加，银行的投融资能力和金融创新能力显著提高了金融市场资金供给规模。这不仅促进了外部流动性约束的改善，还有效地缓解了住房市场的金融摩擦，从而带动住房市场投融资效率的提升。此时，城市中只存在一条住房开发投资的发展路径。

第四，长期看，宏观金融环境的转变会重塑住房开发投资城市差异性增长的格局。随着大型银行垄断力量的减少，宏观经济环境从金融抑制转向金融垄断竞争，再趋向于金融自由化。在这一过程中，地方政府对住房金融发展均衡路径的影响程度不断减小，住房金融发展的均衡水平也随之而不断提高。由金融发展环境不健全造成的住房开发投资城市差异性增长的格局，也会因为金融自由化改革而逐步收敛到金融效率最高的单一发展路径上。

四、关于金融摩擦内生机制的研究结论

本研究通过建立“宏观金融环境—金融机构策略性竞争—住房开发投资”（ECI）理论分析框架，将住房金融发展、金融摩擦、住房开发投资纳入其中，进而有助于从系统的视角去理解住房开发投资城市差异性增长的内在机制，以及住房金融发展和金融摩擦在其中所发挥的作用。

通过对金融摩擦内生机制的研究，本研究的结论显示：

第一，金融摩擦的增加会导致城市商品房开发投资加速减少。具体来说，金融摩擦从两个渠道影响商品房开发投资：一是通过信贷渠道调整开发商的道德风险，并从商品房市场层面影响开发商的自有资金投资规模。

比如当银行抵押贷款率收紧时，开发商为了获得金融市场平均收益率并防止较高的违约率，必须控制商品房供给规模，减少自有资本投资。二是通过影响土地市场需求和地方政府土地定价决策，从土地成本角度改变商品房开发总投资。当金融摩擦增加时，土地市场需求减少，土地价格面临着下调的压力，所以包含土地成本在内的总投资也会随之而下降。

第二，金融摩擦的减少会导致城市保障性住房开发投资加速增长。金融摩擦主要从两条路径对保障性住房开发投资产生影响。一条是通过对商品房市场的融资约束产生间接影响。银行可以通过放松对开发商外部融资限制，刺激商品房市场和土地市场，加大商品房市场供给量，促进地方经济增长，提高地方政府税收和土地出让收入。商品房市场的发展和由商品房市场决定的财政收入都会对地方政府的偿债能力起到关键性的作用，从而间接影响到保障性住房项目的投融资。另一条是银行对地方政府外部融资的直接限制。在给定地方政府财政收入和偿债能力的前提下，银行为了防范风险，必须确保保障性住房项目的贷款不得超过地方政府可保证收入。在金融摩擦的直接和间接影响下，虽然保障性住房开发投资面临着与商品房开发投资不同的决策环境和影响机制，但是都具有类似的金融加速效应。

第三，逐步减少的金融摩擦促进了开发商和地方政府在商品房和保障性住房市场之间的正向投资互动，而这种商品房开发投资和保障性住房开发投资的协同加速促进机制，正是推动城市住房开发投资快速增长的重要力量。

第四，住房金融发展程度的提高有助于减缓金融摩擦。从住房市场角度看，金融摩擦意味着因开发商或地方政府道德风险问题导致的银行对其外部融资的内部流动性约束，而住房金融发展程度体现为因银行自身融资能力或金融创新能力造成的对住房市场的流动性限制，是对开发商或地方政府的外部流动性约束。当银行处于较高程度住房金融发展环境中时，银行的融资能力或金融创新能力显著增强，抵御住房市场风险能力提高，因而银行可以为住房市场提供更多的流动性，促进资金在住房市场配置效率的提高，从而减少金融摩擦，增加开发商或地方政府的内部流动性。

第五，住房金融发展程度的提高与金融摩擦的减少会显著改善社会福利水平。一方面，开发商融资约束的减少不仅会促进商品房市场的繁荣与发展，带动家庭总消费的增长，还会为地方政府提供更多的税收收入与土地财政，让其有更多的资源来保障中低收入家庭的住房需求，缩小贫富差距，维持社会稳定与协调发展，从整体上改善社会福利；另一方面，随着金融市场环境的改善，银行融资渠道不断拓宽，金融创新的能力逐步增强，外部流动性约束的放松使得银行可以有效应对住房市场的流动性风险，从而提高了开发商的内部流动性程度，促进了开发商和地方政府抵押品贷款率的增加，进而扩大住房开发投资，带动社会整体福利上升。

五、计量检验的研究结论

本研究从理论模型回归到现实数据，检验 ECI 理论框架的稳健性。为了克服现有经验研究的缺陷、深化对住房开发投资城市差异性增长理论的认识、寻求对该理论的经验支持，本研究在现有理论与经验研究的基础之上，利用 2000—2010 年我国 35 个大中城市的数据，重点考察两种城市类型中住房金融发展、金融摩擦对住房开发投资的影响。计量结果显示：

第一，关于金融摩擦与住房金融发展的主要影响因素。开发商面临的金融摩擦取决于开发商的特征、金融机构资金供给特征和地方政府干预特征，这些确定性因素对两类城市金融摩擦的影响程度各有不同；住房金融发展受到金融深化程度、金融机构效率、金融市场化程度的确定性影响，强劲型城市推动住房金融发展的长期内生动力要优于疲软型城市。

第二，住房金融发展对金融摩擦具有显著的负向影响，即随着住房金融发展程度的提高，制约当地开发商融资的多重因素正在得到进一步的改善，金融摩擦程度不断减少。强劲型城市住房金融发展对金融摩擦的改善程度总体上要优于疲软型城市。

第三，在考虑住房金融发展情形下，两类城市金融摩擦的增加会导致保障性住房开发投资和商品房开发投资显著减少，并且对疲软型城市的影响程度要显著高于强劲型城市；住房金融发展程度的提高不仅直接推动保障性住房开发投资和商品房开发投资的增长，还通过减缓金融摩擦的方式间接地促进保障性住房开发投资和商品房开发投资的增长，并且对强劲型城市的影响程度要显著高于疲软型城市，长期性影响也大于短期性影响。

第四，由于强劲型城市住房金融发展程度不断提高，金融摩擦得到了显著的改善，金融摩擦对住房开发投资的抑制作用进一步减少，整体上促进了住房开发投资的增长；而疲软型城市住房金融发展相对较慢，金融摩擦对住房开发投资的抑制作用较强，从而造成了住房开发投资的较慢增长，并最终强化了两类城市住房开发投资城市差异性增长格局。

第二节　政策建议

我国住房开发投资城市差异性增长格局是各级政府政策与市场行为多重力量共同作用的结果。在这错综复杂的利益格局中，任何政策的过度变动都有可能导致市场参与者行为的改变，并出现与政策制定者预期相反的结果，所以没有完美的政策和足够的政治力量可以去改变这一现状。虽然我国政策制定者的宏观管理能力在 2001 年加入 WTO 之后不断增强，但是对金融市场的驾驭能力已经远远落后于全球金融创新的发展水平。一旦这种差距拉大，金融创新很可能超越监管，形成金融灾难，导致整个经济陷入金融创新的陷阱。而政策制定者如果严厉打压金融创新，拘泥于传统监管思维，则容易陷入 G – 陷阱。

基于此，本部分有针对性地提出如下几点政策建议。

一、优化税制与土地出让方式，改变地方政府的土地财政依赖性

（一）调整税制结构

改变地方政府行为，不是抛弃分权制，而是调整税制结构。根据我国经济社会发展状况探寻优化我国税制结构与总量的途径、增加其合意性。调整税制结构，逐步消除地方政府依赖土地财政的激励。具体而言，第一，改变土地出让金的归属权，将原本归属于地方政府的土地出让收入划归至中央政府，以此改变地方政府依赖土地财政的激励，改变地方政府在保障房供给上的投资偏向与供给偏好。第二，将企业所得税等产业税收项目的一部分或者全部由中央财政收入调整为地方财政收入，调整地方政府在保障房上的扭曲性的投资行为，增加地方政府保障房供给的财力支撑。

（二）改革土地“招拍挂“出让制度

多样化商业用地的定价方式，使“价高者得”的单一定价方式向多元化方式转变，比如可以将商业用地的用途进行划分，不同用途的土地，定价方式不同。比如，宾馆酒店、商业大厦、娱乐设施、高档公寓、别墅用地等仍旧采用“价高者得”的出让方式；住宅建设用地应出让给品质高、服务好的住宅建设企业。除了考虑出价高低，还应综合考虑企业的信誉、购房者评价、纳税情况、社会责任等多个指标，从而在一定程度上减少地方政府土地财政的依赖程度。

二、改进地方官员的政绩考评机制

除了优化分税制之外，更重要的是，优化地方政府官员的政绩考核机制，从根本上改变地方政府官员的行为激励。只有将政府绩效评估手段与建设服务型政府、构建和谐社会的目标结合起来，增加我国保障房有效供给才能取得明显的成效。

首先，完善地方政府过于追求经济增长的相对绩效考评机制，建立多元化的地方政府官员考核机制，将保障房建设完成比例引入地方主要领导政绩考核指标之中，并赋予相当的权重，激发有职位升迁愿望的地方主要领导建设保障房的积极性。对于地方政府来说，建立住房保障体系、实现弱势群体“住有所居”的目标是社会文明程度的重要体现，也是政府难以推卸的责任与义务，所以当地方政府关注民生发展目标或是对保障性住房项目进行政绩考核时，保障性住房开发投资会随之而增长。

其次，逐步调整对上负责的垂直管理体制，逐步建立“自下而上”的考核机制，逐渐增强县（市、区）级政府对本地居民公共物品需求的敏感性和反应性，增强本地居民对县（市、区）级政府行为的约束，使县（市、区）级政府的目标逐渐回归到追求居民福利最大化，由“增长型政府”建设向“公共服务型政府”建设转变。

最后，建立保障房建设领导调研、定点挂钩与考核问责制度，加大对保障房建设的跟踪督查力度，对推进廉租房建设工作不力的，通过其政绩、资格、荣誉、待遇等予以体现，比如，不得推先评优、晋级晋职，并且要追究负责保障房供给的党政分管领导或直接责任人的相应行政责任，迫使所有地方领导改变保障房建设的消极态度。

三、加大法律约束与公众监督，有效约束地方政府行为

有效规制地方政府保障房供给行为，必须加强住房保障的立法工作，尽快颁布《住房保障法》，完善配套相应的法律法规制度，通过法律的形式明确地方政府在住房保障资金投入、土地提供、金融支持、财税优惠等方面的具体责任，并明确规定财政安排多大比例的资金用于住房保障建设，从而保障地方政府行为的公共服务性。对于没有完成保障房建设数量以及质量存在问题的地方政府分别予以何种程度和何种性质的惩罚，以法律的形式约束地方政府保障房供给的质量和数量问题。

增加预算透明度，加大公众监督力度。在地方政府官员政绩考核评价

主体上，完善社会监督机制，变上级政府部门考核为社会公众考核。强化地方政府的公共服务者角色，让公共管理活动更多地表现为社会公众的意志；更多反映社会公众的诉求，在谋求效率优先的同时，提高服务质量和社会公众满意度。有效约束地方政府保障房供给行为，还需实行公共财政，增加预算的透明度，在赋予地方必要的财政自主权的同时，也适当扩大当地居民参与政府预算决策的机会，赋予当地居民监督政府、参与政府决策、审核财政预决算的权力（周业安、章泉，2008）。

四、准确把握住房金融发展模式转换的时机

在不同金融发展时期，地方政府可以根据自身利益调整财政政策与土地政策的力度，控制住房金融发展模式转换的时机，防止住房金融发展路径陷入 G－陷阱或金融创新陷阱，降低社会无谓损失，减少金融摩擦，促进住房开发投资收敛到金融效率较高的均衡水平。而由中央政府与金融监管者制定的宏观经济政策应当侧重于金融自由化与市场化改革，完善住房金融市场，鼓励金融创新，减少地方政府干预、消除金融摩擦、推动住房开发投资稳步增长与住房市场健康发展。

五、加强房地产信贷风险管理

房地产开发投资属于资本密集型投资，商业银行面临房地产信贷风险很大，因而，要加大商业银行的房地产信贷风险管理。其一，放贷前，严格审查房地产开发项目、申请贷款的房地产企业的资质，其中重点审查对业务范畴、实际资产、盈亏情况、投入项目开发的非资本金资金来源。其二，合理制定房地产企业的授信规模。基于房地产业较强的区域性，商业银行应根据房地产的区域特点，划分房地产贷款业务进展的关键领域，对房地产经济发展较快的地区采取提高房地产开发贷款利率和按揭贷款的首付比例、缩短房地产贷款期限等举措来提高房地产的信贷基准；对于房地产经济发展相对滞后的地区，应根据区域情况，合理调配资金，在促进地区经济发展的同时为银行挖掘风险较低的利润增长点。其三，放贷后，要指派专人持续追踪管理，其中，重点跟踪资金流向、随时追踪房企的实际经营状况、及时关注房企的还款状况。

六、加快利率市场化改革

由于我国实行的是利率管制政策，利率无法充分反映市场竞争程度，而利率的变动更多的反映了中央银行的流动性政策。实际贷款利率与住房

金融发展的正向关系意味着，随着实际贷款利率的上升，金融市场流动性减少，金融机构为了确保盈利会充分利用现有的金融资源去寻求更有市场投资价值的项目。因此，市场化的需求方在一定程度上引导了有限金融资源的配置。可以说，在严格控制资金价格的我国，利率上升虽然限制了金融市场的供给，但是在一定程度上却可以反映金融市场需求侧的市场化程度，局部推动金融市场的发展。

利率市场化的长期改革显著提高了金融市场资金供给方的竞争程度，降低了住房融资成本，加快了开发商与地方政府对住房项目的投资速度。因此，加快利率市场化改革是促进我国住房开发投资合理增长的内在要求和必然选择。基于金融更好地服务于实体经济的出发点，应当渐进有序地推进利率市场化改革进程。其一，制定相关政策引导商业银行进行积极转型；其二，提高房地产企业的资金使用效率，积极应对房地产企业融资成本上升以及杠杆下降带来的冲击。其三，建立健全市场化利率的形成机制，提高商业银行的自主定价能力，允许商业银行逐步建立随市场波动而上下浮动的存贷款利率定价机制。其四，引导商业银行逐步摆脱同质化经营模式，不仅依靠大中型企业客户，而且要关注小企业客户。其五，发展多层次的资本市场，促进金融和房地产开发投资的良性循环以及两者的健康、可持续发展。

第三节　进一步研究的方向

关于未来的研究方向，本研究的理论模型或许可以从以下两个方面进行扩展研究，以深化本研究的问题。

一、考虑全国平均住房金融发展对落后城市的外溢效果的内生机制

全国平均住房金融发展程度是强劲型城市与疲软型城市的综合平均水平，本研究将其视作外生给定。如果强劲型城市的住房金融发展水平可以带动疲软型城市住房金融发展水平的提高，那么中央政府或是金融监管者为了防止疲软型城市落入金融创新陷阱，不用直接推动疲软型城市加快金融创新，而是通过差异化的政策单独鼓励强劲型城市金融创新，发挥其外溢效果，带动疲软型城市住房金融改革，促进疲软型城市住房开发投资的增长，从而实现两类城市住房福利水平的增加。

二、不同金融发展时期的转换机制与动力问题

本研究只考虑了三种金融发展时期的住房开发投资发展路径，并没有研究这三种金融发展时期的转换机制。因为推动中央政府与金融监管者从金融抑制向金融自由时期过渡与从金融自由向金融抑制时期过渡的影响因素是不同的，既涉及政治层面也涉及经济层面，差异性较大，所以本研究没有深入讨论这三种金融发展时期的转换动力问题。将来的研究可以从政治经济角度入手，分别研究宏观金融环境在“金融抑制时期”与“金融自由时期”之间的双向摇摆过程。

参考文献

[1] Aghion, Phillippe, and Patrick Bolton. A Theory of Trickle – Down Growth and Development [J]. *Review of Economic Studies*, 1997, 64 (219): 151 – 172.

[2] Ahearne, Alan G., John Ammer, and Brian M. Doyle et al. Monetary Policy and House Prices: A Cross – Country Study [R]. Board of Governors of the Federal Reserve System (U. S.), International Finance Discussion Papers: 841, 2005.

[3] Alvarez, Fernando, and Urban Jermann. Efficiency, Equilibrium, and Asset Pricing with Risk of Default [J]. *Econometrica*, 2000, 68 (4): 775 – 797.

[4] Angeletos, George – Marios, Fabrice Collard, and Harris Dellas et al. Optimal Public Debt Management and Liquidity Provision [R]. NBER, Working Paper Series w18800, 2013.

[5] Antràs, Pol, and Ricardo J. Caballero. Trade and Capital Flows: A Financial Frictions Perspective [J]. *Journal of Political Economy*, 2009, 117 (4): 701 – 744.

[6] Bai, ChongEn, Qi Li, and Ouyang Min. Property Taxes and Home Prices: A Tale of Two Cities [J]. *Journal of Econometrics*, 2014, 180 (1): 1 – 15.

[7] Barlev, Benzion, and Josef May. The Effects of Property Taxes On the Construction and Demolition of Houses in Urban Areas [J]. *Economic Geography*, 1976, 52 (4): 304 – 310.

[8] Bencivenga, Valerie, and Bruce D. Smith. Financial Intermediation and Endogenous Growth [J]. *The Review of Economic Studies*, 1991, 58 (2): 195 – 209.

[9] Bernanke, Ben S., and Mark Gertler. Inside the Black Box: The

Credit Channel of Monetary Policy Transmission [J]. *Journal of Economic Perspectives*, 1995, 9 (4): 27 -48.

[10] Bernanke, Ben S., Mark Gertler, and Simon Gilchrist. The Financial Accelerator in a Quantitative Business Cycle Framework [A]. In: J. Taylor and M. Woodford. Handbook of Macroeconomics [M]. Amsterdam, Netherlands: Elsevier, 1999: 1341 -1393.

[11] Bernanke, Ben, and Mark Gertler. Agency Costs, Net Worth, and Business Fluctuations [J]. *American Economic Review*, 1989, 79 (1): 14 - 31.

[12] Bickerdike, C. F. The Principle of Land Value Taxation [J]. *Economic Journal*, 1912, 22 (85): 1 -15.

[13] Blomquist, Sören, and Vidar Christiansen. Public Provision of Private Goods as a Redistributive Device in an Optimum Income Tax Model [J]. *Scandinavian Journal of Economics*, 1995, 97 (4): 547 -567.

[14] Bourassa, Steven C. Land Value Taxation and Housing Development: Effects of the Property Tax Reform in Three Types of Cities [J]. *American Journal of Economics and Sociology*, 1990, 49 (1): 101 -111.

[15] Boyd, John H., and Bruce D. Smith. Capital Market Imperfections, International Credit Markets, and Nonconvergence [J]. *Journal of Economic Theory*, 1997, 73 (2): 335 -364.

[16] Brennan, Geoffrey, and James Buchanan. Tax Instruments as Constraints on the Disposition of Public Revenues [J]. *Journal of Public Economics*, 1978, 9 (3): 301 -318.

[17] Brown, Harry Gunnison. Land Speculation and Land - Value Taxation [J]. *Journal of Political Economy*, 1927, 35 (3): 390 -402.

[18] Brunnermeier, Markus K., Thomas M. Eisenbach, and Yuliy Sannikov. Macroeconomics with Financial Frictions: A Survey [R]. National Bureau of Economic Research, 2012.

[19] Buera, Francisco J., Joseph Paul Kaboski, and Yongseok Shin. Finance and Development: A Tale of Two Sectors [J]. *American Economic Review*, 2011, 101 (5): 1964 -2002.

[20] Bulow, Jeremy, and Kenneth Rogoff. A Constant Recontracting Model of Sovereign Debt [J]. *Journal of Political Economy*, 1989, 97 (1): 155 -178.

[21] Carlstrom, C. T., and T. S. Fuerst. Agency Costs, Net Worth, and Business Fluctuations: A Computable General Equilibrium Analysis [J]. *American Economic Review*, 1997, 87 (5): 893 -910.

[22] CEPR, Centre For Economic Policy. 9Th Macroeconomic Policy Research Workshop On Understanding Financial Frictions [EB/OL]. 2010 -9 -30, http: //www. cepr. org/meets/meetings/meetdesc. asp? meetno =1739.

[23] Cho, SungChan, and Philip Choi. Introducing Property Tax in China as an Alternative Financing Source [J]. *Land Use Policy*, 2014, 38: 580 -586.

[24] Chowdhury, Abdur, and Mark Wheeler. The Housing Market, Macroeconomic Activity and Financial Innovation: An Empirical Analysis of U. S. Data [J]. *Applied Economics*, 1993, 25 (11): 1385 -1392.

[25] Cooley, Thomas, Ramon Marimon, and Vincenzo Quadrini. Aggregate Consequences of Limited Contract Enforceability [J]. *Journal of Political Economy*, 2004, 112 (4): 817 -847.

[26] Diamond, Douglas W., and Philip H. Dybvig. Bank Runs, Deposit Insurance, and Liquidity [J]. *Journal of Political Economy*, 1983, 91 (3): 401 -419.

[27] Dib, Ali. Banks, Credit Market Frictions, and Business Cycles [R]. Bank of Canada, 2010a.

[28] Dib, Ali. Capital Requirement and Financial Frictions in Banking: Macroeconomic Implications [R]. Bank of Canada, Working Paper 2010 -26, 2010b.

[29] Dixit, Avinash. Irreversible Investment with Price Ceilings [J]. *Journal of Political Economy*, 1991, 99 (3): 541 -557.

[30] Epple, Dennis, and Richard E. Romano. Public Provision of Private Goods [J]. *Journal of Political Economy*, 1996, 104 (1): 57 -84.

[31] Evans, David Sparks, and Boyan Jovanovic. An Estimated Model of Entrepreneurial Choice Under Liquidity Constraints [J]. *Journal of Political Economy*, 1989, 97 (4): 808 -827.

[32] Ewing, Bradley T., and James E. Payne. The Response of Real Estate Investment Trust Returns to Macroeconomic Shocks [J]. *Journal of Business Research*, 2005, 58 (3): 293 -300.

[33] Ewing, Bradley T., and Wang. Single Housing Starts and

Macroeconomic Activity: An Application of Generalized Impulse Response Analysis [J]. *Applied Economics Letters*, 2005, 12 (3): 187 -190.

[34] Falk, Barry. Unanticipated Money - Supply Growth and Single - Family Housing Starts in the U. S.: 1964 - 1983 [J]. *Housing Finance Review*, 1986, 5 (1): 15 -23.

[35] Fatnassi, Ibrahim, Chaouachi Slim, and Zied Ftiti et al. Effects of Monetary Policy On the REIT Returns: Evidence From the United Kingdom [J]. *Research in International Business and Finance*, 2014, 32: 15 -26.

[36] Fisher, I. The Debt - Deflation Theory of Great Depressions [J]. *Econometrica: Journal of the Econometric Society*, 1933: 337 -357.

[37] Gertler, Mark, and Nobuhiro Kiyotaki. Financial Intermediation and Credit Policy in Business Cycle Analysis [A]. In: B. FriedmanM. Woodford. Handbook of Monetary Economics [M]. Amsterdam, Netherlands: Elsevier, 2010.

[38] Gertler, Mark, and Nobuhiro Kiyotaki. Banking, Liquidity and Bank Runs in an Infinite - Horizon Economy [R]. NBER, Working Paper Series w19129, 2013.

[39] Gilbert, Alan. Helping the Poor through Housing Subsidies: Lessons From Chile, Colombia and South Africa [J]. *Habitat International*, 2004, 28 (1): 13 -40.

[40] Glaeser, Edward L., and Erzo F. P. Luttmer. The Misallocation of Housing Under Rent Control [J]. *American Economic Review*, 2003, 93 (4): 1027.

[41] Glaeser, Edward Ludwig. The Incentive Effects of Property Taxes On Local Governments [J]. *Public Choice*, 1996, 89 (1): 93 -111.

[42] Glascock, John L., Chiuling Lu, and Raymond W. So. REIT Returns and Inflation: Perverse Or Reverse Causality Effects? [J]. *Journal of Real Estate Finance and Economics*, 2002, 24 (3): 301 -317.

[43] Goldsmith, Raymond. Financial Structure and Development [M]. New Haven: Yale University Press, 1969.

[44] Goudzwaard, Maurice B. Price Ceilings and Credit Rationing [J]. *Journal of Finance*, 1968, 23 (1): 177 -185.

[45] Greenwood, Jeremy, and Boyan Jovanovic. Financial Development, Growth, and the Distribution of Income [J]. *Journal of Political Economy*,

1990, 98 (5): 1076 – 1108.

[46] Gupta, Rangan, and Alain Kabundi. The Effect of Monetary Policy On House Price Inflation: A Factor Augmented Vector Autoregression (FAVAR) Approach [J]. *Journal of Economic Studies*, 2010, 37 (6): 616 – 626.

[47] Gupta, Rangan, Marius Jurgilas, and Alain Kabundi et al. Monetary Policy and Housing Sector Dynamics in a Large – Scale Bayesian Vector Autoregressive Model [R]. University of Connecticut, Department of Economics, Working Paper: 2009 – 19, 2009.

[48] Gupta, Rangan, Marius Jurgilas, and Alain Kabundi. The Effect of Monetary Policy On Real House Price Growth in South Africa: A Factor – Augmented Vector Autoregression (FAVAR) Approach [J]. *Economic Modelling*, 2010, 27 (1): 315 – 323.

[49] Gurley, J. G., and Edward Stone Shaw. Financial Aspects of Economic Development [J]. *American Economic Review*, 1955, 45 (4): 515 – 538.

[50] Harris, Jack C. The Effect of Real Rates of Interest On Housing Prices [J]. *Journal of Real Estate Finance and Economics*, 1989, 2 (1): 47 – 60.

[51] Hart, Oliver, and John Moore. A Theory of Debt Based on the Inalienability of Human Capital [J]. *Quarterly Journal of Economics*, 1994, 109 (4): 841.

[52] Holmström, Bengt, and Jean Tirole. Financial Intermediation, Loanable Funds, and the Real Sector [J]. *Quarterly Journal of Economics*, 1997, 112 (3): 663 – 691.

[53] Holmström, Bengt, and Jean Tirole. Private and Public Supply of Liquidity [J]. *Journal of Political Economy*, 1998, 106 (1): 1 – 40.

[54] Iacoviello, Matteo. House Prices and Business Cycles in Europe: A VAR Analysis [R]. Boston College Department of Economics, Boston College Working Papers in Economics: 540, 2002.

[55] Iacoviello, Matteo. Financial Business Cycles [J]. *Review of Economic Dynamics*, 2014, 3 (9): 1094 – 2025.

[56] Iacoviello, Matteo, and Raoul Minetti. Financial Liberalization and the Sensitivity of House Prices to Monetary Policy: Theory and Evidence [J].

The Manchester School, 2003, 71 (1): 20 -34.

[57] Iacoviello, Matteo, and Raoul Minetti. The Credit Channel of Monetary Policy: Evidence From the Housing Market [J]. *Journal of Macroeconomics*, 2008, 30 (1): 69 -96.

[58] Itskhoki, Oleg, and Benjamin Moll. Optimal Development Policies with Financial Frictions [R]. NBER, Working Paper Series w19994, 2014.

[59] Jensen, Michael C., and William H. Meckling. Theory of the Firm: Managerial Behavior, Agency Costs and Ownership Structure [J]. *Journal of Financial Economics*, 1976, 3 (4): 305 -360.

[60] Johnson, R., and GR Jensen. Federal Reserve Monetary Policy and Real Estate Investment Trust Returns [J]. *Real Estate Finance*, 1999, 16 (1): 52.

[61] Karaivanov, Alexander, and Robert Townsend. Dynamic Financial Constraints: Distinguishing Mechanism Design From Exogenously Incomplete Regimes [J]. *Econometrica*, 2014, 82 (3): 887 -959.

[62] Kasai, Ndahiriwe, and Rangan Gupta. Financial Liberalization and the Effectiveness of Monetary Policy on House Prices in South Africa [J]. *Journal of Monetary Economics*, 2010, 8 (4): 59.

[63] Kau, James B., and Donald Keenan. The Theory of Housing and Interest Rates [J]. *Journal of Financial and Quantitative Analysis*, 1980, 15 (4): 833 -847.

[64] Kearl, J. R., and Frederic S. Mishkin. Illiquidity, the Demand for Residential Housing, and Monetary Policy [J]. *Journal of Finance*, 1977, 32 (5): 1571 -1586.

[65] Keynes, J. M. The General Theory of Employment, Interest, and Money [M]. Cambridge: Macmillan Cambridge University Press, 1936.

[66] Kiyotaki, Nobuhiro, and John Moore. Credit Cycles [J]. *Journal of Political Economy*, 1997, 105 (2): 211 -248.

[67] Matsuyama, Kiminori. Aggregate Implications of Credit Market Imperfections [R]. NBER, Macroeconomics Annual, 22, 2007.

[68] Matteo, Iacoviello, and Stefano Neri. Housing Market Spillovers: Evidence From an Estimated DSGE Model [J]. *American Economic Journal: Macroeconomics*, 2010, 2 (2): 125 -164.

[69] Maxwell, Charles E. Financial Markets and Institutions: The Global

View [M]. Minneapolis/St. Paul: West Publishing Company, 1994.

[70] McCarthy, Jonathan, and Richard W. Peach. Monetary Policy Transmission to Residential Investment [J]. *Economic Policy Review*, 2002, 8 (1): 139-158.

[71] McKinnon, Ronald I. Money and Capital in Economic Development [M]. Washington, DC: Brookings Institution, 1973.

[72] Meyers, Stewart C., and Nicholas S. Majluf. Corporate Financing and Investment Decisions When Firms Have Information that Investors Do Not Have [J]. *Journal of Financial Economics*, 1984, 13 (2): 187-221.

[73] Minsky, H. P. Central Banking and Money Market Changes [J]. *The Quarterly Journal of Economics*, 1957, 71 (2): 171-187.

[74] Modigliani, Franco, and Merton Miller. The Cost of Capital, Corporation Finance and the Theory of Investment [J]. *American Economic Review*, 1958, 48 (3): 261-297.

[75] Modigliani, Franco, and Merton Miller. Corporate Income Taxes and the Cost of Capital: A Correction [J]. *American Economic Review*, 1963, 53 (3): 433-443.

[76] Moll, Benjamin, Robert M. Townsend, and Victor Zhorin. Economic Development and the Equilibrium Interaction of Financial Frictions [R]. Working Paper, 2014.

[77] Oates, Wallace E. The Effects of Property Taxes and Local Public Spending on Property Values: An Empirical Study of Tax Capitalization and the Tiebout Hypothesis [J]. *Journal of Political Economy*, 1969, 77 (6): 957-971.

[78] Paulson, Anna L., Robert M. Townsend, and Alexander Karaivanov. Distinguishing Limited Liability From Moral Hazard in a Model of Entrepreneurship [J]. *Journal of Political Economy*, 2006, 114 (1): 100-144.

[79] Pirttilä, Jukka, and Matti Tuomala. Publicly Provided Private Goods and Redistribution: A General Equilibrium Analysis [J]. *Scandinavian Journal of Economics*, 2002, 104 (1): 173-188.

[80] Rajan, Raghuram G., and Luigi Zingales. Financial Dependence and Growth [J]. *American Economic Review*, 1998, 88 (3): 559-586.

[81] Ramsey, F. P. A Contribution to the Theory of Taxation [J].

Economic Journal, 1927, 37: 47 -61.

[82] Samuelson, P. A. The Pure Theory of Public Expenditure [J]. *Review of Economics and Statistics*, 1954, 36: 387 -389.

[83] Samuelson, P. A. Diagrammatic Exposition of a Pure Theory of Public Expenditure [J]. *Review of Economics and Statistics*, 1955, 37: 350 -356.

[84] Shaw, Edward Stone. Financial Deepening in Economic Development [M]. New York: Oxford University Press, 1973.

[85] Silvestre, Joaquim. Wicksell, Lindahl and the Theory of Public Goods [J]. *Scandinavian Journal of Economics*, 2003, 105 (4): 527 - 553.

[86] Song, Z., K. Storesletten, and F. Zilibotti. Growing Like China [J]. *American Economic Review*, 2011, 101 (1): 196 -233.

[87] Stiglitz, Joseph E., and Andrew Weiss. Credit Rationing in Markets with Imperfect Information [J]. *American Economic Review*, 1981, 71 (3): 393 -410.

[88] Tiebout, Charles M. A Pure Theory of Local Expenditures [J]. *Journal of Political Economy*, 1956, 64 (5): 416 -424.

[89] Tiwari, Piyush, and Hiroshi Hasegawa. Welfare Effects of Public Housing in Tokyo [J]. *Journal of Policy Modeling*, 2001, 23 (4): 421 - 431.

[90] Tobin, James. A General Equilibrium Approach to Monetary Theory [J]. *Journal of Money, Credit and Banking*, 1969, 1 (1): 15 -29.

[91] Townsend, Robert M. Optimal Contracts and Competitive Markets with Costly State Verification [J]. *Journal of Economic Theory*, 1979, 21 (2): 265 -293.

[92] Vargas - Silva, Carlos. Monetary Policy and the US Housing Market: A VAR Analysis Imposing Sign Restrictions [J]. *Journal of Macroeconomics*, 2008a, 30 (3): 977 -990.

[93] Vargas - Silva, Carlos. The Effect of Monetary Policy On Housing: A Factor - Augmented Vector Autoregression (FAVAR) Approach [J]. *Applied Economics Letters*, 2008b, 15 (10): 749 -752.

[94] Zou, Yonghua. Contradictions in China's Affordable Housing Policy: Goals Vs. Structure [J]. *Habitat International*, 2014, 41: 8 -16.

[95] 巴曙松，牛播坤，杨现领．保障房制度建设：国际经验及中国

的政策选择［J］．财政研究，2011（12）：16－19.

［96］巴曙松，杨现领．从城镇化大趋势看房地产市场的未来发展［J］．东岳论丛，2020（02）：6－17，192.

［97］曾凡昌．试论房地产融资风险的法律规制［J］．财经科学，2010（10）：25－33.

［98］陈超，柳子君，肖辉．从供给视角看我国房地产市场的“两难困境”［J］．金融研究，2011（01）：73－93.

［99］陈华，张梅玲．基于公私合作（PPP）的保障房投融资创新研究［J］．财政研究，2012（04）：42－45.

［100］陈建英，杜勇．货币政策宽松化、房地产投资与制造业企业业绩［J］．中南财经政法大学学报，2018（06）：144－153.

［101］陈杰．我国保障性住房的供给与融资：回顾与展望［J］．现代城市研究，2010（09）：13－17.

［102］陈文强，陆嘉玮．市场情绪，债务融资与房地产企业过度投资［J］．财经论丛，2019，251（10）：46－54.

［103］陈淑云，付振奇．城市化、房地产投资与经济增长的关系分析——以湖北省1990～2009年时间序列数据为例［J］．经济体制改革，2012（02）：30－35.

［104］陈元．开发性金融与中国城市化发展［J］．经济研究，2010（07）：4－14.

［105］程承坪，张旭．非对称性利率政策对中国房价影响的实证分析［J］．经济与管理研究，2011（09）：42－51.

［106］邓燕．保障性住房建设融资困境及其破解建议［J］．住宅产业，2011（11）：68－70.

［107］邓翔，何瑞宏．信贷约束、房地产市场冲击与居民收入差距——基于异质性家庭DSGE分析框架［J］．财经科学，2020（03）：26－40.

［108］段忠东，曾令华．房价冲击、利率波动与货币供求：理论分析与中国的经验研究［J］．世界经济，2008（12）：14－27.

［109］冯科，何理．中国房地产市场“限购政策”研究——基于反需求函数的理论与经验分析［J］．经济学动态，2012（02）：53－60.

［110］高波．房地产开发商策略性定价行为的经济学分析［J］．产业经济研究，2008（02）：35－41.

［111］高波．房价波动、住房保障与消费扩张［J］．理论月刊，2010（07）：5－9.

[112] 高聚辉．房地产融资渠道现状分析与发展趋势展望 [J]．中国房地产金融，2006 (06)：19 -24.

[113] 高一兰，王永波．房地产市场供给锁定型市场结构研究 [J]．经济体制改革，2011 (01)：131 -135.

[114] 葛扬，贾春梅．廉租房供给不足的事实、根源与突破路径——基于转型期中国地方政府行为视角的分析 [J]．经济学家，2011 (08)：27 -35.

[115] 顾书桂．保障性住房融资问题仍在土地财政 [J]．哈尔滨师范大学社会科学学报，2011 (04)：44 -48.

[116] 郭斌，刘曼路．民间金融与中小企业发展：对温州的实证分析 [J]．经济研究，2002 (10)：40 -46.

[117] 郭明杰，王燕．城市保障房建设中的融资模式探析 [J]．财政研究，2011 (11)：37 -39.

[118] 郭晓亭．中国房地产融资途径发展趋势分析 [J]．经济与管理，2007 (01)：64 -67.

[119] 胡吉亚．住房保障工程 RMBS 融资路径的选择与优化 [J]．郑州大学学报：哲学社会科学版，2020 (03)：42 -47.

[120] 胡涛，孙振尧．限购政策与社会福利：一个理论探讨 [J]．经济科学，2011 (06)：42 -49.

[121] 黄忠华，吴次芳，杜雪君．房地产投资与经济增长——全国及区域层面的面板数据分析 [J]．财贸经济，2008 (08)：56 -60.

[122] 贾春梅．地方政府行为规制与保障房有效供给 [J]．上海立信会计学院学报，2011 (06)：72 -77.

[123] 贾春梅．财政分权、晋升竞争与保障房供给——基于江苏县级面板数据的实证分析 [J]．理论月刊，2014 (06)：132 -138.

[124] 贾春梅，葛扬．地方政府保障房供给的合作性努力与自私性努力：一项实证研究 [J]．经济与管理，2013 (10)：5 -10.

[125] 贾淑军．保障性住房投融资机制与建设模式分析 [J]．河北学刊，2012 (03)：188 -191.

[126] 江春，许立成．金融监管与金融发展：理论框架与实证检验 [J]．金融研究，2005 (04)：79 -88.

[127] 姜亚青，杨明．我国保障性住房建设中的融资问题研究 [J]．现代经济信息，2012 (05)：229 -230.

[128] 况伟大．住房特性、物业税与房价 [J]．经济研究，2009

(04)：151－160.

［129］况伟大．利率对房价的影响［J］．世界经济，2010（04）：134－145.

［130］况伟大，朱勇，刘江涛．房产税对房价的影响：来自OECD国家的证据［J］．财贸经济，2012（05）：121－129.

［131］赖华东，蔡靖方．城市住房保障政策效果及其选择——基于住宅过滤模型的思考［J］．经济评论，2007（03）：136－140.

［132］李成，李一帆．货币政策、行政管制与房地产价格变动——基于百城住宅数据的经验分析［J］．云南财经大学学报，2019，35（01）：38－51.

［133］李大武．中小企业融资难的原因剖析及对策选择［J］．金融研究，2001（10）：124－131.

［134］李俊，徐进亮，张炜．欧盟社会性住房的发展、融资模式及启示［J］．国际金融，2012（11）：75－80.

［135］李克强．大规模实施保障性安居工程　逐步完善住房政策和供应体系［J］．求是，2011（08）：3－8.

［136］李雄军，姚树洁．计划生育、城市化与我国房地产市场的发展［J］．当代经济科学，2011（05）：74－77.

［137］李颖欣．房地产市场结构及企业行为分析［J］．市场研究，2008（04）：20－22.

［138］李志赟．银行结构与中小企业融资［J］．经济研究，2002（06）：38－45.

［139］梁若冰，汤韵．地方公共品供给中的Tiebout模型：基于中国城市房价的经验研究［J］．世界经济，2008（10）：71－83.

［140］梁云芳，高铁梅，贺书平．房地产市场与国民经济协调发展的实证分析［J］．中国社会科学，2006（03）：74－84.

［141］林毅夫，李永军．中小金融机构发展与中小企业融资［J］．经济研究，2001（01）：10－18.

［142］林毅夫，孙希芳．信息、非正规金融与中小企业融资［J］．经济研究，2005（07）：35－44.

［143］刘璐．限贷和限购政策对一般均衡中房价的影响［J］．管理科学学报，2013（09）：20－32.

［144］罗珺．国有商业银行市场势力分析［J］．金融研究，2003（10）：74－83.

[145] 吕明革．典型国家和地区保障房建设融资主要经验及启示[J]．电子科技大学学报（社科版），2014（01）：28－32.

[146] 梅冬州，温兴春．外部冲击、土地财政与宏观政策困境[J]．经济研究，2020，55（05）：66－82.

[147] 马雪彬，马春花．投融资平台维度下保障房建设的资金解困之策[J]．当代经济管理，2012（04）：38－42.

[148] 毛鹏，王旭．我国保障性住房融资模式特点及创新研究[J]．建筑经济，2011（12）：69－72.

[149] 倪鹏飞，倪诗妆．保障性住房投资与融资的机制研究[J]．农村金融研究，2011（10）：11－15.

[150] 皮舜，武康平．房地产市场发展和经济增长间的因果关系——对我国的实证分析[J]．管理评论，2004（03）：8－12.

[151] 荣昭，徐娜娜，袁燕．信贷扩张如何影响家庭房地产投资？——以信用卡的扩散为例[J]．经济科学，2020（04）：58－70.

[152] 阮家福．中外土地税收制度的比较与借鉴[J]．宏观经济研究，2009（09）：75－79.

[153] 沈悦，刘洪玉．中国房地产开发投资与GDP的互动关系[J]．清华大学学报（自然科学版），2004（09）：1205－1208.

[154] 石亚东．我国房地产开发资金来源结构状况分析[J]．中央财经大学学报，2005（10）：60－64.

[155] 宋吟秋，高鹏，董纪昌．政府提供住房补贴的福利损失[J]．系统工程理论与实践，2013（06）：1441－1447.

[156] 苏多永，张玉香．保障性住房供给不足的原因探析与政策建议[J]．中国房地产金融，2010（03）：38－40.

[157] 孙冰，刘洪玉，卢玉玲．中低收入家庭住房补贴的形式与效率[J]．经济体制改革，2005（04）：20－24.

[158] 唐平．中国房地产金融风险分析[J]．经济体制改革，2007（02）：140－143.

[159] 唐玉兰，肖怡欣．我国保障性住房融资策略探讨[J]．经济纵横，2012（03）：37－40.

[160] 王朝弟．中小企业融资问题与金融支持的几点思考[J]．金融研究，2003（01）：90－97.

[161] 王根贤．财政分权激励与土地财政、保障性住房的内在逻辑及其调整[J]．中央财经大学学报，2013（05）：1－5.

[162] 王广谦．中国金融发展中的结构问题分析［J］．金融研究，2002（05）：47－56.

[163] 王国军，刘水杏．房地产业对相关产业的带动效应研究［J］．经济研究，2004（08）：38－47.

[164] 王家庭，张换兆．房地产融资方式多元化的经济学分析［J］．财经科学，2005（06）：47－53.

[165] 王金明，高铁梅．对我国房地产市场需求和供给函数的动态分析［J］．中国软科学，2004（04）：69－74.

[166] 王力弘．安徽省保障性住房多元化融资分析［J］．新经济，2013（23）：11－12.

[167] 王维安，贺聪．房地产价格与货币供求：经验事实和理论假说［J］．财经研究，2005（05）：17－28.

[168] 王霄，张捷．银行信贷配给与中小企业贷款——一个内生化抵押品和企业规模的理论模型［J］．经济研究，2003（07）：68－75.

[169] 王晓莹．对保障性住房融资模式的设想［J］．财会月刊，2011（35）：43－44.

[170] 王岳龙，张瑜．经济基本面影响了住房消费吗——基于EG两步法和var模型的实证分析［J］．财经科学，2010（04）：50－57.

[171] 王重润．房地产融资结构与金融风险研究［J］．中国房地产金融，2006（09）：9－13.

[172] 韦志超，易纲．物业税改革与地方公共财政［J］．经济研究，2006（03）：15－24.

[173] 吴庆玲．北京市保障性住房融资模式探讨［J］．特区经济，2012（11）：52－54.

[174] 谢福泉，黄俊晖．城镇化与房地产市场供需：基于中国数据的检验［J］．上海经济研究，2013（08）：115－123.

[175] 谢群松．论中国土地增值税的改革［J］．经济学（季刊），2003（03）：875－892.

[176] 徐虹．保障性住房政策的选择运用［J］．中央财经大学学报，2008（06）：13－18.

[177] 徐洪水．金融缺口和交易成本最小化：中小企业融资难题的成因研究与政策路径——理论分析与宁波个案实证研究［J］．金融研究，2001（11）：47－53.

[178] 徐忠，张雪春，邹传伟．房价、通货膨胀与货币政策——基于

中国数据的研究［J］．金融研究，2012（06）：1－12.

［179］严荣．保障性住房建设：地方政府的行为逻辑［J］．现代经济探讨，2014（10）：13－17.

［180］杨伟中，余剑，李康．利率扭曲、市场分割与深化利率市场化改革［J］．统计研究，2018，35（11）：42－57.

［181］张杰．民营经济的金融困境与融资次序［J］．经济研究，2000（04）：3－10.

［182］张捷．中小企业的关系型借贷与银行组织结构［J］．经济研究，2002（06）：32－37.

［183］张捷，王霄．中小企业金融成长周期与融资结构变化［J］．世界经济，2002（09）：63－70.

［184］张娟锋，虞晓芬．土地资源配置体制与供给模式对房地产市场影响的路径分析［J］．中国软科学，2011（05）：29－36.

［185］张立新，秦俊武．城市化与房地产开发投资区域差异——基于动态面板数据模型的实证［J］．当代财经，2014（11）：103－110.

［186］张路，龚刚．房地产周期、地方政府财政压力与融资平台购地［J］．财经研究，2020，46（06）：4－18.

［187］张启阳．保障性住房融资机制比较与经验借鉴［J］．中国金融，2012（23）：80－81.

［188］张桥云，郎波．美国住房金融市场：运行机制、监管改革及对中国的启示［J］．经济社会体制比较，2011（03）：94－101.

［189］张清勇，郑环环．中国住宅投资引领经济增长吗？［J］．经济研究，2012（02）：67－79.

［190］张维迎．公司融资结构的契约理论：一个综述［J］．改革，1995（04）：109－116.

［191］张晓晶，孙涛．中国房地产周期与金融稳定［J］．经济研究，2006（01）：23－33.

［192］赵奉军，骆祖春．经济政策不确定性与房地产投资［J］．现代经济探讨，2019（11）：13－20.

［193］赵以邗．廉租住房建设融资国际经验与我国的实践［J］．金融纵横，2010（10）：3－6.

［194］郑江淮，何旭强，王华．上市公司投资的融资约束：从股权结构角度的实证分析［J］．金融研究，2001（11）：92－99.

［195］郑思齐，孙伟增，吴璟，等．“以地生财，以财养地”——中

国特色城市建设投融资模式研究［J］. 经济研究，2014（08）：14－27.

［196］郑思齐，张英杰．“十二五”期间保障房建设如何“保障”——基于地方政府策略选择的分析［J］. 探索与争鸣，2013（04）：66－71.

［197］中国经济增长前沿课题组，张平，刘霞辉．城市化、财政扩张与经济增长［J］. 经济研究，2011（11）：4－20.

［198］中国人民银行丽水市中心支行课题组．当前保障性住房建设面临融资困境及成因探析［J］. 浙江金融，2011（12）：41－43.

［199］周飞舟．大兴土木：土地财政与地方政府行为［J］. 经济社会体制比较，2010（03）：77－89.

［200］周雪峰．河南省保障性住房融资问题研究［J］. 商业会计，2014（22）：71－73.

［201］周业安．金融抑制对中国企业融资能力影响的实证研究［J］. 经济研究，1999（02）：15－22.

［202］朱军，李建强，陈昌兵．金融供需摩擦，信贷结构与最优财政援助政策［J］. 经济研究，2020，55（09）：58－73.

［203］祝运海．房地产开发投资与经济增长的动态关系研究——基于ECM的实证分析［J］. 经济问题，2011（05）：44－47.

［204］祖晓青．创新保障性住房建设投融资机制［J］. 开放导报，2011（06）：24－27.

附　录

引理 4.3 的证明过程

引理 4.3 证明：我们首先证明中小银行的微观金融创新决策。在垄断式金融发展模式下，当中小银行处于较高投融资渠道策略环境时，两种产品创新行为决策产生的预期资产收益率分别是：

$$ROE(i=L,S=s,B=1|X=1) = \bar{r}\,(\xi F(t-1) + s\bar{F}\,(t-1))Z^{L}(\nu,\tau,\mu,A) - \frac{\omega[\Delta+(\zeta+\zeta^{G})\theta^{L}]}{1-\lambda_{b}}\bar{F}\,(t-1)$$

$$=\xi\bar{r}\,Z^{L}(\nu,\tau,\mu,A)F(t-1) + \frac{\{(1-\lambda_{b})\,\bar{r}sZ^{L}(\nu,\tau,\mu,A) - \omega[\Delta+(\zeta+\zeta^{G})\theta^{L}]\}\,\bar{F}\,(t-1)}{1-\lambda_{b}}$$

$$ROE(i=L,S=s,B=b|X=1) = \bar{r}\,(b\xi F(t-1) + s\bar{F}\,(t-1))Z^{L}(\nu,\tau,\mu,A) - \frac{\omega[\Delta+\zeta^{G}\theta^{L}]}{1-\lambda_{b}}\bar{F}\,(t-1)$$

其中，$Z^{L}(\nu,\tau,\mu,A) = \tilde{Z}\,(\nu,\tau,\mu,A) + \theta^{L}$。由于当 $Z^{L}(\nu,\tau,\mu,A) < \omega\zeta\theta^{L}/[(1-\lambda_{b})(1-b)\xi\bar{r}\,]$ 时，$ROE(i=L,S=s,B=1|X=1)$关于 $F(t-1)/\bar{F}\,(t-1)$ 增长的速度要慢于 $ROE(i=L,S=s,B=b|X=1)$，因此，中小银行优先选择较低程度产品创新策略，即 $ROE(i=L,S=s,B=1|X=1) < ROE(i=L,S=s,B=b|X=1)$。

而在较低投融资渠道策略环境下，两种产品创新行为决策产生的预期资产收益率分别是：

$$ROE(i=L,S=1,B=1|X=1) = \xi\bar{r}\,Z^{L}(\nu,\tau,\mu,A)F(t-1) + \frac{\{(1-\lambda_{b})\,\bar{r}\,Z^{L}(\nu,\tau,\mu,A) - \psi_{\omega}\omega[\Delta+(\zeta+\zeta^{G})\theta^{L}]\}\,\bar{F}\,(t-1)}{1-\lambda_{b}}$$

$$ROE(i=L,S=1,B=b|X=1)=b\xi\bar{r}Z^L(\nu,\tau,\mu,A)F(t-1)+\frac{\{(1-\lambda_b)\bar{r}Z^L(\nu,\tau,\mu,A)-\psi_\omega\omega[\Delta+\zeta^G\theta^L]\}\bar{F}(t-1)}{1-\lambda_b}$$

当 $Z^L(\nu,\tau,\mu,A)>\psi_\omega\omega\zeta\theta^L/[(1-\lambda_b)(1-b)\xi\bar{r}]$时，$ROE(i=L,S=1,B=1|X=1)$ 关于 $F(t-1)/\bar{F}(t-1)$ 增长的速度要快于 $ROE(i=L,S=1,B=b|X=1)$，因此，$ROE(i=L,S=1,B=1|X=1)>ROE(i=L,S=1,B=b|X=1)$，中小银行优先选择较高程度产品创新策略。综合来看，在垄断式发展模式下，当 $Z^L(\nu,\tau,\mu,A)>\frac{\omega[(1-\psi_\omega)(\zeta^G\theta^L+\Delta)-\psi_\omega\zeta\theta^L]}{\bar{r}(1-\lambda_b)(s-1-(1-b)\xi)}$且$\frac{s-1}{1-b}<\frac{(1-\psi_\omega)(\zeta^G\theta^H-1)\xi}{\psi_\omega\zeta\theta^H}$时，中小银行选择较低投融资渠道策略和较高产品创新策略产生的资产收益率最高，即 $ROE(i=L,S=1,B=1|X=1)>ROE(i=L,S=s,B=b|X=1)$。

在毁灭式创新发展模式下，中小银行虽然不再受到垄断势力的影响，但是会受到大型银行金融创新行为的冲击。在较高与较低投融资渠道策略环境下，其对两种产品创新行为的最优决策与在垄断式发展模式一样，都是专注于选择较低投融资渠道策略和较高产品创新策略，即 $ROE(i=L,S=1,B=1|X=0)$。

下面证明大型银行的微观金融创新决策。在垄断式金融发展模式下，当大型银行选择较高投融资渠道策略时，两种产品创新行为决策产生的预期资产收益率分别是：

$$ROE(i=H,S=s,B=1|X=1)=\xi\bar{r}Z^H(\nu,\tau,\mu,A)F(t-1)+\frac{\{(s+\Delta\lambda_b)\lambda_b rZ^H(\nu,\tau,\mu,A)+\omega\Delta[1-(\zeta+\zeta^G)\theta^H]\}\bar{F}(t-1)}{\lambda_b}$$

$$ROE(i=H,S=s,B=b|X=1)=b\xi\bar{r}Z^H(\nu,\tau,\mu,A)F(t-1)+\frac{[(s+\Delta\lambda_b)\lambda_b\bar{r}Z^H(\nu,\tau,\mu,A)+\omega\Delta(1-\zeta^G\theta^H)]\bar{F}(t-1)}{\lambda_b}$$

其中，$Z^H(\nu,\tau,\mu,A)=\tilde{Z}(\nu,\tau,\mu,A)+\theta^H$。由于当 $Z^H(\nu,\tau,\mu,A)<$

$\omega\zeta\theta^H\Delta/[(1-b)\lambda_b\xi\bar{r}]$时，$ROE(i=H,S=s,B=1|X=1)$ 关于 $F(t-1)/\bar{F}(t-1)$ 增长的速度要慢于 $ROE(i=H,S=s,B=b|X=1)$，因此，大型银行优先选择较低程度产品创新策略，即 $ROE(i=H,S=s,B=1|X=1)<ROE(i=H,S=s,B=b|X=1)$。

而在较低投融资渠道策略环境下，两种产品创新行为决策产生的预期资产收益率分别是：

$$ROE(i=H,S=1,B=1|X=1)=\xi\bar{r}Z^H(\nu,\tau,\mu,A)F(t-1)+\frac{\{(1+\Delta\lambda_b)\lambda_b\bar{r}Z^H(\nu,\tau,\mu,A)+\psi_\omega\omega\Delta[1-(\zeta+\zeta^G)\theta^H]\}\bar{F}(t-1)}{\lambda_b}$$

$$ROE(i=H,S=1,B=b|X=1)=b\xi\bar{r}Z^H(\nu,\tau,\mu,A)F(t-1)+\frac{[(1+\Delta\lambda_b)\lambda_b\bar{r}Z^H(\nu,\tau,\mu,A)+\psi_\omega\omega\Delta(1-\zeta^G\theta^H)]\bar{F}(t-1)}{\lambda_b}$$

当 $Z^H(\nu,\tau,\mu,A)<\psi_\omega\omega\zeta\theta^H\Delta/[(1-b)\lambda_b\xi\bar{r}]$ 时，$ROE(i=H,S=1,B=1|X=1)$ 关于 $F(t-1)/\bar{F}(t-1)$ 增长的速度要慢于 $ROE(i=H,S=1,B=b|X=1)$，因此，$ROE(i=H,S=1,B=1|X=1)<ROE(i=H,S=1,B=b|X=1)$，大型银行优先选择较高程度产品创新策略。综合来看，在垄断式发展模式下，当 $Z^H(\nu,\tau,\mu,A)<\frac{(1-\psi_\omega)\omega\Delta(\zeta^G\theta^H-1)}{\bar{r}\lambda_b(s-1)}$且$\frac{s-1}{1-b}<\frac{(1-\psi_\omega)(\zeta^G\theta^H-1)\xi}{\psi_\omega\zeta\theta^H}$时，大型银行选择较低投融资渠道策略和较低产品创新策略产生的资产收益率最高，即 $ROE(i=L,S=1,B=b|X=1)>ROE(i=L,S=s,B=b|X=1)$。

在毁灭式创新金融发展模式下，大型银行失去了垄断优势的保护，原先的收益与金融创新的成本必然受到影响，因而市场化竞争促使其加快金融创新的激励力度也将发生改变。当大型银行处于较高投融资渠道策略环境时，两种产品创新行为决策产生的预期资产收益率分别是：

$$ROE(i=H,S=s,B=1|X=0)=\xi\bar{r}Z^H(\nu,\tau,\mu,A)F(t-1)+\frac{[s\lambda_b\bar{r}Z^H(\nu,\tau,\mu,A)-\omega(\zeta+\zeta^G)\theta^H]\bar{F}(t-1)}{\lambda_b}$$

$$ROE(i=H,S=s,B=b\mid X=0)=b\xi\bar{r}Z^{H}(\nu,\tau,\mu,A)F(t-1)+\frac{[s\lambda_b\bar{r}Z^{H}(\nu,\tau,\mu,A)-\omega\zeta^{G}\theta^{H}]\bar{F}(t-1)}{\lambda_b}$$

当 $Z^{H}(\nu,\tau,\mu,A)>\omega\zeta\theta^{H}/[(1-b)\lambda_b\xi\bar{r}]$时，$ROE(i=H,S=s,B=1\mid X=0)$ 关于 $F(t-1)/\bar{F}(t-1)$ 增长的速度要快于 $ROE(i=H,S=s,B=b\mid X=0)$，因此，$ROE(i=H,S=s,B=1\mid X=0)>ROE(i=H,S=s,B=b\mid X=0)$，大型银行优先选择较高程度产品创新策略。

而在较低投融资渠道策略环境下，两种产品创新行为决策产生的预期资产收益率分别是：

$$ROE(i=H,S=1,B=1\mid X=0)=\xi\bar{r}Z^{H}(\nu,\tau,\mu,A)F(t-1)+\frac{[\lambda_b\bar{r}Z^{H}(\nu,\tau,\mu,A)-\psi_{\omega}\omega(\zeta+\zeta^{G})\theta^{H}]\bar{F}(t-1)}{\lambda_b}$$

$$ROE(i=H,S=1,B=b\mid X=0)=b\xi\bar{r}Z^{H}(\nu,\tau,\mu,A)F(t-1)+\frac{[\lambda_b\bar{r}Z^{H}(\nu,\tau,\mu,A)-\psi_{\omega}\omega\zeta^{G}\theta^{H}]\bar{F}(t-1)}{\lambda_b}$$

当 $Z^{H}(\nu,\tau,\mu,A)>\psi_{\omega}\omega\zeta\theta^{H}/[(1-b)\lambda_b\xi\bar{r}]$时，$ROE(i=H,S=1,B=1\mid X=0)$ 关于 $F(t-1)/\bar{F}(t-1)$ 增长的速度要快于 $ROE(i=H,S=1,B=b\mid X=0)$，因此，$ROE(i=H,S=1,B=1\mid X=0)>ROE(i=H,S=1,B=b\mid X=0)$，大型银行优先选择较高程度产品创新策略。综合来看，在毁灭式创新发展模式下，当 $Z^{H}(\nu,\tau,\mu,A)>\frac{(1-\psi_{\omega})\omega(\zeta+\zeta^{G})\theta^{H}}{\bar{r}\lambda_b(s-1)}$ 且$\frac{s-1}{1-b}<\frac{(1-\psi_{\omega})(\zeta^{G}\theta^{H}-1)\xi}{\psi_{\omega}\zeta\theta^{H}}$时，大型银行选择较高投融资渠道策略和较高产品创新策略产生的资产收益率最高，即 $ROE(i=L,S=s,B=1\mid X=0)>ROE(i=L,S=1,B=1\mid X=0)$。

证明完毕。

图书在版编目（CIP）数据

金融约束下我国住房开发投资异质性增长路径研究／贾春梅著．--北京：中国财政经济出版社，2022.1
国家社科基金后期资助项目
ISBN 978-7-5223-0972-9

Ⅰ.①金…　Ⅱ.①贾…　Ⅲ.①房地产开发-研究-中国②房地产投资-研究-中国　Ⅳ.①F293.34
②F293.353

中国版本图书馆CIP数据核字（2021）第252307号

责任编辑：闫　娟　　　　责任印制：刘春年
封面设计：卜建辰　　　　责任校对：徐艳丽

金融约束下我国住房开发投资异质性增长路径研究
JINRONG YUESHU XIA WOGUO ZHUFANG KAIFA TOUZI YIZHIXING ZENGZHANG LUJING YANJIU

中国财政经济出版社 出版
URL：http：//www.cfeph.cn
E-mail：cfeph@cfeph.cn

社址：北京市海淀区阜成路甲28号　邮政编码：100142
营销中心电话：010-88191522
天猫网店：中国财政经济出版社旗舰店
网址：https：//zgczjjcbs.tmall.com
北京财经印刷厂印刷　各地新华书店经销
成品尺寸：165mm×238mm　16开　18.75印张　321 000字
2022年4月第1版　2022年4月北京第1次印刷
定价：78.00元
ISBN 978-7-5223-0972-9
（图书出现印装问题，本社负责调换，电话：010-88190548）
本社质量投诉电话：010-88190744
打击盗版举报热线：010-88191661　QQ：2242791300